계몽적 선교와 '평양대부흥'의 발명

복음주의와 계몽주의의 상관관계 연구

계몽적 선교와 '평양대부흥'의 발명

복음주의와 계몽주의의 상관관계 연구

초판1쇄 인쇄   2016년 3월 23일
초판1쇄 발행   2016년 3월 30일

지은이   이만형
펴낸이   이대현
편 집   이소정
펴낸곳   도서출판 역락 | 등록   303-2002-000014호(등록일 1999년 4월 19일)
주 소   서울시 서초구 동광로46길 6-6(반포4동 577-25) 문창빌딩 2층(우137-807)
전 화   02-3409-2058(영업부), 2060(편집부) | 팩시밀리   02-3409-2059
이메일   youkrack@hanmail.net
역락블로그   http://blog.naver.com/youkrack3888

ISBN   979-11-5686-320-5 93200
정 가   34,000원

* 이 도서의 국립중앙도서관 출판예정도서목록(CIP)은 서지정보유통지원시스템 홈페이지(http://seoji.nl.go.kr)와
국가자료공동목록시스템(http://www.nl.go.kr/kolisnet)에서 이용하실 수 있습니다.(CIP제어번호: CIP2016007015)

계몽적 선교와 '평양대부흥'의 발명

복음주의와 계몽주의의 상관관계 연구

이 만 형

역락

서문

　이 책은 '평양대부흥'을 사례로 하여 복음주의와 계몽주의의 상관관계를 선교학적으로 분석한다. 실천신학 중 하나로 분류되는 선교학은 한편으로는 학문성의 이름으로 다른 한편으로는 실천성의 이름으로 저평가되는 경향이 있다. 하지만 선교학은 그 자체로서 하나의 매력적인 학문일 뿐만 아니라, 의미 있는 실천행위이기도 하다. 한국 기독교사상 가장 중요한 사건 중 하나로 알려진 '평양대부흥'을 선교학적으로 재해석함으로써, 선교학이 기독교뿐만 아니라 역사·경제·사회·문화·종교 등 다양한 분야에 참신한 연구 주제들을 제공할 수 있음을 구체적으로 입증하려는 것이 이 책의 목표다.

　'평양대부흥'이라는 미궁으로 들어가는 데 있어서 복음주의와 계몽주의의 상관관계를 파악하는 일이 무엇보다도 중요하다고 생각한다. 이 일을 위해 여기에서는 선교학의 핵심적 주제 중 하나인 '복음화'와 '문명화'의 복잡 미묘하며 때로는 모순적인 상호 얽힘을 선교 실행의 관점에서 분석하려 한다. 계몽주의가 '또 하나의 복음' 또는 복음의 견인차로서 전래된 구한말 컨텍스트에 '평양대부흥'을 위치지을 때, 우리는 '평양대부흥'이라는 텍스트를 새로운 시각으로 해석할 수 있을 것이다.

　이를 위해 먼저 '복음'의 토착화론을 비판하면서, 토착화되는 것은 '복음'이라기보다 '복음주의'이며, 복음주의의 역사성에 유념해야 함을 강조하려 한다. 계몽주의의 경우도 마찬가지다. '계몽'과 '계몽주의'를 구별해야 하며, 계몽주의 중에서 어떤 계몽주의를 뜻하는지를 명확히 해야 한다. 개념적 혼란으로 인해 양자 간의 관계가 오해되는 경우가 많으며 '평양대부흥'도 그 한 예라고 생각한다. '계몽적 선교'론은 복음과 계몽의 복합적 관계를 신학과 인문학이 만나는 하나의 필드로 설정하려는 시도이다.

이러한 개념적·역사적 이해를 바탕으로 필자는 '평양대부흥'의 담론성, 허구성, 설화성 등에 주목하고, 한국 교회와 기독교의 기원 설화로서의 '평양대부흥'을 해체하려 할 것이다. 이 기원 설화는 한국 교회와 복음주의는 물론 계몽주의에도 두꺼운 후광을 입혀주고 있다. 메타-담론으로서의 억압적인 후광이 벗겨질 때, '평양대부흥'의 참 모습이 드러날 것이다.

선교학은 '선교 신화 쓰기'가 아니다. 선교학은 선교의 자기 부인이다. 그리고 자기 부인만이 우리에게 열려진 구원의 길이다. '평양대부흥'은 단지 선교사들의 발명이나 허구가 아니다. 그것은 '한국 기독교'의 다른 이름이며, 나의 자화상이기도 하다. '평양대부흥'은 '재귀(再歸)한다.

그러나 필자는 미궁 속에서 길을 잃곤 했다. 그나마 '복음은 계몽'이라는 실타래를 놓치지 않으려고 애썼는데, 이 연구가 과연 들어가기라도 했던 것인지, 들어갔다면 어디를 들어간 것인지, 이제 돌아나오기라도 한 것인지, 확실하게 말할 수 없다. 보화를 발견하기보다 끌고 나오는 일이 더 힘든 줄 뒤늦게 깨달았다. 하지만 또 다른 기회가 있을 것이다.

이 책이 나오기까지 많은 분들에게 빚을 졌다. 특별히 연세대학교 신학과의 방연상 교수님과 김상근 교수님, 한남대 사학과의 이정신 교수님, 이 책의 출판을 도와준 정명교 외우께 감사드린다. 평생 학업을 후원해 온 아내와 아비를 포기할 줄 모르는 무성·티나, 민성·소니아 두 부부에게도 고마움을 전하고 싶다.

2016년 3월
지은이

목차

제 1 장

서 론 : '평양대부흥'의 선교학적 재해석

I. 복음주의와 계몽주의

이 책은 선교학적 관점으로 '평양대부흥'을 고찰함으로써, 복음주의와 계몽주의의 내적 관련성이 선교 현장에서 구체적으로 어떻게 작용했는가를 살펴보려 한다. 선교학은 프랑스 사회학자 부르디외(Pierre Bourdieu)가 말한 '실행 이론(a theory of practice)의 하나로 간주될 수 있다.[1] 흔히 이론적인 신학자들은 신학을 현장에 직접 적용할 수 있다고 믿는 반면, 현장에 있는 사역자들은 그들의 경험을 신학화하기를 주저하는 경향이 있다. 그러나 선교학에서는 선교 현장이 신학의 실행의 장(場)이요, 실행의 신학화의 장이라고 할 수 있다. 이 연구에서는 이러한 선교학적 관점으로 한국교회 사상 가장 중요한 사건들 중 하나로 잘 알려진 '평양대부흥'을 재해석함으로써, 선교학이 신학의 한 분야로서 일정한 연구 영역과 방법론을 가지고 있으며, 특징 있는 통찰을 실제 사례에서도 덧붙일 수 있음을 보이려고 한다.

선교 현장에서 기왕의 신학은 시험대에 오른다. "내 주 그리스도 예수를 아는 지식(빌3 : 8)"[2]은 선교 현장의 도가니에서 거듭난다. 한국에 전해

---

1) Pierre Bourdieu, *Outline of a Theory of Practice* (Cambridge : Cambridge University Press, 1977).
2) 이 책에 있는 성경 구절은 모두 『개역개정판』으로부터 인용되었다.

진 복음은 복음주의의 옷을 입었으며, 한국인들은 복음주의를 통해 복음을 '체험'했다. 달리 말하면, 복음은 복음주의로 '번역'되어 한국인들에게로 왔다. 따라서 선교학은 복음이 한국인들에게 어떻게 수용되었는가를 묻기에 앞서, 복음주의가 한국인들에게 어떻게 전해졌는가를 묻는다. 왜냐하면 복음은 '증언'의 모습으로 전달되기 때문이다. 하지만 선교학은 증언들 사이에 위치한다기보다는, 증언의 대상과 증언들의 사이에, 복음과 복음주의의 사이에, 위치한다고 할 수 있다. 예수 그리스도와 세례자 요한이 다른 것처럼, 복음과 복음의 증언으로서의 복음주의는 구별된다. 복음의 빛 속에서, 역사적 증언의 한 형식과 내용으로서의 복음주의 선교는 선교학적 대화와 비판과 성찰의 대상이 된다.

복음주의의 역사성과 관련하여 '계몽주의(Enlightenment)'를 주목해 볼 필요가 있다. 계몽주의는 복음주의가 뿌리 내린 환경이고 토양이었다. 물론, 이 환경과 토양으로서 '서구'라든가, '근대'라든가, '자본주의'라든가, '식민주의' 등등이 주목되어왔고, 이들과 복음주의의 상호작용을 살펴봄으로써 선교된 복음주의의 구체적인 성격을 이해하는 데 많은 성과를 거둬왔다. 그러나 이들과는 달리 계몽주의는 기독교를 안으로부터 변화시켰으며, 복음주의의 역사적 전개에 지속적이고도 심대한 영향을 끼쳤다. 특히 한국과 같은 복음주의 선교 현장에서 계몽주의는 또 다른 복음처럼 나타났다. 선교하는 교회에서 당연한 것으로 여겨진 둘 간의 관계는 선교 현장에서 새로운 양상으로 전개되었으며, 이에 따라 복음주의 선교는 계몽주의와의 관계를 재설정하려고 했다. 복음주의 선교 과정에서 발생한 '평양대부흥'을 해석함에 있어서도, 계몽주의와의 이러한 복합적인 상관관계에 보다 주의를 기울일 필요가 있다.

복음주의와 계몽주의 간의 상관관계를 설명할 때, 한 축을 고정시키려는 환원론의 유혹이 상존한다. 한편으로는 복음주의가 계몽주의에 의해 창조되었다는 주장이 있다. 반대로 복음주의의 기원은 계몽주의 이전의 '복음'에 있는 만큼, 이 둘은 본질적으로 다르다는 주장도 있다. 일반 역사가들은 계몽주의의 축을 고정시키고 복음주의를 묻는 경향이 있고, 반대로 교회 역사가들은 복음주의의 축을 고정시키고 계몽주의를 묻는 경향이 있다. 하지만 이 둘 간의 역사적인 상호 얽힘의 과정에 주목하는 것이 보다 생산적일 것이다. 양자의 상호작용이 주목될 때, 신학과 인문학의 대화의 장은 인접 학문들로 확장될 수 있다. 이런 점에서 여기에서 시도되고 있는 '평양대부흥'의 재해석이 한국의 근대성의 성격에 대한 논의에 기여할 수 있게 되기를 기대한다.

'평양대부흥'은 한국에서의 복음주의와 계몽주의의 상관관계를 평가하는 시금석이라고 할 수 있다. 교회사 연구자들로부터 '평양대부흥'이 둘 간의 결별의 계기라는 주장이 꾸준히 제기되어 왔다. '평양대부흥'을 전후하여 복음주의 선교는 계몽 운동과의 그때까지의 오월동주(吳越同舟)식 선교 전략을 바꾸어, 복음전도와 영혼구원이라는 복음주의 고유의 과제에 전념하기 시작했다는 것이다. 이러한 통념은 복음주의와 계몽주의 각각의 역사적 성격에 대한 추상적인 이해를 기계적으로 적용하거나, 선교 현장에서 발생하는 구체적인 상황에 대한 이해가 불충분함으로 인해 기정사실로 굳어지는 경향이 있다. 이러한 통념에 대해 의문을 제기하는 이 연구는 '평양대부흥'의 담론 분석을 통해 한국 개신교와 계몽주의와의 연관성을 집중적으로 추적함으로써, 한국 교회의 기원을 둘러싼 논의에 선교학적 관점을 추가하려고 한다.

복음의 빛과 함께 계몽의 빛이 '평양대부흥'을 비추었다. 계몽주의야말로 '평양대부흥'의 밑거름이었다. 계몽주의의 시대에, 복음은 선교 현장에

서 '계몽'의 형식으로 전해졌고, '평양대부흥'도 하나의 '계몽'이었다. 복음
주의와 계몽주의의 관계는 이처럼 선교 현장에서 선교국과는 다른 양상
으로 전개되었고, 재조정되었다. 하지만 복음주의 선교는 이러한 선교 현
장의 경험을 재신학화 하는데 그다지 성공하지 못했으며, 계몽의 헤게모
니로부터 밀려난 복음주의가 뒷날 반(反)지성주의라는 비판을 듣게 이유
중의 하나도 여기에 있다고 할 수 있다.

본 연구에서 '재귀적(再歸的) 선교학'과 함께 '계몽적 선교' 패러다임을
제안하는 것은 '계몽'의 문제를 좀 더 직시할 필요가 있다는 판단에서다.
복음은 어둠으로부터 빛으로의, 기만으로부터 진리로의, 무지로부터 지혜
로의, 억압으로부터 자유로의, 사망으로부터 생명으로의, 부활로의 계몽
이다. 선교는 "지혜로운 솔로몬보다 더 큰 이(마12 : 42)"[3]를 증언한다. 수
많은 의심과 비난과 정죄에도 불구하고, 충분한 근거와 이유 있는 항변에
도 불구하고, 계몽으로서의 선교는 포기될 수 없다. 계몽과 '자기 계몽'의
학문으로서의 선교학이 선교 기술학으로 연명하는 현실은 '하나님의 계
몽'인 '예수 그리스도'의 망각을 시사한다. 두려운 이 망각을 마주하며,
이 연구는 한국 교회와 '남반부 기독교'에서 잊혀져가고 있는 '계몽'이라
는 주제를 다시 살려내는 것을 목표로 한다.

이상과 같은 과제를 수행하기 위해 제1장 서론에서는 본 연구가 방법
적으로 선교학적 통합을 시도함을 밝히려 한다. 이어서 복음주의 해외 선
교와 관련된 기존의 몇 가지 주요한 관점들을 범주화 하려 한다. '근대화'
론, '문화 제국주의'론, '의식의 식민화'론, '근대성으로의 회심'론 등을 차

---

3) 이 연구는 신약 성경을 '선교 문서'로 간주하며, 증언으로서의 선교의 기준이라고 전제한
다. 신약 성경의 저자들은 선교사이며, 그들의 언어는 선교적 언어이고, 그들의 신학은 선
교 현장으로부터 나온 "실행 이론"이다.

례로 일별하며, '계몽적 선교' 패러다임의 윤곽을 간략히 제시하려 한다.

제2장에서는 복음주의 선교에 초점을 맞추려 한다. 복음과 복음주의의 관계를 논하고, 선교 현장에서 복음주의가 복음이 되어가는 과정을 집중 조명해 보려 한다. 문명화 선교를 통해, 복음주의와 더불어 계몽주의가 복음의 이름으로 선교되었음을 밝히며, 천년주의와 사회진화론 등을 살펴봄으로써, '기독교 문명'이 복음주의가 제시한 복음이었음을 설명하려 한다.

제3장에서는 계몽주의와 복음주의의 '접촉점'에 초점을 맞추려 한다. 계몽주의의 지역적 다양성과 역사적 성격을 언급하고, 상식 철학을 통해서 영미의 계몽주의가 복음주의와 공생하게 된 과정을 설명하려 한다. 선교 현장에서 복음주의 선교 운동은 계몽 운동이기도 했는데, 계몽주의 하에서 복음주의가 자신의 존재 이유를 어떻게 변호하려고 했는지를 살피려 한다. 끝으로 선교사들이 주도한 '평양대부흥'이 일종의 반(反)계몽주의로 간주될 수 있는지를 비판적으로 논의하려 한다.

제4장에서는 '평양대부흥'의 원인으로 거론되어 온 외적 음모론과 내적 동인론을 차례로 비판하며, '평양대부흥'의 배경과 기원에 대한 전통적인 해석들에 의문을 제기하려 한다. '평양대부흥'은 선교국 복음주의 문화에 기원을 둔 것이었으며, 부흥 운동이 '문화 선교'의 일환이었음을 밝히려 한다. 이어서 선교 현장의 에큐메니즘이 세계 선교계를 흥분시킨 '평양대부흥'에 끼친 결정적 역할을 논하려 한다. 이어서 선교사들에 의해 '발명'된 '평양대부흥'이 역수입되면서, 일종의 '허구'가 역사적 사실로 자리 잡아 간 과정을 추적하려 한다. 이 과정에서 '평양대부흥'과 '애국계몽운동' 간의 긴밀한 관계가 잊혀져갔음을 지적하려 한다.

제5장에서는 '평양대부흥'의 재신학화를 시도한다. 첫째, '계몽적 선교'

패러다임을 통해, 계몽주의에 의해 촉발된 선교와 계몽의 중첩 현상을 신학적으로 성찰하면서, 계몽주의의 극복은 반(反)계몽주의가 아니라 계몽주의의 계몽임을 제시하려 한다. 둘째, 부흥 운동을 신학화하기 위해, 선교가 부활의 증언이며, 선교지 부흥 운동이 단지 역사적 우연히 아니라 선교의 본질적 부분임을 보이려 한다. '평양대부흥'을 부활과 관련지을 때 그 성격과 한계가 보다 분명히 나타날 것이다. 셋째, 선교 현장에서 발생한 개종과 회심의 복합적인 관계를 '선교 번역' 이론을 통해 이해하려 한다. 복음주의 선교가 추구한 진정한 기독교인과 계몽주의가 추구하던 근대적 주체 간의 상호연관성을 살펴보며, 복음주의 선교가 '회심'을 목표로 했지만, 현실적으로 '개종'이 추구된 상황을 설명하려 한다. 끝으로 '재귀적 선교학'을 통해 선교가 일방적일 수 없으며, 언제나 쌍방향적이고, 따라서 '자기 계몽'이기도 함을 주장하려 한다. 이어서 선교를 귀환과 파송의 이중적 운동으로 이해함으로써, 선교사와 선교지민의 이원론적 구분을 근본적으로 상대화시키려 한다. 이로써 선교가 선교하는 교회와 선교사 자신의 자기 구원의 길이기도 함을 제시할 것이다.

결론에서는 이 연구의 주요한 논점들을 요약할 것이다.

Ⅱ. '평양대부흥'의 선교

'평양대부흥'은 직접적으로는 1907년 1월 2일부터 평양 장대현교회에서 열린 '겨울 남자 사경회' 또는 '평양도 사경회'를 발단으로 한반도 전역으로 확대된 "회개, 개종, 성령의 체험 현상" 등의 '부흥(현상)'을 가리키지만, 그 이전에도 유사한 "부흥 현상"이 보고되었으며, "명칭과 지속 기간의 문제"는 오늘날에도 상존하고 있다.[4] '평양대부흥'은 "부흥 운동",

"1907년의 대부흥", "대부흥운동", "한반도대부흥", "평양대부흥운동", "평양대각성운동" 등으로 불리고 있는데, "20세기 초 한국 교회의 부흥현상"에 대해 류대영은 "회개, 개종, 성령의 체험 현상이 일어나는 것을 부흥"(현상, revival)이라 하고, "부흥현상이 광범위하게, 일정한 기간 동안에 거쳐서 연속적으로 발생한다면 그것을 부흥운동"이라 부르며, "부흥현상이 폭발적으로 일어났다면 그것을 대부흥"이라 하고, "대각성"은 "역사적으로 큰 의미가 있는 대부흥의 결과로 나타난 종교－사회적 현상을 전체적으로 말하는 용어"라고 정리한다.[5]

상대적으로, 교회사의 다른 분야에 비해 구한말 부흥 운동 연구는 그동안 상당한 성과를 축적했으며, 특히 2007년 '평양대부흥' 백 주년을 전후해서 많은 관련 논문들이 발표되었다.[6] 그러나 전체적으로 볼 때, 몇 편의 주목할 만한 논문을 제외하고는, 질적으로 전반적으로 답보하고 있다는 인상을 주며, 당시 선교사들의 선교 문서들을 재생산하는 수준에 머물러 있는 연구들도 적지 않다. 이를테면 당시 선교사들이 다음과 같이 보고한 선교 문서를 연구자들이 그대로 인용하는 경우가 많다.

> 우리는 가장 놀라운 축복을 받았습니다! 성령께서 능력으로 임하셨습니다. 어제 저녁 장대현교회 모임에서 성령의 능력과 임재가 처음으로 실제로 나타났습니다. 저희 중에 누구도 그러한 것을 경험해 본 적이 없습니다. 우리는 웨

---

4) 류대영, "20세기 초 한국교회 부흥현상 연구에 관한 몇 가지 재검토", 「종교문화비평」 12 (2007), 159-160. 본 연구에서는 한편으로는 "부흥 현상"의 역사성을 지시하면서도, 동시에 이 "현상"의 담론적인 성격을 환기시키기 위해, '평양대부흥'이라는 명칭을 사용할 것이다. 본 연구는 '평양대부흥'의 '역사'보다는 그것의 '이야기'에 더 관심을 둔다. 이 이야기에서 '평양대부흥'은 '복음주의 선교'를 가리키기도 한다.
5) 류대영, "20세기 초 한국교회 부흥현상 연구에 관한 몇 가지 재검토", 159-160.
6) 서원모 책임편집 (장로회신학대학교 제5회 국제학술대회준비위원회편), 『20세기 개신교 신앙 부흥과 평양 대각성 운동』(서울 : 장로회신학대학교출판부, 2006)이 대표적인 예다.

일스, 인도, 기타 지역에서 일어난 부흥운동에 대해 읽었지만, 이것은 우리가 그동안 읽은 것을 능가하는 부흥입니다.[7]

또 연구자들에 의해 많이 인용되는 자료로서, "'런던 타임즈(The Times)'에 게재된 바 있고, 영국의 윌리암 세실(William Cecil)경이 당시에 직접 본대로 적은 기록"은 다음과 같이 "부흥운동"을 보고하고 있다.

그(선교사)가 '나의 아버지'라는 말로 기도를 시작하자 비상한 힘이 밖으로부터 쏟아져 들어와 온 회중을 사로잡은 듯하였다. 서양 사람들은 이 힘의 나타남을 포공적(暴恐的)이라고 기술하였다. 거기 참석한 사람들은 거의 전부가 애절한 침통(沈痛)에 사로잡혔다. 각 사람의 마음에는 자기의 죄가 자기생활에 정죄판결을 선언하여주는 느낌을 가지게 하였다. 어떤 사람은 벌떡 일어나서 자기의 죄를 자백할 기회를 얻어 털어놓고 양심의 안정을 얻으려 하고, 어떤 사람은 말없이 있었으나 북받치는 괴로움을 억제할 바가 없어 주먹을 쥐고 머리로 땅을 찧기도 하고, 어떤 이들은 자기의 죄과를 폭로하려는 충동을 막으려는 다른 힘으로 싸우고 있는 경황을 볼 수 있었다. 저녁 여덟시부터 이튿날 다섯시까지 이러한 상태는 계속되었다. 이때 선교사들은 어떤 사람들의 엄청난 죄의 자백을 듣고 어찌할 바를 모르리만큼 놀라기도 하고, 또 이런 기사(奇事)를 생기게 한 능력이 강림하심을 보고 떨면서 그들이 평소에 사랑하던 한국인 제자들의 참회의 고통에 동정하면서 눈물을 흘리기도 하였다. 그리고 집회를 끝내었으나 많은 한인(韓人)신자들은 온 밤을 새웠는데 어떤 이는 기도하며 새웠고, 또 어떤 이는 심각한 심령의 싸움으로 새웠다. 다음날 선교사들은 이 사태가 지나가고 거룩한 위로의 교훈으로 지난밤의 상처를 싸매게 되기를 희망하였으나, 또 다시 이와 동일한 통회와, 이와 동일한 죄의 자백이 되풀이되었으며, 이러한 사태는 여러 날 더 계속되었다.[8]

---

7) George McCune, "Letter to A. J. Brown" (January 16, 1907), 옥성득, 『한반도대부흥』(서울 : 홍성사, 2009), 236에서 재인용.

8) *The Baptist Missionary Magazine* 88.2 (February 1908), 58, 백낙준, 『한국개신교사』(서울 : 연세대학교 출판부, 1973), 392에서 재인용.

'평양대부흥'과 관련된 1차 자료들의 대부분은 이러한 양식으로 기록되어 있고, 이 자료들은 많은 연구자들에 의해 충실한 사실 보도로 받아들여지고 있다. 하지만 이러한 문서들의 내용이나 의미는 결코 자명하지 않고, 분석되고 설명되어야 하며, 비교되고 비판적으로 해석되어야 한다고 생각된다. 이러한 담론 분석 작업을 통해 '평양대부흥'을 주도한 복음주의 선교사들의 '마음'을 좀 더 잘 이해할 수 있다고 생각된다.

(1) 이론적 접근

'평양대부흥'을 선교학적으로 해석함에 있어서, 이 연구는 '평양대부흥'에 대해 '이론적 접근'을 시도한다. 자료를 발굴하여 기존의 연구에 새로운 사실과 이에 뒤따르는 논의를 덧붙이려 하지 않는다. '평양대부흥'의 사실 부분은 기본적으로 알려질 만큼은 알려졌다고 판단된다. 단지, 이러한 사실들을 분석하는 '이론'이 충분치 못하다고 생각된다. '평양대부흥'에서 나타난 "부흥 현상"을 단순히 열거함에 그치지 말고, 그것을 체계적으로 설명할 수 있는 틀이 필요하지 않은가 한다.

이론화가 오히려 한국 교회의 "다양성"을 손상하지 않는가 하는 의문이 제기될 수도 있다 :

> 교회는 한국에서 교리(敎理)이면서 교리가 아니고, 기구(機構)이면서 기구가 아니라는, 묘한 생태의 본질을 역사적으로 쉽게 표현하면서 걸어왔다. 이 영광된 다양성을 이 교회의 역사 안에서 길이 가꾸어 나갈 의지가 있었느냐 없었느냐 하는 것만이 문제였다.[9]

---

9) 민경배, 『한국기독교회사』 (서울 : 연세대학교출판부, 1993), 236.

하지만 "묘한 생태의 본질"은 교회 그 자체의 본질이라기보다, 복음주의가 선교지 한국에 '토착화'하는 과정에서 나타난 역사적 현상이며, 한국 교회의 "영광된 다양성"은 일차적으로 복음주의의 내적 모순으로부터 파생된다고 할 수 있다. 다양한 현상들을 단순히 열거할 것이 아니라, 어떤 관점과 각도를 가지고 질서 있게 배열할 필요가 있다. 이와 관련하여, 류대영은 "20세기 초 한국 교회의 부흥 현상"에 대한 기존의 연구를 다음과 같은 네 부류로 나눈다 : (1) 대부흥운동이 초자연적인 종교현상이라는 차원을 강조하면서 접근한 연구 ; (2) 민족사의 관점에서 대부흥의 의미를 찾거나 비판한 연구 ; (3) 한국 기독교의 형성 과정이라는 차원에서 그 원인과 의미를 분석한 연구 ; (4) 세계 기독교 역사의 맥락에서 대부흥을 분석한 연구.[10] 하지만 이 네 가지 관심의 방향을 구분하기란 쉽지 않다. 실제로 류대영은 "많은 연구들은 위의 네 부류를 넘나드는 관심과 관점, 그리고 접근법을 가지고 있기 때문에 위의 네 부류 중 어느 하나에 넣는 것이 쉽지 않다."[11]고 토로한다. 그도 그럴 것이, '평양대부흥'은 '성령 강림'이라는 "초자연적 종교현상"으로 주목받았으며, 구한말 민족적 위기와 무관할 수 없었고, 한국 교회사상 기념비적인 사건인 동시에, 세계 선교 운동사상 가장 탁월한 성과였기 때문이다. 그런데 이러한 "관심과 관점, 그리고 접근법"의 다양성은 때로는 논점을 산만하게 하고, 연구의 밀도를 약화시키며 심지어 서로 모순되는 진술들을 병렬하는 난맥

---

10) 류대영, "20세기 초 한국교회 부흥현상 연구에 관한 몇 가지 재검토", 157. 류대영은 대표적인 예로 다음을 들고 있다 : 박용규, 『평양대부흥운동』(서울 : 생명의말씀사, 2000) ; 서정민, "초기 한국교회 대부흥운동의 이해 : 민족운동과의 관련을 중심으로", 『한국기독교와 민족운동』(서울 : 종로서적, 1986) ; 이덕주, "초기 한국교회 부흥운동", 『한국 토착교회 형성사 연구』(서울 : 한국기독교역사연구소, 2000) ; 박명수, "1907년 대부흥과 세계 성결 운동", 『한국교회 부흥운동 연구』(서울 : 한국기독교역사연구소, 2003).
11) 류대영, "20세기 초 한국교회 부흥현상 연구에 관한 몇 가지 재검토", 158.

을 발생시키는 경향이 있다.

이런 상태에서 새로운 사실들을 추가하기보다는 지금까지의 '평양대부흥' 연구 결과들을 세밀히 검토하고 해석상의 차이들을 드러내며, 문제점들을 적시하는 담론 분석의 작업이 선결되어야 할 것으로 보인다. 아마도 흥미로운 새로운 주제들은 기존의 이 네 부류들 자체에서보다는 이들을 연결시키는 과정에서 발견될 수 있는지도 모른다.

(2) 비교적 접근

이 연구는 '평양대부흥'에 대한 '비교적 접근'을 시도한다. 이를 위해 복음주의 선교의 지평 위에서 해외 학계의 연구 성과들과 한국 학계의 연구 성과들을 비교해 볼 것이다. 복음주의 선교 운동이 19세기를 풍미했고, 그 유산이 어떤 방식으로든 한국 기독교와 "남반부 기독교"[12])에 상속된 만큼, 계몽주의와 관련된 기독교의 양상도 전 세계 다양한 지역과 시기에 걸쳐 다양하게 나타나고 있다. 이를테면 한국 민족 교회사 연구자들 간에는 한국 교회의 내재적 진보(와 일시적인 퇴보)를 가정하고, '평양대부흥'을 선교지 교회의 영적 성숙 과정에서 발생한 한국 교회사적 현상으로 간주하는 경향이 강하다. 하지만 비교적인 관점에서 볼 때, '평양대부흥'은 유일무이한 사건이 아니었다. 이와 유사한 현상은 역사적으로 다른 시기에도 나타났을 뿐만 아니라 다른 선교 현장들에서도 나타났고, 지금도 나타나고 있다. 오늘날에도 수많은 한국인 선교사들이 해외에서 선교지의 '부흥'을 위해 노력하고 있다. 그런 만큼, '평양대부흥'과 시기적으로 가까운 웨일즈

---

12) 한국 교회와 해외선교의 "남반부 기독교"와의 관계에 대해서는 Sangkeun Kim, "Sheer Numbers Do Not Tell the Entire Story : The Challenges of the Korean Missionary Movement from an Ecumenical Perspective", *The Ecumenical Review* 57.4 (October 2005).

부흥 운동, 인도 카시아 힐스 부흥 운동, LA 아주사 부흥 운동 등의 연구 결과뿐만 아니라, 현대 세계 기독교에 대한 "기독교 인류학"[13]의 연구 성과들도 '평양대부흥' 이해를 도울 수 있다. 무엇보다도 지난 세기 후반 한국 교회의 부흥 운동은 폭발적인 해외 선교로 이어져 세계 선교학계의 관심거리가 되었다.[14] 이 두 부흥 운동 간의 역사적, 구조적 비교 분석은 "남반부 기독교"의 이해에 크게 기여할 것으로 기대된다. 나아가 비교적 관점에서 다른 시기 · 지역에서의 복음주의 선교 양상을 살펴봄으로써, 한국에서의 그간의 연구 성과들의 강점과 한계 및 앞으로의 연구 방향 등을 가늠할 기회를 얻게 된다. 반면, 서구 학계의 연구들은 '수용'의 과정을 밀도 있게 설명하는 데 한계가 있다. 민족주의와 기독교의 관계를 둘러싼 한국 교회사학계의 연구 결과들은 선교 운동의 정치적 함의 이해에 기여할 수 있을 것이다.

(3) 통합적 접근

이 연구는 '평양대부흥'에 대한 '통합적인 접근'을 시도한다. 이를 위해 복음주의와 계몽주의의 상관관계에 초점을 맞추고, 이를 통해 '평양대부흥'에 대한 입체적인 설명을 시도하려 한다. 선교 현장의 역동성을 이해하려면, "국제적"(international)이고, "간(間)학문적(interdisciplinary)"이며, 무엇보다도 "통합적"(integrative)인 시각이 요구된다.[15] 통합적 해석을 목표로

---

13) Fenella Cannell, ed., *The Anthropology of Christianity* (Durham & London : Duke University Press, 2006).

14) Andrew Walls, "Christianity in the Non-Western World", in *The Cross-Cultural Process in Christian History : Studies in the Transmission and Appropriation of Faith* (Edinburgh : T&T Clark, 2005), 45 : "The great missionary nation is now Korea."

15) Andrew Walls, "Structural Problems in Mission Studies", in *The Missionary Movement in Christian History : Studies in the Transmission of Faith* (Edinburgh : T&T Clark, 2004), 158-159.

하는 이 연구는 신학의 다른 분과는 물론이고, 언어학, 종교학, 문화인류학 등 인접 학문들의 성과들도 최대한 포함시키려 할 것이다.16) "이 세대의 아들들이 자기 시대에 있어서는 빛의 아들들보다 더 지혜로움이니라(눅16 : 8)." 이웃 학문들의 도움을 받음으로써 선교 현장은 보다 다양한 각도에서 접근될 수 있다. 부흥 운동과 관련해서도, 인접 학문 분야의 주목할 만한 연구들이 이뤄지고 있다. 복음주의가 추구하는 '회심(conversion)'을 '근대성으로의 회심(conversion to modernities)'으로 이해하려는 도전적인 시도가 그 예이다.17) 선교 방법론에 치중했던 선교학은 이러한 인접 학문들로부터 많은 자극을 받을 수 있다. 복음주의 선교 운동이 부흥 운동의 연장선상에 있었고, 부흥 운동이 선교 운동의 추진력이었다면, 선교학은 부흥운동에 대한 이러한 인문학적 성과들 앞에서 나름대로 할 말이 있어야한다.

하지만 다양한 현상들을 설명할 수 없는 통합적인 설명 틀이 없다면 설명은 단편화되고, 종합은 짜깁기가 될 위험성이 있다.

1세기 전, 한국에 기독교가 들어 왔을 때, 그 기독교는 종교개혁자들이 외치던 것과 똑같은 형태로 들어온 것이 아니었다. 이 기독교는 제네바에서 출발하여 화란과 스코틀랜드, 그리고 영국을 거쳐서 미국이라는 토양 하에서 배양되고 변형된, 실로 3세기 이상의 긴 여행을 통하여 새로워진 한마디로 미국화된 복음이었다. 거기엔 청교도적인 신앙과 미국 개척시대의 문화가 배어 있는 대각성 운동의 부흥회적인 모습, 그리고 보수적이고도 복음주의적, 그리고 후대로 가면 근본주의적 색깔을 띠고 성경의 무오성과 기독교 복음의 중요한 교리를 유지하면서 철저히 지키려는 자세 등이 스며있다. 거기에다 미국인 특

---

16) 김상근, 『선교학의 구성 요건과 인접 학문』 (서울 : 연세대학교출판부, 2006), 22-23.
17) Peter van der Veer, ed., *Conversion to Modernities : The Globalization of Christianity* (New York : Routledge, 1996).

유의 실용주의적이고 그들 사회가 갖는 자본주의, 물질주의, 낙천주의가 혼재
된 복음은 가난하고 암울한 시대를 살며 부국강병을 꿈꾸며 서양 문물에 목말
라하던 한국인들에게 더 없이 좋은 복음(福音)이었다. 그래서 신학교를 막 졸
업하고 미국에서 온 젊은 선교사들은 미국의 충분한 자원을 바탕으로 학교와
병원, 그리고 여러 부속 기관들을 세워 나갔다. 한편으로 기독교는 일제에 대
항하여 민족의식을 고취하였고 사회의 악습을 타파하였으며 구습에 젖은 많
은 사람들을 계몽된 정신으로 인도하기도 했다.[18]

매우 중요한 점들이 언급되고 있으며, 복음주의 선교에 대한 종합이 시
도되고 있다. 19세기 말~20세기 초의 선교 운동 자체가 어떤 의미에서는
'종합적'이기도 했다. 그런데 풍부한 내용과 빈틈없는 전거에도 불구하고,
선교된 복음주의의 다양한 현상들이 단순히 열거되어 있다는 느낌이 든
다. 이처럼 "미국화된 복음", "자본주의, 물질주의, 낙천주의가 혼재된 복
음"이 과연 "한국인들에게 더 없이 좋은 복음"이었다고 말할 수 있을까?
근본주의나 성경 무오류주의는 초기 한국 선교에서 어떤 역할을 했을까?
"젊은 선교사들"이 전한 이것이 부국강병과 서양 문물을 쫓던 한국민들
을 위한 복음이라면, 만능의 열쇠와 같은 이 기독교가 '카고 컬트(cargo
cult)'와 어떤 차이가 있다고 할 수 있을까? 모든 것을 한데 모으는 종합은
더 많은 의문을 야기할 수 있다.

물론 그간 제기된 여러 가지 상충하는 관점들과 사실들을 '계몽적 선
교'라는 하나의 패러다임으로 통합하려는 본 연구의 시도가 견강부회(牽强
附會)의 혐의를 받을 수도 있다. '계몽'의 문제가 이 시기의 모든 선교 활
동을 포괄할 수는 없다. 연구자의 관심에 따라서 복음주의 선교의 주제는

---

18) 김경빈, "19세기 미국 개신교 해외 선교에 있어서의 선교사 모집과 그 배경", 『교회사학』
   1.1 (2000), 6-66.

'교회의 확장'이 될 수 있고, '식민주의'가 될 수 있고, '자본주의'가 될 수 있고, '근대성'이 될 수 있다. 그러나 백화점식 나열로는, 연구를 심화·진전시킬 수 없다. 통합적 해석을 위해서는 그간의 서로 상충하는 논점들을 과감하게 정리할 필요가 있다고 생각한다. '계몽적 선교' 패러다임이 계몽주의의 시대에 선교가 처한 상황과 선교 현장의 내적 구조 및 선교 과정을 설명하고 해석하는 데 하나의 "통합적"인 시각이 되기를 기대해 본다.

(4) 선교학적 접근

이 연구는 '평양대부흥'에 대한 '선교학적 접근'을 시도한다. 선교학은 선교의 일환이요, 심지어 본 연구도 일종의 '선교 문서'라고 할 수 있다. 선교학은 객관적이거나 중립적인 입장에서 선교를 관찰하는 것이 아니라, 선교 소명을 받은 공동체의 일원으로서, 선교에 대한 공동 책임을 지고, 선교의 공통된 목표를 향하여, "구름같이 둘러싼 허다한 증인들(히12 : 1)"과 대화하는 것이다. '평양대부흥'은 선교 운동 과정에서 나타난 현상인 만큼, 선교 현장에 초점을 맞추고 거기에서 발생하는 겹겹의 의미의 층들을 '중층기술(thick description)'을 통해 드러내고 해석하려는 선교학의 주제가 되기에 충분하다고 생각된다.[19]

한편, 최근까지 나온 선교학계의 '평양대부흥' 연구에서는 한국교회의 현 상황과 한국교회의 해외 선교를 이해하는 데 이 사건이 하나의 길잡이

---

19) 선교학의 과제가 선교 과정에 대한 정밀한 해석이기도 하므로, 선교학은 인류학자 기어츠가 문화 해석 이론으로 제시한 "중층기술"(thick description)과 상당히 유사한 성격을 갖는다고 할 수 있다. "중층기술"은 라일Gilbert Ryle의 '눈짓'winking에 대한 분석에서 나온 개념이다. "얇은 묘사"(thin description)에 비해 "두꺼운 묘사"(thick description)는 "의미 구조의 층화된 하이어라키"를 대상으로 한다. Clifford Geertz, "Thick Description : Toward an Interpretive Theory of Culture", in *The Interpretation of Cultures* (New York : Basic Books, 1973), 6-7, 김상근, 『선교학의 구성 요건과 인접 학문』, 147.

로 기능하고 있음을 목격하게 된다. 심창섭은 한국 교회 해외 선교의 대안 마련을 위해 '평양대부흥'의 성공 요인을 검토하며, '평양대부흥'을 (1) 평신도 운동이었다 ; (2) 복음의 속성에 충실한 부흥운동이었다(헌신, 기도, 말씀) ; (3) 의료선교와 함께 기여한 부흥운동이었다 ; (4) 교육사업과 함께 기여한 부흥운동이었다 ; (5) 연합사업으로 이루어진 부흥운동이었다고 해석한다.[20] 안희열은 선교에서의 선교사의 인격을 특별히 강조하면서, '평양대부흥'의 긍정적인 측면으로 "현지인 위임", "토착 교회", "교회의 선교(Missio Ecclesia)" 등을 들고, "부정적인 측면"으로는 "이들에게 있어서 사회활동, 의료봉사, 그리고 교육활동은 복음전파를 완성시키는 수단으로만 생각했다."고 지적한다.[21] 홍기영은 '평양대부흥'이 선교학적으로 "성령 운동", "회개 운동", "전도/선교 운동", "교회 성장 운동", "에큐메니칼 운동",[22] "토착화 운동", "통전적 선교" 등의 특징을 갖는다고 말한다.[23] 흥미로운 것은 서구에서 비판 받아 왔던 '문명화 선교'가 국내 선교학자들에게는 한국 교회의 유효한 해외 선교 모델로 인식되고 있다는 점이다.[24] 또한 '평양대부흥'을 해외 선교를 위한 대안적인 전략을 제시하기 위한 케

20) 심창섭, "한국교회 부흥운동의 선교전략적 의의 : 1903년 원산기도회와 1907년 평양 대부흥운동 중심으로", 「신학지남」 293 (2007).
21) 안희열, "초기 한국교회의 부흥운동(1903-1908)과 선교학적 고찰", 「성경과신학」 44 (2007), 162.
22) 이진구, "한국 개신교와 선교 제국주의", 「사회비평」 33 (2002), 185-186. 이진구는 '선교대국', '선교강국'으로 등장한 한국 교회의 해외 선교에서 "교파이기주의", "개교회주의"가 만연해 있다고 비판한다 : "이처럼 한국 교회의 해외 선교에서 나타나고 있는 '교파 이기주의'와 '개교회주의'는 '복음화'라는 미명하에 무한한 자기 확장 욕구를 숨기고 있는 제국주의에 다름 아니며, 그 과정에서 나타나고 있는 하나의 증세가 '빨리빨리 병'인 것이다."
23) 홍기영, "1907년 평양 대부흥 운동의 선교학적 고찰", 「한국기독교신학논총」 46 (2006), 349-376.
24) '문명화 선교'에 대해 분명히 반대 입장을 가진 선교사들도 선교지 현장에서는 대체로 복음선포와 교육, 경제 환경의 개선을 함께 추구한다. Brian Stanley, "Christian Missions and the Enlightenment : A Reevaluation", in *Christian Missions and the Enlightenment*, ed. Brian Stanley (Grand Rapids : Eerdmans, 2001), 19.

이스로 활용하려 한다는 점도 눈에 띤다. 그러나 전체적으로 한국 선교학계는 '평양대부흥'에 대한 독자적인 선교학적 접근을 시도한다기보다는 기존의 연구 성과를 선교의 목적에 실용적으로 활용하려는 성향을 보이고 있다.

선교학 자체가 하나의 특징적인 선교가 되려면, "배움의 세계도 하나의 선교 현장(the world of learning is a mission field too)"[25]이라는 인식이 요청된다. 복음주의 선교 문서들이 갖고 있는 문제점 중 하나는 선교 현장에 대한 지식은 축적되는데 비해 선교 현장으로부터 '배움'이 발생하지 않음으로 인해 참된 의미의 '제자도'를 발견하기 어렵다는 데 있다. 이들 선교 문서들은 선교의 당위성을 역설하면서 잘 짜인 선교 전략이 성공을 가져온다는 논법을 구사하곤 한다. 선교 문서들에서 흔히 나타나는 이러한 자신감의 과잉은 적절한 방법만 찾으면 선교하는 교회가 선교지 교회로 이식될 수 있다는 환상을 불러일으키기도 한다.

하지만 선교사 바울은 고린도 교회에게 자신의 "약함"을 알리면서 "약함"의 도를 가르치려 했다. 바울의 약함은 유대주의적 기독교인이 구하던 '표적(signs)'에서의 약함도 아니었고, 헬라주의적 기독교인이 찾던 "지혜(고전1 : 22)"에서의 약함도 아니었다. 개인적인 건강과 확신과 의지와 실천에서의 약함도 아니었다. 선교 현장 자체가 그를 약하게 했다 : "내가 너희 가운데 거할 때에 약하고 두려워하고 심히 떨었노라(고전2 : 5)." 선교학은 이 "약함"의 배움이다. 이 약함은 인간적인 결함으로 인해 발생하는 것이 아니라, 선교사를 선교 현장에 파송하는 하나님으로 인해 발생하기 때문에 근본적으로 해결될 수 없는 약함이다.

---

25) Walls, "Structural Problems in Mission Studies", 152.

선교학은 복음과 세상이 충돌하는 선교 현장의 폭발적 상황에 대해 항상 깨어 있는 학문이다. 이 임팩트를 견디는 수밖에 없다. "그가 내 이름을 위하여 얼마나 고난을 받아야 할 것을 내가 그에게 보이리라(행9 : 16)." 그렇다면 선교학은 선교사들이 선교지에서 처한 근원적인 곤경을 드러내는데 주저할 이유가 없다. 철학가들과 비평가들과 문화학자들이 제기하는 소통의 어려움은 선교의 이 불가능함에 비할 바가 못 된다. 유대인이 구하는 "표적"도, 헬라인이 찾는 "지혜"도, 선교사를 선교의 불가능성으로부터 구원하지 못한다.

이 연구는 일관성 있는 선교학적 관점으로 '평양대부흥'의 선교학적 해석을 시도할 계획이다. 하지만 선교 현장에서 선교사가 처한 근원적인 곤경을 함께 하는 선교학적 대화는 결코 영적, 도덕적, 신학적, 세대적 우월감으로 행해질 수 없다. 선교학의 자유는 선교사들의 약함을 자신의 책임으로 스스로 짊어지는 데서 출발해야 한다.[26]

(5) 신학적 접근

이 연구는 '평양대부흥'에 대한 '신학적 접근'을 시도한다. 선교학을 실천신학의 한 분야로 두는 경향으로 인해, 선교를 '신학의 어머니'라고 하면서도, 정작 선교학은 신학적 사유에 있어서는 빈약하다는 평가를 받아왔다. 영미권의 선교사들이 성서 연구나 조직 신학, 종교 철학과 같은 분야에서 별다른 업적을 남기지 못했으며, 신학을 단지 새로운 문화적 상황에서 설명되고 증명되어야 할 "자료"로 볼 뿐, 발전시켜야 할 어떤 것으로 보지 않았다는 지적이 있다.[27] 특별히 복음주의 선교사들이 주도한 부흥

---

26) Samuel Pang, "Toward a Pedagogy of Responsibility for the Other", *Journal of Christian Education & Information Technology* 10 (2006), 215.

운동은 한국 교회의 "신학적 빈곤"과 "반(反)지성주의(anti-intellectualism)"를 초래한 원인으로 비판되기도 했다.[28] 부흥주의적인 선교사들은 신학에 대해 별 관심이 없었으며, 보다 많은 회심자들을 얻기 위한 실용적인 방법을 찾는데 골몰했다는 것이다.[29] 인위적으로 조성된 열광주의는 부흥 운동을 지성보다는 감성에 호소하는 운동으로 각인시켰다. 복음주의 선교사들에게 선교는 종말론적인 긴급을 요하는 일로서, 신학적인 성찰보다는 즉각적인 실천을 촉구하는 것처럼 보였으며, 이러한 "행동주의"[30] 하에서 선교사들은 일반적으로 선교 방법에 관심할 뿐, 선교 실천의 이론인 신학에 대한 성찰은 부진을 면치 못했다는 것이다.[31] 선교사들의 신학의 빈곤은 선교학으로 전이되어, 선교학을 신학의 빈곤 상태에 머물게 하는 한 요인으로 지적되고 있다.

그러나 비단 선교학계만의 문제는 아닌 것 같다. '평양대부흥'에 대한 신학계의 해석들은 혼돈 상태에 있다는 느낌을 준다. 선교사(宣敎史)적 관점에서 백낙준은 '평양대부흥'이 "한인 신자들과 선교사들 간의 이해 증진"[32]을 가져왔다고 평가하는 데 반해, 이덕주는 "부흥운동으로 종교·문화적인 측면에서 선교사와 한국인 사이의 간격은 좁혀졌다 할 수 있지만, 정치·사회적인 측면에서는 그 간격이 오히려 더 넓어졌다."[33]고 주장하

27) Andrew Walls, "The Nineteenth-Century Missionary as Scholar", in *The Missionary Movement in Christian History : Studies in the Transmission of Faith* (Edinburgh : T&T Clark, 2004), 197.

28) Jae-Buhm Hwang, "Theological Poverty of Churches in the Developing World : Its Causes and Effects", *HTS Theologiese Studies/Theological Studies* 67.3 (2011), 2.

29) Ibid., 3-4.

30) David Bebbington, *Evangelicalism in Modern Britain : A History from the 1730s to the 1980s* (Grand Rapids : Baker Book House, 1989), 2-3.

31) Christopher Wigram, "The Bible and Mission in Faith Perspective : J. Hudson Taylor and the Early China Inland Mission" (Ph.D. diss., Universiteit Utrecht, 2007), 2.

32) 백낙준, 『한국개신교사』 (서울 : 연세대학교 출판부, 1973), 392.

33) 이덕주, "초기 한국 교회 부흥 운동에 관한 연구(3)", 「세계의신학」 44 (1999), 98.

고 있다. 류대영이 '평양대부흥'을 감리교 주도의 성결 운동이라면서, 장로
교는 1905년 복음주의한국선교부공의회 조직 이후 일시적으로 참여하게 되
었다고 주장하는 데 반해,[34] 옥성득은 한국인 목사가 시무하던 평양 남산
현감리교회 등 "평양 부흥에 대해 감리교회는 처음에 심한 반대와 적대감
을 보였다."고 주장하고 있다.[35] 또한 '평양대부흥'이 진행 중이던 1907년
9월 장로교 노회가 12개 신조의 "조선예수교장로회 신경"을 채택했는데,
이에 대해 옥성득은 여기에서는 "칼빈주의와 웨슬리주의의 조화를 추구"
했으며, "성서무오설이나 축자영감설을 말하지 않은 데서 볼 수 있듯이 한
국 장로교회의 신학은 20세기 초의 온건한 복음주의 노선에 서 있었다."
고 보는데 반해,[36] 민경배는 "이 12신조의 특색은 그 강직한 칼빈주의적
경향에 있다."고 주장한다.[37] 박용규가 '평양대부흥'에서 장로교, 감리교가
중심이 된 복음주의 선교 운동의 연합과 일치를 확인한다면,[38] 박명수는
'평양대부흥'의 실제 내용이 '성결운동'이라 하여, 성결교단 없는 성결운동
으로 평가한다.[39] '평양대부흥'이 한국교회의 성격과 진로를 결정하는 데
결정적이었다는 것에 대체로 동의하면서도, 이처럼 해석상 차이가 발생하
는 것은, 그만큼 한국 내 복음주의의 성격과 진로를 둘러싼 다양한 스펙트
럼이 존재함을 방증한다.

---

34) 류대영, "20세기 초 한국교회 부흥현상 연구에 관한 몇 가지 재검토", 181-186.
35) 옥성득, 『한반도대부흥』, 261 : "아마도 이 적개심의 가장 놀라운 사례는 1,700명의 교인
　　이 있는 평양 [남산현] 감리교회의 한국인 [이은승]과 직원들에게서 찾을 수 있을 것이
　　다. 그 목사와 직원들은 평양의 기독교 학교에서 학생들에게 미친 부흥회의 영향과 죄로
　　인한 고통을 목도하고, 부흥운동과 더불어 나타나는 신체적인 표현이 너무 격렬하여 그
　　것이 성령의 사역이라기보다 귀신에 사로잡혀 일어난 것으로 보고, 이 운동을 적극 반대
　　하기로 했다."
36) 옥성득, 『한반도대부흥』, 327.
37) 민경배, 『한국기독교회사』, 292.
38) 박용규, 『평양대부흥운동』, 503-504.
39) 박명수, "성결운동과 한국교회의 초기 대부흥", 「한국기독교와 역사」 14 (2001), 49.

그런데 이렇게 '평양대부흥'의 성격을 이해하는 데 중요한 의미를 갖는 다양한 관점들과 논점들이 후속 논의 없이 그대로 방치됨으로써, '평양대부흥'은 모든 것을 아우르면서도 아무런 내용이 없는 일종의 메타-언어가 되어버린 감이 있다. 그러면서도 부흥 운동을 전체적으로 평가하는 데 있어서만은 '사관(史觀)'의 차이가 분명히 드러나고 있다. 따라서 같은 사료에 대한 다른 해석의 가능성이 제시되기보다는, 정해진 사관에 따라 선별된 사료들을 이용하여 일방적으로 입론하는 경향도 눈에 띤다. 에딘버러 세계 선교대회에서 지적된 "한국 교회 신학의 빈곤"[40]이 오늘날 연구자들의 '평양대부흥'의 해석에서도 되풀이되는 것은 아닌가 한다.

이러한 사정에도 불구하고, 아니 이런 사정 때문에 더욱, 신학적 접근이 요구된다. 선교학이 신학적이라 함은 우선 선교의 기원과 관련된다. 선교의 인간적 동기가 여하튼 간에, 선교의 대상자들에게 선교가 어떻게 수용되든지 간에, 선교학은 선교가 하나님의 부르심과 파송에 기원한다는 전제를 받아들임으로써 가능해진다. 하지만 이 전제는 스스로 명백하지 않으며, 당연한 것으로 여겨질 수 없다. '하나님의 선교'는 자명하지도, 당연하지도 않다. 선교 현장에서 선교의 기원은 불확실성을 피할 수 없다. '하나님의 선교'가 입증 불가능하다면, 선교사들의 과제 또한 자명한 것으로 간주될 수 없다.[41] 선교의 불확실성을 우선적으로 고려하지 않는 선교학은 오히려 굳건한 기초 위에 설 수 없다. 선교학의 진정한 주제는 선교 그 자체가 아니라, 선교하는 하나님이다. 이 주제는 선교 현장의 다양한 현상

---

40) 민경배, 『한국기독교회사』, 295.

41) 바르트(Karl Barth)는 "사도"로서의 바울은 "불가능한 존재"(an impossibility)였다고 주장한다. Karl Barth, *The Epistle to the Romans* (Oxford : Oxford University Press, 1968), 27-28. 같은 의미에서 선교 현장의 선교사는 "불가능한 존재"라고 말할 수 있다.

들로부터 즉각적으로 인식될 수 없으며, 반드시 별개의 신학적인 고찰을 요구한다.

이 점에서 선교학적 시각은 역사학적 시각과는 다르다. 선교학의 주된 관심은 역사적 과정 그 자체라기보다는 이 과정 속에서 행해진 증언의 성격과 한계이다. 선교의 동기, 선교의 가치에 대한 확신은 어디까지나 '규범적으로 신학적인(normatively theological)', '정통(orthodoxy)'으로부터 나온다.[42] 따라서 선교학에서는 역사적인 연구 성과가 규범적인 신학적 연구와 통합되어야 한다. 선교가 어떻게 행해지고, 왜 행해지는가 하는 문제는 이미 일어난 일들을 단지 추인하는 문제가 아니다. 그것은 "신학적 정통"[43]의 문제다. 선교학이 비교 종교학이나, 종교 사회학, 문화 인류학 등으로 환원될 수 없는 것은, 선교학이 이들 학문과는 다른 기초 위에 서 있기 때문이다.

그렇다고 해서 선교학이 호교론적인 학문이라는 말은 아니다. 선교와 선교학은 선교하는 교회의 신학과 실천을 정당화하는 수단이 아니다. 오히려 선교와 선교학은 신학적인 성찰과 신학의 재형성을 결과한다. 선교 현장에서 발생하는 사건들은 선교하는 교회가 믿어온 특수한 전통, 관습, 신조, 신앙과 기독교인의 삶, 윤리, 자세 등 전반에 걸친 성찰을 촉진한다. 이러한 성찰은 최종적으로 신학적 갱신으로 인도할 것이다. 부차적인 주제들이 전면에 부각될 수 있고, 중요한 논란거리였던 주제들이 잊혀질 수도 있다. 이러한 선교학적 자극이 없다면, 신학은 자기 완결적인 구조를 지향할 것이다. 그러나 선교와 선교학을 통해서 신학은 시험되며, 당연한 것들이 의심되고, 망각된 교리들이 무덤으로부터 걸어나올 것이다, 신학도

42) Daniel Hardy, "Upholding Orthodoxy in Missionary Encounters : A Theological Perspective", in *Christian Missions and the Enlightenment* ed. Brian Stanley (Grand Rapids : Eerdmans, 2001), 198.
43) Hardy, "Upholding Orthodoxy in Missionary Encounters", 201.

'임시적(occasional)'[44]이기는 매일반이지만, 선교학은 신학의 사치가 아니라 필수다.

선교와 선교학의 공헌은 선교하는 교회에 위기를 가져오고 개혁을 촉구하는 데 있다. 초대 유대인 교회의 이방인 선교가 결과적으로 선교하는 유대인 교회에 광범위한 위기로 되돌아왔다. 김상근은 "기독교 역사에서 선교 현장의 신학적 반성이 서구신학 자체를 재해석시켰던 선교사적(宣敎史的) 문제"로서 16세기 라틴 아메리카 선교 현장으로부터 나온 선교 보고들이 당시 지배적이었던 토마스 아퀴나스의 신학을 재검토하게 된 실례를 들고 있다.[45] "선교신학은 선교 현장을 신학화하는 작업과 분리될 수 없다."[46]

신학화한다고 해서 선교학이 폐쇄적이라는 말은 아니다. 선교 현장에 포커스를 맞추는 선교학은 개방적이다. 선교가 전인적이라면, 선교 현장도 전인적으로 접근되어야 한다. 교회사는 기독교와 기독교 교회와 관련된 일들을 주로 다룸으로써 일반사 또는 종교사와 별개의 영역으로 인식되는 경향이 있다.[47] 그러나 선교 현장에서 기독교는 선교지민들에 의해 여러 종교들 중 하나의 종교로 인식된다. 선교학은 기독교도 "하나의 인간의 종교(a human religion)"임을 받아들인다.[48] 따라서 선교학의 신학적 과제는 계시의 종교적 성격을 부인하지 않고도 종교에 대한 계시의 우선성을 수립하는 것이며, 하나님과 인간, 계시와 종교 간에 발생하는 '이야기(story)'를

---

44) Walls, "Structural Problems in Mission Studies", 146.
45) 김상근, 『선교학의 구성 요건과 인접 학문』, 53.
46) 김상근, 『선교학의 구성 요건과 인접 학문』, 24,
47) 주진오, "한국사학계에서 바라본 한국기독교사 연구", 「한국기독교와역사」 15 (2001).
48) Garrett Green, "Challenging the Religious Studies Canon : Karl Barth's Theory of Religion", *The Journal of Religion* 75.4 (October 1995), 479.

연구하는 것이다.[49] 또는 계몽주의 하에서 계시가 종교로 대체된 과정이 '신학적으로' 이야기될 수도 있을 것이다. 선교가 초래한 도전을 자기 정당화로 소진시키는 호교론은 이런 점에서 충분히 신학적이지 못하다고 할 수 있다. 본 연구가 그리스도론을 '평양대부흥'의 신학에 적용해보려 하는 것은 '평양대부흥'과 같은 선교 사건을 신학화하는 것이 선교학의 과제 중 하나이기 때문이다.

선교사들이 비록 신학적 주제들에 대한 전문적인 소양을 쌓을 충분한 기회를 미리 얻지 못했다 하더라도, 그들은 선교 현장에서 선교하는 교회의 신학과 신앙을 대변한다. 그들은 또한 당연시 했던 전제들이 선교 현장에서 의문시되는 상황에 직면한다. 선교 문서들은 이러한 도전들에 대한 선교사들의 임시적인 대응들로 가득 차 있다. 선교학은 선교사들의 체험들과 그들의 실행을 신학화하는 작업을 감당해야 한다.

특히 선교하는 교회의 묵시적(默示的)인 전제들이 선교지에서 일상적으로 가르쳐진 신학이었다면, 선교되는 교회의 입장에서도 그 전제들이 무엇인지 분석할 필요가 있다. 흔히 선교사들의 신학적 사유의 깊이의 결여가 비판되기도 하지만, 이러한 결여를 파생시킨 선교하는 교회의 역사는 결코 단순하지 않다. 복음주의 선교사들이 신학에 대한 선교지 주민들의 관심을 달갑지 않게 여기고, 그들을 의도적으로 우민화(愚民化)시켰다는 주장은 수긍하기 어렵다. 특별히 '평양대부흥'을 전후한 시기의 복음주의와 그 후에 대두된 근본주의적 경향을 혼동해선 안 될 것이다. 복음주의 선교사들은 그들이 배운 대로 가르쳤던 것이고, 복음주의는 처음부터 우민들을 위한 종교가 아니었다. 그보다는 선교사 자신들에게 단순함은 미덕이

---

49) Karl Barth, *Church Dogmatics I.2 : The Doctrine of the Word of God* (Edinburgh : T&T Clark, 1956), 296 : "The only thing we can do is to recount the history of the relationship between the two."

었다. "'전달자(선교사)'가 복음을 그런 식으로 밖에 이해할 수 없었던 원초적인 교회사적 배경에 대한 연구"가 필요한 것이다.[50] 이에 대해서는 제5장의 '재귀적 선교'에서 본격적으로 다뤄질 것이다.

끝으로 깨어지고 모순을 드러내는 과정으로서의 선교를 어떻게 기술(記述)하는가 하는 문제를 생각해 보려 한다. 전통적으로 교회의 이야기, 선교의 이야기, 부흥의 이야기는 진보적이든, 순환적이든, 아니면 연쇄적이든, 나름대로 일관성을 가질 수 있었다. 실제로 부흥 운동의 내러티브는 매우 정형화된 구조를 가지고 있는데, 복음주의의 빈곤은 어떤 의미에서는 내러티브의 빈곤이라고도 할 수 있다. 복음주의의 자녀인 현대 선교학도 이 내러티브를 답습하는 경향이 있다. 그런데 만일 선교학이 이러한 관행적인 내러티브 대신 복음과 복음주의, 계몽과 계몽주의 간의 모순과 균열과 깨어짐과 해체를 환기하는 이야기, 계몽주의의 그늘 아래에 있는 복음주의 선교의 평탄하지 않은 이야기를 기록하려 한다면, 이 이야기에 자기 완결성을 기대하기는 어렵다. 본 연구가 이론적, 비교적, 통합적 접근을 통해 '평양대부흥'에 대한 전모(全貌)를 그려보려고 최선을 다하겠지만, 선교학은 "우리 중에 이루어진 사실(눅1 : 1)"을, 나름대로 "근원부터 자세히 미루어 살핀(눅1 : 3)" 결과에 대한 일종의 "보고서"(report) 이상은 될 수 없을 것이다.[51]

---

50) 김상근, 『선교학의 구성 요건과 인접 학문』, 133.

51) Karl Barth, *Church Dogmatics* III.3 : *The Doctrine of Creation* (Edinburgh : T&T Clark, 1960), 295 : "This history, in the course of which this break occurs, is the object of theology. Theology is the record of this history. Hence it must consider all those claims in their place and manner. It must not be intent on unifications or mediations which are not found in the history. It must not degenerate into a system. It must always be related to that history. It must always be a report. It must not strain after completeness and compactness. Its aim must simply be to make the right report."

III. 복음주의 선교에 대한 이론적 검토

1. '근대화 선교'

박용규는 한국 교회사의 "해석적 접근방법"을 몇 가지로 구분하는데, 그의 구분에 따르면 "교회사는 그 본질에 있어서 선교사(宣敎史)"라는 백낙준의 "선교사관", "민족의 주체성"을 강조하고 "교회의 민족사적 사명"을 중심축으로 하는 민경배의 "민족교회사관", "기독교의 주체는 민중"이라는 "민중사관", "한국기독교사 연구가 일반 국사학과 만남"으로써 "실증적이고 과학적인 교회사 연구"를 통해 "사실 규명"을 우선시하는 "실증주의사관(종교사·문화사적 접근)",52) "개혁주의적 교회사관"과 자신의 "복음주의적 해석" 등을 들고 있다.53) 여기에서는 위와 같은 통상적인 교회사적 구분 방법을 따르지 않고, 복음주의 선교의 성격을 둘러싼 접근 방법에 국한하여, 19세기 말부터 20세기 초, 특히 '평양대부흥'을 전후한 시기의 복음주의 선교에 대한 기존의 주요한 접근 방법들을 상론하고 그 한계들을 지적하면서, '계몽적 선교' 패러다임을 대안으로 제시하려고 한다.

'근대화 선교'는 흔히 '문명화 선교(civilizing mission)'라는 명칭으로 불리어 왔다. '문명'의 의미가 여하튼간에, 복음주의 선교사들은 낙후한 한국에 근대 문명을 가져온 사람들로 알려져 왔다. 그들은 선교지의 자주권과 문명 개화의 이중 과제에 적극적으로 관여했다. 학교, 의료기관, 출판·인쇄, 사회 복지 시설, 여성, 아동, 장애인, 고아 등등 수많은 분야에서 선교사들은

---

52) 박용규는 "계몽주의와 더불어 발흥한 실증주의 사관, 실증주의 역사방법론은 초자연적인 영역들을 다 제거하고 인간의 이성으로 검증할 수 있는 역사를 재구성하려고 했다."고 지적한다. 그는 이만열 등 '한국기독교 역사연구소'가 "신앙과 역사실증주의를 조화시키려고 하였다."면서도, "한국 교회사를 한국 종교사적 측면"에서 접근할 "위험"을 지적한다. 박용규, 『한국기독교회사 1 (1784-1910)』 (서울 : 생명의말씀사, 2004), 48-50.

53) 박용규, 『한국기독교회사 1』, 15-69.

한국 역사의 시대적 요구에 부응했으며, 그 이상으로 보편적인 인류애를 실천했다. 나아가 근대화는 단지 제도와 기관의 설립에 그칠 수는 없는 일이었다. 선교사들은 한국인들의 의식 또는 정신세계의 개혁과 개조에 기여했다. 구습의 개혁을 위해서는 그것을 구습으로 인지할 수 있어야 했다. 즉 근대화에는 근대 의식이 동반되어야 했다. '근대화 선교'론은 선교사들이 가져온 근면성과 모험 정신, 과거의 청산과 새로움에 대한 적극적인 수용 등등도 언급해왔다. 중세 봉건 사회의 운명주의와 폐쇄주의, 완고함과 형식주의, 보수주의, 전통주의 등등이 비판의 대상이 되었다. 개화는 불가피할 뿐만 아니라, 역사의 거스를 수 없는 대세요, 인류의 보편적인 방향이었다. "한국의 근대사는 기독교 전래와 더불어 시작되었다고 해도 과언이 아니다."[54] 선교사들은 근대화의 선도자들이요, 새로운 삶의 길을 실천적으로 보여준 문화적 영웅들이었다.

"한국교회사의 복음주의적 해석"[55]을 주도하고 있는 박용규는 이러한 관점에서 "평양대부흥운동"의 "영적각성운동"이 "놀라운 개인 및 사회변혁을 낳았다"며, "기독교 신앙은 하나님 앞에서 민족주권의 소중성을 일깨워 주었고, 나라 잃은 아픔과 슬픔을 자신의 아픔과 슬픔으로 승화시킬 수 있도록 촉구했다. 자연히 복음은 민족의식과 민족주의 정신을 함양하고 고취시켰다."[56]고 주장한다. 또 "민족의식과 민족주의 정신을 함양하고 고취"한 것과 같은 맥락에서 박용규는 한국의 기독교가 "한국의 근대화에 적지 않은 영향을 미쳤다."[57]며 특히 '평양대부흥'이 한국 사회를 변

---

54) 박용규, 『한국기독교회사 1』, 61.
55) 박용규, 『한국기독교회사 1』, 54-66.
56) 박용규, 『한국기독교회사 1』, 61.
57) 박용규, 『평양대부흥운동』, 500.

화시키는 원동력이었다고 평가한다.

> 대부흥운동이 가져다준 영적 각성은 한국인들의 심성을 놀랍게 변화시켜
> 주었고, 그와 같은 영적 변혁이 개인의 개혁에서 사회적인 개혁으로 이어져
> 사회가 놀랍게 변하고 있었던 것이다. 놀라운 교세의 신장과 한국을 뒤흔드는
> 사회적 변혁은 정치적인 압박을 극복하는 원동력이 되었고, 그 결과 이 나라
> 에 다시 민족에 대한 새로운 자긍심을 심어 주어 이 민족에 대한 뚜렷한 소망
> 을 기독교 안에서 찾도록 만들어 주었던 것이다.58)

박용규는 "평양대부흥운동"으로 인한 "남녀평등사상, 서양교육의 확산,
신분 타파, 봉건체제의 타파, 도덕 및 윤리의식의 고양, 여성의 지위향상,
서양의학의 발단, 한글의 저변 확대, 그리고 수많은 동서고금의 저술들의
번역과 소개는 한국의 근대문화를 태동시키는 중요한 원동력이었다.59)고
주장하고 있다. "복음주의적 해석"이 "복음의 진리"인 "성경"에 의해서
"문화"를 판단한다고 하지만,60) 박용규의 해석은 '문명화 선교'론과 기본
적으로 다를 바 없다. 근대는 전적으로 새로운 시대로 간주되며, 근대화는
인류 문명의 진보와 동일시되고 있다. 19세기 복음주의 선교사들의 '문명
화 선교'는 20세기 한국 복음주의 교회사에 의해 '근대화 선교'로 별다른
수정 없이 계승되고 있는 것이다.

'근대화 선교'는 기본적으로 이분법적이다. 낡은 것과 새로운 것의 대비
는 어둠과 빛, 미몽과 계몽, 야만과 문명, 속박과 자유, 미신과 과학, 불합
리성과 합리성, 수구와 개혁, 불행과 행복 등등의 대비로 이어졌다. 기독
교는 새로운 종교인만큼 이분법의 후자에 속했다. 근대(modern)이전의 것

---

58) 박용규, 『평양대부흥운동』, 498.
59) 박용규, 『한국기독교회사 1』, 61.
60) 박용규, 『한국기독교회사 1』, 55.

들은 근대에 의해 판단되어야 했다. 새로움이 모든 것의 척도가 되었다. 류대영도 초기 미국 선교사들이 선교지 한국민들의 계몽과 근대 의식 고취에 선구적인 역할을 했다고 본다.

> 미국 선교사들에 의해 주도된 초기 한국의 개신교는 미국 선교사들의 신학, 즉 19세기 미국 '복음적 기독교'의 특징을 고스란히 가지고 있었다. 따라서 19세기 미국의 복음적 기독교가 당시 미국 사회를 변혁시키는 사회·문화적 역할을 담당했던 것과 마찬가지 역할을 개화기의 조선 땅에서 행했을 것이라는 점은 충분히 짐작할 수 있다. 더구나 개항과 더불어 우리나라에 들어온 미국 개신교는 한국의 전통 문화와 비교해 볼 때 확실히 '근대적'이라고 할 수 있는 요소였다. 따라서 미국 선교사들이 전해준 기독교는 서구적 근대화를 위해서 애쓰던 개화기의 조선에서 대단히 진보적인 역할을 담당할 수 있는 위치에 있었다. 그동안 연구자들은 개신교가 개화기 동안 서구적 사상, 학문, 의학, 교육, 문화, 예술을 도입하는데 주도적 역할을 했으며, 한글보급과 출판을 통해 조선인을 계몽시켰으며, 축첩, 조혼, 신분제도와 같은 전근대적인 관습과 싸웠으며, 인권(특히 여성과 어린이의 권익)을 신장하고, 민족의식과 애국심을 불어넣는 데 큰 기여를 했다는 사실을 밝혀내었다.[61]

"19세기 미국 '복음적 기독교'"는 "한국의 전통문화"에 비해 '근대적'이었고, 선교사들은 '근대화'를 위해 큰 기여를 했다는 것이다. 개화기의 선교사들의 선교 활동은 당대의 한국 개화파들의 계몽 운동과 다를 바 없었고 오히려 "주도적 역할"을 담당했다.

그러나 한국에서 활동한 미국 선교사들이 초기에는 이처럼 근대화에 적극적인 역할을 했지만 점차 한국 근대화의 대세로부터 이탈했다는 비판적인 관점도 꾸준히 제기되어 왔다. 앞서 "복음적 개신교"가 한국의 근대화

---

61) 류대영, "2천년대 한국 개신교 보수주의자들의 친미·반공주의 이해", 「경제와 사회」 62 (2004), 65~66.

에 크게 기여했다고 한 류대영에 따르면, 하나의 "대반전"[62]이 일어났다.
그것이 '평양대부흥'이었다.

　　한국 개신교의 정치적·사회적 성격에 "대반전"이 일어날 수 있는 계기가
된 사건은 소위 "대부흥"이었다. 한국교회의 신학과 신앙 방식에 역사적인 전
환점이 된 이 사건은 일본의 러일전쟁 승리와 "을사조약"(1905)부터 경술국치
(1910)에 이르는 현대 우리 민족사의 가장 어두운 시기에 걸쳐 발생했던 비상
한 종교 현상이었다. 대부흥은 한국 개신교의 새로운 시대를 열어 놓았다. 그
변화 가운데 이 글의 주제와 관련하여 지적할 것은 이때부터 기독교가 뚜렷이
보이기 시작한 비정치화, 또는 탈정치화 경향이다. 대부흥은 한국 개신교가 과
거에 강하게 보이던 민족주의적, 개혁적, 현실참여적 성격을 크게 상실하고 전
반적으로 내세 지향적인 개인적 차원의 감성적 종교로 변하는 결정적인 계기
가 되었다. 즉 한국인들이 나라가 망해가는 가운데 느낀 실망과 좌절을 종교
적 카타르시스를 통해 해소시켜주고 종교적 이상의 세계 속에 희망과 의미를
가지도록 해주었던 것이다.[63]

　'평양대부흥'을 거쳐 한국의 개신교가 현실참여적인 종교로부터 현실도
피적인 종교로 변질되었다는 사실만이 문제되지 않는다. 복음주의 선교
가 "정치에 순응하는 태도"를 가르쳤고, "이런 태도로 말미암아 대부흥
이후의 한국 개신교는 20세기에 걸쳐 대부분의 미국 복음주의자들이 보
였던 비정치적, 반정치적 태도를 지키게 되었다."는 것이다.[64]

62) 류대영, "2천년대 한국 개신교 보수주의자들의 친미·반공주의 이해, 66. "대반전(the Great
　　Reversal)"에 대해서는 George Marsden, *Understanding Fundamentalism and Evangelicalism* (Grand
　　Rapids, Michigan : Eerdmans, 1991) 85–93 참조.
63) 류대영, "2천년대 한국 개신교 보수주의자들의 친미·반공주의 이해", 65–66. 이 같은 견
　　해는 그의 『개화기 조선과 미국 선교사 : 제국주의 침략, 개화자강, 그리고 미국 선교사』
　　(서울 : 한국기독교역사연구소, 2004), 434에서 되풀이되고 있다.
64) 류대영, "2천년대 한국 개신교 보수주의자들의 친미·반공주의 이해", 67. 하지만 그는 『개
　　화기 조선과 미국 선교사』, 438에서 선교사들이 바랐던 것과 "민족주의적 조선 교인들의
　　감정"은 "매우 달랐다."고 주장한다. 이 차이가 어떻게 발생하게 되었는지 궁금해진다. 이

이 연구의 문제의식 중 하나도, 한국의 '근대화'에 크게 기여했다고 평가되는 선교사들이, '근대화'의 방향과는 일치하지 않는 것처럼 보이는 '평양대부흥'을 주도했다는 사실에 있다.[65] 많은 논자들이 주장하는 대로 부흥 운동이 근대 한국의 계몽 운동에 대한 일종의 '역주행'이었다면, 선교사들의 근대화에 대한 기여도는 이로써 반감될 수밖에 없다. 선교사들이 한국에 근대화를 가져왔을 뿐만 아니라, 근대화에 반하는 요소까지 가져왔다면, 그들은 그야말로 병주고 약준 셈이다.

근대화의 선구로 알려졌던 "복음적 기독교"는 점차 그들이 처음 추구했던 근대화의 걸림돌로 의심받는 지경에 이르게 되었다. "몰비판, 무의식으로 야소교의 신도가 되었고, 야소교의 포교(布敎)를 방관하였"다는 춘원 이광수는 1917년 "금일 조선 야소교회의 결점" 등의 논설을 통해, "교역자가 문명을 이해하지 못하기 때문에 다수의 교인을 미신으로 이끌고, 문명의 발전을 저해하며, 미신적 신앙을 고집하여 사회의 추세와 병진하지 못한다."고 비판했다.[66] 기독교는 "문명의 발전"을 저해하는 "미신적 신앙"으로 치부되기 시작했다. 1920년대부터 대두된 사회주의는 반(反)기독교, 반(反)선교사 경향을 노골화했으며, 의례화한 부흥회에 대한 반발도 강화되었다.[67] '문명화 선교'의 기억은 점점 망각되었다.

'평양대부흥'은 앞으로도 '근대화 선교'의 성격 해석을 둘러싼 주전장이

와는 달리 백낙준은 "부흥운동이 가져온 또 하나의 결과는 한인 신자(信者)들과 선교사들 간의 이해 증진이었다."고 주장한다. 백낙준, 『한국개신교사』, 392.

65) 그러나 베빙턴에 따르면, 종교적 열기와 정치적 열기는 동시적으로 나타나는 것이 가장 일반적이다. 종교적 이슈와 정치적 이슈가 함께 짜여 들어갔을 때, 교회에서 복음전도와 정치적인 주장이 동시에 활성화된다는 것이다. Bebbington, *Evangelicalism in Modern Britain*, 114-115.

66) 민경배, 『한국기독교회사』, 371-373.

67) 소설가 이기영은 「개벽」 72 (1926년 7-8월호)에 발표된 단편 "부흥회"에서 식민지 시대 부흥회를 날카롭게 풍자하고 있다.

될 것으로 보인다. '평양대부흥'을 근대화의 심화로 볼 것인가, 아니면 근
대화로부터의 후퇴로 볼 것인가 하는 문제가 계속 제기될 것으로 보인다.
지금까지 한국의 근대화에 적극 기여한 선교사들이 '평양대부흥'을 "역사
적 분기점"으로 하여 선교지민들에게 "종교적인 운동노선"[68]에 머물기를
요구하며 근대화라는 민족적 대의로부터 한국 교회를 이탈시키려 했다는
"대반전"론과 '평양대부흥'이 영적, 개인적 각성으로부터 출발하며, 사회
적, 문화적 변혁을 가져왔고 민족주의를 고취했다는 "복음주의적 해석"의
"대각성"론이 맞설 것으로 예상된다.

　하지만 '근대화'를 민족사의 절대적 과제로 전제하고, '평양대부흥'이 근
대화의 원동력이 되었는지 아니면 반대로 근대화로부터의 이탈이 되었는
지를 묻는 것은 '근대주의'의 물음을 야기한다. 이와 관련하여, '근대화 선
교'론은 중대한 문제를 가지고 있다. 근대화 선교론은 "복음적 기독교" 또
는 선교 초기 "미국 개신교"를 일반화하여 초역사적 범주로서의 "복음"의
대치물로 여기는 경향이 있다. 이로써 복음주의가 지닌 근대 종교로서의
성격이 불확실해진다. 그러나 중단 없는 근대화 선교였거나 근대화 선교
에 "대반전"이 발생했거나 간에, 근대화 선교의 주체가 된 "기독교" 자체

---

68) 이 점에서 '평양대부흥'과 시기적으로 겹치는 '신민회'에 대한 해석이 흥미롭다. 신민회는
1907년 4월 조직되어 자주독립국가를 지향하던 항일비밀결사단체였다. 한국기독교사연
구회편, 『한국기독교의 역사 I』의 편자에 따르면, 105인 사건으로 기소된 신민회원 123
명 중, 96명의 장로교인을 포함한 104명이 기독교인이었다면서 다음과 같이 주장한다.
"그러나 단지 신민회원 가운데 다수가 기독교인이었다는 이유 하나만으로 신민회 활동
을 곧 기독교 민족운동으로 보려는 입장은 다소간에 설득력이 약하다는 지적을 면키 어
려운 것이다. 즉 1907년 신민회 창립시 참여한 기독교인과 같은 해 같은 지역에서 같은
기독교인에 의해서 주도된 부흥운동도 이러한 기준에서 보면 기독교 민족운동으로서 전
혀 하자가 없는 조건을 갖추고 있어 판단에 혼돈을 초래할 가능성에 유의하지 않을 수
없기 때문이다… 이렇게 볼 때 우리는 1907년을 기점으로 한국기독교계가 민족적인 운
동노선과 종교적인 운동노선으로 양분되는 역사적 분기점에 이르렀음을 이해하게 된다."
한국기독교사연구회편, 『한국기독교의 역사 I』(서울 : 기독교문사, 1989), 299.

도 근대화된 종교가 아닌가 하는 물음이 제기될 수 있다. "복음주의적 해석"이 '복음'과 '복음의 증언'을 구별하지 않음으로써 혼선을 자초하고 있다면, "복음주의적 해석"에 대한 반론은 '근대'를 절대화하고, 근대화를 인류의 보편적 진보와 동일시하는 또 다른 우를 범하고 있지 않는가 한다. 흥미롭게도, 지난 20세기 들어 강력한 비판에 직면했던 '문명화 선교'가, "해석적 접근방법"의 차이에도 불구하고, '근대화 선교'로 이름만 바뀌었을 뿐, 대부분의 한국 교회사 연구자들 사이에게 자명한 것으로 전제되고 있다.

선교사들이 한국의 근대화에 기여했는가, 그렇지 않았는가 하는 종래의 물음은 그들이 기여한 '근대화'의 역사적인 성격을 물음으로써 심화될 수 있다. 또한 근대화를 둘러싼 논의는 좀 더 깊은 차원에서 내적 체험으로서의 '근대성'의 논의로 확장될 수 있다. 하지만 '근대화 선교'론은 근대화가 식민주의화, 신식민주의화, 자본주의화, 신자본주의화의 다른 이름이라는 반론에 대해 응답하기를 회피하는 경향이 있다. 단지 선교사들의 동기의 순수성과 선의와 진정한 한국 사랑을 지적할 뿐이다. 나아가 '근대화 선교'론은 19세기 진보의 이념에 사로잡혀, 문명화가 가져온 또 다른 '야만'과 '어둠'에는 둔감한 경향을 가지고 있다. 본 연구가 '계몽적 선교' 패러다임을 제시하는 까닭은 선교학은 문명화가 가져온 야만과 어둠에 대해서도 말해야하기 때문이다.

무엇보다도 한국의 근대화와 복음주의 선교를 직접 결부시킴으로써 어떤 어긋남이 지속적으로 발생하고 있다. 선교사들이 국내 계몽 운동가들처럼 문명개화의 선전자요 도입자가 되려 했었다고는 말할 수 없다. 그들이 한국 사회의 낙후성을 목격했고, 한국인들의 삶을 개선시키려고 노력했던 것은 사실이었지만 그들의 선교사로서의 과제가 이 불행한 땅에 단지 근대적 문명을 가져다주는 것일 수는 없었다. 복음주의 선교사들은 복음을 전하려고 했다. 그러므로 그들이 믿은 복음이 문명과 어떤 관련이 있었는가를 그들의 '주관적인' 관점에서 이해하는 것이 중요하다. 만일 복음을 전하기 위해 한국에 온 선교사들이 복음과 상관없이 문자 그대로 '근대화 선교'에 매진했다면, 그것은 선교사로서의 자기 정체성 상실로 이어질 수 있었다. 역설적이지만, 성공적인 근대화 선교는 물질주의, 세속화, 종교의 사적 영역으로의 후퇴 및 왜소화를 결과하고, 급기야 선교사가 제시하는 종교 자체에 대한 무관심을 초래할 수도 있었다. 그렇게 된다면, 근대화는 복음주의 선교의 무덤이 될 수도 있었다. 바꿔 말하면, 한국의 계몽주의자들이 기대했던 것처럼 근대화가 그 자체로서 복음주의 선교사들의 지고지선(至高至善)한 목표일 수는 없었다. 선교지에 새로운 시대를 열려고 했던 선교사들이 문명개화라는 당대의 대세로부터 자유로울 수는 없었지만, 그들이 가져오려 했던 새로움이 '신식 문명'과 동일할 수는 없었다. "예수께서 이르시되 그러므로 천국의 제자된 서기관마다 마치 새것과 옛것을 그 곳간에서 내오는 집주인과 같으니라(마13 : 52)."

이 문제를 오늘날 한국 교회의 세계 선교에 옮겨놓고 볼 때, 사태는 좀 더 복잡해진다. 한국 교회의 세계 선교는 기본적으로 '근대화 선교'의 모델로부터 크게 벗어나지 않고 있는 것처럼 보인다. 한국 교회의 해외 선교 역시 학교, 병원, 복지시설, K-팝 등 선교지 주민들의 삶의 질의 향상에 기여해온 것으로 보인다. 또한 서구 선교사들과 비교할 때, 한국인 선교사들은 식민주의 선교, 자본주의 선교 등의 혐의로부터 상대적으로 자유롭다는 유리점이 있다. 그렇다고 해서 한국인 선교사들이 현지 정치에 참여하거나 정치 조직의 결성과 활동에 직접적으로 개입하지는 않는 것 같다. 그들의 선교활동은 1백여 년 전 재한 복음주의 선교사들과 마찬가지로 문

화적 방면에 주력하는 것처럼 보인다. 동시에 그들은 각각의 선교 현장에
서 선교지 교회의 부흥과 회심을 위해 노력하고 있다. 이처럼, 그 영향력
이 크던 작던, 일반적으로 말해서 대부분의 한국인 선교사들이 '근대화 선
교'를 계승하고 있다고 해도 과언이 아닐 것이다.

한국이 세계적으로 근대화의 성공 모델로 선망(羨望)되는 현시점에서,
'근대화'를 역사화하고 상대화하기란 간단치 않은 일이다. 그렇다면 미국
선교사들에게 물어 왔던 질문을 이제는 선교대국 한국의 교회와 한국인
선교사들에게 돌려줘야 할 때가 되었다. "건너와 우리를 도우라."는 부름
에 응했던 한국인 선교사들도, 아메리카 원주민들을 전도하던 예수회 선
교사들처럼, 선교 현장에서 같은 질문 하에 놓일 것이다 : "Why Have You
Come Here?"[69] 오늘날 한국 교회의 활발한 해외 선교는 한국 교회가 단
지 수동적인 수용자가 아니라 능동적인 전달자임을 보여주고 있다. 한국
의 선교학계도 "수용자 중심의 선교학"에 안주할 것이 아니라 "전달자 중
심의 선교학"을 진지하게 고려해야 할 시점이다.[70] 그런 만큼 '근대화 선
교'의 한계를 지적하는 것은 더 이상 현대 한국 교회의 해외 선교와 무관
할 수 없다.

2. '문화 제국주의'와 '의식의 식민화'

'근대화 선교'가 역사적 필연성과 절대적 선을 향한 인류의 보편적 진보
를 추구했다면, 이를 무비판적으로 수용하는 '근대화 선교'론은 자본주의,
식민주의, 제국주의의 역사적 헤게모니를 정당화하는 지배 이데올로기라
는 비판에 직면하게 된다. 산업혁명과 부르주아 자유주의의 결탁은 모든

---

69) Nicholas Cushner, *Why Have You Come Here?* (New York : Oxford University Press, 2007).
70) 김상근, 『선교학의 구성 요건과 인접 학문』, 133.

사람을 자유로운 개인으로 상정하게 했고, 이에 대한 거부와 저항은 구습이나 악습으로 정죄되었다. 그러나 이 자유로운 개인은 실은 자신의 노동을 시장에서 팔아야 하는 노동자이기도 했다. 근대화 이론이 근대와 전근대의 대비를 절대화했다면, 자본주의화, 부르주아화의 이론은 역사적인 생산 양식과 생산관계에 따라 시대를 구분한다. '근대화 선교'가 추구하는 자유로운 개인이란 자본주의의 하의 계급적 '주체(subject)'일 뿐이다. 그렇다면, 근대화란 자본주의화를 은폐하는 용어에 불과하다.

재한 선교사들도 일정한 계급이나 계층에 속했기 때문에 그들의 계급, 계층 의식이 그들의 선교 활동에도 반영되었다고 볼 수 있다. 복음주의 선교가 한국 자본주의의 역사에 어떤 영향을 끼쳤는가 하는 중요한 물음이 아직 본격적으로 제기되고 있지 않는 실정에서 류대영은 복음주의 선교사들은 그 출신배경이 중산층이었고, 따라서 선교와 더불어 한국에 중산층적, 자본주의적 가치를 이식했다는 선구적인 견해를 제시한 바 있다. 그는 선교사들이 직접 서구 제국주의적 침략에 일조한 것은 "미미한" 것이며, "의도하지 않은" 결과였다고 하면서도, 한국의 기독교인들은 "선교사들로부터 자본주의 정신과 지식을 배"[71]웠다고 주장한다. 19세기 후반 미국 기독교사적 관점에서 선교지 한국 교회의 자본주의화 과정을 접근하는 류대영은 "청교도들의 칼빈주의적 엄격함은 대부흥을 거치면서 알미니안주의적(Arminian) 합리성에 자리를 내주고 있었"으며, "무디의 도시 중산층적 복음은 그가 직접 이끌었던 노쓰필드 집회, 그리고 그가 관여했던 YMCA, SVM 조직을 통해 해외 선교운동과 접목되었다."고 주장한다.[72] 자본주의

---

71) 류대영, 『초기 미국 선교사 연구(1884-1910) : 선교사들의 중산층적 성격을 중심으로』 (서울 : 한국기독교역사연구소, 2001), 261-263.
72) 류대영, 『초기 미국 선교사 연구』, 252-256.

정신과 복음주의 선교의 관련성을 다룬 국내 연구가 거의 없는 상태에서 류대영의 관점은 독보적이다. 그에 따르면 "해외 선교사로 지원한다는 것은 종교적 경건성을 표현할 수 있는 최고의 선택이었다. 그러나 자본주의적 가치관과 종교적 소명이 완전히 일치된 19세기 말에, 선교사의 길을 걷는다는 것이 부르주아적 가치를 부정한다는 뜻은 물론 아니었다."[73]

근대화가 자본주의화를 의미한다면, 그리고 자본주의화를 비판적인 안목으로 이해한다면, 근대화에 편승했던 복음주의 선교는 자본주의와의 연루를 피할 수 없다. 선교지 교회는 자본주의적 생산 양식에 적합한 노동하는 인간을 주조하는 학습장의 역할을 하게 된다고 볼 수 있다.

> 선교사들이 전한 "자본주의 복음"(capitalist Gospel)의 기본은 일과 노동의 중요성에 대한 일깨움이었다… 결국 노동을 해서 생계를 유지하는 "성경에 의해 정해진 노동 기준(the labor standard established by Scripture)", 즉 자본주의적 노동관은 복음전파의 효율성을 위해서도 한국인들에게 가르칠 필요가 있었다.[74]

그뿐만이 아니었다. "한국 기독교인들이 조직했던 금연·금주 운동에는 도덕적 차원을 넘어서 절약과 절제라는 자본주의적 가치관이 배어 있었다."[75] "미국 선교사들의 '자본주의 복음'이 많은 한국 신자들에게 자본주의적 가치관을 가르치거나 강화시켜서 경제적으로 성공하게 했을 것이라는 개연성은 부인할 수 없다."[76] 류대영은 특히 관서 지방의 기독교인들이 "중산층적, 상업적 특징"을 갖고 있었다면서, "신분 상승 욕구가 강하

---

73) 류대영, 『초기 미국 선교사 연구』, 253.
74) 류대영, 『초기 미국 선교사 연구』, 254.
75) 류대영, 『초기 미국 선교사 연구』, 259.
76) 류대영, 『초기 미국 선교사 연구』, 260.

고 실용적 개방적"이었던 "전통적인 중인층"과 "신흥 중류층" 등 한국내 "자립적 중산층"이 선교사들이 전한 "자본주의적 복음"을 적극적으로 받아들였다고 보고 있다.[77]

하지만 "일부 선교사들은 하나님을 위하여 일할 뿐 아니라 물신(物神, Mammon)을 위하여도 길을 열어 놓고 있었다."[78]는 견해에 대해서는 조심스럽게 평가하지 않을 수 없다. 선교사들의 계층적 성격이 비록 중산층적이라 하더라도, "자본주의적 복음"이 자본주의 발달이 미약한 선교지 한국의 사회 구조에 이전되는 과정은 기계적으로 설명될 수 없다고 봐야 할 것이다. 평양 등 관서지방과 서울의 상인, 중인 계층이 개신교에 보다 적극적으로 반응했다고 하지만, "쌀자루 기독교(rice Christianity)"가 시사하듯이,[79] 도시 하층 계층의 반응도 이에 못지않았던 것 같다. 또한 "청일전쟁과 노일전쟁이란 외세간의 투쟁 속에서 불안한 민중들이 목숨과 재산을 지키려는 방도로 교회를 택하였고 그 결과 교인 수의 급증이 이루어졌다는 해석"도 있다.[80] 천민인 백정들에 대한 선교 활동은 복음주의 선교를 사회 계층론으로 간단히 환원할 수 없다는 사실을 단적으로 보여준다. 나아가 미국의 중산층과 한국의 중산층이 놓인 사회적 지형이 다르며, 복음주의 선교가 지닌 대중성도 염두에 두어야 할 것이다. 중산층적 복음이 선교지의 기존의 중산층에 어필한 만큼이나, 중산층적 복음이 선교지의 중산층의 형성에 기여한 측면도 아울러 고려되어야 할 것이다.

이와 아울러 선교사들은 계몽 운동의 일환으로 식산(殖産)을 장려하고

---

77) 류대영, 『초기 미국 선교사 연구』, 256–257.
78) 류대영, 『초기 미국 선교사 연구』, 217.
79) 백낙준, 『한국개신교사』, 175에서 이들을 "모식(謀食)신자"(rice Christian)라고 번역했다.
80) 한국기독교역사연구소, 『한국기독교의 역사 I』, 255.

실용적인 기술을 가르치려 했다. 그들이 가르치려 한 "자본주의적 가치
관"은 계몽주의와 거의 구분할 수 없었다. 자본가는 애국자였고, 계몽가였
다. 선교사들이 전파한 자본주의적 가치관은, 단순히 계층·계급의식을 반
영한다고 하기에는 훨씬 복잡했다. 선교학적으로 볼 때, 선교사들이 사회
계층적으로 미국의 중산층에 속했고, 선교 충동 역시 당시의 미국 중산층
의 정신구조로부터 나왔다 하더라도, 중산층화한 기독교가 선교지민들의
그것으로 수평적으로 이전될 수는 없었다.

그런데 한국의 자본주의가 자생적으로 발전하지 않았고 실질적으로는
이식된 것이었다면, 이 자본주의의 정신을 전수하는 선교사들은 식민주의
와 연루되지 않을 수 없다. 복음주의 선교가 서구 식민주의의 첨병이며,
대리인이었다는 주장은 더 이상 새롭지 않다. 기독교 선교가 서구 식민 국
가의 물리력과 긴밀한 상부상조 관계에 있었다는 주장은 지난 1세기 동안
기독교 선교에 대한 비판과 반대의 단골 메뉴였다.[81] 선교가 식민주의를
초래했다는 '식민화'론은 기독교 선교를 후원하는 식민주의적인 '기독교국
가(Christendom)'를 전제한다. 그러므로 미국 선교사는 팽창하는 미국의 이
익에 종속되며, 선교사들은 중상주의적 미국 정책을 충실히 대변한 것으
로 간주된다. 즉 선교사들은 미국 자본주의와 미국 제국주의를 위해 적극
적인 창구 역할을 했다는 것이다. 제국의 관료들과 선교사들 간의 갈등이
있었다면 그것은 우연한 일일 뿐 그들의 이해관계는 큰 틀에서 기본적으
로 일치했다는 것이다.

이러한 관점은, 선교의 주관적인 동기와는 별개로, 선교가 초래하는 예
기치 못한 결과들에 대한 통찰을 제공한다. 하지만 미국의 자본주의적 가

---

81) Brian Stanley, *The Bible and the Flag : Protestant Missions and British Imperialism in the Nineteenth and Twentieth Centuries* (Leicester, England : Apollos, 1990), 13.

치관을 가르친다는 것과 미 제국주의의 이익, 이를테면 "상업적 제국주의"[82]를 직접적으로 대변한다는 것은 구분해야 한다. 선교사들이 가난한 한국 기독교인들에게 가르치려 했던 "자본주의 정신"도 계몽주의적 가치관 이상은 아니었던 것으로 보인다. 선교사들의 내면적 가치관이라면 몰라도, 선교사들의 선교 동기를 식민주의, 제국주의 논리와 직접 관련짓는 것은 지나친 단순화처럼 보인다. 마치 현대 한국 교회의 해외 선교를 한국 자본주의, 식민주의 등과 직접적으로 결부시켜 이해하는 것이 가능하기는 하지만, 그것만으로는 충분하지 않은 것처럼 말이다.

나아가 한국에 선교사를 가장 많이 파송한 미국에는 조선에 대한 제국주의적 관심 자체가 별로 없었다. 제국주의적인 관심 자체가 미국에 없었다는 말이 아니라, 조선에 대해서는 별로 없었다는 말이다.[83] 제국주의적인 이해에서, 한국에 대한 미국의 관심은 중국이나 일본에 비해 현저히 떨어졌으며, 거의 무관심에 가까웠다. 류대영은 "미국 정부는 조선에 진출하여 문을 열어 놓은 후 싸움도 해보지 않고 사실상 철수해버렸다."며, "뒤따라 온 선교사들은 정부의 관심도 지원도 받지 못한 채 혼자 내버려지지만, 결과적으로 그것이 크게 성공하는 한 조건이 되었다."고 본다. "제국주의와 분리됨으로써 선교사들의 종교는 그 자체의 매력과 힘을 온전히 발휘할 수 있었"다는 것이다.[84] 이와 같다면, 한국 선교의 성공은 식민주의적, 제국주의적 이해관계가 선교와 반드시 일치하지는 않는다는 것을 반증하는 하나의 예라고 할 수 있다.

---

82) 류대영, 『초기 미국 선교사 연구』, 215.
83) 이를테면 미국은 식민지 필리핀에 대해 분명히 제국주의적 관심을 가졌다. Kenton Clymer, "Religion and American Imperialism : Methodist Missionaries in the Philippine Islands, 1899-1913", *The Pacific Historical Review* 49.1 (February 1980).
84) 류대영, "한말 미국의 대한 정책과 선교사업", 「한국기독교와 역사」 9 (1998), 219.

그렇지 않다 하더라도, 선교와 제국과의 관계는 간단하게 도식화할 수 없다. 제국주의 국가와 상업적인 이익은 때로는 복음주의 선교와 충돌하곤 했다. 상인들은 선교사들을 방해꾼으로 여기기도 했다. 이를테면 영국의 동인도 회사는 선교사들의 인도 입국을 차단하기 위해 노력했다.[85] 영국 총독은 복음주의 선교사들이 토착 종교를 교란하는 것을 원치 않았으며, 정부가 원주민들의 개종에 조금이라도 관여해서는 안 된다고 선언했다.[86] 이처럼 선교와 제국이 충돌하기도 했던 배경에는 식민지 현지 사정만이 아니라 서구 자체에서의 종교와 국가의 관계의 이완이 있었다. 복음주의 선교는 선교 현장에서 기독교국가의 이러한 내적 분열을 반영하지 않을 수 없었던 것이다.

그러나 '식민화'론은 여기에서 그치지 않는다. '문화 제국주의(cultural imperialism)'론은 복음주의 선교를 '문화적' 관점에서 접근한다. 이 관점에 따르면 제국의 권력은 총구에서 나오는 것이 아니라, 문화에서 나온다. 펜이 칼보다 강하다. 푸코(M. Foucault)의 권력/지식 이론과 그람시(A. Gramsci)의 헤게모니 이론을 접합하여 식민주의를 문화적 측면으로 접근한 사이드(Edward Said)의 "오리엔탈리즘(Orientalism)"[87]은 단지 정치적, 군사적, 패권적인 측면에 집중되었던 종래의 제국주의론을 문화적인 영역으로 확장하는 데 크게 기여했다. 그에 따르면 중립적으로 보이는 동방의 지식, 예술, 기술 등에 대한 오리엔탈리즘의 담론이 서구의 동방에 대한 지배를 자연스

85) Wilbert Shenk, "The 'Great Century' Reconsidered", *Missiology : An International Review* 12.2 (April 1984), 136.

86) Penny Carson, "The British Raj and the Awakening of the Evangelical Conscience : The Ambiguities of Religious Establishment and Toleration, 1698-1833", in *Christian Missions and the Enlightenment*, ed. Brian Stanley (Grand Rapids : Eerdmans, 2001), 46.

87) Edward Said, *Orientalism* (New York : Pantheon, 1978).

럽고 불가피한 것으로 받아들이게 했다. 물리적 힘으로서의 제국주의가
퇴각하더라도, 문화 제국주의는 남는다. '문화 제국주의'론은 선교사들의
선교 현장에서의 문화적 역할에 대해 커다란 회의를 불러 일으켰고, 선교
폐기론으로까지 이어졌다. '문화 제국주의'의 관점은 실제로 중국에서 선
교를 제국주의의 논리로 규정하는 반(反)선교주의로 옮겨졌고, 해외 선교
사 추방 조치는 선교사들에 대한 이러한 부정적 평가를 추인했다.

'문화 제국주의'론은 선교지 주민들을 돕고자 하는 선교사들의 '주관적'
인 선의를 의심하려는 데 중점을 두지 않는다. 선교사들이 선교지에서 치
른 막대한 희생으로 미루어 볼 때, 그들이 어떤 개인적인 물욕을 충족시키
거나 정치적 야심을 가졌다고 보는 것은 무리한 일이다. 따라서 선교사들
이 불순한 의도를 가지고 제국주의자들의 이권 사업에 뛰어들었다는 식의
논의는 선정적이다. 그들이 한국인, 한국 문화와 자신을 동일시하려 했다
는 사실까지 오리엔탈리즘으로 비판하는 것도 지나치다.[88] 선교사들의 일
거수일투족을 '문화 제국주의'의 틀로 해석한다면, 이것은 또 다른 전체화
이며 단순화이다.[89] 이는 오늘날 한국 교회가 국외로 파송한 선교사들에
게도 적용된다. 그들을 문화 제국주의나 아류 제국주의의 첨병으로 규정
하는 것은 단순논리다. 그럼에도 불구하고 식민주의, 또는 신식민주의적
현실은 선교사들의 주관적인 동기와는 별개로 엄연히 존재하며, 그들의

88) Elizabeth Underwood, *Challenged Identities : North American Missionaries in Korea, 1884-1934*
(Seoul : Royal Asiatic Society-Korea Branch, 2003)에 대한 Timothy Lee의 비판은 지나친 감
이 있다. Timothy Lee, "Book Reviews-Korea", *The Journal of Asian Studies* 64.4 (November
2005).
89) 중국의 "문화적 제국주의"라는 "개념 모델"(conceptional model)이 갖고 있는 두 가지 허점,
즉, 민족적, 문화적 정통성과 본질주의적 담론을 분리할 수 없다는 점과, 행위자와 그 행위의
수용자의 복합적인 상호 작용을 양분법적으로 환원한다는 비판은 Ryan Dunch, "Beyond
Cultural Imperialism : Cultural Theory, Christian Missions, and Global Modernity", *History and
Theory* 4.3 (October 2002).

순수한 동기와 헌신적인 전기적 사실만으로 선교사들이 연루될 수 밖에 없는 문화 제국주의의 현실을 가릴 수는 없는 일이다. '근대화 선교'론이 '문화 제국주의'론을 소화해내기는 여전히 쉽지 않아 보인다.

'문화 제국주의'론의 한계를 이해하려면, 좀 더 각론적인 접근이 필요하다. 이를테면, 일관성은 없었지만 선교사들이 일본의 득세라는 현실을 인정했던 것이지, 조선의 자주 독립을 반대했을 개연성은 거의 없어 보인다. '신도(神道)'라는 국가 종교를 만들어가고 있던 일본 당국이 대한제국보다 기독교에 더 호의적인 것도 아니었다. 자신들의 국가가 그들의 선교 활동에 직접 개입했을 때의 부작용에 대해 잘 알고 있었던 선교사들이[90] 선교지 한국에서 일본 식민주의자들의 후원을 받으려 했다고는 믿어지지 않는다. 그들은 오히려 국가로부터의 종교의 자유와 자생력 있는 토착 교회를 지지했다. 즉, '문화 제국주의'와 복음주의 선교와의 관계가 일방적이고, 늘 일정할 수는 없다는 말이다. 또한 근대화가 식민화를 촉진할 수도 있었지만, 구한말 많은 한국인들은 근대화야말로 한국이 자주를 쟁취할 수 있는 최선의 길로 믿고 있었다. '문화 제국주의'론은 문화가 단지 지배와 복종의 문제가 아니라, 설득과 매력과 스타일의 문제라는 것을 간과하고 있으며, 제국의 문화가 갖고 있는 복합성을 권력 관계로 단순화시키는 경향이 있다.

그러나 '문화 제국주의'론은 단지 선교사들을 제국주의의 문화적 첨병으로 간주하는 데서 그치지 않는다. 그것은 '의식의 식민화'론으로 고도화된다. '의식의 식민화'론에 따르면, 선교되는 기독교는 제국주의적인 직접 지배의 도구가 아니라, 일종의 문화적 헤게모니로서 작용한다. 기독교를 받

---

90) Wilbert Shenk, "The 'Great Century' Reconsidered", 137.

아들이면서, 원주민들은 자연히 서구의 자본주의적, 계몽주의적 관념을 수용하게 되고, 이식 자본주의와 서구 중심주의의 훈육에 '자발적으로' 참여하게 된다는 것이다. 즉 식민화는 단지 이방인들의 땅을 잠식하거나 법적, 정치적, 사회 경제적으로 지배하는 정도에 만족하지 않는다. 식민주의 지배의 효율화를 위해, 또는 심화를 위해, 지배를 위한 지배를 위해, 원주민의 '마음'을 식민화할 것이 요구된다. 특별히 복음주의 선교사들의 관심이 단지 종교 제도적인 개종이라기보다 마음의 회심과 영혼의 구원에 두어졌던 만큼, 그들의 회심 프로젝트야말로 '의식의 식민화'였다는 입론이 가능하다. 복음주의 선교사들이 선교지에서 사용한 계몽주의적 언어는 의식의 식민화 이론에 힘을 보태준다. 계몽주의는 "식민화하는 계몽주의(colonizing Enlightenment)"일 뿐이다.

'의식의 식민화'론의 주된 관심은 식민지적 자본주의 생산 양식과 계급 관계에 선교지 주민들을 적응하도록 훈련하고 규율하는 과정 자체에 있다. 인류학자 코마로프 부부(Jean and John Comaroff)는 남아프리카 식민지 하에서의 "노동 규율"(work-discipline)의 부과를 집중적으로 분석하고 있다. 본래 이 문제는 일찍이 영국 노동운동을 연구한 톰슨(E. P. Thompson)에 의해 제기되었다. 감리교의 방법주의를 논하는 과정에서, 톰슨은 감리교의 방법주의가 자본주의 체제에 노동 계급을 끼워 맞추는 것이고, 노동자들에게 시간 관념을 주입하여, 공장과 기계의 요구에 노동자들의 생활 리듬을 맞추는 일종의 훈련 프로그램으로 파악한다. 감리교적 경건은 자본주의적 인간형의 주조장이었다는 것이다.[91] 코마로프는 같은 논리로 선교지민들이 선교사들에 의해 식민주의의 주체-종으로 재탄생했다고 주장한다.

---

91) E. P. Thompson, *The Making of the English Working Class* (UK : Penguin Books, 1968) Ch. 11. 그러나 톰슨은 감리교가 자발적인 조직 등, 노동 계급의 형성에 기여한 측면을 간과하지 않는다.

'문화 제국주의'론과 '의식의 식민화'론은 선교 현장에서 발생하는 복음
주의 문화 전달—수용의 역동적인 과정을 이해하는 데 도움이 된다. 또한
'문화 제국주의'론과 '의식의 식민화'론은 '남반부 기독교'론에 대해 여전히
유효한 비판적 시각이 될 것으로 보인다. '남반부 기독교'가 복음주의 선
교의 "복제품"(a replication)일 수는 없지만,[92] 그렇다고 해서 그것을 선교사
들의 지배력으로부터 상대적으로 자유롭던 남반부의 독립 교회들로부터
발흥했다거나, 식민주의로부터 벗어난 이후 자생적으로 나타난, 전혀 새로
운 기독교라고 보는 것도 과장일 것이다. '토착교회 신화쓰기'는 사실상
복음주의 선교의 한 측면이었다. 더욱 교묘해지고 정교해진 식민화의 논
리가 철저히 분석되지 않으면, 식민주의의 올가미에서 빠져나오는 순간,
신식민주의의 덫에 걸려들고 만다.[93] 남반부 기독교가 북반부 기독교를
선교한다는 것이 과연 역사의 전복이라고 축하할 만한 일인가, 아니면 신
식민주의 체제 하에서 또 하나의 '두뇌 유출'인지를 따져볼 필요가 있다.[94]
'남반부 기독교'는 단순한 믿음에 대한 서구 기독교의 "신비화"(mystification),
"낭만화"(romantization)가 빚어낸 하나의 환상일 수도 있다.[95]

그런데 많은 논자들로부터 지적되다시피, '의식의 식민화' 이론의 난점
중의 하나는 이 이론이 자신이 크게 의지하고 있는 푸코의 '저항 없는 지
배는 없다.'는 권력의 공식에 잘 맞지 않는다는 데 있다.[96] 식민지 주민들

---

92) Andrew Walls, "The Evangelical Revival, the Missionary Movement, and Africa", in *The Missionary Movement in Christian History : Studies in the Transmission of Faith* (Edinburgh : T&T Clark, 2004), 100 : "it is important to note that the fruit of the work of evangelical missionaries has not simply been a replication of Western evangelicalism."

93) Joerg Rieger, "Theology and Mission Between Neocolonialism and Postcolonialism", *Mission Studies* 21.2 (2004), 211.

94) Ibid., 216-217.

95) Ibid., 221.

96) Michel Foucault, *Power/Knowledge : Selected Interviews and Other Writings, 1972-1977* (New York :

이 어떤 저항도 없이, 또는 변형 없이, 외적, 내적 식민화를 그대로 수용했다고는 볼 수 없다.[97] 이와 관련하여 호미 바바(Homi Bhabha)의 작업이 주목된다.[98] 식민지적 주체의 형성은 '의식의 식민화'를 그대로 반복할 수 없다. 사회적 "지점"(locality)이 다른 시공에서 식민화는 "하이브리드들"(hybridities)을 발생시키고, 이 하이브리드는 언젠가 자기 자신을 복제하는 자생력을 갖게 된다. '의식의 식민화' 이론이 더욱 생산적이려면, 선교 현장의 복합성을 식민지 권력 일변도로 해석하려는 환원주의의 유혹에 저항해야 한다. 이 점에서 '선교 번역'은 하나의 대안이 될 것으로 보이며, '의식의 식민화'가 거꾸로 식민주의자들의 의식에 끼친 영향도 함께 논의되어야 할 것이다.

무엇보다도 '문화 제국주의'론이나 '의식의 식민화'론을 복음주의 선교 현장에 기계적으로 적용할 때, '복음전도'라는 선교사들의 언표된 목적이 진지하게 고려되지 않는 난점을 갖게 된다. 이로 인해 선교사들의 선교 활동 자체는 부차적인 관심사로 밀려나고, 선교사 자신들의 "의식"은 거의 고려되지 않는 경향이 있다. 선교사들이 선교지민들의 입교 동기를 집요하게 추궁했듯이, '의식의 식민화'론자들은 선교사들의 선교 외적 동기들을 집요하게 추궁한다. 류대영은 "선교 사업이 태평양과 동아시아로 진출하는 미국 자본주의와, 비록 의도적이지는 않을지라도, 내연적으로(intrinsically) 얽히는 일을 피할 수 없었다."[99]고 주장한다. 사태가 이와 같다면, 복음주의

Pantheon Books, 1980), 142 : "It(resistance) exists all the more by being in the same place as power ; hence, like power, resistance is multiple and can be integrated in global strategies."

97) Samuel Pang, "Toward a Task of Postcolonial Theology : A Perspective from Mission Studies", *Journal of Christian Education & Information Technology* 8 (2005), 103.

98) Homi Bhabha, *The Location of Culture* (London : Routledge, 1994). 문화 제국주의론의 연장선상에 있는 '의식의 식민화' 이론은 식민주의 이전의 온전한 토착 문화를 복원할 수 있다는 본질주의의 함정에 빠진다. 이와 관련하여, Gayatri Chakravorty Spivak의 "Can the Subaltern Speak?"을 둘러싼 논쟁은 Patrick Williams and Laura Chrisman eds., *Colonial Discourse and Post-Colonial Theory : A Reader* (New York : Columbia University Press, 1994).

선교는 물론이고 모든 선교 사업이 의심될 수밖에 없고, 심지어 선교폐기론으로 연결될 가능성이 있다.

그러나 복음주의 선교에 대한 비판들은 복음주의를 하나의 일사불란한 자기 완결적인 이데올로기로 전제하는 경향이 있다. 결과적으로 '문화 제국주의'론과 '의식의 식민화'론은 복음주의 선교에 대해 매우 준엄한 선교 윤리적 비판을 행하고 있지만, 그럼에도 불구하고, 복음주의 선교의 내적 논리의 취약성을 건드리지 못하는 피상성에 머물고 있다. 이에 따라 "제국주의"에 의한 객관적 결정과 "실존적인 인간들"로서의 선교사들의 "종교적 동기" 사이에서 흔들리는 것이다.

> "미국의 제국주의적 팽창에 동승하여 왔다는 면에서는 선교사들도 분명히 제국주의적이었다라고 할 수 있지만, 그들이 종교적 확신에 따라 나름대로 선의의 동기를 가지고 왔으며 조선인을 위해서 헌신적으로 일했다는 사실도 인정하지 않을 수 없다."[100]

주류 교파와 교회들의 '근대화 선교'에 맞서, 비판적인 일부 학자들에 의해 신식민지적 '문화 제국주의'론이 제기되는 실정이지만, 양자 간의 표면적인 대립에도 불구하고, '문화 제국주의'론과 '근대화 선교'론은 공생적 관계에 있다고 할 수 있다. 즉 '근대화 선교'론은 선교사 자신들의 관점에서 동기 중심으로 전개되고, '문화 제국주의'론은 구조적 관점에서 결과 중심으로 전개되며, "의도 하지 않은 결과"가 양자를 매개하는 것이다. 복음주의 선교의 신학적 기원과 내적 논리가 분석되지 않는 한에서는 이 기묘한 공생관계의 문제점을 드러내지 못한다고 생각된다.

99) 류대영, 『개화기 조선과 미국 선교사』, 449.
100) 류대영, 『개화기 조선과 미국 선교사』, 442.

'문화 제국주의'론과 '의식의 식민화'론이 한국 교회의 세계 선교와는 그다지 상관없는 문제로 비쳐질 수 있다. 한국이 '문화 대국'이 된다는 전망은 현실과 동떨어져 보이며, 선교하는 한국 교회의 무례함은 신생 교회의 미숙한 열정으로 관용될 수 있을 것 같아 보인다. 그러나 '의식의 식민화'론은 이러한 변명을 용납하지 않는다. 신자본주의, 신식민주의 체제 하에서 '의식'은 더 이상 국경 내에 머물지 않는다. '의식의 식민화'는 전 지구적 현상의 일부가 되었다.[101] 특히 '의식의 식민화'론으로 구체화된 권력/지식 이론은 선교 현장에서 현실적으로 발생하는 불평등한 권력 관계를 이해하는 데 도움이 된다. "신식민지적인 현실"에 대한 "집단적인 자기 성찰"[102] 없이, 한국 교회의 해외 선교가 계속 '강함'의 선교를 추구한다면, '문화 제국주의'론과 '의식의 식민화'론은 선교사의 주관적 동기의 순수함이 모든 허물을 덮을 수 없다는 사실을 계속 상기시킬 것이다.

3. '근대성으로의 회심'

식민주의, 신식민주의 하에서의 지배와 복종이라는 권력 이론의 문제틀과는 각도를 달리하여, 복음주의 선교를 문화적으로 접근한 것이 '근대성(modernity)으로의 회심'론이라고 할 수 있다. 후기근대성(postmodernity)의 이론에 빚지고 있는 이 시각에 따르면, 복음주의 선교는 근대 의식의 전달통로가 되었을 뿐만 아니라, '근대성'의 복음을 전달했다. '근대성으로의 회심' 이론은 '근대화 선교' 이론과는 그 강조점이 다르다. '근대화 선교'론은

---

101) Jean Comaroff and John Comaroff, "Privatizing the Millenium : New Protestant Ethics and the Spirits of Capitalism in Africa, and Elsewhere", *Africa Spectrum* 35.3 (2000).

102) Nami Kim, "A Mission to the 'Graveyard of Empire'? Neocolonialism and the Contemporary Evangelical Missions of the Global South", *Mission Studies* 27 (2010), 20-21.

근대화론자들처럼 근대화를 보편적이고, 역사 필연적인 과정으로 전제한
다. 근대화론자들은 전통적인 사회와는 비연속적인 근대적인 제도들이나,
기구들, 관념들에 초점을 맞추곤 한다. 이에 반해, 근대성론자들은 이러한
근대화론자들에 대해 비판적인 거리를 유지한다. 근대성론자들에 따르면,
근대화는 차이의 소멸이며, 공적 세계와 사적 세계의 분열이며, 미세 권력
의 삼투화를 의미한다. 근대성론자들은 이처럼 근대화 과정이 지닌 역사
적 특징과 구조적 모순을 부각시키는 경향이 있다. 이를 드러내는 데 있어
서 개인 또는 근대적 자아의 출현과 같은 주제들이 중요하며, 이들로부터
복음주의 선교가 선교지민들의 "근대성으로의 회심"[103]을 추구했다는 관
점이 나오게 된다. 즉 선교사들은 근대화론자들이 주장하는 것처럼 복음
전파의 수단으로 근대 문물과 가치관을 소개하는 것 이상으로, 근대적 개
인, 새로운 주체를 그들의 선교 현장에서 발명해냈다는 것이다. 이러한 근
대적 개인의 발명이야말로 복음주의 선교의 가장 큰 성취라는 것이다.

　복음주의 선교의 변형적 능력을 높이 평가하면서도, '근대성으로의 회
심'론은 의식의 식민화라든가, 자본주의적 정신의 주입 이론 등과는 그 초
점을 약간 달리 한다. '근대성으로의 회심'론은 복음주의 선교가 목표로
한 선교지민의 회심의 발생 과정과 주관적 체험에 주목한다. '회심'이라는
때로는 고통스러운 과정은 새로운 주체의 출현을 위한 산고(産苦)와 같다
는 것이다. '근대성으로의 회심'론자들은 이 새로운 주체가 비록 자본주의,
식민주의의 태내에서 출산했지만, 그 나름대로의 진정성이 없다고는 할
수 없다고 주장한다. 비서구 사회에 출현한 근대적 주체는 서구의 그것의
단순한 모방이 아니라, 비(非)서구인들에 의해 '육화'된 주체라는 것이다.

---

103) Peter van der Veer ed., *Conversion to Modernities : The Globalization of Christianity* (New York : Routledge, 1996).

"프로테스탄티즘의 윤리"와 "자본주의의 정신"은 "의식의 식민화"론자들이 주장하는 것처럼 외적으로, 물리적으로 만나는 것이 아니라, '회심'이라는 소용돌이 속에서 화학적으로 반응하여 새로운 주체를 만들어낸다는 것이다. 이렇게 형성된 회심 이후의 존재는 회심 이전의 존재와는 구별되는 존재로 간주된다.

최근 '근대성'의 주제가 근대화의 장애물로 여겨져 왔던 종교의 영역에서 다뤄지면서 주목할만한 성과를 내고 있다. 특별히 "기독교 인류학 (anthropology of Christianity)"[104]의 연구 성과는 주목할 만하다. 전통적으로 인류학은 한 공동체의 지속적인 구조와 체계 등을 고찰하는 경향이 강했다. 이 때문에 인류학은 변화를 설명하기 어렵다는 난점을 가지고 있는 것으로 알려져 왔다. 또 비서구 사회를 주된 대상 지역으로 삼아왔던 인류학은 서구의 종교인 기독교 이외의 타 종교들에 집중했으며, 기독교에 대한 관심은 억압되어 왔었다.[105] 그러나 인류학적 사고가 일반화되면서 서구 사회 내의 종교 현상도 인류학적 접근방법으로 연구하는 경향이 늘어나고 있다. 흥미로운 것은 최근 기독교 인류학의 주제 역시 '회심'에 맞춰져 있다는 것이다. 하긴 그것도 그럴 것이, 인류학의 주된 대상이 비기독교 사회였지만, 바로 이 비기독교 사회에서 나타나는 '남반부 기독교'라는 대대적인 종교적 변화 현상을 더 이상 외면할 수 없게 되었기 때문이다.

기독교 인류학은 외부적 관찰자의 관점에서가 아니라 해당 종교의 내부 참여자의 관점에서 특정한 기독교의 양상들을 이해하려고 한다. 이렇게 함으로써 '기독교 인류학'은 선교학적 관심사와 상당히 겹치게 된 것이다. 왜냐하면 선교학도 선교 현장에 대한 참여적 관찰자의 입장에 있기 때문

104) Fenella Cannell, ed., *The Anthropology of Christianity* (Durham : Duke University Press, 2006).
105) Cannell, ed., *The Anthropology of Christianity*, 4.

이다. 통합적 접근을 시도하는 본 연구의 관점에서 볼 때, '근대성으로의 회심'론은 복음주의 선교의 최종 목표인 '회심'의 과정을 이해하는 데 매우 유용한 통찰을 제공하고 있다.

하지만 '근대성으로의 회심'과 같은 주제가 부각되고, 회심에 대한 '기독교 인류학'적 연구 결과가 축적되면서, 근대 복음주의 개신교의 전매특허처럼 여겨졌던 현상들이 타 종교나 문화에서도 광범위하게 나타나는 종교 현상임이 점차 드러나고 있다. 이러한 회심의 '비신화화'에 따르면, 초자연적인 힘의 개입이 없이도, 인간은 자신들의 새로운 현실에 눈을 뜨고, 새로운 존재로 변화할 수 있다. '근대성으로의 회심'론은 '회심'과 같이 신학의 고유한 영역이라고 간주되던 영역이 축소되고 있고, 인류학의 지경은 확장되고 있음을 방증하고 있다. '성령 체험'과 같은 초자연적인 현상들도 타 종교에서 자주 관찰되고 있으며, 회심의 체험도 더 이상 특정 종교의 전유물일 수 없게 되었다. '근대성으로의 회심'론은 복음주의 개신교를 인류학자 기어츠(Clifford Geertz)가 의미하는 "상징 체계(a system of symbols)"들 중의 하나로 해석할 뿐이며,106) 복음주의 선교의 신학적 주제들을 기독교 신학으로부터 파생하는 고유한 것들로 인정하지 않는다. 따라서 여기에서는 복음주의 선교사들이 전하려고 했던 복음의 의미가 선교사 자신들의 관점으로 진지하게 탐구되기보다는, 다른 무엇인가를 설명하기 위한 레퍼런스로 활용되는 경향이 있다.

그럼에도 불구하고 기독교 인류학은 소통 불가능한 존재들로 보였던 보수적 복음주의자들을 세속화한 현대인들과 대화 가능한, 지성이 없지 않은 (intelligible) 이웃들로 소개함으로써 종교 간 대화에 긍정적 역할을 하고 있

---

106) Clifford Geertz, "Religion as a Cultural System", in *The Interpretation of Cultures* (New York : Basic Books, 1973). 90.

다.107) 또한 복음주의 선교가 선교지에서 근대인과 근대인을 위한 종교를 창출했다는 주장은 매우 도전적이다. 선교지에서 "사적인 개인"108)의 존재는 전제될 수 없으며, 복음주의 선교가 이러한 사적인 개인의 발명에 기여했다는 '근대성으로의 회심'론은 복음주의 선교의 내적 모순을 드러낼 수 있다. 복음주의 선교가 19세기 말로부터 20세기 초에 걸쳐 선교지 한국에서 거둔 대대적인 성공은 '복음화'라는 자신의 고유한 과제보다는 비서구 근대인들의 과제를 자신의 과제로 여긴 결과였는지도 모른다.

또한 '기독교 인류학'은 현대 종교의 역동성을 치밀하게 탐구함으로써 많은 성과를 거두고 있다. 근대화와 자본주의화의 진전에 따라 종교가 쇠퇴할 것이라는 전통적인 세속화 이론은 이제는 수정되어야 할 시점에 이르렀다. 미국 복음주의의 성공적인 재기와 이슬람 원리주의의 대두, 힌두교와 불교의 정체성 확립은 물론, 남반부 기독교의 눈부신 성장 등, 20세기는 종교의 쇠퇴가 아니라, 오히려 종교의 왕성과 신흥종교의 발흥을 목격했다. 한국 역시 지난 세기 동안 전체적으로 개신교와 가톨릭의 성장을 목격했으며, 불교의 사회적 영향력도 증대되었다. 종교 쇠퇴 예언은 틀렸음이 분명해졌다. '세속화'가 종교를 쇠퇴시키기보다는 오히려 종교를 부흥시키고 있다는 견해도 나오고 있다.

한국의 학계에서 전통적인 세속화 이론의 실패를 지적하는 것은 여전히 의미 있는 일인 것 같다. 한국 개신교인의 증가율이 현저히 떨어지고, 감소세로 돌아섰다는 통계들은 마치 세속화의 예언이 이제야 실현되는가 하는 기대 심리를 자극한다. 그러나 같은 기간 동안 가톨릭은 약진했고, 불

107) Susan Harding, "Convicted by the Holy Spirit : The Rhetoric of Fundamental Baptist Conversion", *American Ethnologist*, 14.1 (February 1987).
108) 류대영, "20세기 초 한국교회 부흥현상 연구에 관한 몇 가지 재검토", 169-170.

교도 증가세를 보였다. 성장하는 오순절－은사주의 교회는 개신교의 주도권을 확실히 장악한 것처럼 보인다. 종교 쇠퇴를 예견하던 세속화 이론 전반에 걸친 재검토는 서구 종교학계 만의 일이 아니다. 이제 한국에서도 세속화 이론의 계몽주의적 전제들이 반성되어야 할 때가 되었다.

한국교회사에서 지속적으로 중요한 주제였던 '정교분리'도 넓은 의미에서 '근대성'론과 관련되어 있다고 볼 수 있다. 복음주의 선교사들이 선교지한국 교회에 대하여 '정교분리'를 요구했다는 주장이 계속 제기되어 왔고 "복음주의적 해석"도 이러한 주장에 대해 별다른 대안을 내놓지 않고 있다. 그러나 '정교분리'의 문제는 일차적으로 근대 종교로서의 복음주의 개신교의 특징으로부터 이해되어야 할 것이다. 만일 정치와 종교의 분리가 서구 근대성의 한 부분이라면, 정교분리를 수용한 한국 개신교는 복음주의 선교사들을 통해 이 영역에서 나름대로 근대성을 선취했다고 볼 수도 있기 때문이다. 종교의 근대화를 추구하면서 동시에 "복음적 기독교"라는 종교에 근대 세계를 초월할 수 있는 어떤 특별한 지위를 부여하려 한다면, 이는 자가당착이 될 수 있다. 만일 '근대화 선교' 자체가 처음부터 정교분리를 내장했다면 그 연속선상에 있었던 '평양대부흥'을 '정교분리'의 결정적인 계기, 또는 돌연한 방향 전환으로 설명하는 것은 납득되기 어렵다.

또한 재한 선교사들이 당시의 정치 상황에 따라 한국교회의 방향을 좌지우지 했다는 가정도 재고되어야 할 것이다. 이러한 가정에 따라, 선교사들이 한국교회를 자신들이 원하는, 하지만 의문스러운, 방향으로 끌고 가려 했고, 그들의 현실적 전략은 대부분 주효했다고 보는 것이다. 그러나 당대의 급박한 한국 내 정치 현실이 복음주의 선교의 방향을 견인했다는 주장은 과장으로 보인다. 이러한 견해대로라면, 선교지 현실의 변화에 발맞춰, 선교사들의 선교 전략도 수시로 달라질 수 있다. 정치 상황의 변화에 따라 정교분리는 정교일치로 선회할 수 있다. 하지만 복음주의 선교사들의 선교 정책이 그만큼 임의적이었다고 판단할 수는 없다. 정교분리와 같은 선교의 원리는 수시로 변화하는 정치정세로 설명하기보다는, 먼저 근대 종교로서의 복음주의 신학과 그 실천 논리로부터 설명될 필요가 있다.

나아가 선교사들이 정치와 종교를 분리하려 했다면, 근시안적으로 그것을 정치적으로 위험에 처한 선교지 교회와 기독교인들의 생존 전략이며 가부장주의적인 교회 보호심의 발로로만 해석하는 것은 곤란하다. 장기적인 관점으로 볼 때, 정치와 종교의 분리가 종교들 간의 대결을 피하고 사회 안정에 기여할 수도 있다. 근본주의자들이 도처에서 충돌하는 현대 상황을 비추어 볼 때 더욱 그렇다. 선교사들이 참으로 종교와 정치를 분리시켰다면, 한국인들은 그들의 정략적이거나 개인적인 동기와는 별개로, 선교사들에게 결과적으로 고맙게 여겨야 할지도 모른다. '정교분리'만큼이나 '정교일치'도 많은 문제를 내포하고 있기는 마찬가지다.[109]

정교분리는 단지 복음주의 선교의 정치학이 아니었다. 시대정신이었던 계몽주의 자체가 일정하게 정치와 종교의 분리를 요구하고 있었다. 복음주의 선교사들이 정치와 종교의 분리를 한국 개신교인들에게 요구했던 것은 일시적인 정략이라기보다는, 선교사들도 참여했던 계몽 운동의 철학과 논리적인 연결성을 갖는 것이라고 할 수 있다. 정치와 종교의 분리도 선교사들의 관점으로 볼 때, 그들이 도입하려 했던 복음주의라는 근대적 종교

---

109) 니일슨(Niels Nielsen)은 "전pre-계몽주의적 불관용"과 "후post-계몽주의적 세속주의"에 대하여 계몽주의의 "중도의 길"(a middle way)을 발견해야 한다고 주장한다. Niels Nielsen, "The Advancement of Religion versus Teaching About Religion in the Public Schools", in *Readings on Church and State : Selections from 'Journal of Church and State'*, ed. James Wood (Waco : Baylor University, 1989), 171-172.

의 한 부분이었다는 말이다. 류대영은 "사적인 개인의 선택을 전제로 하는
'종교'라는 개념 자체가 동아시아에서는 존재하지 않다가 개항기에 서구로
부터 도입된 근대적 서구의 인식체계"였으며, "한국인들이 기독교에 매력
을 느꼈던 결정적인 이유 가운데 하나는 기독교가 높은 문명의 가치를 제
공했을 뿐 아니라 사적 개인의 종교적 필요를 충족시켜주었다는 사실에
있을 것"이라고 주장한다.[110] 본 연구의 문제의식 중의 하나도 "신과 맺
는 초이성적 관계가 중심이 되는 기독교"가 어떻게 "사적인 개인"을 출현
시켰는가에 있지만("사적인 개인"의 존재는 선험적으로 가정할 수 없다.), 이러한
"사적 개인의 종교적 필요를 충족시"키는 기독교가, "한국 교회의 비정치
화"든 "정치화"든, 어떤 식으로든, 다시 관련되지 않을 수 없다고 할 수 있
다.[111]

　선교사들의 '정교분리' 원칙을 비판하는 논자들은 복음주의 선교사들에
게 '기독교국가(Christendom)'의 이상을 실현할 것을 요구하고 있는 것으로
보인다. 그리고 이러한 이상이 선교사들에 의해 선교지에서 일정 부분 환
기된 것도 사실이지만, 그러나 그들의 선교본국에서 이 이상은 결정적으
로 와해되고 있는 실정이었다. 계몽주의의 진전이 이 와해의 중요한 요인
중의 하나였던 것은 의문의 여지가 없다. 류대영은 '평양대부흥'이 결정적
계기가 되어 복음주의 선교가 한편으로는 진보적 계몽 운동으로부터 분리
되었다고 주장하면서도, 다른 한편으로는 '평양대부흥'을 통해 한국인들은
계몽주의와 불가분의 관계에 있는 "사적 종교"를 경험하는 "근본적인 차
원에서의 변화"[112]를 겪었다고 주장하고 있는데, 이러한 혼선은 계몽주의

110) 류대영, "20세기 초 한국교회 부흥현상 연구에 관한 몇 가지 재검토", 169.
111) 류대영, "20세기 초 한국교회 부흥현상 연구에 관한 몇 가지 재검토", 169.
112) 류대영, "20세기 초 한국교회 부흥현상 연구에 관한 몇 가지 재검토", 170.

시대에 종교의 위치가 갖는 모호함을 반영하는 것이다.

하긴 인간의 모든 활동이 '정치적'이며, "비정치화", "탈정치화"조차 "정치적"이라고 볼 수도 있다. 구한말의 "정치적 흥분 상태에서 '기독교 정서'가 사람을 통제"했다면, "이런 의미에서 대부흥은 역설적으로 정치적인 사건이기도 했다."[113] 그러므로 '평양대부흥'의 정치학은 그것이 한국 교회의 정치화인가 비정치화인가의 문제가 아니라, 그것이 어떤 성격의 정치화인가의 문제일 것이다. 이 점에서 복음주의 선교사들은 직접적인 정치 참여를 통한 선교지 정치체제의 변화를 추구하기보다는 문화적 변화를 추구했던 것으로 보인다. 그리고 장기적으로 볼 때 어느 편이 한국 사회에 보다 심대한 결과를 미쳤는지를 답하기란 쉽지 않다.

복음주의 선교의 성격을 전체적으로 파악하려 할 때, '근대화 선교'론과 '의식의 식민화'론에 비해, '근대성으로의 회심'론은 선교 현장에서 발생하는 선교사들과 선교지민들 사이의 역동적인 상호 작용에 초점을 맞춤으로써 선교학적 주제들을 선취한 감이 있다. 그러나 그것이 선교학의 고유한 물음들을 묻지는 않으며, 그 물음들에 대신 답해줄 수도 없다. 선교학이 다루는 회심은 근대인에게 일어난 심리적 변화, 종교적 변화, 인격적 변화 그 자체가 아니라, 이와 같은 것들이 최종적으로 가리키는 그리스도에로의 회심이다. 다양한 사회학적, 문화학적, 종교학적 성과들을 기꺼이 수용하지만, 자신의 고유한 과제는 망각될 수 없다. '근대성으로의 회심'론이 결과하는 회심의 탈신화화는 복음주의의 "회심주의"(conversionism)를 반성케 함은 물론, 참된 회심이 무엇이며 이 회심이 어떻게 발생하는지를 묻는 계기가 될 수 있다.

---

113) 류대영, 『개화기 조선과 미국 선교사』, 434-435.

4. '계몽적 선교'

이상으로 '근대화 선교'론, '의식의 식민화'론, '근대성으로의 회심'론 등
을 통해 복음주의 선교에 대한 기존의 접근 방법들을 살펴보았다. 본 연구
는 앞선 연구 성과들을 적극적으로 수용하는 한편, 복음주의와 계몽주의
의 상관관계에 주목함으로써, 기존의 접근 방법들의 한계들을 극복하고,
이 상관성으로 인해 선교 현장에서 발생한 역동성과 모순을 선교학적으로
고찰해보려고 한다. 기존의 접근 방법들은 대체로 복음주의 개신교를 주
어진 것으로 전제하고, 그것이 선교 과정에서 어떻게 근대화, 식민주의,
자본주의, 제국주의, 근대성 등과 관련되었으며, 어떤 결과를 초래했는가
에 관심을 가져 왔다. 하지만 이로 인해 복음주의 자체의 역사성이 간과되
는 경향이 있었고, '선교의 세기'라고 칭해지는 19세기에 기독교 내부에서
일어난 심대한 변화가 연구에 반영되지 않는 경우도 많이 있었다. 무엇보
다도 계몽주의와의 상호 연관성이 빚어낸 복음주의 선교의 내적 모순이
'기독교 선교'라는 대의 속에 묻혀버린 감이 있다. 이를 시정하기 위해 선
교 현장에서 작용하던 양자 간의 역학에 주목하여 계몽주의가 풍미하던
시기의 복음주의 선교를 '계몽적 선교'로 개념화하고, '평양대부흥'을 '계몽
적 선교'의 산물로 파악하려 한다.

'계몽적 선교' 이론은 선교 현장에서 나타난 복음주의와 계몽주의의 우
연한 상호 얽힘만이 아니라, 양자 간의 태생적 친연성도 고찰의 대상에 포
함시킨다. '계몽적 선교'의 관점에서 볼 때, 복음주의 선교에서 '복음화'와
'문명화'는 임의적으로, 도구적으로 결합한 것이라기보다는 구조적으로 결
합되어 있었다. 따라서 '근대화 선교'에 대한 반성은 '문화 제국주의'론이
나 '의식의 식민화'론으로는 불충분하다. 아무리 파국적인 결과를 낳았다

하더라도, 제국주의 또는 식민주의와 복음주의는 어디까지나 외생적인 관계를 가진 것으로 간주될 수 있기 때문이다. 오늘날 한국 교회의 해외 선교가 '근대화 선교'를 계승·추진할 수 있게 된 것도 20세기 서구 출신 선교사들을 괴롭혔던 유죄 의식으로부터 상대적으로 자유로운 입장에 있다고 믿어지기 때문이다. 이 점에서는 '남반부 기독교'도 같은 유리점을 가지고 있다고 말할 수 있다. 하지만 이러한 현실은 단지 '근대화 선교'에 대한 비판이 식민주의론이나 제국주의론만으로는 충분하지 못함을 반증하는 것이다.

복음주의 선교에 대한 보다 근본적인 성찰은 '복음화'와 '문명화'의 역사적, 구조적 상관관계가 분석될 때 비로소 가능해진다. 이 점에서 '근대성으로의 회심'론은 복음주의 선교에 대한 상반되는 해석, 즉 '근대화 선교'와 '의식의 식민화'를 '근대적 주체'의 형성이라는 관점으로 통합함으로써, 일종의 대안적 모델이 될 수 있다고 하겠다. 그러나 '근대성으로의 회심'론에서는 복음주의 선교의 신학적 기원에 대한 관심은 뒷전에 물러나고, 선교 사건은 신학화되지 않으며, 복음주의적 회심의 특징조차 종교 사회학적 관심사로 일반화시키는 경향이 있다.

본 연구는 신학적 주제이기도 하며 동시에 당대의 주제이기도 했던 '계몽'을 복음주의와 계몽주의의 상관관계를 가리키는 키워드로 삼고, 둘 사이의 복합적이고 다변적인 관계를 분석함으로써 한편으로는 신학과 인문학의 대화를 촉진하고, 다른 한편으로는 '계몽의 재신학화' 또는 '계몽주의의 계몽'의 가능성을 모색해보려 한다. 주지하다시피 19세기 후반으로부터 20세기 초반에 걸친 복음주의 선교의 한국적 전개 과정에서, 복음주의 선교사들의 선교 활동은 당시 '개화(開化)'와 '개명(開明)'과 '문명(文明)'의 추진력인 계몽 운동과 불가분의 관계에 있었다. 그런 의미에서도 선교사(宣敎史)적으로 이 특정한 시기를 '계몽적 선교'의 시대라고 이름 붙일 수 있을 것이다. '계몽주의 시대의 선교'라고 부르는 것과 '계몽적 선교'라고 부르는 것은 매우 다를 수 있다. 여기에서는 '계몽적 선교'라는 용어를 사용함으로써 그동안 외적인 측면에 치중해 온 복음주의 선교와 계몽 운동과의 역사적 관계에 대한 논의를 내적인 측면으로 확장·심화시키려고 한다.

하지만 복음주의 선교는 '계몽적 선교'의 두드러진, 그러나 하나의 역사적 예로 간주되어야 할 것이다. 선교주의가 하나님의 선교와 무관할 수 없고, 복음주의가 하나님의 복음과 무관할 수 없듯이, 계몽주의가 '하나님의 계몽'과 무관할 수 없다. 선교학계는 계몽의 문제에 관련해서 나름대로의 '문제틀(problematic)'을 가지고 있어야 한다고 생각된다. 하지만 그러지 못한 적이 많았다. 문제틀은 계몽주의자들에 의해 선점되었고, 선교학계는 계몽주의가 묻는 물음에 답하려는 호교론적 자세를 취하거나, 물음에 대해 침묵함으로써 물음 자체를 폐기하려 했다. 복음주의와 계몽주의의 밀월이 끝나가면서, 복음주의 개신교는 계몽주의자들에 의해 계몽을 반대하는 몽매주의의 온상으로 의심되기 시작했다. 특히 복음주의 선교사들이 선교지 한국에서 추진한 부흥 운동이 그러한 혐의를 받은 대표적인 사례 중 하나였다.

계몽주의 시대는 계몽주의가 계몽의 잣대가 된 시대이다. 이 시대에 '하나님의 계몽'은 계몽주의적 인간관, 신관, 자연관, 역사관, 종교관 등등의 잣대로 재어졌다. 계몽주의는 만물의 척도가 됨으로써 스스로 절대화했다. 계몽주의의 잣대에 재어진 교회는 때로는 친(親)계몽 세력으로, 때로는 반(反)계몽 세력으로 간주되었다. 교회는 교회대로 계몽주의 시대가 제공한 잣대를 자기 안에 내면화하여 역설적으로 기독교의 반(反)계몽성을 자랑하

는 지경에 이르기도 했다. 계몽주의와의 공공연한 전장에서 패배한 기독교
는 신비주의 속으로 숨거나 계몽 자체를 아예 교회의 적으로 거부하기도
했다. 몽매주의가 참된 계몽이 되기도 했다. 계몽주의에 대한 피해 의식으
로 인해 몽매주의자들은 '계몽주의'를 버리려다가 '하나님의 계몽'까지 버
리는 우를 범하곤 했다.

그러나 선교사 바울은 지혜를 찾는 헬라인들에게, 그들이 찾는 "이 세
상의 지혜"로써가 아니라, "하나님의 지혜(고전2 : 7)"로 대답했다. 그에게
"이 세상의 지혜"에 대한 대안은 반(反)지성주의가 아니라 "하나님의 지
혜"였다. 복음과 계몽의 불행한 분리는 이천 년 기독교 역사상 매우 최근
의 현상이고, 오히려 예외적이라고 할 수 있다. 교회는 지성의 도서관이었
다. 그것은 단지 기독교만의 일이 아니라 유교나 불교와 같은 타 종교에서
도 일반적으로 발견되는 현상이다. 19세기 복음주의 선교가 기독교와 계
몽주의와의 선의의 관계가 가능하다는 믿음 위에 행해졌다고 해서 놀랄
일이 아니다. '계몽적 선교'론이 선교의 본래적인 계몽적 성격을 부각시킴
으로써 복음주의 교회의 반지성주의적인 경향을 극복하는 데 일조하기를
기대한다.

'계몽적 선교'는 복음주의와 근대 선교 운동을 단지 계몽주의의 하위 세
트로 간주하지 않는다. 복음주의 선교사들은 그들의 해외 선교 활동이 계
몽주의자들이 하려던 일을 선행하거나 대행함으로써 충분하다고 생각하지
않았다. '문명화' 이상으로 그들에게는 어떤 다른 긴급한 과제가 있었다.
문명화의 전제 위에 복음화를 추진했다고 해서, 복음주의 선교사들이 그
들의 고유한 과제인 예수 그리스도의 증인이 되는 일을 망각하고 계몽주
의적 기획에 완전히 매몰되는 일은 발생하지 않았다. 압도적인 계몽주의
시대에서도 복음주의 선교사들이 이 과제를 잊지 않았다는 사실에 경의를

표함이 마땅할 것이다.

하지만 문명화와 복음화의 경계는 불투명했다. 선교지민들이 문명화와 복음화를 혼동했다고 해서, 이 책임을 어떤 저의를 가진 선교사들의 선교 전략에 떠넘길 수는 없다. 문명화와 복음화의 경계가 모호하기는 선교사 자신들에게도 대동소이했다. 이 둘 간의 경계가 적어도 선교사 자신들에게 명료하게 의식되었다는 통념은 더 이상 견지될 수 없다. 물론 서구 기독교가 르네상스와 그 대를 잇는 계몽주의의 완강한 적이거나 소극적인 수용자로 이해되어 왔던 것이 사실이다. 서구 기독교는 이신론 등으로 계몽주의를 적극 수용한 예외적인 경우도 있었지만, 대체로 계몽주의의 공격과 침투에 맞서 경건주의, 복음주의, 근본주의 등으로 대결적 자세를 취해 왔다고 보는 견해가 지배적이다. 계몽주의자들이 우상숭배와 미신의 혐의를 기독교에 뒤집어 씌웠다면, 기독교는 계몽주의에 무신론과 교회 파괴의 혐의를 씌웠다. 하지만 이러한 통념은 도전받고 있다. 계몽주의와 기독교의 관계가 그보다 훨씬 더 복합적이라는 사실이 밝혀지고 있고,114) 합리성을 중시하는 계몽주의와 복음주의와의 인식론적 공통성이 일반적으로 인정되어가는 추세에 있다.115) 만일 이와 같다면, 복음주의 선교사들 자신이 처음부터 '복음화'와 '문명화'를 구분할 수 있었다는 가정은 더 이상 유지될 수 없다. 나아가 선교 현장에서 거둔 성공이 복음화의 성공인지 문명화의 성공인지도 구분하기 어렵다고 할 수 있다. 복음주의자들의 복음과 계몽주의자들의 계몽 간의 경계는 선교 현장에서 더욱 모호해졌던

114) Jonathan Sheehan, "Enlightenment, Religion, and the Enigma of Secularization : A Review Essay", *The American Historical Review* 108.4 (October 2003).

115) David Bebbington, *The Dominance of Evangelicalism : The Age of Spurgeon and Moody* (Illinois : InterVarsity Press, 2005), Chapter, 4.

것이다.

물론, 계몽주의와 기독교를 본질적으로 각각 독립적이고 자율적인 존재로 간주하고, 양자의 관계를 단지 외면적인 영향을 주고받은 관계로 설정하면 논의는 간단해진다. 그렇게 하면, 계몽주의의 도전에도 불구하고, 기독교의 본질은 전혀 영향받지 않는다. 양자의 관계는 서로를 이용하는 '도구적 이성'에 의해 규정된다. 많은 한국 교회사 연구자들은 복음주의 선교에 대해 대체로 이러한 관점을 갖고 있는 것으로 보인다. 이에 따르자면, 재한 선교사들은 복음화와 문명화를 제도적으로 뿐만 아니라 내적으로 구분했으며, 문명화를 복음화를 위한 방법이나 수단으로 여겼다는 것이다. 그러나 근대 기독교가, 가톨릭과 개신교 공히, 계몽주의의 공기를 깊이 들이마셨다면, 복음주의와 계몽주의의, 복음화와 문명화의 단순한 이원론은 더 이상 지탱될 수 없다.

그럼에도 불구하고, 양자의 관계는 비환원주의적인 관점에서 설명될 수 있어야 한다. 복음주의 개신교를 계몽주의로 환원하는 것은 복음주의 선교의 이해에 별로 도움되지 않는다.[116] 베버도 개신교의 윤리를 자본주의 정신으로 환원하지 않았다. 선교학으로서는 양자 간의 상호관계에 주목하는 것이 보다 생산적이며, 이로써 "대화적 상상력"[117]을 자극하여 신학과 인문학의 소통의 장을 확장할 수 있을 것이다. 보쉬는 계몽주의의 패러다임에 익숙한 오늘날 신학자들이 다른 패러다임들을 동시에 말해야 하는 "신학적 정신분열(a kind of theological schizophrenia)"을 겪고 있다고 언급한

---

116) David Bebbington, "Evangelical Christianity and the Enlightenment", *Crux* 25.4 (December 1999), 35 : "Evangelical Christianity cannot be reduced to Enlightenment categories of thought. There was no one-to-one fit between their balance of values."

117) Mikhail Bakhtin, *The Dialogic Imagination : Four Essays* (Austin : University of Texas Press, 1981).

바 있다.118) 그 이상으로, 복음주의와 계몽주의를 함께 말하는 것은 현기증을 불러일으킨다. 그러나 속 시원한 출구는 없다. 보쉬의 충고대로 할 수 있는 한 이 분열을 참아내는 것이고, 자신이 처한 곤경에 대한 보다 "명료한 인식"을 얻는 것이 본 연구의 목표가 될 것이다.119)

---

118) David Bosch, *Transforming Mission : Paradigm Shifts in Theology of Mission* (Maryknoll, New York : Orbis Books, 1991), 188.

119) Ibid., 188 : "This produces a kind of theological schizophrenia, which we just have to put up with while at the same time groping our way toward greater clarity."

제 2 장

복음, 복음주의, 기독교 문명

I. 복음주의의 선교학적 이해

1. 복음주의의 정의

'복음주의(Evangelicalism)'란 무엇인가? 이 개념을 실용적인 목적에서 정립하는 것조차 간단한 일이 아니다. 복음주의가 특별히 '복음'을 강조하지만, 기독교(Christianity)는 그 출현 이래 언제나 복음을 강조해 왔고 지금도 그러하다. 개신교(Protestantism)는 교회 중심으로부터 복음 중심으로, 또는 성경으로 돌아가자는 의미에서 복음주의적이었다. '복음주의적(evangelical)' 또는 '복음주의'라는 용어는 이처럼 때로는 포괄적으로(inclusively), 때로는 배타적으로(exclusively) 적용되어 혼란이 가중되고 있다.

선교 현장에서 기독교와 구분되는 복음주의를 말하기는 어려운 일이고, 복음과 복음주의를 구분하기는 더욱 어렵다. 선교지 한국에서는 복음주의 선교사들의 '복음전도(evangelism)'를 통해 전달받은 복음주의가 곧 복음일 수밖에 없었다. 나아가 이 특정한 복음주의를 실어 나르는 도체(導體)들 역시 결백하지 않았다. 복음주의 선교 운동이 복음주의적 부흥 운동의 자연스런 결과만은 아니었다. 전달되는 내용(what)뿐만 아니라 전달 방법(how) 역시 식민주의, 자본주의, 계몽주의 등에 감염되어 있었다. 물론 복음주의 선교사들은 '그리스도의 강권하는 사랑에 붙잡힘', 모든 민족을 제자로 삼

으라는 '대위임령', '죽어가는 영혼에 대한 불타는 사랑', '성령의 인도' 등
등으로 그 결백한 동기를 정당화하려 했고, 또 그들의 동기의 순수성에 대
해서는 의심할 바 없다는 평가를 받기도 했다. 그러나 선교 현장에서는 어
떤 자의식이나 정당화도 선교사들을 증인으로서의 "약함"으로부터 구원할
수는 없었다.[1] 역사적인 '복음주의'를 선교하는 것 말고, 복음주의 선교사
들에게 어떤 다른 대안이 있을 수 없었다. 이것이 증언으로서의 선교의 운
명이었다. 복음주의 선교사들이 전한 "참된 종교(true religion)"[2]는 선교지에
떨어져 죽고, 다시 살아나야 했다.

이것은 불가피한 일이다. 아무리 '순(pure)'복음을 표방하더라도, 지상에서
발견되는 복음은 언제 어디서나 "강보에 싸여 구유에 뉘어 있는(눅2 : 12)"
복음이다. 수용된 순수한 복음이 세상 속에서 불순해지고 타락하는 것이
아니다. 선교의 역사는, 진정한 의미에서, 거꾸로, '순'복음을 찾아가는 순
례이다. 선교지 한국에서, 그것은 복음주의로부터 복음으로의 회심이다.

'복음주의'의 어원과 그 한국적 수용 과정에 대해서는 류대영의 논문
「초기 한국교회에서 'evangelical'의 의미와 현대적 해석의 문제」[3]가 '복음
주의'의 어원과 역사와 용례는 물론, 그것이 한국 교회사와 현실 교회 정
치에 어떻게 전개되었는가를 심도 있게 다루고 있어 매우 유용하다. 그의
분석에 따르면, 본 연구의 대상인 구한말 선교된 '복음주의'는 '개신교'와
교환하여 사용된 용어였다.

따라서 한국에서 선교사들이 '복음적' 선교부공의회를 만들면서 FCC('미국

---

1) Barth, *Church Dogmatics, I.2,* 333.
2) *Ibid.,* 331. 참된 종교는 계시에 의해 "기독교"(*Christian religion*)를 항상 상대화한다.
3) 류대영, "초기 한국교회에서 'evangelical'의 의미와 현대적 해석의 문제", 「한국기독교와 역사」 15 (2001).

교회연맹' : Federal Council of the Churches of Christ in America, NCC in USA의 전신)를 그 모델로 삼은 것은 그들이 의미했던 'evangelical'이 19세기적 의미, 즉 'Protestant'와 거의 유사할 정도로 매우 포괄적이었다는 사실을 증명한다.4)

즉, 19세기 미국에서 '복음주의'라는 용어는 "개신교" 자체를 의미할 만큼 포괄적인 용어였다. 류대영은 다음과 같이 설명한다.

　　18세기와 19세기를 거치면서 미국에서는 'evangelical'이라는 말이 부흥운동 (the revival movement)을 지칭하거나 그것과 관련된 어떤 것을 말하는 용어가 되었다… 특히 19세기 초의 제2차 부흥운동 동안 거의 모든 개신교파가 부흥운동의 영향력 속에 놓이게 되었고, 얼마나 부흥운동에 의해 교단이 성장하느냐에 따라 미국교회의 판도가 재편성된다. 모든 미국의 주류 개신교단은 개인의 영혼 구원, 성경적인 경건한 삶 등을 이상으로 하는 '복음적' 분위기 아래 놓이게 된다. 따라서 19세기 내내 'evangelical'이라는 말은 부흥운동에 영향을 받은 미국의 주류 개신교회 전체를 지칭하는 역할을 했다… 이런 의미에서 당시 미국 사회는 '복음적 제국'(evangelical empire)이었다. 앞에서 지적한 바와 같이 여기서 'evangelical'이란 말은 특별한 신학적 입장을 말하는 것이 아니라 선교와 사회봉사에 대한 적극적인 관심, 그리고 경건한 삶에 대한 열심 등을 공유하고 있던 미국 주류 개신교 전체의 공통된 분위기를 말하는 것이었다.5)

　　그런데 '복음주의'라는 용어도 이후 역사적 변천을 겪었다. 똑같이 복음주의적이라고 주장하는 1920년대 근본주의자들과 현대주의자들의 논쟁을 거쳐 1940년대에 들어와 '새로운 복음주의자들(new evangelicals)'이 등장하는데, 이들의 복음주의는 "전투적 근본주의의 한계를 극복하고 과거의 '복음

4) 류대영, "초기 한국교회에서 'evangelical'의 의미와 현대적 해석의 문제", 142.
5) 류대영, "초기 한국교회에서 'evangelical'의 의미와 현대적 해석의 문제", 126-128.

적' 개신교 전통을 계승하려는 현대화된 전통주의 운동"6)이었다. 류대영은 명칭은 같더라도 "현대의 'evangelical' 교단이 과거 'evangelical' 교단과 역사적 연속선상에 놓여 있지 않다."7)고 파악한다. 이러한 '복음주의'의 역사적 이해는 매우 중요하며, 이 연구는 류대영의 치밀한 분석을 따르려고 한다. 특별히 류대영은 논문 말미에서 다음과 같이 말하고 있다.

> 오늘 일부 역사가들이 말하는 초기 선교사들의 '근본주의적' 신학과 '청교도적' 경건성은 20세기 말 21세기 초에서 바라본 19세기 말 20세기 초 주류 개신교, 즉 '복음적' 기독교의 모습이다. 역사가들에게서 필요한 것은 현재와 역사적 대상 사이의 시간적 간격을 충분히 이해하는 일이다. 19세기 말에 한국에서 활동했던 개신교 선교사들이 '복음적'(evangelical)이었던 것은 사실이다. 그러나 그들은 19세기적으로 '복음적'이었다.8)

이것은 음미할 만한 지적이다. 19세기 말 20세기 초의 복음주의가 후대에 '근본주의' 신학이나 '청교도적' 경건성 등으로, 현재주의적으로, 재해석되었다는 것이다. 그의 이러한 관점은 '평양대부흥'을 '전통의 발명(Invention of Tradition)'의 관점으로 접근할 때, 유효한 통찰을 제공해 준다.

그런데 그리스도 이후(Post-Christian) 모든 그리스도인은 스스로를 '복음적(evangelical)' 기독교인이라고 주장할 수 있다. 초기 한국 선교사들이 "19세기적으로 '복음적'"이라고 한다면, 종교개혁, 정통주의, 경건주의, 청교도주의, 감리교, 오순절-은사주의 운동 등도 각 세기, 각 시대적으로 '복음적'이라고 할 수 있다. 이 같은 역사 상대주의적 관점에서는 '복음주의'라는 용어가 개신교의 "복음적 공감대", "복음적 동질감"9)과 같은 수사적

6) 류대영, "초기 한국교회에서 'evangelical'의 의미와 현대적 해석의 문제", 131.
7) 류대영, "초기 한국교회에서 'evangelical'의 의미와 현대적 해석의 문제", 124.
8) 류대영, "초기 한국교회에서 'evangelical'의 의미와 현대적 해석의 문제", 144.

표현 정도로 간주되는 결과를 초래할 것이고, '복음주의'라는 용어는 어떤 특정한 대상을 가리키지 못하게 된다. 19세기적 복음주의와 20세기적 복음주의의 "역사적 간격을 충분히 이해하는 일"과 아울러, 그럼에도 불구하고, "역사적 연속성"이 되풀이 주장되고 전유되는 "현재"에 대한 분석이 함께 필요할 것이다.

나아가 복음주의의 특정 역사적인 성격과 특징을 추출해내고, 공감대나 동질감 이상으로 복음주의의 이론과 실제를 체계적으로, 특별히 신학적으로, 파악해야 한다고 생각된다. 실제로 류대영은 'evangelical'이 부흥운동을 지칭하거나 그와 관련된 용어라 하면서, "미국 내 부흥운동의 성격"에 대해 "근본적으로 칼빈주의적 엄격함에 대한 웨슬리주의적 신앙경험의 점진적 승리 과정으로 그것을 해석하는 데에 이견을 다는 사람은 별로 없다."[10]고 지적하고 있다. 그의 이러한 전체적인 미국교회사 이해는 「20세기 초 한국교회 부흥현상 연구에 관한 몇 가지 재검토」라는 '평양대부흥'을 다룬 본격적인 논문에서도 "20세기 초 한국의 부흥운동은 감리교가 시종일관 주도했다."는 주장으로 이어지고 있다. 류대영의 논지대로라면, 초기 미국 선교사들의 신학은 19세기 주류 복음주의 신학, 즉 알미니안주의였다. 이는 김상근이 '평양대부흥'의 신학을 "알미니안 칼빈주의"로 규정한 것과 대체로 일치한다.[11] 만일 "복음적 공감대"가 알미니안주의였고, 이것이 복음주의의 선교 신학이었으며, 복음주의를 표방하는 한국 교회의 주류 신학으로 정착했다면, 이것은 결코 간단히 넘길 일이 아니다. "칼빈

---

9) 류대영, "초기 한국교회에서 'evangelical'의 의미와 현대적 해석의 문제", 144.
10) 류대영, "초기 한국교회에서 'evangelical'의 의미와 현대적 해석의 문제", 127.
11) 김상근, "1907년 평양 대부흥 운동과 알미니안 칼빈주의의 태동 : 한국 교회의 선교 운동에 미친 영향을 중심으로", 「한국기독교신학논총」 46 (2006).

주의"와 "알미니안주의"를 같은 "보수적" 신앙이라고 칭할 수 없기 때문
이다.

그런데 '복음적'이라는 용어와 '복음주의적'이라는 용어는 같은 'evangelical'
의 번역어지만, 한국어로는 의미상 차이가 있다. '복음적'이라는 용어가 예
수 그리스도의 '복음'에 관한 것을 가리킨다면, '복음주의적'이라는 용어는
어떤 특정한 '주의(主義, ism)'를 가리키고 있다. 사도시대 이래 모든 그리스
도인들과 마찬가지로 19세기 복음주의자들은 물론이고, 현대의 복음주의
자들도 각각 "역사적 대상" 시기에 당연히 '복음적'임을 주장할 것이며, 어
느 누구도 자신을 '반(反)복음적'이라거나 '비(非)복음적'이라고 주장하지는
않을 것이다. 그렇다고 해서 '복음적'이라고 주장하는 기독교인들이 모두
같은 신학과 신앙을 갖는 것은 아니다.

'복음주의적'이라는 용어와 '복음적'이라는 용어가 혼용되고 있는 현실은
이 용어가 "헤게모니적인 과정"에 있음을 시사한다.12) 포괄주의적인 복음
주의 내에서의 신학이 일종의 "공감대"나 "공통된 분위기"와 같은 것이었
다면, 선교지 한국에서의 상황은 더욱 그러했다. 복음주의적(Evangelical)이지
않은 개신교인(Protestant)은 기독교인(Christian)이 아니었다. 이로 인해 한국
교회의 신학의 역사적인 기원을 종교개혁이나 청교도주의로 소급하거나
근본주의로 현재화시키는 혼선이 빚어지고 있는 것이다. 이러한 혼란으로
부터 벗어나기 위해 한국 교회의 신학을 "공감대" 이상으로 특정한 신학
사상과 연결 지으려는 시도는 환영받아 마땅하다. 왜냐하면 특정한 신학
자나 체계화된 신학 사상이 아니더라도, 역사적인 고찰과는 별도로, 저 복
음주의적 "공감대"의 내용이 무엇인지, "복음적 분위기"가 구체적으로 무

---

12) Raymond Williams, *Marxism and Literature* (Oxford : Oxford University Press, 1977), 112 : "A
lived hegemony is always a process."

엇을 의미하는지 신학적 차원의 고찰이 필요하기 때문이다.

덧붙여, 하나의 '주의(主義)'로서의, 하나의 '운동(movement)'으로서의 복음주의를 평가할 기준이 필요하다. 이때 '복음주의적인 것'의 기준은, 다름 아니라, 복음주의자들이 믿고 알고 주장하는 '복음적인 것'이어야 한다고 생각된다. 복음주의 내의 다양한 시대적, 교파적 경향들을 분류하는 것과는 별개로, 복음 자체를 언급하지 않고 복음주의를 말할 수 없다. 복음주의 내의 여러 가지 개별적 조류들은 서로에 대해 창(窓)이 되어 줄 수는 있을지언정, '복음주의'라는 하나의 거대한 성운(stella)을 객관화하고, 상대화하기에는 충분치 못하다. 그렇다고 해서 복음주의는 그 스스로 창이 될 수 없다. 아니, 이것은 복음에 충성하는 복음주의자들조차 원치 않는 것이다. 비록 복음주의자들이 자신들을 '복음적'이라 스스로 확신하더라도, 선교학은 그들의 주장과 확신이 그들이 믿는다고 고백하는 복음과 어떻게 부합하는지를 그들의 언표되거나(explicit) 언표되지 않은(implicit) 증언들 가운데서 물어야 한다. 복음이 예수 그리스도의 복음이라면, '복음주의'라는 하나의 역사적 현상은 다른 역사적 현상들과 나란히 놓이기에 앞서, 복음의 빛 아래 놓여야 한다.

복음과 복음주의의 분리는 교파간의 신학적인 논쟁을 유발하고, 어떤 특정한 신학적 관점으로부터 논공행상과 유죄 판결을 하려는 의도에서 행해지지 않는다. 그보다는 복음주의를 급진적으로 역사화하고, 상대화하려는 것이다. 이는 결국 복음주의를 "구름같이 둘러싼 허다한 증인들(히12 : 1)" 중에서 행해진 복음의 한 '증언'으로 이해하려는 것이다. 이를 위해서는 복음주의에 대해, 그 증언에 대해 잠정적인(penultimate), 그리고 개방적인 분별력을 발휘해야 한다. 복음주의를 비판하려면, 무엇보다도 먼저, 복음주의를 믿어야 한다.

2. 복음주의의 기원

기어츠(Clifford Geertz)는 '종교'를 하나의 문화 체계로 이해할 것을 제안한다.[13] 종교적 상징들은 그 자체로서 하나의 체계로 분석되어야 하고, 이 체계들을 다시 사회－구조적, 심리적 과정들과 연결시켜야 한다는 것이다.[14] 그러나 이러한 기능주의적인 체계화는 아마도 전통적인 종교 이해에나 적합할지 모른다. 종교적 담론이 피력하는 보편적 주장들은 특정한 문화적 표현을 넘어선다. 종교의 보편화하는 주장과 그로부터 형성되는 '사고방식(way of thinking)'은 종교가 단지 하나의 문화적 체계가 아니라 문화적 체계 그 자체임을 시사한다. 종교는 단지 다양한 가능성들 중에서 종교인이 선택하는 하나의 의미 체계가 아니다. 종교는 모든 것이 되기를 욕망하며, 모든 다른 체계들을 수렴하려 한다.[15] 이른바 토착 종교라 하더라도 이 점에서는 근본적인 차이는 없다고 할 수 있다. 세계 종교와 토착 종교의 구분은 상대적인 의미를 가질 뿐이다.

이 같은 관점은 바르트에 의해 개진된 바 있었다. 바르트의 신학에서 '문화'에 관한 논의가 많이 나타나지 않는 것은 그가 '종교'라는 용어로 '문화'를 말하기 때문일 것이다. 니버가 "그리스도"와 "문화"[16]의 관계로 표현하려고 했던 것을 바르트는 "계시"와 "종교"의 관계로 표현했다고 할 수 있다. '문화'가 다양한 문화적 현상들의 단순한 집합이 아니고, 문화적 체계 그 자체를 의미한다면, 그리고 그것이 의미의 체계라면, 종교야말로 가장 심원한 차원에서, 의미의 체계요, 문화의 본질이 아닐 수 없다.[17]

---

13) Geertz, "Religion as a Cultural System", 125.
14) Ibid.
15) 이러한 관점에 서야 현대의 근본주의 또는 원리주의 종교 현상들이 비로소 이해될 수 있다.
16) 리차드 니버 저, 김재준 역, 『그리스도와 문화』 (서울 : 대한기독교서회, 1998).
17) Barth, *Church Dogmatics*, I.2. 281-282. "Human culture in general and human existence in detail

그리고 문화가 인간적인 현상인 만큼이나, 종교 역시 인간적인 현상이다. 이 점에서는 기독교도, 복음주의도, 예외일 수 없다. 바르트는 다음과 같이 선언한다. "종교는 불신이다. 종교는 하나의 사고방식(concern)이다. 곧 바로 말하자면, 사고방식 그 자체이다. 하나님 없는 인간의."18) 이러한 관점으로 보자면, 계몽주의도 "하나님 없는" 근대인들의 종교로서의 성격을 다분히 갖는다고 말할 수 있다. '이성에 의한 계몽'은 하나의 이데올로기 이상이었다. 종교에서 문제가 되는 것은 실은 인간 자신이고, 계몽주의는 인간의 자기 자신에 대한 믿음에 기초하기 때문이다.

그렇다면 종교적인 것을 종교 외적인 것으로 설명하려고 하기보다는, 종교 그 자체를 하나의 독립된 연구 대상으로 삼아야 하며, 복음주의에 대한 설명도 이와 같아야 한다. 하지만 베버가 『종교 사회학』의 모두(冒頭)에서 "종교"의 정의(定義)가 연구의 출발 때 제시되기보다는 연구의 결론부에서 제시될 수 있다고 한 것이 복음주의의 정의에도 똑같이 적용될지 모른다.19) 복음주의자들은 흔히 복음을 자신들의 방식으로 일반화하고, 자신들의 믿음을 복음 그 자체와 동일시하며, 이 동일시를 강화하고, 선전한다. 그러나 이 헤게모니적인 동일화를 액면 그대로 받아들일 수 없다. 이와 같은 현상이 복음주의자들에게만 국한되지 않고, 아마도 모든 증언, 모

---

seem always and everywhere to be related by men to something ultimate and decisive, which is at least a powerful rival to their own will and power."

18) Ibid., 299-300. "We begin by stating that religion is unbelief. It is a concern, indeed, we must say that it is the one great concern, of godless man", 480. 이 부분의 원문을 Garrett Green은 이렇게 번역한다 : "Religion is *unbelief;* religion is a concern–*the* concern, one must say straightway–of the Godless human being." Garrett Green, "Challenging the Religious Studies Canon, 480. 그렇다고 해서 바르트가 "참된 종교"(true religion)가 불가능하다고 주장하는 것은 아니다. 다만 "참된 종교"의 가능성은 하나님의 은혜에 의해 "의회(義化)된 죄인"(justified sinner)에게 주어진다. Ibid., 326-327.

19) Max Weber, *Economy and Society Volume One* (Berkeley : University of California Press, 1978), 399.

든 종교에서 유사하게 나타나겠지만 어쨌든 개신교 내의 다양한 흐름들이
존재하는 만큼, 복음주의와 개신교와의 또는 기독교와의 동일시에 의문을
제기하지 않을 수 없다. 복음주의가 개신교의 충실한 상속자인지, 개신교
(Protestantism)에 대한 개신(protest)으로서의 '신(新)개신교'인지는 논란거리다.
유사한 맥락에서 한국 기독교를 포함한 '남반부 기독교'가 논자들이 주장
처럼 복음주의와 근본적으로 다른 기독교인지,[20] 아니면 복음주의에 기원
을 둔 '신복음주의', 또는 '후기복음주의(post-evangelicalism)'인지도 논란거
리이다.[21] 근대 서구의 특정한 시대로부터 발원한 복음에 대한 특정한 증
언을 불변의 진리로, 복음 그 자체로 받아들일 수는 없는 일이다. 하나의
역사적 과정으로서의 헤게모니에 균열을 내기 위해서는, "선의 안에서(in
good faith)", "분석 양식(mode of analysis)"이 요구된다.[22]

---

20) Philip Jenkins, *The Next Christendom : The Coming Global Christianity* (New York : Oxford
    University Press, 2011), 3-4. 여기에서 젠킨스는 월스를 인용한다 : "Walls sees the faith in
    Africa as a distinctive new tradition of Christianity comparable to Catholicism, Protestantism,
    and Orthodoxy; it is 'the standard Christianity of the present age, a demonstration model of
    its character.'"

21) 'post'를 어떻게 번역하는가는 논지에 많은 차이를 가져오는 예민한 사안이다. '기원(紀元)
    후' (A.D.)를 예수 그리스도의 강림을 기준으로 후기그리스도 시대(post-Christian era)라
    칭할 수 있다면, 그런 의미에서 18세기 감리교로부터 시작된 복음주의의 역사도 '후기복
    음주의'(post-evangelicalism)의 시대라고 할 수 있다. 마찬가지로 18세기 유럽의 계몽주의
    (Enlightenment)가 전 세계적으로 확장된 시대를 '후기계몽주의'(post-Enlightenment)라 칭
    할 수 있다. 그러나 '후기'(後期)라는 말이 관계성, 연속성, 지속성을 부각시킨다는데 불만
    을 품고 "post"를 '탈'(脫)로 번역하기도 한다. 이 연구는 "post"를 '후기'로 번역하기를 선
    호한다. "후기"라는 번역으로 복음주의의 확산, 발전, 심화는 물론, 그것의 균열, 이탈,
    배반까지를 포함할 수 있다고 본다. 하지만 본 연구에서는 '남반부 기독교'를 서구의 복
    음주의의 곁가지라고 할 수 없는, 매우 다른 '정통적인' 기독교로 상정하는 연구 추세를
    감안하여 '신복음주의'라는 명칭을 사용해 보았다. 이 명칭은 류대영의 앞선 논문에서 언
    급된 1940년대 미국의 '신복음주의'와는 맥락을 달리한다.

22) Williams, *Marxism and Literature*, 114 : "Thus cultural process must not be assumed to be
    merely adaptive, extensive, and incorporative. authentic breaks within and beyond it, in
    specific social conditions which can vary from extreme isolation to pre-revolutionary
    breakdowns and actual revolutionary activity, have often in fact occurred. And we are better
    able to see this, alongside more general recognition of the insistent pressures and limits of the

이를 위해서 복음주의를 역사화하는 것도 하나의 방법이다. 근대 선교 운동의 모태라 할 수 있는 복음주의, 또는 월스가 말한 역사적인 "복음주의 기독교(Evangelical Christianity)"는 "기독교 사회가 충분히 기독교적이지 않다는 항의의 종교(a religion of protest against a Christian society that is not Christian enough)"였다.[23] 이런 지적만으로도 선교학은 많은 것을 시사 받을 수 있다. 개신교(Protestantism)가 본래 항의하는 종교였지만, 복음주의가 단지 복음 그 자체가 아니라, 서구에서 나타난 일종의 "항의의 종교"였다면, 이 항의가 무엇에 대한 항의였는가를 묻게 된다. 또한 이러한 "항의의 종교"가 선교지민들에 의해 어떻게 재현되고 체험되고 변형되었는지를 묻게 된다. 나아가 선교지에 소개된 복음주의가 적응과 순응의 종교였다는 주장의 근거를 묻지 않을 수 없다.

역사적으로 서구에서 복음주의는 '기독교국가(Christendom)'를 배경으로 하고 있었다. 개신교 종교개혁(Protestant Reformation)조차 '기독교국가'라는 '영역의 원리'를 건드리지 않았으며, 기독교국가의 이상과 그 실현 간의 긴장은 복음주의 내에서도 상존하고 있었다.[24] 복음주의자들이 추구했던 종교 부흥은 기독교국가와 기존 교회의 구원을 위한 "진정한 기독교(a real Christianity)"였고, 이 진정한 교회는 "형식적(formal)"이기보다는 "내향적인(inward)" 종교였다. 달리 말하면, 복음주의의 "항의"는 기독교국가의 "국가"를 문제 삼기보다는 "기독교"를 문제 삼는 것이었다.

이러한 내향적인 종교의 출현은 사회적으로는 기독교국가 내의 부르주

---

hegemonic, if we develop modes of analysis which instead of reducing works to finished products, and activities to fixed positions, are capable of discerning, in good faith, the finite but significant openness of many actual initiatives and contributions."
23) Walls, "The Evangelical Revival, the Missionary Movement, and Africa", 83.
24) Ibid., 81-82.

아 시민 사회의 일정한 성장을 전제로 했다. 인간의 구원에 초점을 맞춘 이 시민들의 기독교는 원죄와 인간의 타락, 그리스도의 대속, 믿는 자의 삶을 성화하는 성령의 능력 등을 강조했다. 복음주의의 교리는 따라서 인류학적이고 구원론적이었다 : 죄인을 겸비하게 하고, 구주를 높이며, 거룩함을 증진함,[25] 복음주의를 통해 개신교는 하나님에 대한 교리적 고백으로부터 인간의 가능성에 대한 모색으로 확실히 이동했다. 바르트는 종교 개혁의 쇠퇴와 더불어 나타난 새로운 형태의 이 개신교를 "신(新)개신교(new-Protestantism)"[26]로 칭하고 있다. "신개신교"에서는 인간이 하나님의 가능성과 하나님의 현실화의 최종 판단자로 등장한다.[27] 하나님의 계시가 어떻게 현시될 것인가, 그것이 진정 하나님의 계시 또는 성령의 강림인가 하는 것은 최종적으로 인간에 의해 결정되었다. 실제로 복음주의 부흥 운동에서 선교사들은 성령 강림을 '객관적으로' 증명할 수 있다고 믿었다.

"회개의 복음주의적 패러다임"도 죄에 대한 인격적 지식으로부터 출발하여 그리스도의 완성된 사역에 대한 인격적 믿음으로 나아가고, 거룩한 인격적 삶을 살아나가게 된다.[28] 계몽주의의 영향 아래에 있던 복음주의에서 신학의 인류학화는 뚜렷하게 진행되었다. 복음주의의 '회심주의(conversionism)'는 회심의 대상으로 향하기보다는, 회심하는 주체를, 또는 회심 자체를, 목

25) Ibid., 82-83.
26) Barth, *Church Dogmatics* I.2 : 4 : "The basic difference between this theology and the theology of older Protestantism is that from some source or other, some general knowledge of God and man, it is known before hand, known a priori, what revelation must be, may be, and ought to be. In these conditions and by using such a standard of measurement, a definite attitude to the reality of revelation can be taken up a posteriori."
27) Ibid., 6 : "He(man) therefore thinks that God and His revelation belong to the sphere of his own capacity, since man can foresee and anticipate in its content as well as in its form. To a certain extent God is doing His duty in revealing Himself to man...."
28) Walls, "The Evangelical Revival, the Missionary Movement, and Africa", 82-83.

적으로 추구하는 경향을 띠게 되었다. '회심주의'에서는 회심의 기원이며 회심하여 향해야 할 대상보다, 회심하는 자의 동기와 회심의 과정과 회심의 결과가 초점이 되곤 했다. 바르트는 이것을 그리스도론이 자족적인 인간론과 구원론에 의해 삼켜진 것으로 판단한다.[29]

이 연구의 관심은 이러한 역사적 과정이 선교학적으로 갖는 의미이다. 흔히 제기되고 있는 한국 교회의 신학의 빈곤과 인류학의 과잉은 한국인 생래의 현실주의적 기질이나, 복음주의 선교사들의 '우민화(愚民化)'의 산물이라기보다는, 선교된 복음주의의 한 부분이었다고 할 수 있다. 선교지민들이 복음을 받아들일 때, 그들은 처음부터 인류학화된 복음을 받아들였던 것이다. "선교사들이 가지고 온 '복음적' 미국 주류 기독교에서 '복음'만 떼어서 전한다는 것은 절대 가능하지 않았다."[30]

나아가 월스에 따르면, "복음주의적 부흥(Evangelical Revival)"은 단지 지배적인 종교에 대한 항의로서만이 아니라, 기독교의 메시지(Christian message)를 당시 사회에 설득력 있고 적절한 방식으로 전달함에 있어서, "문화적 발전(cultural development)"으로서의 의미를 갖고 있었다.[31] 즉 복음주의는 당시 발흥하는 상업주의에 발맞춰 자신의 '상품'을 유통하는 데 있어서 방법론적 혁신을 이룩했다는 것이다. 기독교국가 내의 민족적, 종교적 다원화와 맞물려 종교의 "사유화(privatization)"가 진행되었고, "의식의 개인주의화(individualization of consciousness)"는 사회를 상호 동의에 의한 계약 관계로 이해하게 했다. "복음주의적 부흥은 변화하는 이러한 서구 유럽의 문화적 맥락에서 기독교를

---

29) Karl Barth, *Church Dogmatics IV.4 : The Christian Life* (Edinburgh : T&T Clark, 1969), 20 : "Christology is now swallowed up by a self-sufficient anthropology and soteriology."
30) 류대영, 『초기 미국 선교사 연구』, 268.
31) Walls, "The Evangelical Revival, the Missionary Movement, and Africa", 83.

전면적으로 재형성(reformulation)한 성공적인 사례였다."[32] 그에 따르면 "복
음주의적 부흥은 복음을 북반구 개신교계에 상황화(contextualized)시켰다."[33]
그것은 무로부터의 시작이 아니라, 서구의 근대성에 의해 기독교인들의 자기
정체성에 발생한 국가와 교회와 개인 간의 "문화적인 균열(cultural chasm)"을
재결합시킨 일종의 "화해(reconciliation)"요, "토착화(indigenization)"로서, "그 자
체로서 진정하고 토착적인 기독교의 한 버전(a version of Christianity throughly
authentic and indigenous there)"이었다.[34] 바르트가 계몽주의 하에서 서구 기독
교가 종교개혁의 신학으로부터 벗어나, 그 관심을 하나님으로부터 인간으로 옮
겼다고 보았다면, 월스는, 그의 성육신 신학에 충실하게, 복음주의를 계몽주의의
언어로 "번역"된 기독교로 이해하고 있는 셈이다. 여기에서 주목할 것은 복음주
의가 일종의 서구의 "토착적인 기독교"라고 이해하는 관점이다. 어느 쪽이거나
복음주의의 역사성이 이로써 분명해진 셈이다.

    역사적인 복음주의의 연원을 독일의 경건주의로, 청교도주의로, 중세
수도원 운동, 심지어 4세기 사막 교부 등으로 거슬러 올라가기도 하지만,
대체로 18세기 전반 영국의 횟필드(Geroge Whitefield), 웨슬리(John Wesley), 식
민지 미국의 에드워즈(Jonathan Edwards) 등에 의해 시작된 대중적인 개신교
개혁 운동, 월스가 말한 "복음주의적 부흥"을 그 본격적인 시작으로 간주
하는 것이 대체적인 시각이다. 즉, 복음주의는 18세기에 나타난 "새로운
현상"[35]이었다. 복음주의는 복음주의자들이 주장하는 것처럼 '정통적인'
기독교라기보다는, 18세기 전반의 대서양 양안(兩岸)에서 발생한 부흥 운동

---

32) Ibid., 84.
33) Ibid., 82-84.
34) Ibid.
35) David Bebbington, *Evangelicalism in Modern Britain*, 1.

에 의해 변형되고 재구성된 개신교로서, 그 이전의 기독교와 구분되어야 한다.36)

월스는 주로 근대 서구 문화의 전반적인 변동에 관심을 두고 특별히 개인주의화에 초점을 맞추고 있지만, 만일 복음주의가 기독교를 근대 서구 사회에 성공적으로 토착화시킨 사례였다면, 그 토양으로서의 근대 서구의 역사적 특성에 대한 이해는 정치적 측면으로서의 민족국가와 민족주의의 대두, 경제적 측면으로서의 자본주의, 사회적 측면으로서의 노동 계급의 형성,37) 지성적 측면으로서의 계몽주의 등으로 넓혀질 수 있다. 본 연구에서는 그 토양 중 하나인 계몽주의에 초점을 맞추려고 한다. 복음주의가 대두된 시기는 서구에서 계몽주의가 점점 그 지경을 넓혀가던 시기와 대략적으로 일치한다. 그리고 베빙턴에 따르면, 계몽주의의 이상과 복음주의 부흥 운동 사이에는 사실상 "친화 관계(an affinity)"가 있었다.38)

그렇다면 이 복음주의가 "순례(pilgrim)"39)의 길을 떠나서 도달한 선교지 한국은 과연 어떤 토양을 준비하고 있었는가? 기독교국가? 자본주의? 시민 사회? 노동 계급? 부르주아 개인주의? 계몽주의? 항의? 무엇에 대한 항의? 부흥? 무엇의 부흥? 서구 교회사의 연구자들은 이런 물음들을 제기하지 않아도 상관없을지 모른다. 그들은 서구 기독교의 역사 속에서 복음주의의 기원과 성격을 밝히면 그로써 충분하다고 생각할 수 있다. 한국의 교회사 연구자들도 마찬가지라고 할 수 있다. 그들은 복음주의 선교사들에

---

36) Douglas Sweeny, "Evangelical Tradition in America", in The *Cambridge Companion to Jonathan Edwards,* ed. Stephen Stein (New York : Cambridge University Press, 2007), 217.

37) E. P. Thompson, *The Making of the English Working Class,* 385-440.

38) David Bebbington, *The Dominance of Evangelicalism,* 118.

39) Andrew Walls, "The Gospel as Prisoner and Liberator of Culture", in *The Missionary Movement in Christian History : Studies in the Transmission of Faith* (Edinburgh : T&T Clark, 2004), 8-9.

의해 실려 온 복음 또는 기독교가 한국적 토양에서 어떻게 활착해 갔는가를 살피는 것으로 만족할 수 있다. 그러나 선교사들과 함께 순례하는 선교학은 그렇게 할 수 없다. 선교 현장에서 실제로 전달되는 것은 복음주의이며, 복음주의는 정치적, 경제적, 문화적, 종교적, 지적 풍토가 판이한 선교지에서 시험대에 오르게 되는 것이다. 그리고 그 시험이 단지 서로 다른 문화 간의 문제에 그치지 않고, 그리스도에로의 회심의 문제라면 거기에서 "문드러짐과 벗겨짐(rubs and frictions)"이 있었을 것임은 두말할 필요가 없다.40) 한국 복음주의가 서구의 그것에 매개체 없이 곧바로 연결될 수는 없는 일이었다.

하지만 복음과 복음주의 사이의 "깨어짐(break)"41)은 현대 선교학이 가야할 길이다. 역사적으로 복음주의에 종속되어 온 선교학은 복음주의와의 거리를 확보하는 데 많은 어려움을 겪어왔다. 선교학의 가치에 대한 의문들은 주로 이로부터 파생되었다. 이제 선교학은 복음주의 선교를 해석함에 있어서, 단지 복음주의를 닮기보다는 복음주의보다 더욱 복음적이어야 한다. 선교학은 선교 현장에서 발생하는 복음적인 것과 복음주의적인 것의 깨어짐을 엄밀하게 학문적으로 재현하기 위해 노력해야 한다. 이 연구는 복음주의의 내적 불일치를 봉합하고 그 한계를 극복할 수 있는 현실적인 대안을 제시하려 하지 않는다. 여기에서 시도하는 것은 복음주의 선교의 "문드러짐과 벗겨짐"의 '이야기(story)'를 가능한 한 엄밀하게 기록하는 것이다.42) 이 '이야기'는 스스로 해결할 수 없는 많은 내적 모순을 그 안에 지니고 있다.43) 그리고 이 모순들은 제거될 수 없으며, 선교학에 의해

---

40) Ibid., 8.
41) Barth, *Church Dogmatics III.3*, 295.
42) Ibid.

재현될 수 있을 뿐이다.44)

3. 복음주의의 특징

특정한 시기에 출현한 하나의 '주의(主義)'이며, 특정한 '운동(movement)'으로서의 복음주의의 일반적인 성격을 고찰하는 데는 영국 복음주의의 연구자 베빙턴이 열거한 "4가지 복음주의의 특성(a quadrilateral of priorities that is the basis of Evangelicalism)"45)을 출발점으로 삼는 것이 편리하기도 하고, 또 많은 연구자들이 그렇게 하고 있다 : "회심주의(conversionism)", 삶이 변화해야 한다는 믿음 ; "행동주의(activism)", 일하고 있는 복음의 표현 ; "성경주의", 성경에 대한 특별한 존중 ; "십자가중심주의(crucicentrism)", 십자가에서의 그리스도의 희생의 강조.46)

그런데 베빙턴이 제시한 복음주의의 네 가지 현상적인 특징들이 과연 복음주의에서만 나타났거나 강조되었다고 할 수 있겠는가 하는 물음이 곧바로 제기될 수 있다. 열거된 이것들은 어디까지나 성경에 나타난 복음 그 자체의 특징에 지나지 않는다는 반론이 가능하다. 기독교인치고 회심과 실천과 성경과 십자가중심에 대해 반대할 사람은 없을 것이다. 이것들은 기독교의 영속적인 주제들이었다. "사회적 죄악"을 원죄의 진정한 형태라고 하여 복음주의 내에서 논란의 대상이 되었던 라우센부쉬(Walter Rausenbush)의 '사회 복음(Social Gospel)도 복음주의적 특성들을 공유하고 있었다.47) 만

43) Ibid.
44) Ibid. : "On the contrary, the break itself and as such will be reproduced and reflected in our knowledge and its presentation."
45) Bebbington, *Evangelicalism in Modern Britain*, 3.
46) Ibid., 2-17.
47) Matthew Bowman, "Sin, Spirituality, and Primitivism : The Theologies of the American Social Gospel, 1885-1917", *Religion and American Culture : A Journal of Interpretation* 17.1 (Winter

일 그렇다면, 복음주의가 당대의 기독교계는 물론 나아가 사회 문화에 일정한 충격을 가했던 이유는 역사적으로 답변되어야 한다.

앞에서 복음주의가 서구에서 나타난 일종의 "항의의 종교"라고 정의했었다. 그러나 종교개혁도 중세 기독교에 대한 항의였다. 청교도주의도 하나의 항의였다. 청교도주의는 영국 국교회식 종교 개혁에 대해 불만을 표현한 것이었다.[48] 청교도주의는 영국 국교회 내에 남아 있는 가톨릭적 요소들과, 기독교인으로서의 느슨한 삶, 특히 주교제 등을 개혁해야 한다고 생각했다. 복음주의도 하나의 항의였다. 하나의 개혁 운동이었다. 그런 의미에서, 복음주의자들만이 '항의하는 자들(protestants)'은 아니었다. 기독교의 역사에서 다양한 항의자들이 나타났고, 그들은 교회를 개혁하기도 했고, 분열시키기도 했다. 만일 복음주의를 하나의 항의, 또는 항의에 대한 항의라고 말할 수 있다면, 복음주의가 항의했던 특정한 대상에 대해 알 필요가 있다. 하긴 복음주의와 같은 시기에 서구에서는 다른 형태의 항의들도 있었다. 합리주의도, 계몽사상들도, 자본주의와 함께 성장한 시민 사회도, 새롭게 등장하는 노동 계급도, 항의의 표현들이었기 때문이다. 나아가 어떤 항의가 이전의 항의들보다 반드시 더 급진적이었던 것도 아니었다. 이를테면, 복음주의가 그리스도의 십자가를 강조했던 것은 사실이며, 종교개혁의 틀을 존중한 것도 사실이다. 그러나 복음주의가 십자가에 대한 신학적 사유를 더욱 심화시킨 것은 아니었다. "신개신교"에서 종교개혁적 고백은 "건드려지지 않은 채(untouched)", 단지 고수되었을 뿐이었다.[49] 관

2007), 96.

48) Jerald Brauer, "Conversion : From Puritanism to Revivalism", *The Journal of Religion,* 58.3 (July 1978), 229.

49) Barth, *Church Dogmatics I.2,* 292–293.

점에 따라서는 복음주의에서 종교개혁적 `믿음'은 쇠퇴했고, 루터가 외친 '믿음으로부터 오는 자유'는 오히려 불확실해졌다고도 할 수 있다.[50]

그럼에도 불구하고, 복음주의가 적어도 서구 기독교의 맥락에서 일종의 항의였다는 사실에는 변함이 없다. 간단히 말해서, 복음주의자들의 관점에서 볼 때, 기독교계에서도 회심하지 않고, 실천하지 않고, 성경을 존중하지 않고, 십자가를 중심에 두지 않는 개인들, 집단들, 교회들과 교회 지도자들이 있었다. 기독교를 머리로만 알고 가슴으로, 마음으로, 알지 못하는 자들이 있었다. 신앙을 교리로 알고 체험으로 알지 못하는 자들이 있었다. 그리고 자신들과는 다른, 이름뿐인 기독교인들이 있다고 믿는, 명실상부(名實相符)한 기독교인들이 있었다. 그들에게 복음주의는 명실상부한 기독교인들의 종교였다. 그들은 '형식적' 종교로부터 '참된' 종교로 회심한 기독교인들이었다. 입술로 고백하는 믿음이 아니라 믿음을 행동으로 옮기는 기독교인들이었다. 교회의 전통보다 성경을 삶의 유일한 표준으로 삼는 기독교인들이었다. 자기 능력으로서가 아니라 십자가의 보혈로 구원받고 정결해진 기독교인들이었다. 이와 같은 자의식과 구별됨의 의식은 복음주의자들의 정체성을 이루는 매우 중요한 요소였다.

그런데 항의로서의 복음주의가 기존 교회의 주류로 제도화됨으로써 사태는 더욱 복잡해진다. 아마 이것이 월스가 지적한대로, 성공적인 "토착화원리(indigenizing principle)"가 내포한 불가피한 문제였을 수 있다.[51] 어쨌든 "19세기 주류 개신교가 가졌던 신학적으로 포괄적이고 초교파적인 성격은 복음적 기독교의 한 중요한 특징이었고, 그런 성격은 20세기 초까지 이어

---

50) Ibid., 292-293.

51) Walls, "The Gospel as Prisoner and Liberator of Culture", 8 : "the indigenizing principle which makes his faith a place to feel at home."

졌다."[52] 19세기 말과 20세기 초의 복음주의는 미국에서 주류 개신교와 동일시되었다. 그리고 이 주류 개신교적인 복음주의자들 대부분은 해외 선교 사역의 중요성에 동의하고 있었고, 이 "지배적인 공적 개신교(dominant 'public Protestantism')"[53]가 비기독교국가인 한국에 전해졌으며, 이 복음주의 선교사들이 '평양대부흥'을 일으킨 주역들이었다. 항의하는 지배적인 주류 개신교? 이러한 자기 모순적인 복음주의적 컨센서스가 선교 현장에서 그대로 유지되었으리라고 믿는 것은 비현실적이다.

이처럼 복음주의의 복합적인 성격을 몇 가지 특징으로 파악하는 것은 문제될 소지가 있지만, 그럼에도 불구하고, 복음주의를 하나의 역사적인 증언 또는, 증언의 구체적인 형태로 간주한다면, 일정한 작업가설이 필요하다. 지금까지 연구된 성과들을 종합할 때, 서구의 복음주의는 다음과 같은 몇 가지 '역사적' 특징을 지니고 있다고 생각된다.

첫째로 복음주의가 '새로운(new)' 것이었다는 점이다. 앞서 살펴보았듯이 베빙턴은 복음주의를 이전의 종교개혁, 청교도주의 등과 구별하고 있다. 복음주의는 계몽주의에 의해 문화화 된, 적응된, 토착화된 개신교였다. 따라서 복음주의를 '신(新)'개신교로 이해하는 것이 타당하다고 할 수 있다. 종교개혁적 개신교와 '신개신교' 간의 공통점보다 차이를 부각시키는 바르트는 이 새로운 개신교를 참된 의미에서 "갱신(renewal)"으로 볼 수 없다고 주장한다.[54] 바르트는 신개신교를 일종의 "종교주의(religionism)"로 보고 있다.[55] 이 시기에 서구인들은 새롭고 다양한 종교들을 발견했고, 기독교를

---

52) 류대영, 『미국종교사』 (서울 : 청년사, 2007), 436.
53) Mark Noll, *A History of Christianity in the United States and Canada* (Grand Rapids : Eerdmans, 1992), 287.
54) Barth, *Church Dogmatics* I.2, 291.
55) Ibid., 291. 그것은 계시의 빛 아래 종교를 이해하려 하기보다는 종교의 빛 아래 계시를

다양한 종교 중 하나로 위치시켰다는 것이다. 복음주의는 기독교가 하나
의 종교임을 자명한 사실로 받아들였다. 남겨진 문제가 있었다면, 다른 종
교들과의 관계를 어떻게 설정하는가, 다른 종교들을 어떻게 기독교의 종
교 체계로 포괄하는가 하는 것이었다. 바르트의 주장대로라면, 복음주의는
전통적인 기독교로부터 하나의 새로운 종교를 발명했다. 종교개혁적 "계
시"로부터 복음주의적 "종교"로의 "파국(catastrophe)"56)이 일어난 것이다.

만일 이와 같다면, 보쉬(David Bosch)가 몇 가지 선교 역사상 패러다임들을
제시할 때 계몽주의 시대의 선교를 "개신교 종교개혁 선교 패러다임(the
missionary paradigm of the Protestant Reformation)"57) 속에 둔 것이 과연 적절했던
가 하는 의문이 제기될 수 있다. 실제로 보쉬는 계몽주의 이전과 이후의 기
독교를 서로 다른 기독교로 이해하고 있을 만큼, 계몽주의가 복음주의 선교
에 끼친 영향을 막중한 것으로 파악하고 있었다.58) 그렇다면 "개신교 종교
개혁 선교 패러다임"과 복음주의 선교와의 거리는 "후기근대(postmodern) 선
교 패러다임"59)과 복음주의 선교와의 거리보다 더 멀 수도 있다. 그런 점에
서 복음주의 선교를 별도의 선교 패러다임으로 구별하는 것이 보다 적절할
것으로 보인다. 중요한 것은, 복음주의가 새로운 것이었다는 사실이다. 그리
고 선교지에서 이 새로운 복음주의가 기독교 그 자체가 되었다.

둘째로, 복음주의는 '대중적(popular)'이었다는 점이다. 복음주의는 근대

이해하려 한다.

56) Barth, *Church Dogmatics I.2*, 288.
57) Bosch, *Transforming Mission*, 239-261.
58) Bosch, *Transforming Mission*, 268-269 : "For the moment I just wish to argue that Christianity after the advent of the Enlightenment was different from what it had been before. Even where it resisted the Enlightenment mentality it was profoundly influenced by it."
59) Bosch, *Transforming Mission*, 349-362.

민주주의의 대두와 결부되어 있었다.[60] 루터의 만인사제설이 실현된 것은 종교개혁에 의해서가 아니라 복음주의에 의해서였다. 평신도들의 주장이 강화되었고 교직자들의 위상은 떨어졌다. 감리교의 창시자 웨슬리는 영국 국교회로부터 평신도 경건 운동을 일으켰다. 성경주의도 대중주의의 일환 이었다. 토착어로 번역된 성경은 모든 사람의 책이었다. 특권적 종교가 시 민사회의 도래와 더불어 광범위한 위기에 도달했다. 경건의 사회적 독점 이 무너졌다. 경건은 더 이상 일생에 걸친 축적을 요하는 고통스러운 과정 이 아니었다. 복음주의와 더불어 은혜의 수단을 통한 즉각적인 '확증 (assurance)'이 누구에게나 열려진 가능성이 되었다. '평양대부흥'이 선교사 와 선교지민 간의 거리를 좁혔다는 견해에 일리가 있다. 복음주의 선교사 들이 체험했던 것을 선교지민들도 체험할 수 있었던 것이다. 물론 그 체험 의 동일함은 선교사들에 의해 보증되어야 했지만 말이다.

복음주의의 대중적 성격을 파악하는 것은 복음주의 선교의 특징을 이해 하는 데 있어서도 중요하다. 복음주의의 이데올로기적 성격을 "중산층" 또는 선교지에서 대두되는 상인 등 시민 계층과 관련짓는 것도 의미 있지 만,[61] 특정한 계급·계층 이데올로기로 규정되기에는 복음주의는 훨씬 융 통성이 있었고, 사회적 구분을 가로질러 "보편화(universalizing)"[62]하려는 성 향을 갖고 있었다.[63] 한국 교회사가들이 기독교의 주체적인 수용을 논할 때 자주 언급하는 이른바 "전통적 민간신앙과 민족의 고유한 종교적 심

---

60) Nathan Hatch, *The Democratization of American Christianity* (New Haven : Yale University Press, 1989).

61) 류대영, 『초기 미국 선교사 연구』, 255-260.

62) Walls, "The Gospel as Prisoner and Liberator of Culture", 9.

63) 한국기독교사역사연구회 편, 『한국기독교의 역사 I』, 266 : "이로써 민중계층이 주류를 이루었던 한국 기독교에 양반·유식 계층이 참여함으로 신분계층의 다양화를 이루게 되 었다."

성"[64] 등은 그 실재 여부를 떠나서, 역설적으로, 복음주의 선교의 대중적 적응력을 반증한다고 볼 수 있다. 부흥 운동도 계층을 뛰어넘는 대중 동원 의 일환이었다. 재한 선교사 클라크에 따르면, "선교사들은 언제나 부흥회 기술(revival technique)을 중요하게 평가해 왔다."[65] '평양대부흥'의 전국화는 복음주의가 선교지의 특정한 계급·계층·지역·교파에 머물지 않고, 대 중화 한 것을 의미한다고 할 수 있다.

셋째로, 복음주의는 '저항적(resistant)'이었다는 점이다. 복음주의의 저항 은 주로 타락하고 형식화한 것으로 간주된 기존 개신교 교회를 표적으로 삼았다. 이로 인해 복음주의는 기존 교회로부터 분파주의, 분열주의라는 비난을 받곤 했다. 저항으로서의 복음주의가 부모 세대에 대해 반발하는 근대 청년 문화와 관련된다는 주장에도 일리가 있다.[66] 하지만 개혁의 표 적으로 삼은 주류 교회가 서구 기독교의 지형(topography)에서 가톨릭 교회 와 구분되는 개신교(protestantism)를 표방하는 만큼, 복음주의의 길은 좁을 수밖에 없었다. 복음주의가 스스로를 분리시키려고 했던 이른바 형식적인 교회는 포섭과 배제의 전략을 통해 복음주의를 점차 수용해 갔다. 둘 사이 를 구분했던 '회심(conversion)은 갈수록 결정적인 구분선이 될 수 없게 되었 다. 또 다른 저항을 위해 다양한 분파들이 출현했고, 그들은 당연히 제2, 제3의 회심을 요구했다. 저항적 충동은 회심의 단회성을 깨뜨리고, 회심을

---

64) 류대영, 『개화기 조선과 미국 선교사』, 446.

65) 곽안련 (Charles Allen Clark) 저, 박용규·김춘섭 공역, 『한국교회와 네비우스 선교정책』 (서울 : 대한기독교교서회, 1994), 193.

66) Michael Crawford, "Origins of the Eighteenth-Century Evangelical Revival : England and New England Compared", *The Journal of British Studies* 26.4 (October 1987). 한국에서도 복음주의 개신교는 전통적인 구세대에 반발하는 개혁적인 신세대 청년들에게 받아들여짐으로 써 대중화되었다고 할 수 있다. 복음주의가 민족 운동, 계몽 운동과 연결되는 것은 자 연스러운 흐름이었다.

재발하는 사건이 되게 했다. '평양대부흥'에 직접적인 영향을 준 것으로 알려진 "성결 운동(Holiness movement)"도 복음주의의 저항성으로부터 파생했다고 할 수 있다.

선교지 교회에서 복음주의의 저항적 성격은 회심 운동이 교회를 설립한 선교사들에 의해 주도되는 현상으로 나타났다. 물론 그것은 교회의 개혁이나 선교사들의 교회로부터 독립된 새로운 교회의 설립이 아니라, 선교지민의 영적 심화와 고양을 추구하는 선교지 교회의 자기 갱신 운동으로 나타났다. 제도화된 회심 운동으로서의 부흥회가 선교지 교회의 일상적 의례가 되는 것은 시간문제였다. 그런 의미에서 '평양대부흥'에서의 이른바 '영적 각성'은 선교지민들의 "신앙적 성숙"[67]이라기보다는 복음주의 선교에 내재되어 있던 저항성의 변형된 표출로 볼 수 있다. 저항하기 위해 때로는 저항의 대상을 발명해야 하기도 했다. 복음주의 선교사들은 선교지에서는 존재한 적이 없었던 교리 중심의 명목적인 교회를 마치 존재했던 것처럼 가정하기도 했다. 그렇지 않다면 가톨릭이나 유교와 같은 선교지 종교가 명목적인 교회의 대체물이 되기도 했다.

끝으로 복음주의는 하나의 '운동(movement)'이었다는 점이다. 베빙턴은 이것을 "행동주의(activism)"라는 용어로 표현하며 종교개혁이나 청교도주의에 비할 때, 복음주의의 두드러진 특징으로 파악한다. 변화된 사람만이 다른 사람들을 변화시킬 수 있었다. '변화'는 자연적 과정도 아니었고, 신적인 활동도 아니었다. 변화시킬 수 있었고, 변화시켜야 했다. 내적인 변화는 반드시 외적인 운동으로 전화되어야 했다.[68] 부흥 운동은 이러한 변화

---

67) 서정민, "초기 한국교회 대부흥운동의 이해 : 민족운동과의 관련을 중심으로", 이만열 외 공저, 『한국기독교와 민족운동』 (서울 : 종로서적, 1986), 276.
68) 민경배, 『한국기독교회사』, 281 : "이 1907년의 대부흥은 역시 신앙 내연(內燃)을 선행 형

의 촉매제였다. 복음주의의 "신학적 유연성"[69]은 복음주의가 일정한 교리
와 신학의 체계라기보다는 일종의 '운동 문화'임을 가리킨다. 복음주의 선
교의 강력한 동기가 이 '운동 문화'로부터 부여되었다.

어떤 역전이 일어나기도 했다. 속사람의 변화가 운동을 가져왔다기보다,
운동이 속사람의 변화를 증명했다. 선교하는 자는 이로써 그가 회심한 자
임을 입증했다. 선교 운동에 참여하는 것은 복음주의의 율법이 되었다. 복
음주의자라면 모름지기 선교해야 했다. 복음주의 선교는 단지 선교지 교
회를 복음화하는 것으로 만족하지 않았다. 선교지 교회는 즉각적으로 선
교하는 교회로 변화해야 했다. "새로운 한국 교회(장로회)의 첫 모임(독노회
獨老會)은 사실상 선교사를 보내는 모임이었다."[70] '평양대부흥'은 중국에
서 "하나의 새로운 선교방법"으로 제시되었다 : "요컨대 중국을 통해서 기
독교를 받아들인 지 30년 만에 한국교회는 그 열매를 다시 중국에 전해주
는 결과를 가져왔던 것이다."[71] 중요한 것은, 복음주의 선교가 결정론이나
운명론을 받아들이지 않았다는 점이다. 인간은 자신의 운명을 바꿀 수 있
었다. "We can do it."[72]

그렇다면 다시 복음주의의 이러한 특징들—새로움 · 대중성 · 저항성 ·
운동성—을 모든 기독교의 일반적인 속성으로 여길 수 있는가 하는 문제
가 제기된다. 그렇지 않다고 생각한다. 이러한 특징들은 서구인들의 근대

태로 정착시키고 나면 그것이 저절로 외연(外延)한다고 보는, 원형적 신앙을 구형(構形)한
날로서 이 나라 교회사에 길이 남을 커다란 전환기를 획(劃)했다." 그러나 내연의 외연은
한국 기독교의 원형적 신앙이라기보다, 선교된 복음주의의 일반적 특징들 중의 하나였다.
69) 김상근, "1907년 평양 대부흥 운동과 알미니안 칼빈주의의 태동", 402.
70) W. N. Blair, *Gold in Korea*, 71, 민경배, 『한국기독교회사』, 287-288에서 재인용.
71) 한국기독교사역사연구회 편, 『한국기독교의 역사 I』, 273.
72) Editorial in *Christian Advocate*, "The Era of Foreign Missions", *The Korea Mission Field* 4.6 (June 1908), 81 : "The forces of Christ have surveyed the promised land. They know that the taking of it means; and knowing they say : 'We can do it', The Church is rising to the undertaking."

적 체험과 밀접히 관련되어 있으며, 서구에서 일어난 심원한 사회적, 문화적 변화를 반영하고 있다. 복음주의가 하나의 "토착화"라고 했을 때, 그것은 서구 일반에의 토착화라기보다ㅡ그런 의미라면 종교개혁도, 가톨릭 교회도 토착화다ㅡ뿌리내릴 수 있는 서구의 어떤 시간과 공간에서 발생한 특정한 토착화라는 의미에서다. 그리고 이러한 특징들은 선교지에서 "재번역(retranslation)"[73]되었다.

4. 역사적 수수께끼

복음주의는 선교적이었다. 물론 기독교 자체가 선교적이었으며, 시기적으로도 복음주의 선교에 앞서 로마 가톨릭 교회, 특히 예수회는 해외 선교에서 선구적인 역할을 했다.[74] 보쉬는 역사적인 선교 패러다임들 중 하나인 개신교 선교 패러다임 내에 복음주의 선교를 포함시킴으로써 그것을 상대화시킨다. 역사상 다양한 선교 신학과 선교 활동이 존재했었음을 상기하는 것은 언제나 필요한 일이다.

복음주의 선교의 특징을 이해하려 할 때, 이를 서구의 팽창, 식민주의, 제국주의, 지구화에 수반된 현상만으로 설명하는 것은 충분치 않다. 근대 유럽의 팽창 이전에도 선교 활동은 존재했었다. 네스토리안들(Nestorians)의 동방 기독교는 식민주의자들의 힘을 빌지 않고도, 중동과 인도는 물론, 실크로드를 거쳐 중국에 이르는 광대한 선교지를 개척했다. 네스토리우스 교회는 "탁월한 의미에서 선교하는 교회 그 자체(the 'missionary' church par

---

73) Andrew Walls, "The Translation Principle in Christian History", in *The Missionary Movement in Christian History : Studies in the Transmission of Faith*, (Edinburgh : T&T Clark, 2004), 29.

74) William Hutchison, *Errand to the World : American Protestant Thought and Foreign Missions* (Chicago : University of Chicago Press, 1987), 16-23. "문명화 선교"의 문제는 개신교 선교만의 문제는 아니었다.

excellence)"였다.75) 마찬가지로 복음주의가 단지 경제적, 사회적, 문화적, 종교적 현실만을 반영한다고 보는 것은 소박한 환원론이다. 기독교 자체가 지닌 "보편화 요소(a universalizing factor)"76)를 아울러 고려해야 한다. 바울의 여행 경로가 로마 제국의 간선도로를 따랐다 하더라도, 그의 선교 활동은 제국의 이익과는 다른 기원으로부터 왔다.

문제는 오히려 기독교만이 "보편화 요소"를 가진 것이 아니라는 데 있었다. 근대 종교로서의 복음주의의 의미 체계와 사고방식을 내재적으로 분석하려면, 복음주의가 입고 있던 옷인 계몽주의에 대해 말하지 않을 수 없다. '문명화', '자본주의', '식민주의', '제국주의', '근대성' 등등은 복음주의 선교의 외적 환경 또는 무대로 간주될 수 있다. 이들과 복음주의의 관계는 우연적일 수도 있었다. 그러나 계몽주의는 복음주의와 내적으로 서로 연관되어 있었다는 점에서 사태의 심각성이 있다. 계몽주의는 기본적으로 인간에 대한 믿음을 중심적인 신조로 하고 있었다.77) 이 믿음 하에서 하나님의 진리는 비합리적인 도그마가 되고, 인간은 이 도그마로부터 스스로를 해방하는 자가 된다. 서구나 근대나 자본주의나 식민주의 등등은 적어도 그 자신을 진리라고 주장하지는 않는다. 그러나 계몽주의는 기독교의 진리 주장에 도전한다. 만일 복음주의가 "계몽주의와 결탁했고 (allied with the Enlightenment)",78) 계몽주의가 "기독교의 배타적인 주장을 근본적으로 상대화했다"79)면, 복음주의와 계몽주의의 상관관계를 다룸으로써, 이 연구는 "가장 까다로운 역사적 수수께끼들 중 하나(one of the most

---

75) Bosch, *Transforming Mission*, 204.

76) Walls, "The Gospel as Prisoner and Liberator of Culture", 9.

77) Bosch, *Transforming Mission*, 267.

78) Bebbington, *Evangelicalism in Modern Britain*, 19.

79) Bosch, *Transforming Mission*, 268.

difficult historical puzzles)"80)를 건드리고 있는 셈이다. 계몽주의가 기독교 선교에 심대한 영향을 끼쳤다는 입장에서 보쉬는 근대 선교 사업이 "계몽주의의 자녀(a child of the Enlightenment)"였다고까지 주장하고 있다.81) 만일 복음주의 선교가 계몽주의의 자녀였다면, 이러한 복음주의 선교가 출산시킨 선교지 교회는 어떤 교회가 되는 것인가? 서구 교회가 복음주의를 상대화할 수 있는 전통과 역사적 교회들을 가지고 있었다면—가톨릭 교회라든가, 계몽주의 이전의 종교개혁 신앙이라든가, 청교도주의 등등이 그러한 예가 될 것이다—선교지 한국 교회는 복음주의를 상대화할 수 있는 기독교내의 다른 역사적 전통들을 갖지 못하고 있었다. 그런 만큼 한국 교회가 복음주의에 실려 온 계몽주의를 '복음'과 분별하는 것은 더욱 지난한 일이 아닐 수 없었다.

여기에서 복음주의가 좋은 씨요, 계몽주의는 가라지 씨라고 주장하는 것은 아니다. 복음주의보다 계몽주의가 진리에 더 가까울 수도 있다. 바르트가 주장하는 대로, 종교로서의 기독교야말로 가장 심각한 불신의 형태일 수도 있다.82) 하지만 한국 신학계도 기독교에 끼친 계몽주의의 유산과의 비판적 거리를 확보할 시점이 되었다고 생각한다. 한국 교회가 복음주의를 통해 물려받은 계몽주의의 유산을 헤아리는 작업은 역사학적 접근보다는 차라리 푸코가 말한 "고고학(archeology)"적 담론 분석을 요구하는 것처럼 보인다. 의문의 여지없이 받아들여진 것들이 의문시되어야 하고, 교란되어야

---

80) Barth, *Church Dogmatics I.2*, 284. 바르트는 19세기 이래 근대 개신교는 "계시의 종교"가 아니라 "종교의 계시"였다고 한다.

81) Bosch, *Transforming Mission*, 274 : "It was inevitable that the Enlightenment would profoundly influence mission thinking and practice, the more so since the entire modern missionary enterprise is, to a very real extent, a child of the Enlightenment."

82) Barth, *Church Dogmatics, I.2*, 325 : "No religion is true. It can only become."

한다.[83] 한국 기독교의 결함과 왜곡에 대한 다각도의 지적들이 있고, 건설적인 대안들이 제안되고 있지만, 핵심을 치지 못하고 변죽만 울리는 것은 신학계가 계몽주의의 유산을 직시하고 객관화하지 못하는 데서 기인하는 것은 아닐까 한다. 한국 개신교에 대한 비판적 연구자들조차, 1백여 년 전의 복음주의 선교사들처럼, 복음주의와 계몽주의의 제휴가 가능하다고 믿고 있는 것 같다. 계몽주의가 초래한 유례없는 문제들은 오히려 계몽주의의 미완성 또는 왜곡 탓으로 돌리면서, 오히려 계몽주의가 완성될 날을 기다리고 있는 것 같다. 보쉬의 표현을 빌리자면, 한국 교회는 물론, 선교학을 포함한 한국의 신학은 "계몽주의의 자녀"인지도 모른다. 그렇다면, 서구로부터 들려오는 계몽주의의 유산에 대한 비판적인 음성을 경청할 필요가 있다.

> 황무지의 온갖 괴물들과 어둠의 온갖 공포들이 다시 나타났다. 인간은 다시 혼돈 앞에 서 있다. 그리고 이 모든 것은 훨씬 더 공포스럽다. 왜냐하면 대다수가 그것을 인식하고 있지 못하기 때문이다. 어쨌든 과학적으로 교육받은 사람들은 어디에서도 서로 의사를 교환하고 있고, 기계는 부드럽게 돌아가고 있으며, 공무원들은 할 일을 잘 하고 있으니까.[84]

"황무지", "괴물", "공포", "어둠", 무엇보다도, "혼돈(chaos)"은 하나님의

---

83) Michel Foucault, *The Archaeology of Knowledge* (New York : Pantheon Books, 1972), 25-26 : "These pre-existing forms of continuity, all these syntheses that are accepted without question, must remain in suspense. They must not be rejected definitely of course, but the tranquility with which they are accepted must be disturbed; we must show that they do not come about of themselves, but are always the result of a construction the rules of which must be known, and the justifications of which must be scrutinized : we must define in what conditions and in view of which analyses certain of them are legitimate; and we must indicate which of them can never be accepted in any circumstances."

84) Romano Guardini(1950), cited by Bosch, *Transforming Mission*, 274.

빛이 있기 이전의 창세기적 공허와 혼돈을 연상시킨다. 빛과 합리성과 조화로운 질서를 추구하던 계몽주의가 오히려 어둠과 공포와 혼돈을 불러왔다는 것이다. 계몽주의에 의해 계몽된 세상은 이전보다 더 어둡다! 만일 이와 같다면, 계몽주의에 깊이 침윤되어 있던 복음주의의 선교에 의해 한국에 세워진 교회와 그 신학은 무엇을 말할 수 있을 것인가? 한편으로는 '남반부 기독교'의 총아로, 다른 한편으로는 '미국화된 기독교'로 상반된 평가를 받고 있는 오늘날 한국 교회가 안고 있는 "어둠"과 "혼돈"은 복음주의를 통해 상속된 계몽주의와 무관치 않을 것이다.

하지만 계몽주의의 유산을 헤아리기에 앞서 몇 가지 오해를 걷어내야 한다. 계몽주의가 기독교의 유죄를 다 책임져야 하는 것은 아니기 때문이다. 저 "어둠"과 "혼돈"의 더 많은 부분이, 계몽주의와는 상관없이 서구 기독교의 몫일 수 있다. 계몽주의는 오히려 그것으로부터 기독교를 해방시키는데 기여했을 수도 있다. 스탠리(Brian Stanley)는 기독교 선교와 계몽주의의 관계를 개괄하는 글에서, 계몽주의와 관련된 개신교 선교의 특징들을 다음과 같이 다섯 가지로 나누어 비판적으로 검토한다 : (1) 비서구인들은 이교도들(heathens)이며, 죄로 타락해 있고, 그리스도의 복음으로 구원될 필요가 있다는 일반적인 믿음 ; (2) 그와 병행하여, 타 종교를 이교적 우상숭배, 미신 또는 아예 종교가 아니라고 보고, 거기에는 하나님의 임재가 없다고 보는 경향 ; (3) 지적·기술적 측면에서의 서구 문명의 분명한 우월성과 해방적인 잠재력에 대한 믿음 ; (4) 기독교와 연결되어 있기만 하면, 합리적인 지식 안에 재생시키는 잠재력이 있다는 부동의 확신 ; (5) 기독교 메시지는 우선적으로 개인에게 전해지고, 개인으로 하여금 그리스도에로 인격적으로 회심하여, 일정한 내적 체험을 겪도록 한다는 가정.[85]

이에 대한 스탠리의 논지는 다음과 같다.[86] 다섯 가지 중 앞의 세 가지는 좀 더 오래된, 전(前)계몽주의 시대의 서구 전통에 뿌리를 두고 있으며, 계몽주의와는 직접적 관련성이 없다. 이를테면 첫 번째, 인간의 타락에 대한 믿음과 타고난 인간의 도덕성과 이성의 자율성에 대한 계몽주의의 믿음은 서로 상충된다. 두 번째, 타 종교를 우상숭배와 동일시한 것은 개신교 선교보다 계몽주의 이전 16세기 스페인의 아메리카 정복 사례에서 더 뚜렷하게 관찰된다. 개신교는 가톨릭도 일종의 우상숭배로 간주했다. 세 번째, 서구 문명의 우월성에 대한 믿음은 계몽주의보다는 서구를 하나의 영토적 단위로 간주하는 "기독교왕국(Christendom)"의 전통으로부터 나온 것이다.

나머지 두 가지는 계몽주의와 연관이 된다. 네 번째, 이성적 서구와 비이성적 비서구의 구별은 계몽주의 이전, 이슬람과의 논쟁에서도 나타났다. 그런데 19세기 계몽주의에서 부각된 것은 오히려 "인류의 본질적인 통합과 평등(the intrinsic unity and equality of all humanity)"87)이었다. 계몽주의자들은 미개와 문명의 차이는 환경에 기인하는 것이며, 환경의 개선과 무엇보다도 교육을 통한 이성적 원리의 주입을 통해, 야만인도 문명화시킬 수 있다고 믿었다. 선교사들은 성경을 근거로 하여(온 인류는 아담의 자손이다.) 그들의 방식으로 계몽주의자들의 "인류의 하나됨(unity of humanity)"의 가정을 받아들였다. 또한 선교사들은 합리적 지식과 이성적 논증의 계발적이고 계몽적인 능력에 대해 크나큰 신뢰를 피력했다.88) 선교사들은 십자가의 복음

---

85) Brian Stanley, "Christian Missions and the Enlightenment : A Reevaluation", in *Christian Missions and the Enlightenment* ed. Brian Stanley (Grand Rapids : Eerdmans, 2001), 8.
86) 이하는 Stanley, "Christian Missions and the Enlightenment", 9-13을 요약한 것이다.
87) Ibid., 11.
88) Ibid., 12 : "an immense confidence in the elevating and illuminating capacity of knowledge and rational argument."

으로 잃어버린 인류를 구원한다는 믿음까지 타협하지는 않았지만, 이교주의의 어둠을 밝히는 데 있어서 교육과 이성적 논증의 능력에 기대는 경향이 강했고, 선교지에서 기독교야말로 합리적임을 확신시키려 했다.

다섯 번째, 종파들의 다양성을 인정하는 기독교국가 환경 속에서 복음주의 개신교는 종교를 사유화(私有化) 했다. 계몽주의가 종교적 관용을 주장한 것도 종교를 공적인 영역으로부터 사적인 영역으로 후퇴시키는 데 일조했다. 종교적 행위는 이제 "개인적 의지의 자발적인 행위(a voluntary act of the individual will)"가 되었으며, 선교 운동은 종교 "자원화(voluntarization)"의 산물이면서도 그것의 진척자였다.[89] 공적 영역과 사적 영역의 구별이 문명의 지표가 되었을 때, 복음주의 선교는 선교지에서 온전하게 회심한 진정한 그리스도인들의 합심 단결을 통해 선교지 사회를 "간접적으로(indirectly)"[90] 변화시키려 했다. 이같은 의미에서 "복음주의 기독교의 패러독스"는 참되게 믿는 자들의 교회를 모델로 하여 낡은 "기독교국가(Christendom)" 구조를 유지해보려고 했고, 이와 유사한 구조물을 선교지에도 세우려 했다는 데 있었다.[91]

---

89) Ibid., 13.

90) Ibid. 13.

91) Ibid., 15 : "The paradox of much evangelical Christianity was that it sought to use the model of the believers' church to shore up the creaking structures of Christendom in Europe and even reconstruct them overseas." '이 세대에 한국을 복음화!' 한다는 깃발은 겉보기와는 달리 매우 모호한 슬로건이었다. 복음화되어야 할 "한국"은 '국가'일 수도 있었고, '민족'일 수도 있었고 '나라'일 수도 있었다. 한국은 개인들의 집합일 수도 있었다. 재한 선교사들은 때로는 기독교국가를 꿈꾸기도 했고, 때로는 열방 중 하나인 한국인들의 복음화를 염두에 두기도 했고, 한국인 개개인의 회심을 추구하기도 했다. 선교사들이 국가와 민족과 개인이 영역적으로 겹치는 그들의 '기독교국가'의 모델을 한국이라는 쇠망해가는 국가, 발흥하는 반(反)식민지 민족주의, 취약한 시민 사회에 도입하려 할 때, 크고 작은 오해(mis-recognition)가 발생할 수밖에 없었다. "그리스도를 위한 한국"(Korea for Christ)이라는 슬로건에서도 "한국"이 구체적으로 무엇을 가리키는가는 모호하기 짝이 없었다. '기독교국가'의 이상은 이미 "복음주의 제국"(empire of Evangelicalism)인 선교본국에서도 도전받고 있었다. 그러한 상황에서 선교사들로부터 한국의 정치적 미래에 대한 분명한 청사진을 기대할 수는 없는 일이었다.

계몽주의 자체에 대한 설명이 소략한 감은 있지만, 스탠리의 이상과 같은 논점은 계몽주의와 복음주의의 얽힌 상관관계를 분석하는 데 유용한 시사점들을 제공하고 있다. 선교학은 일부 복음주의자들의 계몽주의에 대한 오해를 안이하게 되풀이하기보다는, 계몽주의의 최선과 상대해야 한다. 무엇보다도 계몽주의 없는 복음주의는 상상할 수 없다는 사실을 깨달아야 한다. 기독교 선교 과정에서 나타나는 많은 부작용들이 항상 계몽주의로부터 온 것은 아니었다. 오히려 기독교는 계몽주의의 도움으로 이전까지의 인종적, 문화적, 종교적 편견들을 극복할 수 있었으며, 인류의 하나됨이라는 계몽주의의 이상을 수용함으로써 세계 복음화를 위한 선교의 동력을 얻을 수 있었다. 또한 계몽을 통한 인류의 진보를 추구한 계몽주의는 계몽의 기원과 목표의 문제를 부상시킴으로써, 역설적으로 20세기 계시 신학의 출현을 촉진했다고 말할 수 있다. 무엇보다도 복음주의 선교가 한국에서 거둔 눈부신 성공은 계몽주의와의 제휴 없이는 불가능했을 것이다. 계몽주의 이전으로 되돌아가려는 것은 불가능할 뿐만 아니라, 바람직하지도 않다.

그럼에도 불구하고, 계몽주의를 절대화해서는 안 될 것이다. 현재 한국의 선교학, 교회사는 물론이고, 인문학도 계몽주의를 하나의 역사적 현상으로 상대화하지 못하는 실정이며, 그만큼 한국의 인문학계가 전반적으로 계몽주의의 프레임에 갇혀 있는 것이 아닌가 한다. 계몽주의 자체를 문제 삼거나, 복음주의 기독교와 계몽주의의 상관관계에 대한 본격적인 분석은 기피되고 있다.[92] 하긴, 이 "역사적 수수께끼"는 매우 신중하게 접근하지

---

92) 놀(Mark Noll)은 미국의 복음주의에서도 이러한 기피 현상이 나타난다고 보고 있다. Mark Noll, "The Rise and Long Life of the Protestant Enlightenment in America", in *Knowledge and Belief in America : Enlightenment Traditions and Modern Religious Thought*, eds. William Shea

않으면 안 된다. 그것은 한국 개신교의 수수께끼이기 때문이다. 우리 자신
이 수수께끼이기 때문이다.

Ⅱ. 복음주의의 복음화 과정

1. 복음주의 선교와 선교지 교회

복음주의를 복음과 동일시하려는 경향은 단지 서구 교회사에 대한 지식
의 불충분에 기인한다고 할 수 없다. 그보다는 한국 교회의 기원을 신비화
하면서, 한국 교회의 구체적인 기반을 어떤 특정한 고백이나 신학으로 역
사화하려 하지 않고 복음 그 자체에 두려는, 일종의 계몽주의적 "토대주의
(foundationalism)"93)에 기인한다. 그러나 교회는 참된 종교의 "자리(locus)"이
지, 그 자체로서 참된 종교를 담지하는 것은 아니다.94) 같은 토대주의의
연장 선상에서 한국 교회를 종교개혁적 교회라거나, 청교도 정신의 교회
라거나, 초대교회의 원형에 가까운 교회라거나, 보수주의적인 교회라거나

---

and Peter Huff (Cambridge : Cambridge University Press, 1995), 91.

93) Stanley Grenz and John Franke, *Beyond Foundationalism : Shaping Theology in a Postmodern Context*
(Louisville : Westminster John Knox Press, 2001), 23 : "In the modern era, the pursuit of
knowledge was deeply influenced by the thought forms of the Enlightenment, with
foundationalism lying at its heart. The goal of the foundationalist agenda is the discovery of an
approach to knowledge that will provide rational human beings with absolute, incontestable
certainty regarding the truthfulness of their beliefs. According to foundationalists, the
acquisition of knowledge ought to proceed in a manner somewhat similar to the construction
of a building. Knowledge must be built on a sure foundation. The Enlightenment
epistemological foundation consists of a set of incontestable beliefs or unassailable first
principles on the basis of which the pursuit of knowledge can proceed. These basic beliefs or
first principles must be universal, objective, and discernable to any rational person."

94) Barth, *Church Dogmatics, I.2*, 298 : "Revelation singles out the Church as the *locus* of true
religion. But this does not mean that the Christian religion is the true religion, fundamentally
superior to all other religions."

등등의 가정을 세우기도 한다. 광의의 개신교적 특성이 선교지 교회에도 일정하게 반영되는 현상은 부인할 수 없지만, 이 때문에, 복음주의가 계몽주의 이전의 종교개혁 신앙이나 청교도주의와 서로 다른 점을 간과해서는 안 된다. 복음주의가 한국 교회의 기원이라면서도, 종교개혁 정신으로 돌아가야 한다거나, 청교도 정신을 회복해야 한다고 운운하는 것은 선교학적인 성찰이 결여된 소치라고 할 수 있다. 아닌 것을 아니라고 말해야 한다면, 종교개혁 정신이나 청교도 정신은 한국 개신교의 역사와 거의 무관하다. 마찬가지로 '평양대부흥' 시기의 복음주의는 후대의 근본주의가 발명한 복음주의와는 현격하게 다르다.

한국에 선교된 것은 '순수한 복음'이라기보다, '상대적으로 순수한 복음주의'라고 할 수 있다. 한국에 복음주의 선교가 시작된 시기는 제국주의의 전성기였지만, 선교사들은 제국의 선교사들과 같지 않았다. 그들에게는 물리적 강제력이 없었다. 이를테면, 1899년 스페인과의 제국주의 전쟁으로 미국 식민지화한 필리핀에서의 선교는 식민주의 선교의 양상을 강하게 띠고 있었다. 문명화와 기독교화는 제국의 권력에 힘입어 노골적으로 추구되었다.[95] 그러나 한국에서의 상황은 달랐다. 1905년 가쓰라-태프트 조약 이후, 미국 정부는 한국으로부터 더욱 멀어졌다. 한국에 온 선교사들은 필리핀 선교사들과는 달리, 미국 정부의 제국주의적 욕망에 편승하거나 또는 제국의 옷을 걸치고 선교할 수 없었다. 선교사들은 복음주의의 힘 자체에 의지해야 했다. 더구나 이 시기는 복음주의 내부의 갈등이 표면화하지 않은 시기였다. "복음적 공감대"가 일반화된 시기에 한국 선교가 시작되었고, '평양대부흥'도 이러한 복음주의적 컨센서스를 배경으로 하고 있

---

95) Kenton Clymer, "Religion and American Imperialism : Methodist Missionaries in the Philippine Islands, 1899-1913", *The Pacific Historical Review* 49.1 (February 1980).

었다.

당시의 상황은 오늘날 한국 교회의 세계 선교와 상당한 유비 관계를 갖는다. 해외 선교 현장에서 한국인 선교사들이 정치적인 의도를 갖거나 정치적인 영향력을 발휘하려는 의도는 없는 것으로 간주된다. 한국 선교사들의 해외 선교 동기는 순수한 것으로 비춰진다. 미국인 선교사들이 구한말 한국에서 선교 외적 동기 없이 복음화에 전념했듯이, 현대의 한국인 선교사들의 상황도 외형적으로는 그와 유사하다. 이러한 유비 관계가 성립될 수 있다면, 한국 교회의 해외 선교 역시, 상대적으로, '순수한 복음주의' 선교라고 말할 수 있다. 그것은 한국 개신교의 해외 선교에서 제기되는 여러 가지 문제점들이 단지 선교 전략의 잘못이라든가 개교회 출신 선교사들의 과욕의 차원에서만 이해될 수 없음을 시사한다. 그러한 문제 제기는, 일리는 있지만, 지엽적이다. 보다 근본적인 문제는 복음주의 선교 자체에 있다.

한국에 전래된 개신교는 '복음주의(evangelical)' 종교였다. 19세기 후반 미국의 교파 교회들에서 경건주의적 부흥 운동은 성공적이었고,[96] 그러한 교회들이 개신교의 주류가 되었다. 1880년대부터 1920년대까지 복음주의는 오늘날의 주류 개신교(Protestantism)와 동일한(identical) 것이었다.[97] 이 복음주의는 예정론적 결정주의를 피하는 대신, 인간의 자유 의지와 인간의 자기 향상 능력을 신뢰하는 알미니안주의적, 또는 펠라기우스적인 기독교였다. 복음주의 선교가 윤리적인 가르침과 도덕적 교육에 주력한 것은 인

---

96) Sidney Mead, "American Protestantism Since the Civil War (I) : From Denominationalism to Americanism", *The Journal of Religion* 36.1 (January 1956), 2.

97) Jung H. Pak, "Not by Power, Nor by Might : American Missionaries and the Spiritual Wars in Korea, 1885–1953" (Ph.D. diss., Columbia University, 2006), 49.

간성에 대한 낙관 때문이었다. 그 대신 전통적인 도그마와 성례전은 형식
주의로 간주되어 경시되었다.98) 교파적으로도 감리교와 침례교는 물론이
고 장로교도 일부를 제외하고는, 알미니안주의로 기울었다.99) 전체적으로,
미국의 이 같은 주류 기독교가 한국에 선교된 복음주의 개신교였다.

복음주의 선교의 특징은 교회 설립에서도 반영된다. 복음 전도에 따른 교
회의 설립과 성장은 선교상 당연한 것으로 여겨진다. 그러나 기존 교회에
대한 항의였던 복음주의 선교사들의 교회 설립에 관한 입장은 그처럼 당연
시될 수 없었다. 복음주의자들은 교회론에 있어서 애매한 입장에 있었다.
"복음주의 교회론(evangelical ecclesiology)"은 일종의 "이율배반(oxymoron)"이었
다.100) 복음주의 선교사들에게는 "명목적인(nominal)" 그리스도인과 "참된
(real)" 그리스도인은 구분되어야 했다.101) 이러한 복음주의적 경건은 교파와
민족을 초월하는 보편성을 획득했지만, 구체적으로 선교지에 공식적인 교회
를 설립하는 일은 언제나 문젯거리였다. 성례전적 통일이나, 권위 있는 직
제나 의례 등은 복음주의 선교사들의 주된 관심사가 아니었다. 선교 현장
에서 그들의 진정한 관심은 선교지민들의 참된 그리스도인으로의 회심에
있었다. 그럼에도 불구하고, 그들은 선교지에서 '명목적 교회'를 설립해야
했다.

복음주의는 선교를 통해 한국에서 처음부터 주류화했다. 따라서 복음화

---

98) Sydney Ahlstrom, *A Religious History of the American People* (New Haven : Yale University Press, 1972), 779.

99) Phyllis Airhart, "'What Must I Do to Be Saved?' Two Paths to Evangelical Conversion in Late Victorian Canada", *Church History* 59.3 (September 1990), 374.

100) Bruce Hindmarsh, "Is Evangelical Ecclesiology an Oxymoron? A Historical Perspective", *International Journal for the Study of the Christian Church* 7.4 (November 2007), 302.

101) Andrew Walls, "Converts or Proselytes? The Crisis over Conversion in the Early Church", in *Speaking About What We Have Seen and Heard : Evangelism in Global Perspective*, eds. Jonathan Bonk et al. (New Haven : OMSC Publications, 2007). 2.

와 복음주의화는 변별될 수 없었다. 서구에서 복음주의가 주류 교회에 대한 일정한 반발을 포함하고 있었다면, 한국의 복음주의는 처음부터 주류로 자리를 굳혔다. 언더우드나 아펜젤러는 복음주의 선교사들이었지만, 한국인들은 그들을 단지 기독교 선교사로 이해했을 뿐이다. 선교 현장에서는 복음주의가 저항하고 비판하고 개혁하고 영적으로 변화시켜야 할 기존 교회란 존재하지 않았다.

이런 의미에서 선교지 부흥 운동도 서구에서 통상적으로 알려진 것처럼 "반(反)형식주의적(anti-formal)"[102]인 종교 활동이라고는 할 수 없다. 복음주의 선교사들이 비록 교회의 제도화를 꺼리고, 개인적인 회심과 회심한 자들과의 영적인 교제를 추구하는, 극도로 개인주의적인 "진정한 교회(the true Church)"[103]를 지향했다손 치더라도, 그들은 선교지에 우선 형식적인 교회를 세워야 했다. 따라서 그들은 선교지에서, 그들 자신이 규범적이고 억압적이라고 폄하했던 "개신교의 기득권 세력(monolithic Protestant establishments)"[104]이 되었다. 선교지에서 복음주의자들은 더 이상 저항하는 자들로서의 유리점을 누릴 수 없었다.

이 같은 상황은 '교리문답(catechism)'과 관련해서도 생각해 볼 수 있겠다. 선교사들은 대체로 교리 교육의 가치에 대해 회의적이었던 것처럼 보인다. 교리 교육은 복음주의자들이 떠나온 형식주의의 유산이었다. 교리문답이 선교사들 자신의 회심에 별로 기여한 경우는 없었던 것 같다.[105] 그들

---

102) James Bratt, "Anti-Revivalism in Antebellum America", *Journal of the Early Republic* 24.1 (Spring 2004), 69.

103) Ernest Sandeen, "Toward a Historical Interpretation of the Origins of Fundamentalism", *Church History* 36.1 (March 1967), 69.

104) Stanley, "Christian Missions and the Enlightenment", 16.

105) Nils Schott, "Catechisms and Enlightenment : The Conversion of Knowledge from Paul to Bahrdt" (Ph.D. diss., Johns Hopkins University, 2010), 152.

의 회심에는 다른 기원들이 있었다. 그들이 보기엔 성경으로 족했다. 그럼에도 불구하고 그들은 선교지에서 교리문답을 통해 신앙의 초보를 가르치지 않을 수 없었다. 선교지민들이 성경의 바다에서 스스로 자신들의 신앙의 항해를 할 수는 없는 일이었다. 따라서 선교지민들이 기독교의 진리와 처음 접촉했을 때, 선교지민들에게는 교리문답 교육이 성경보다 더 중요한 신앙의 길잡이가 되었을 가능성이 있다.

나아가 선교지 교회가 처음부터 성경적 교회였다는 주장도 액면 그대로 받아들일 수 없다. 웨슬리는 수많은 책들 가운데 '단 한 책의 사람(homo unius libri)'이었지만, 출판문화의 역사가 일천한 선교지 교회에 성경 말고는 다른 책들은 거의 접할 기회가 주어지지 않았다. 그리고 이 단 한 권의 책조차 "열려진 책(open book)"은 아니었다. 성경 중에서도 복음주의자들이 중요하게 여겼던 구절들이 설교와 사경회 등을 통해 부각되고 경향적으로 해석되었을 것이다. 구원론과 관련된 구절들이 집중적이고 반복적으로 다뤄졌을 것이다. 성경 그 자체가 한국 교회를 세웠다는 "성경주의(biblicism)"도 복음주의의 신화 쓰기의 일부이다. 성경은 복음주의 선교사들에 의해 해석되었으며, 성경 해석의 권위는 선교사들에게 주어졌고, 사경회는 복음주의 해석학의 교육장이었다. '성경주의'는 적어도 아직은 선교지민들의 권리가 아니었다.

2. 유일무이한 대중적 기독교

한국에서의 선교 초기부터 1920년대에 이르는 기간 동안, 선교학적으로 어떤 주목할 만한 변화는 감지되지 않는다. 선교는 처음부터 복음주의적이었으며, 끝까지 복음주의적이었다. 복음주의 선교는 특정한 신학적 진술보다는, 오늘날 문화학자들이 말하는 일종의 문화적인 "공감대(sentiments of feeling)"106)에 의지하는 경향이 있었다. 선교사들은 세련된 신학자들이 아니었고, 전문적으로 지적 훈련을 받은 엘리트들이 아니었다. 언더우드 (Horace Underwood)나 레이놀즈(William Reynolds)107)와 같이 엘리트 교육을 받은 선교사들은 예외였다. 대다수의 선교사들이 대변한 것은 소속된 교파와 그 신학이 아니라, 선교본국 복음주의자들의 이러한 공감대였다. 이 공감대의 내용에 대해서는 앞에서 논한 바 있다.

이와는 약간 입장을 달리하는 류대영은 "전형적인 미국 선교사는 '교육받고 세련된' 사람이며, 그의 아내는 '교양 있고 안목 있는 여성'"이라는 브라운의 보고를 인용하고 있다. 류대영은 "그들은 19세기 말 미국 중산층을 지배하던 후기 빅토리아 시대적 문화의 산물이었다. 선교사들은 편안한 중산층 가정과 주류 교회, 그리고 당시로서는 사치라 할 수 있는 대학을 거치면서 교양과 세련됨을 몸에 익혀왔던 것"108)이라고 주장한다. 그러나 그들이 당시 미국에서 평균 이상의 교육을 받았던 것은 사실이지만, 그들이 받은 대학 교육은 유럽의 대학교육과는 상당히 달랐다. 그들을 사회적으로 엘리트 계층 출신으로 볼 수는 없고, "지배 계급 중 지배받는 부분(the dominated fraction of the dominant class)"109)으로 보는 것이 보다 정확

106) Williams, *Marxism and Literature*, 128-132.
107) 류대영, "윌리엄 레이놀즈의 남장로교 배경과 성경번역 사업", 「한국기독교와 역사」 33 (2010), 6-11. 성경 번역에 지대한 공헌을 한 레이놀즈(이눌서)는 부유하고 독실한 집안 환경에서 학문, 특히 어학에 탁월한 재능을 보인 남장로교 출신 선교사였다.
108) 류대영, 『초기 미국 선교사 연구』 88. 당시 미국의 대학 진학률이 높았으며, 우후죽순격인 신학교들 출신 선교사들이 많았던 점을 고려해야 한다. 선교사가 된다는 것은 계층 상승을 의미할 수 있었다.
109) Pierre Bourdieu, *Distinction* : A Social Critique of the Judgement of Taste (Cambridge : Harvard University Press, 1984), 421, cited by Jean Comaroff and John Comaroff, *Of Revelation and Revolution* Vol. 1 : *Christianity, Colonialism and Consciousness in South Africa* (Chicago : University of Chicago Press), 59.

할 것이다. 그들은 실무형의 사람들이었고, 실용주의가 몸에 밴 사람들이었다. 그들에게서 교파적 차이를 부각시키는 세련된 신학적 논쟁을 기대하는 것은 무리였다.

또한 복음주의 선교사들은 한국에서의 선교 활동 초기에 교회 설립에서나 그들의 신학에 있어서나 별다른 경쟁자들을 갖지 않았다. 한국에 상륙한 선교 단체들 대부분이 복음주의적이었고, 가톨릭 교회와 두드러진 경쟁 관계에 있지 않았으며 영국 성공회, 독일 루터 교회, 대륙의 개혁 교회 등 유럽의 교회들의 진출은 미미했다. 선교사들 대부분은 미국의 '학생자원운동(Student Volunteer Movement)' 출신자들과 같은 복음주의적 학생들로부터 나왔다. 19세기 말 신학교는 물론이고 일반 대학 캠퍼스도 선교적 대의에 헌신하려는 열의로 가득 차 있었다.[110] 선교사들은 신학교를 포함한 미국 각지 대학교 부흥 운동과 자원주의적 선교 열정의 산물이었다. 블레어(William Blair)는 이렇게 말하고 있다.

우리는 한국에서 일을 시작할 때에 이 백성에게 믿으면 무엇을 얻게 되는 유도(誘導)로서의 기독교가 아니라, 복음 그것을 주겠노라는 이 한 가지 결의만을 가지고 있었다… 복음의 메시지만을 가지고 직접 이 백성들을 찾아가는 것 말이다.[111]

선교사들은 이처럼 자신들이 복음의 일꾼임을 의심하지 않았다. 선교정책가 스피어(Robert Speer)는 그들이 예수 그리스도를 세상에 알리고, 사람들을 교회로 모이게 하는 것에 선교의 목적이 있음을 잊지 않았다고 강조했

---

110) R. Pierce Beaver, "The American Protestant Theological Seminary and Missions", *Missiology : An International Review* 4 (1976), 78.
111) 민경배, 『한국기독교회사』, 195에서 재인용.

다.112) 선교 현장에서 선교사들 간에 이의가 제기되는 일도 거의 없었다. 그들은 다 같은 복음의 일꾼으로서 선교본국에서 배우고 익힌 대로 한국에 와서 "복음의 메시지"를 전했다. 선교 현장에서 이 "복음의 메시지"와 복음주의적 공감대는 구분될 수 없었고, 교파 간의 신학적 차이는 더욱 불분명해질 수밖에 없었다. 복음주의자들의 기준은 삼위일체라든가, 동정녀 탄생, 부활 등에 대한 몇 가지 도그마에 대한 동의만으로 충분했다.113) 그 대신 이 시기 복음주의 기독교는 매우 "유연했고(flexible)", "현지 적응 능력(adaptable)"이 뛰어났다.114) 선교사들은 특정한 교파의 교리와 신학 체계를 고집하지 않았다.

복음주의의 이러한 경향은 "선교 대중주의(missionary populism)"115)를 결과했다. "선교 대중주의"를 보다 많은 개종자 또는 입교자를 얻기 위한 "선교 기술(missiological techniques)"116)의 차원에서만 해석할 수 없다. 선교사들을 배출한 복음주의 문화 자체가 대중적이었다. 선교 현장에서 나타나는 선교지민의 호응은 선교사들의 대중 중심 선교에 대한 반응이기도 했다. 이를테면, 아프리카에서 활동하던 선교사들은 전반적으로 현지의 종

---

112) James Patterson, "Robert E. Speer and the Development of North American Mission Theology and Theory, 1891-1914", *Missiology : An International Review* 29.4 (October 2001), 462

113) Edwin Zehner, "Orthodox Hybridities : Anti-Syncretism and Localization in the Evangelical Christianity of Thailand", *Anthropological Quarterly* 78.3 (Summer 2005). 이 논문은 복음주의가 혼합주의에 명백히 반대하면서, 몇 가지 도그마를 고수하지만, 현지화 과정에서 현지 사고 방식과 종교에 무의식적으로 혼성됨을 보여주고 있다. 그 이전에도, 선교지에서 교파 간의 혼성이 일어난다고 할 수 있다.

114) Mark Noll, *American Evangelical Christianity* (Oxford : Blackwell, 2001), 14. 놀에 따르면 유연성과 적응성이야말로 미국 복음주의의 특징들에 속했다. 그렇다고 해서 선교지의 "대중적 기독교"가 신학적으로 개방적이었다거나 다양성을 인정했다는 것을 의미하지는 않는다. "공감대"는 배타적으로 기능할 수도 있다.

115) Terence Ranger, "'Taking of the Missionary's Task' : African Spirituality and the Mission Churches of Manicaland in the 1930s", *Journal of Religion in Africa*, 29.2 (1999), 177.

116) Ibid., 177.

교와 문화에 대해서 적대적이었을지라도, 보다 많은 아프리카인들에게 어필할 수 있는 일종의 "대중적 기독교(popular Christianity)"를 추구했다. 선교지 부흥 운동도 그 한 예라고 볼 수 있다.

'평양대부흥'의 기원도 복음주의의 대중적 성격으로부터 설명할 수 있다. 옥성득에 따르면 부흥 운동의 배경에는 다양한 복음주의 운동들이 있었다. "한국에 온 감리교 선교사들은 웨슬리언 성결 운동에 영향을 받았다. 반면 장로교 선교사들은 케직 사경회의 영향을 받았다."[117] 하지만 선교지의 "대중적 기독교"에서 감리교적 웨슬리언 성결 운동과 장로교적 케직 사경회의 차이를 구분하기란 어려운 일이었다. 게다가 '평양대부흥'은 복음주의 선교사들이 선교지민들과 부흥 체험을 통한 "복음적 공감대"를 형성하기 위해 계획된 것이었다.

이 점에서는 선교지민들도 크게 다를 바 없었다. 이를테면, 민경배는 한국 개신교 초기 회심자 중 하나인 윤치호의 "고백적 기록"을 분석하면서, 여기에서 "인간의 심각한 죄악성, 내세를 위한 깨끗한 영적 생활의 필요성, 성서의 궁극적 진리, 하나님의 사랑, 그리스도의 구주됨, 그리고 예언의 성취, 이런 것들에 대한 감격과 신뢰가 새로운 경험의 실체로 피력되고 있다."[118]고 해석한다. 윤치호의 이러한 전형적인 복음주의적 신앙은 선교지 한국 개신교인들의 평균적인 신앙이었을 것이다. 그들에게 복음주의 말고는 다른 기독교적 대안은 없었다. 이러한 과정에서 한국의 개신교와 복음주의는 동의어처럼 사용되게 되었다.[119]

---

117) 옥성득, "1906-1909 아주사 스트리트 부흥 운동", 서원모 편, 『20세기 개신교 신앙 부흥과 평양 대각성 운동』(서울 : 장로회신학대학교 출판부, 2006), 168.

118) 민경배, 『한국기독교회사』, 191.

119) Nami Kim, "A Mission to the 'Graveyard of Empire'?" 4.

이로 말미암아 언표된 신학적 진술로부터 복음주의 신학의 특징을 파악하기는 어려웠다. 복음주의자들의 이론과 실천은 서로 불일치하는 경우가 많았다. 교파들의 정체성이 걸린 핵심적인 신학적 논쟁조차 선교지에서는 거의 무의미할 때가 많았다. 장로교와 감리교가 "알미니안 칼빈주의"로 합류했다[120]는 견해를 오늘날 교파 역사가들이 그대로 받아들이기는 어렵겠지만, 그러나 이것이 당시 미국 개신교 주류의 신학적 경향이었고 선교된 복음주의의 신학이었음을 부인할 수 없다.

그렇다고 해서 복음주의 선교사들에게 신학이 부재했다는 말이 아니다. "파편화(displacement)"야말로 헤게모니적이다.[121] 앞서 살펴보았듯이, 복음주의는 몇 가지 신학적 특징을 가지고 있었다. 선교사들이 신학적 진술로 자신들의 신학적 입장을 피력한 경우는 별로 없었지만 자신들의 일상적인 선교 행위―복음전도, 설교, 각종 선교 활동―를 통해 그들은 자신들의 신학을 표출하고 있었다. 대중적 기독교를 지향하는 그들의 선교적 실행을 신학적으로 이론화하는 작업은 선교학의 몫이라고 해야 할 것이다.

선교사들이 뛰어난 신학자가 아니라 하더라도, 그들의 특징적인 선교 활동의 신학적 전제들을 검토하는 것은 선교 현장을 신학화하기 위해 불가피한 작업이다.[122] 왜냐하면, 말해지지 않은 것은 당연한 것으로 여겨지고 진리처럼 여겨지기 때문이다. 선교사들의 사상이 언표되지 않았다고 해서 복음주의에 선교 신학이 없었다고 말할 수는 없다. 오히려 복음주의 신학은 단순성에 대한 자기주장과는 달리 매우 복합적이고 모순적인 신학

120) 김상근, "1907년 평양 대부흥 운동과 알미니안 칼빈주의의 태동", 402.
121) Williams, *Marxism and Literature*, 120.
122) Christopher Wigram, "The Bible and Mission in Faith Perspective : J. Hudson Taylor and the Early China Inland Mission" (Ph.D. diss., Universiteit Utrecht, 2007), 2.

이었다. 모호함과 표면적인 일치 속에 잠복한 내적 불협화음은 침묵되었다. 그렇다면 선교학은 표면적인 컨센서스를 단순히 되풀이하는 작업 이상을 해야 한다.

선교지적인 에큐메니즘도 유사한 문제를 가지고 있었다. 복음주의자들 간의 광범위한 컨센서스로부터 기원한 선교지 에큐메니즘은 선교 현장으로부터 제기되는 다양한 신학적인 물음들에 대한 포괄주의적인 배제가 될 가능성이 있었다. "복음주의 제국" 앞에 선교사들이 자신들의 색다른 견해를 내놓기란 쉽지 않았다. "행동주의"의 다양한 분화에도 불구하고, 신학적 다양성이 확보되지 않은 선교 현장에서, 에큐메니즘은, 선교지 교회의 동의 여부와 상관없이 선교사들에 의해 선교지에 부과되었다. 선교지에서 선교사들은 그들의 "복음적 기독교"를 고수하려 했으며, 복음주의가 곧 진리였다. 표방된 에큐메니즘에도 불구하고, 신학적 다양성은 선교 현장에서 보장되기 어려웠다. 대중성이 신학적 개방성과 다양성을 허용하는 것은 아니었다. 이후의 근본주의는 "대중적 기독교"의 이러한 '전체주의적 (totalizing)' 경향을 더욱 강화시켰을 뿐이다.

구교에 항의했던 개신교와, 개신교 내에서 개신교에 항의했던 복음주의는 선교지에서 정통적이고 지배적인 주류 기독교로 탈바꿈했다. 서구적 맥락에서 베빙턴이 제시한 복음주의의 몇 가지 특징들 성경주의, 십자가 중심주의, 회심주의, 행동주의 등등은 가톨릭 교회와 주류 개신교 교회에 대한 항의를 포함하고 있었다. 그렇지만 선교지에서는 왜 성경이 강조되는지, 왜 십자가의 대속이 요구되는지, 왜 회심이 중요한지, 왜 선교지민이 선교에 나서야 하는지 등등은 설명되기보다는 마치 자명한 교리의 일부처럼, 의문될 여지가 없는 진리처럼, 복음처럼, 선교지 교회에 주어졌다. 복음주의가 곧 복음이었다.

III. 복음주의 제국과 기독교 문명

1. 전천년주의와 후천년주의

개신교 선교 사업은 종말론적이었다고 알려지고 있다.[123] 그것은, 이를테면, "물이 바다 덮음 같이 여호와를 아는 지식이 온 세상에 충만한(합2 : 14)" 성경적 비전의 실현을 목표로 하고 있었다. 이 종말론적 비전에는 당연히 예수 그리스도의 재림과 요한계시록의 묵시록적인 종말도 들어 있었다. 그러나 선교학적 물음은 다시, 기독교 일반의 종말론 또는 미국의 천년왕국사상이라기보다, 선교된 복음주의적 종말론이 선교지에서 어떤 내용과 특징을 갖게 되는가 하는 것이다.

미국의 역사는 "천년왕국 운동(millenarian movement)"이라는 하나의 "문화적 신화(a cultural myth)"를 통해 가장 잘 이해될 수 있으며, 이 신화에서 개인과 민족과 세계는 하나로 통합된다고 한다.[124] 천년왕국 사상이라고 하면 흔히 괴짜라든가 소외 계층에게서나 발견되는 것이라는 오해가 있지만, 미국에서 천년 왕국 사상은 "정상적인 지적 행위(a normal intellectual activity)" 였고, 하나님과 인간과 사회와 역사에 대한 "품격을 갖춘 언어"였으며, '천년왕국'은 하나의 공통된 문화적 어휘로서, 미국인들은 이를 통해 미래에 대한 희망과 두려움을 표현해 왔던 것이다.[125]

이러한 "천년 왕국" 운동 중에서도 19세기 복음주의의 주류는 대체로 세계의 진보 또는 복음화가 예수 그리스도의 재림과 연속된다고 믿는 '후

---

123) Brian Stanley, "The Future in the Past : Eschatological Vision in British and American Protestant Missionary History", *Tyndale Bulletin* 51.1 (2000), 103.

124) William McLoughlin, *Revivals, Awakening, and Reform* (Chicago : University of Chicago Press, 1978), xiv.

125) James Moorhead, "Searching for the Millennium in America", *The Princeton Seminary Bulletin* 8.2 (1987), 20.

천년주의(post-millennialism)'에 기울어있었다. 대부분의 복음주의자들은 좁은 의미의 영혼 구원에 머물지 않고 개인의 삶, 나아가 문화와 사회와 세계를 개혁하려 했다. 19세기 선교사들 사이에서는 세계가 복음에 의해 변화되고 있으며, 점차 그리스도의 주권에 복종하고 있다는 후천년주의적 전망이 공유되고 있었다. 진보적인 선교사들은 노예무역을 반대했고, 토착민들의 천부적인 권리를 옹호했으며, 선교지의 비인간적인 악습들을 폐지시키려 했다. 하지만 후천년주의의 "치명적 약점(fatal weakness)"은 유럽 계몽주의 철학에 의해 양육된 서구 문명의 진보에 대한 믿음과 쉽게 합류될 수 있다는데 있었다.126) 이로 인해 선교사들이 옹호하던 복음적 가치를 빅토리아 영국과 미국의 특정한 문화적 가치와 구별하기가 실제적으로 불가능한 경우가 많았다.127)

미국사가들은 19세기 후반부터 '전천년주의(pre-millennialism)'가 힘을 얻기 시작했다는 데 일반적으로 동의하고 있다. 전천년주의의 대두에는 남북전쟁 이후 겪은 심대한 사회경제적 변화가 그 배경에 있었다고 알려져 있다. 급격한 산업화와 농촌의 황폐화, 도시화, 가톨릭 이민자들의 급증 등으로 미국 사회에 대한 복음주의의 지배력은 현저히 약화되어 갔다. 복음주의자들 사이에서도 진보의 끝이 천년왕국의 도래와 맞물리리라는 낙관주의가 점점 약화되어갔다. "상대적 박탈감(a relative deprivation)"과 이로 인한 자기 정체성의 상실감128) 속에서 예수의 재림은 앞당겨져야 했다. 멀리 있는 것처럼 여겨졌던 역사의 종말이 당겨졌다. 전천년주의자들은

126) Stanley, "The Future in the Past", 104.
127) Ibid., 104.
128) Graham Allen, "A Theory of Millennialism : The Irvingite Movement as an Illustration", *The British Journal of Sociology* 25.3 (September 1974), 298.

기술 진보와 합리성이라는 계몽주의적 신(神)들이 복음의 순수성을 훼손하고 있다고 판단하기 시작했고, 그리스도의 재림 이전의 한정된 시간 내에서 가능한 많은 수의 영혼을 영원한 형벌로부터 구출하는 것을 선교 사업의 목표로 삼았다.[129] 그들의 선교는 영혼 구원 사업으로 집중되었다.

이러한 미국사적 상황을 배경으로 한국에 들어온 선교사들이 전천년주의에 기울었다는 견해들이 자주 피력되어 왔다. 즉, 재한 선교사들은 멸망해가는 한국의 상황을 개선하는 데 큰 관심을 갖지 않았고, 긴급한 결정을 요하는 정치적 위기 가운데에서도 개인의 영혼을 구하고 교회의 성장과 보전을 도모하는 데만 치중했다는 것이다. 이들 전천년주의적인 선교사들은 이 세대에 한국을 복음화시키는 것을 그들의 지상 목표로 여겼고, 선교 지민들의 관심을 이 세상이 아닌 저 세상으로 돌리려 했다는 것이다.

전천년주의자들은 구약 요엘서 2장 23~29절에 약속된 "성령의 늦은 비"가 쏟아지기를 기도해 왔고, 그들의 연대기 속에서 1905년 웨일즈 부흥은 말세의 위대한 부흥의 시작이었다. 그들은 웨일즈 부흥이 사도행전 시대로의 환원인 동시에 임박한 종말을 준비하는 세계 복음화의 기폭제라고 믿었다.[130] 나아가 아주사 부흥 운동, 인도의 부흥 운동 등도 전천년주의적인 특징을 나타냈던 것으로 알려지고 있다. 1900년대 초의 세계 각처의 부흥 운동과 동시대에 일어난 '평양대부흥'이 전천년주의적인 선교사들의 선교 사업의 일환으로 해석되는 것은 충분히 납득할 수 있는 일이다.

'평양대부흥'의 성격을 둘러싼 국내 학계의 논의를 살펴보면, 재한 선교사=전천년주의자라는 공식이 한국기독교 이해에 매우 중요한 결과를 초래하고 있음을 발견할 수 있다. 예를 들면 류대영의 "대반전론"[131]은 '평

---

129) Stanley, "The Future in the Past", 104.
130) 옥성득, "1906-1909 아주사 스트리트 부흥 운동", 155.

양대부흥'을 후천년주의로부터 전천년주의로 전환되는 계기로 해석하는
것이 아닌가 한다. 이같은 도식에 따르면, 본디 전천년주의적이었던 선교
사들이 '평양대부흥'을 계기로 그동안 선교의 수단과 방편으로 삼았던 '문
명화 선교'로부터 이탈하여 자신들의 본연의 소명인 영혼 구원과 교회 성
장에 전념하게 되었다고 할 수 있다. '정교분리'론 역시 후천년주의로부터
전천년주의로의 전환과 무관치 않다고 할 수 있다. 정치는 영혼 구원과 상
관 없는 일이었다. 나아가 전천년주의는 흔히 반(反)계몽주의적이었다고
알려져 있다.

　하지만 이러한 견해는 선교학적인 관점으로 볼 때 많은 난점을 갖고 있
다. 형식적 종교와 참된 종교의 구분이 선교지에서 불확실해지듯이, 전천
년주의와 후천년주의의 구분 역시 선교지에서 불확실해지곤 했다. 전천년
주의가 후천년주의에 대한 반발이었다면, 선교지에서는 '천년주의' 자체가
잘 알려지지 않은 상태였다. 미국에서 전천년주의를 대두케 했다고 알려
진 산업화도, 도시화도, 인종적 다양화도, 세속화도, 복음주의에 대한 도전
등등도 선교지 한국에서는 거의 부재한 실정이었다. 이런 상황인데도 선
교사들이 전천년주의를 전했으며, 이것이 한국 교회에 그대로 정착했고,
이로 인해 한국 교회가 비정치화, 탈역사화 했다고 해석한다면, 이는 오히
려 해석되어야 할 더 많은 문제들을 만들어낼 것이다. 아마 그 가운데 가
장 큰 난점은 선교사들의 이른바 탈정치적 전천년주의에도 불구하고, 한
국의 개신교인들이 강력한 독립운동 단체인 신민회 운동과 전국적인 3·1
운동을 주도하는 등, 매우 정치화되어 있었다는 아이러니일 것이다.

　미국에서도 전천년주의와 후천년주의의 관계는 세기의 전환기에도 풀

---

131) 류대영, "2천년대 한국 개신교 보수주의자들의 친미·반공주의 이해", 66.

리지 않는 난제였다.[132] 그러나 선교학적으로 볼 때, 한국 선교가 미국 주
류 교회에 의해 이뤄졌는가, 아니면, 비주류적인 세대주의자들에 의해 이
뤄졌는가를 식별하는 것이 중요하다. 결론적으로 말해서, 선교사들은 주류
교회로부터 파송된 자들이었고, 그들의 개인적인 취향이 여하튼간에 그들
은 주류 교회의 신학을 대변하고 있었으며, 주류 교회는 후천년주의적이
었다. 훗날의 근본주의자들과 근대주의자들 간의 논쟁을 초기 한국 선교
와 '평양대부흥'으로 소급 적용해서는 안 될 것이다.[133]

나아가 전천년주의자들과 후천년주의자들의 차이를 감안한다 하더라도,
그들이 선교 현장에서 과연 각각 서로 다른 방식으로 선교에 임했는지는
또 다른 문제라고 할 수 있다.[134] 실제로 전천년주의자들도 행동주의적이
었으며, 임박한 그리스도의 재림을 주장하면서도, 다양한 사회사업에서는
후천년주의자들에 못지않았다. 특히 선교지에서 전천년주의와 후천년주의
의 경계는 더욱 유동적이었고,[135] 전천년주의와 사회 복음의 경계 역시
모호해지는 경향이 있었다. 예수의 재림을 적시(摘示)할 수 없었던 19세기
말 전천년주의자들은 몰락하는 문명으로부터 신속하게 영혼을 구원하는
사업에 매달렸지만, 바로 이 영혼 구원 사업이 일어나는 선교 현장에서 사
회 복음과의 경계는 흐려졌던 것이다.[136] 19세기 말 선교사들에게 많은
영향을 끼친 무디(Dwight Moody) 등이 전천년주의를 주장했던 것은 사실이

---

132) Pak, "Not by Power, Nor by Might", 34.
133) 그러나 그들의 공식적인 부인에도 불구하고, 후천년주의는 근본주의자들의 실제 사고에 막강
    한 힘을 발휘하고 있다. George Marsden, *Understanding Fundamentalism and Evangelicalism*
    (Grand Rapids : Eerdmans, 1991), 112 : "Fundamentalists today reject postmillennialism as
    such, but generically postmillennial ideals continue to be a formidable force in their thinking."
134) Moorhead, "Searching for the Millennium in America", 21.
135) Ibid., 21.
136) Pak, "Not by Power, Nor by Might", 39.

지만, "이 세대에 온 세상을 복음화한다."는 전천년주의적 슬로건은 그 기원으로부터 멀어져갔고 일반화되었다. 전천년주의가 원(proto) 근본주의의 기본개념이 된 것은 1920년대 이후의 일이다.137)

전천년주의에서 '복음화'가 의미하는 바는 사실상 모호한 것이었다. 전천년주의적인 선교사들이 없었다거나 그들의 전천년주의가 단지 말뿐이었다는 뜻이 아니다. 그들이 진지한 전천년주의들이었다 하더라도, 문제는 선교 현장에서 그들의 전천년주의가 구체적으로 어떻게 표현되었는가 하는 데 있다. 스피어는 복음화 구호가 전천년주의적이지 않느냐는 비판에 맞서 이 표어는 어떤 천년주의에 의거한 것이 아니라, 온 세계를 복음화해야 하는 책임이 모든 기독교인에게 주어졌음을 강조하는 것뿐이라고 대응했다.138) 선교지 한국에서 전천년주의와 후천년주의의 경계가 불투명해진 예로, 언더우드를 들 수 있다. 언더우드는 전천년주의자로 알려져 있지만,139) "종교적인 차원뿐 아니라 상업적, 문화적, 전문적 차원의 교육을 제공하는, 사회에 대하여 더 개방적인 기독교 대학"을 세우려고 했다.140) "전천년설론자로서 열정적인 내륙 전도를 전개하면서 동시에 정치 참여와 사회 개혁, 고등 교육, 문서 사역에 깊이 관여한 언더우드에게서도 개인 구원과 사회 구원의 분리, 혹은 교회와 하나님 나라의 분리는 의미가 없었다."141)

---

137) Young Keun Choi, "The Great Revival in Korea, 1903-1907 : Between Evangelical Aims and the Pursuit of Salvation in the National Crisis", 「한국기독교신학논총」 72 (2010), 133.

138) John Piper, Jr., "The Development of the Missionary Ideas of Robert E. Speer", in *North American Foreign Missions, 1810-1914 : Theology, Theory, and Policy, ed. Wilbert Shenk* (Grand Rapids : Eerdmans, 2004), 271.

139) Pak, "Not by Power, Nor by Might", 35.

140) 류대영, "윌리엄 베어드의 교육사업", 「한국기독교와 역사」 32 (2010), 132.

141) 옥성득, "초기 한국 북감리교의 선교 신학과 정책 : 올링거의 복음주의적 기독교 문명론을 중심으로", 「한국기독교와 역사」 11 (1999), 38.

이처럼 전천년주의자라 하더라도 사회적 문제들에 대해 무관심했던 것
은 아니었다. 사상적으로는 다른 루트였을지 몰라도, 전천년주의자들도 사
회 개혁에 참여했다.142) 전천년주의라고 해서 자동적으로 "정치적인 정적
주의(political quietism)"를 의미하는 것은 아니었으며, 세상의 악에 무관심하
기보다는 이에 맞서 기독교인들을 분기시킬 수도 있었다.143) 나아가서 전
천년주의자들은 자국 기독교계의 타락에 대해서는 비관적이었지만, 복음
적 가치의 확대, 선교의 기회 확대와 성공, 기독교 자체의 진보에 대해서
까지 비관적이었던 것은 아니었다.144) 그런 점에서 적어도 1차 대전 전의
후천년주의자들과 전천년주의자들은 기독교 선교를 통해 그리스도에게로
세상을 인도한다는 비전을 공유하고 있었다고 결론지을 수 있다.145) 아니
선교야말로 전천년주의자들과 후천년주의자들의 공통분모였다. 그 의미를
어떻게 해석하든지간에, '이 세대에 세계를 복음화 한다'는 슬로건에는 양
쪽 다 동의했던 것이다. 에딘버러 세계 선교대회는 양자 간의 입장의 차이
에도 불구하고, "그리스도를 위해 세상을 드리는 데(winning the world for
Christ)"146) 연합했다. 선교지에서 문명화와 복음화는 서로를 견인했다. 박
용규의 견해가 시사적이다.

　　따라서 한국교회는 세대주의 전천년설의 입장을 가지고 있으면서도 실제로
　　율법폐기주의나 반문화주의에 흘렀던 서구의 세대주의자들의 경향은 나타내
　　지 않았던 것이다. 게일이 세대주의 종말론을 가지고 있으면서도 종교는 물론
　　한국의 문학, 사회, 경제, 정치 전반에 걸쳐 방대한 분야에 관심을 가지고 기

142) Pak, "Not by Power, Nor by Might", 39.
143) Stanley, "The Future in the Past", 107-108.
144) Ibid., 107.
145) Ibid., 109.
146) Ibid.

독교 문화를 이 나라에 발전시키려고 한 것이나, 세대주의 전천년설을 가지고 있는 것으로 보이는 언더우드가 보여준 복음주의 연합정신은 이들이 타세적 이고 반문화적인 세계관을 가지고 있는 것이 아니라 건전한 복음주의 세계관 을 가지고 있음을 보여준다. 이것은 장·감은 물론 동양선교회를 비롯 대부분 의 개신교회가 균형적인 선교를 위해 미션스쿨과 의료선교 문서선교와 YMCA 와 기타 기독교 단체의 중흥과 발전을 위해 헌신한 것에서도 알 수 있다. 연 합사상, 기독교 문화 형성, 교육 등 모든 면에서 초기 선교사들이 보여준 균형 잡힌 선교는(로 볼 때 : 필자) 그들의 종말신앙이 한국교회에 부정적인 문화관 을 형성했다고 주장하는 것은 객관적인 평가가 아니다.147)

박용규가 말하는 전천년주의자들의 "균형 잡힌 선교"란 미국 주류 교단 의 컨센서스를 이루고 있었던 후천년주의적 선교와 크게 다를 바 없다.

또한 한국의 종말사상을 연구한 박용규는 장로교 선교본부의 브라운(A. J. Brown)이 재한 선교사들은 그리스도의 재림을 핵심적인 진리로 굳게 믿 고 있다고 언급한 점, 해밀턴(Floyd Hamilton)이 19세기 말~20세기 초의 선 교사들은 대부분 세대주의적 전천년주의자였다고 언급한 점, 1894년 스 왈른 부인(Mrs. Salie Swallen)이 장로교 선교사들은 모두 전천년주의자들이 었다고 언급한 점, 게일(James Gale)도 전천년주의자 무디의 영향을 받았다 는 점 등을 들어 재한 미국 선교사들의 주류가 전천년주의자들이었다고 주장하면서도148) 이와 함께, 전천년주의자로 알려진 게일이 자유주의 신 학을 한국에 파급시키기도 했으며149) 전천년주의자로 알려진 길선주 목 사가 "한국을 구하소서! 한국민을 회개시켜서 하나님 나라의 백성이 되게 하소서! 독립국가가 되게 하소서! Amen!" 하고 기도할 정도로 "민족사상"

147) 박용규, "한국교회 종말신앙 : 역사적 개관", 「성경과 신학」, 27 (2000), 206.
148) 박용규, "19세기 말 미국의 선교운동과 일제하 한국교회의 종말론", 「한국기독교역사연 구소소식」, 34 (1999), 33.
149) 박용규, "19세기말 미국의 선교운동과 일제하 한국교회의 종말론", 33.

과 "애국심"을 가졌다고 덧붙이고 있다.[150] 박응규에 따르면 길선주의 종말사상은 3·1운동이 실패한 20년대 이후 내세화, 타계화되었다.[151] 박응규는 '평양대부흥'과 관련하여, "적어도 이 시기까지는 한국이 처한 특수한 상황에서 기독교 신앙을 통한 민족의 문제를 개선해 보려는 의지가 강하여, 전천년적인 세계관이 강하게 영향을 끼치지 못했다."[152]고 판단한다.

청일 전쟁과 러일 전쟁 등 국제적인 전쟁을 겪었고, 자본주의화, 식민주의화의 진전으로 인한 광범위한 사회 경제적인 변동, 수백 년간 지속되었던 조선 왕조의 쇠망과 동학, 의병 등의 반기독교 활동, 각종 전염병의 창궐과 같은 위기와 파국에 처한 한국에서 전천년주의적 종말론이 별다른 영향력을 끼치지 못했다는 사실이 오히려 설명되어야 할 것이다. 흔히 복음주의 부흥 운동은 그 성격상 종말론과 친연성을 가지고 있다고 알려져 있다. 선교사들이 즐겨 인용한 사도행전의 성령 강림은 역사의 끝, 예수 그리스도의 재림, 이스라엘의 회복 등을 가리키고 있었다. 그러나 '평양대부흥'에서 종말론적 관심은 거의 찾아볼 수 없었다. 옥성득은 '평양대부흥'과 종말론과의 관계를 다음과 같이 설명하고 있다.

> 그러나 아주사 부흥에 나타난 강렬한 종말 의식은 한국 대부흥에는 없었다. 새로 수용한 기독교를 통한 사회 개혁, 애국 계몽, 근대화와 민주화, 독립에 대한 희망을 가지고 있었기 때문에, 피안적 말세 의식보다는 문명 개화적 개혁 의지가 강했다.[153]

---

150) 박응규, "19세기말 미국의 선교운동과 일제하 한국교회의 종말론", 34-35.
151) 박응규, "19세기말 미국의 선교운동과 일제하 한국교회의 종말론", 35.
152) 박응규, "19세기말 미국의 선교운동과 일제하 한국교회의 종말론", 35.
153) 옥성득, "1906-1909 아주사 스트리트 부흥 운동", 178. 옥성득은 그러면서도 "부흥 운동은 한국의 희망이 정치 민족주의에 있지 않고 종교적 운동에 있다는 피안적 영성주

결국 전천년주의에 대한 개인적인 관심사와는 별개로, 선교사들은 선교 현장에서 후천년주의적이었던 것이다. 나아가 1950년대 이후 한국의 오순절 운동조차 종말론적 신앙보다는 현세적 축복을 강조했다는 견해가 유력하다.154)

'평양대부흥'은 어떤 의미에서는 선교사들이 믿고 있었다는 전천년주의를 전파시킬 호기일 수도 있었다. 그러나 '평양대부흥'에서는 총체적 파국이 예언되기보다는 선교지 교회의 도덕적 갱신이 요구되었다. 이와 관련하여, 1906년 선교사들을 위한 연합 여름사경회에서 독립 선교사인 펜윅(M. C. Fenwick)이 재림에 대해 강의했으며, 원산에서 열린 사경회의 중심 주제 가운데 하나는 재림이었다고 한다.155) 그러나 재림이라는 주제는 '평양대부흥'에서 거의 찾아볼 수 없었다. 전천년주의의 선교지 도착이 지연된 사태는 아마 전천년주의가 복음주의자들의 '문명화 선교'와 잘 맞지 않았다는 사실과 관련 있을 것이다. 계몽주의가 위력을 발휘하는 선교지에서 계몽 관련 활동에 다양한 경로로 참여하고 있던 선교사들이 자신들의 선교 사업의 가치를 스스로 의문에 빠뜨리게 할 위험이 있는 전천년주의를 전파하기란 쉽지 않았을 것이다.

그렇다고 해서 천년왕국설 자체가 복음주의 선교에 아무런 영향력을 미치지 못했다는 말은 아니다. 청교도들의 천년왕국적 비전은 "보다 넓은 의미의 개신교 복음주의의 에토스(the wider Protestant evangelical ethos)"156)에 견

의의 흐름을 형성했다."(179)며 모순적인 진술을 하고 있다.

154) Wonsuk Ma, "The Korean Pentecostal Movement : Retrospect and Prospect for the New Century, Part I", *Australasian Pentecostal Studies* Issue5/6 (April 2002), Webjournals.alphacrucis.edu.au http:// aps.scc.edu.au/template.asp?index=38 for Part II of this article. 마원석은, "불행하게도", 방언과 같은 초기 오순절 운동의 종말론적이고 선교적인 성격은 한국에서는 현세적으로 "은혜를 받는" 경험으로 정착되는 "신학적 후퇴"가 있었다고 주장한다.

155) 박명수, "1907년 대부흥과 초교파 연합운동", 「기독교 사상」 583(2007), 204.

고히 뿌리내려 있었다. 그러므로 '평양대부흥'에서 단절과 파괴를 동반하는 급격한 변화를 추구하는 전천년주의적 발상이 나타나지 않는다고 해서, 그것이 천년왕국 사상과 전혀 무관하다고 속단해서는 안 된다. 이 시기 천년주의가 미래에 대한 명확한 비전을 가졌던 것은 아니었지만, 선교사들은 포괄적 의미의 천년왕국적 사고 안에 있었다. 후천년주의도 전천년주의와 마찬가지로 종말주의의 한 형태라는 점을 기억해야 한다. 선교사들은 비록 식민지가 된다 하더라도, 한국이 천년왕국을 향해가는 세계의 진보라는 대세의 흐름을 타고 있다고 믿었다. 따라서 '문명화'는 왕조의 운명에 좌우됨이 없이 계속 추진되어야 했다.

'평양대부흥'이 역사적 단절과 대재앙을 예고하는 천지개벽적 종말의 시작은 아니었지만, 선교사들은 이로써 새로운 시대가 열리고 있다고 생각했고, 또 그들은 이 새 시대를 향하여 한국 교회와 함께 전진하고 있다고 믿었다. 국제적인 선교 운동의 일환으로 한국에 온 선교사들에게 한국의 복음화는 단지 한국민을 위한 것만이 아니라, 온 세상을 개화와 진보의 길로 인도하는 하나님의 섭리이기도 했다. 그렇다면 '평양대부흥'도 천년왕국을 향해 가는 진보의 대세로부터의 후퇴일 수 없었다. 부흥 운동 역시 하나님의 나라의 확장 운동이었다. 그리고 후천년주의자들에 따르면 천년왕국은 저절로 오는 것이 아니었다. 믿는 자들의 부단한 노력과 활동이 요구되는 것이었다. 그들의 노력이 미진한 그만큼, 그 나라는 더디게 올 것이었다. 천년왕국을 앞당기기 위한 수단들이 동원되어야 했다. 부흥 운동의 신학은 기본적으로 하나님의 왕국을 가져오는데 있어서 인간의 협력을

---

156) Wendy Edwards, "Forging ideology for American Mission : Josiah Strong and Manifest Destiny", in *North American Foreign Missions, 1810-1914 : Theology, Theory, and Policy,* ed. Wilbert Shenk (Grand Rapids : Eerdmans, 2004), 166.

강조하는 "신인협력주의 신학(synergistic theology)"[157]이었다.

　이 같은 천년주의는 발흥하는 민족주의와 결합할 수 있었다. 민족 운동 역시 "종말론적 지향"[158]을 가지고 있었다. 개인의 회심과 열방의 복음화 사이에 민족이 있었다. 복음주의 선교가 논리적으로 민족의 구원을 반대할 이유는 없었다. 아니, 선교사들이 이 세대 안에 한국을 복음화하겠다고 선언했을 때, 그들의 목표가 민족의 구원과 분리될 수는 없었다. 물론 이 구원이 민족주의자들이 추구하던 독립되고 부강한 민족 국가의 건설을 의미하는지는 확실치 않았다. 그렇지만, 그렇게 해석될 여지는 얼마든지 있었다. 천년왕국적 사상으로는, 이 땅에서 하나님의 나라를 이뤄가는 것과, 하나님의 나라가 하늘로부터 내려오는 것은 다르지 않았다. 교회와 민족은 하나였고, 성속은 일치를 지향하고 있었다.[159] 제1차 세계대전이 종식된 직후, 식민지 한국의 개신교회가 후천년주의적 관점으로 역사적 전환기를 이해했을 개연성이 크다. 미국의 제1차 대각성과 미국의 독립운동을 연관지어 설명할 수 있는 것처럼, '평양대부흥'과 3·1 민족 독립 운동의 관계는 후천년주의적 복음주의의 시각으로 해석될 수 있다. 독립된 자주적인 공화국을 세우는 것은 이 땅에 하나님의 나라를 가져오는 운동의 일환이었다. 하나님의 나라는 이 땅에 건설되어야 했고, 한국은 하나님의 나라가 되어야 했다. 후천년주의가 한국 민족주의의 종말론적 에토스의 일단을 형성했다는 것은 부인할 수 없다고 생각된다.

　만일 선교사들이 세속화와 복음주의의 약화라는 미국 사회의 현실을 비

---

157) James Moorhead, *World without End : Mainstream American Protestant Visions of the Last Things,* 1880-1925 (Bloomington : Indiana University Press, 1999), 6.

158) Shin Ahn, "Book Review of Pak, Ung Kyu, 2005. *Millennialism in the Korean Protestant Church.* New York : Peter Lang.", *Studies in World Christianity* 12.2 (2006), 185.

159) Moorhead, *World without End,* 8.

관적으로 의식하는 좀 더 철저한 전천년주의자들이었다면, 그들은 자신들의 종말관을 한국의 기울어가는 국운과 연결시켜 보았을 것이다. 그러나 선교사들의 선교지 조우 체험은 대동소이 했다. 한국은 기본적으로 문명의 혜택을 더 누려야 할 나라였다. 언더우드는 자신이 한국의 해안에 상륙했을 때, "중세 시대로 갑작스럽게 이식되었다(suddenly transplanted to the Middle Ages)"고 느꼈다. 아펜젤러는 한국의 농민이 밭을 가는 장면을 보고, "성지(聖地, Holy Land)"에서의 밭갈이를 연상했다.160) 구한말 한국이 서구 문명에 의해 노출되지 않은 것과 복음화되지 않은 것은 동일한 의미를 갖곤 했다. 문명 기술의 발달과 선교 사업의 진전은 동행했다.

무엇보다도 선교사들은 선교지민들의 지적, 도덕적 능력에 대해 낙관적이었다. 계몽주의의 인간관을 수용한 복음주의는 인간의 선천적인 잠재 능력을 신뢰하고 있었다. 환경의 개선과 교육의 증진을 통해 인류는 진보할 수 있었고, 실제로 인류는 하나님의 나라를 향하여 진보하고 있었다. '은둔의 나라'도 빛으로 나아오고 있었다. 나라의 독립을 잃더라도, 문명의 진보는 필연적인 대세였다. 계몽의 빛이 선교지를 두루 비추는 한, 세계의 파국적 종말은 선교지에서 아직 시기상조였다.161) 그러나 예수 그리스도의 빛과는 다른 빛들이 선교지를 비추고 있었다. 이 경쟁하는 빛들 간의 교통정리가 시급한 과제였다.

---

160) cited by Pak, "Not by Power, Nor by Might", 13.
161) 선교지 한국의 부흥 운동에서 종말론은 잘 나타나지 않는다. 종말론은 그리스도인의 화해의 사역을 도덕성의 함양과 제고, 이데올로기나 정치적인 프로그램 등에 머물지 않게 하는 것으로 알려져 있다. Christoffer Grundmann, "Pneumatological Perspectives on Christian Mission in Its Third Millenium", *International Review of Mission* 97.386/387 (July/October 2008), 260.

2. 복음화와 문명화

'평양대부흥'을 전후한 시기의 복음주의 선교사들은 같은 시기의 계몽주의와 계몽 운동에 대해 어떤 의문도 제기하지 않았다. 그들은 계몽 운동의 진전을 당연한 것으로 받아들였다. 나아가 복음주의 개신교는 계몽주의의 도관(導管) 역할을 했다. 선교 사역은 학교라든가 병원과 같은 근대적인 기관들의 설립하는 일이나, 사회 단체나 대중 운동을 조직하는 일 이상의 것이었다. 선교지 교회는 계몽주의적 가치관과 세계관을 배우는 곳이기도 했다. 교회를 통해 선교지민들은 경험적으로 관찰하며, 합리적으로 사고하고, 증거를 가지고 검증하는 사고방식을 습득했다. 복음주의 선교는 선교지에서 계몽주의적 가치를 진리와 복음에 포함시켰다.

해외 선교에서 뿐만 아니라, 미국내 선교에서도 이러한 경향은 똑같이 나타났다. 아메리카 원주민들을 선교한 장로교 선교사들에게 "지식은 힘"이었다.[162) 개종하지 않은 자의 완전한 상실이라는 프린스턴 신학에 따라, 원주민들은 복음 또는 기독교 문명을 수용하느냐 아니면 영원히 저주를 받느냐 둘 중의 하나를 선택해야 했다. 그들의 신앙이 자유주의적이든 보수주의적이든 상관없이, 선교사들은 이런 방식으로 계몽주의를 전진시키는 역할을 하게 되었던 것이다.[163)

오늘날 '문명화 선교'에 대한 선교학적 논의는 선교 방법론에 대한 물음으로 시종하는 감이 있다. '문명화 선교'가 복음화를 위한 하나의 수단이며 과정이라고 믿고, 이러한 현재주의적 관점을 소급 적용하여, 구한말 재한 선교사들도 '문명화 선교'를 선교 방법론적으로 접근했다고 추정하지 않는

---

162) Michael Coleman, "Not Race, but Grace : Presbyterian Missionaries and American Indians, 1837-1893", *The Journal of American History* 67.1 (June 1980), 43-44.

163) Ahlstrom, *A Religious History of the American People*, 783.

가 한다. "복음주의적 해석"이 '문명화 선교'에 대한 신식민주의적, 탈식민
주의적 비판에 진지하게 대응하기보다는 회피적인 태도로 일관하는 것은
이러한 방법론적 접근에 기인한다. '문명화 선교'는 복음화 선교와 일시적,
도구적, 부수적, 우연적, 외면적 관계를 가질 뿐이며, 선교사들은 이 구분
을 의식했고, 이 구분을 선교 사업에서도 적용했었다는 것이다. 그러나 구
한말 선교사들이 과연 이 구분을 해야 한다고 생각했는지, 실제로 이 구분
을 할 수 있었는지를 물어야 한다. 자신들의 본국을 '기독교문명국'의 표본
으로 제시했던 구한말 선교사들이 선교지에서 '기독교'와 '문명'과 '나라'를
분리할 수 있었다고 믿기 어렵다.

계몽주의에 이르면 문제는 훨씬 더 심각해진다. 선교지 계몽주의를 묻
는 것은 복음주의 선교 자체를 묻는 것이기 때문이다. 더이상 "우리의 씨
름은 혈과 육을 상대하는 것이 아니(엡6 : 12)"다. 인종주의, 자본주의, 제국
주의, 식민주의, 근대성 등과 복음주의 선교의 착종하는 관계는 복음주의
선교에 대한 윤리적 비판이 될 수 있고, 동기의 순수성에 대한 물음으로
귀착되어, 결국 선교 도덕주의(moralism)의 강화로 나아갈 수 있다. 그러나
계몽주의와의 상관관계를 묻는 물음은 복음주의 선교를 통해서 선교지에
전해진 기독교의 성격 자체에 대한 원천적인 물음이다. 선교지에서 계몽
주의는 복음주의가 그 위에 쌓아올린, 보이지 않는 기초였는지도 모른다.
계몽주의는 선교 밖의 외적 문제라 아니라, 선교 안의 내적 문제였다. 계
몽주의는 복음주의와 함께 또 하나의 복음으로 왔다. 지상천국적 아우라
를 동반한 근대 서구 문명의 핵심은 계몽이었다. 계몽은 만능의 키와 같
았다. 선교지 교회가 받은 세례는 하나가 아니었다. 이처럼 '계몽적 선교'
의 관점으로 볼 때, '문명화 선교' 또는 '근대화 선교'가 단지 선교 전략이
나 선교 방법의 문제가 아니라, 복음주의 선교 자체의 본질적인 문제임이

드러난다.

하지만 선교사들이 한국의 근대화와 한국의 계몽에 상당한 역할을 했다는 평가에도 불구하고 선교 운동과 계몽 운동과의 핵심적인 내적 상관관계는 잘 밝혀지지 않은 상태로 남아 있다. 그보다는 민족 운동과의 관련성이 주된 관심사였다. 민족주의적 관점에 따르면 계몽은 어디까지나 민족의 이익에 봉사해야 했다. 교회도 민족적이어야 했다. 선교 운동도 민족 운동의 일환이어야 했다. '평양대부흥'이 비판되었던 것은 이를 계기로 선교 운동이 민족 운동으로부터 이탈했다는 혐의 때문이었다. 한국 교회는 민족주의에 끊임없이 호출되어 왔으며, '한국교회사' 자체가 일종의 변증론처럼 보인다.

그러나 민족주의가 아니더라도, 근대 개신교는 계몽주의에 의해 호출되어 왔다. 복음의 빛 없이도 세계는 빛으로 나아가고 있었다. 인간의 이성은 무지와 미신과 우상숭배와 독단의 어둠을 깨치고 전진하고 있었다. 개신교 역시 이 계몽의 대열에 동참했다. 복음주의는 계몽주의에 의해 개명(開明)되고 개신(改新)된 종교였다. 그 이상이었다. 계몽된 종교로서의 복음주의는 세계의 영적, 도덕적 계몽에 앞장서야 했다. 선교지 계몽주의의 호출 앞에서 선교사들은 자신들이 선교지에 존재해야 하는 이유를 제시해야 했다. 그들은 이 요구 앞에서, '기독교 문명'의 이름으로 답했다. '기독교 문명'론은 일종의 변증론이었다. 한국은 '기독교문명국'이 되어야 했다.

계몽 운동은 전혀 문제될 것이 없었다. 선교사들은 계몽 운동이 한국의 문명화에 기여한다고 믿어 마지않았다. 복음주의 선교는 계몽주의자들의 믿음과 충돌하지 않았다. 선교사들이 '기독교'라고 말할 때, 그것은 그들의 특정한 신앙이라든가, 교리의 체계라든가, 교회 제도 등을 의미하지 않았다. 그들은 '기독교'를 '기독교 문명'과 구분하지 않았다. 나아가 그들은 '기독교 문명'을 '문명' 자체와 구분하지 않았다. 모든 문명은 어차피 기독교 문명으로 나아갈 것이기 때문이었다.

선교사들은 진보를 낙관하고 있었다. 아니 그들이야말로 참된 진보를 가져올 자들이었다. "개항 직후 입국한 미국 선교사들은 오랫동안 문명개화의 담지자 역할을 자임했다."164) 류대영은 "문명화 작업과 관련된 선교사들의 견해 속에는 그동안 많은 주목을 받아온 일본의 문명개화론이나 개화파 사상의 서구적 원류가 흐르고 있다."165)고 본다. 그는 계몽과 선교의 관계에 대해 다음과 같이 설명한다.

> 물론 그들(선교사들)이 조선에 진출한 일차적인 목적은 개종자를 얻어 기독교를 전파하는 데 있었다. 그러나 19세기 말 20세기 초의 서양 선교사들은 서구문물을 가장 우월할 뿐 아니라 아마도 진정한 의미에서 유일한 '문명'이라고 믿었다. 따라서 정도의 차이는 있었지만 대부분의 선교사들은 기독교 신앙과 더불어 서구문화를 전하는 것도 중요한 사명 가운데 하나로 여기고 있었다. 개화기에 조선에 온 서구의 개신교 선교사들도 '서구문화 전파의 사명'(civilizing responsibilities)을 여러 가지 차원에서 매우 진지하게 수행했다.166)

제도적인 측면에서 개화기 선교사들은 "기독교 신앙"을 전파하는 복음화와 "서구문화 전파의 사명"을 수행하는 문명화를 구분할 수도 있었을 것이다. "기독교를 전파"하려고 온 그들에게 교회를 설립하는 일과 학교·병원을 설립하는 일이 동등할 수는 없었다. 그러나 계몽주의를 연결고리로 하여 복음주의 선교는 '기독교 문명'의 이름아래 복음화와 문명화

---

164) 류대영, "한말 기독교 신문의 근대국가론 : 인민을 중심으로", 「한국기독교와 역사」 29 (2008), 7.
165) 류대영, "한말 기독교 신문의 문명개화론", 「한국기독교와 역사」, 22(2005), 6-7.
166) 류대영, "한말 기독교 신문의 문명개화론", 6.

를 통합시켰다. "일차적인 목적"과 부차적인 목적의 근본적인 구별은 선교지에서 분명하게 견지될 수 없었다.

이런 상황에서 '단계론'이 편리한 해결책을 제공했다. 선교사들은 문명이 낮은 단계에서 높은 단계로 향상된다고 믿었다. 문명화의 수준은 야만, 미개화, 반(半)개화, 문명의 단계로 구분될 수 있었다.[167] 선교사들은 한국을 아직 문명의 단계에 이르지 못한 것으로 간주하고, '문명개화'를 그들의 선교 활동의 중요한 목표로 설정했다. 이를테면, 감리교에서 발행한 「조선 그리스도인 회보」와 마찬가지로 장로교에서 발행한 「그리스도 신문」도 그 첫째 목적이 "그리스도의 영광을 나타내"는 것이었지만, 이와 아울러 학식과 견문을 넓혀 조선의 문명개화에 기여하는 신문이 되는 것을 발간의 목적으로 삼고 있었다.[168] "'신문'의 초기 편집자였던 언더우드는 종교적인 목적과 아울러 '인민이 편리하고 나라가 부하게 할' 방법을 가르쳐 '나라를 개명케' 하고, '태서 각국과 비견하여 문명함을 세계에 빛내고자' 하는데 기여하겠다는 입장을 여러 차례 밝힌 바 있었다."[169] 그러나 그것은 병진(竝進) 이상이었다. 선교사들의 사고 방식 속에서는 이 두 가지가 통합되어 있었다. 선교지 한국에서 복음주의와 계몽주의는 서구에서 그 유효성이 갈수록 의문시되고 있던 '기독교국가(Christendom)'의 이상에 준하는 '기독교문명국'의 이상으로 통합되었다. 여기에서 '기독교문명국'을 "태서 각국"이라고 했지만 주로 선교본국인 미국을 가리키는 말이었다.

하긴 '나라(Korea)'가 뜻하는 바가 불확실하긴 했다. 그것은 정체(政體)를 가진 '국가'일 수도 있었고, 종족적 특징을 가진 '민족'일 수도 있었고, 시

---

167) 류대영, "한말 기독교 신문의 문명개화론", 12.
168) 류대영, "한말 기독교 신문의 문명개화론", 9.
169) 류대영, "한말 기독교 신문의 문명개화론", 10.

민들의 자발적인 '사회'일 수도 있었다. '나라'가 지시하는 대상이 무엇인가에 따라 커다란 차이가 발생하곤 했다. 이를테면 '대한제국'은 멸망했지만, '나라'는 멸망하지 않았다고 주장할 수 있었다. 성경을 통해 유대인들의 역사를 알고 있던 복음주의 선교사들과 선교지 교회는 대한제국의 운명과 나라의 그것을 동일시했던 애국주의자들에 비해 이 점에서 유리한 위치에 있었다. 하지만 "때와 시기"는 알 바 아니었다(행1 : 7). 유대인들이 상실한 '나라'와 같은 의미에서라면 그 나라는 빠르거나 늦거나, 회복될 수 있었다. 그보다 한국의 '복음화'가 우선이었다. 나라의 복음화야말로 나라가 회복되는 "때와 시기"를 앞당길 수 있는 길이었다. 대한제국의 존망이 위태롭던 1907년 '평양대부흥'은 이듬해 '백만인 구령운동'으로 이어졌다. 구원되어야 할 영혼과 회복되어야 할 민족은 '나라(Korea)' 안에서 혼융되었다. 영혼의 구원은 나라의 회복으로 이어질 것이었다. 구원받은 개인들이 새로운 국가, 열강과 어깨를 나란히 할 부강한 국가를 건설할 것이었다.

3. '기독교 문명국'

선교사들은 처음부터 선교지민들의 선망의 대상이었던 문명국이 열강이 된 것은 기독교의 뿌리가 있기 때문이라고 가르쳐왔다. 선교사들 대부분이 제국주의 단계의 영미권 출신이었던 만큼, 그들에게 기독교와 열강을 연결하는 것은 자명해 보였다. 비기독교적인 나라들의 고단한 형세는 그 나라들이 비기독교적이기 때문이었다. 이 논리에 따르면, 기독교는 우월한 서구 문명의 뿌리였다. 기독교라는 뿌리가 없으면 문명화, 산업화, 강국화도 사상누각이었다. 기독교의 힘이야말로 서구의 힘의 근본이며,

따라서 이 뿌리로부터 문명이, 산업이, 제국이 꽃피우는 것이었다. 기독교
는 서구와 비서구를 구분 짓고, 문명과 야만을 구분 짓는 결정적인 요소
였다.

하지만 이 변증론은 많은 결함을 지니고 있었다. 이 논리대로라면 제국
주의적인 가톨릭의 프랑스나 정교회의 러시아도, 애환의 폴란드와 아일랜
드도 기독교국가로 간주되어야 했다. 특히 비기독교국가인 일본이 제국주
의 열강의 반열에 올라 한국을 병탄하는 현실을 설명하기란 쉽지 않았다.
문명화가 반드시 기독교를 동반한다는 논리는 설득력을 유지하기 어려워
져갔다.

그 이상으로 계몽 운동이야말로 기독교가 문명화의 뿌리라는 주장을 약
화시키는데 결정적이었다. 계몽주의는 기독교의 뿌리 없이도 스스로 서
있는 것처럼 보였다. 선교지에서 계몽의 충동은 자명해 보였고, 선교지민
들의 계몽에의 열망은 폭발적이었다. 계몽 자체에 대해 의문을 제기한다
는 것은 선교사들이 수구파들―이를테면 부패한 관료들이나, 유생들이나,
동학도나, 의병들이나, 무당들 같은―과 동조하기를 기대하는 것처럼 터무
니없는 일이었다. 그렇다면 서구의 문명과 서구의 힘의 뿌리는 기독교보
다는 계몽주의에 있는 것은 아닐까? 선교사들은 계몽주의 앞에서 기독교
의 존재 이유를 해명해야 했고, 기독교의 필요성과 가치를 입증해야 했다.
그런 만큼 계몽주의 시대의 복음주의 선교는 호교론적이었고, 계몽주의의
기준에 자기 자신을 대어보았으며, 계몽주의의 프레임 안에서 자기 위치
를 찾아내고 확보하려 했다.

만일 기독교가 문명개화의 뿌리가 될 수 없다면, 기독교는 문명개화의
완성이 되어야 했다. 기독교 문명은 문명의 기원은 아니라 하더라도, 문명
이 지향해야 할 목표였다. 이 또 다른 호교론에 따르면 계몽된 나라, 계몽

된 개인은 기독교 없이는 불완전했다. 선교된 복음주의는 진보의 이념의
기독교판이었다.170)

선교사들은 본국의 기독교 문명이야말로 완성을 향한 문명의 가장 높은
단계에 도달했다고 주장했다. 기독교문명국은 구체적으로 미국을 가리키
는 말이었다. 19세기 말은 미국 경제·사회의 격변기였다. 전천년주의는
미국 문명의 미래에 대한 불안을 반영하고 있었다. 재한 선교사들이 이러
한 본국 현실에 대해 알지 못하고 있었다고 말할 수 없다. 하지만 그들은
선교지에서 미국 기독교 문명의 전도사가 되었다.171) 그들이 묘사한 미국
은 기독교 문명의 가장 높은 단계에 이른, 계몽된 나라, 빛의 나라였다. 그
들은 자신들이 떠나온 선교본국을 선교지민들에게 완성으로 향해 가는 모
델로 제시했다. 완성된 하나님의 나라와 문명의 가장 높은 단계에 있는 선
교본국을 구분 짓는 경계는 흐릿했다.172)

그러나 류대영에 따르면 "그리스도의 영광"과 "문명과 학문"을 동시에
전하던 기독교 신문들이 1905년 이후에는 논조가 급변하여 단지 "교회의
목적에 보다 충실한 교회 기관지의 모습을 띠"게 되었다. 선교사들은 자신
들의 "문명개화운동"이 별다른 성과를 거두지 못하는 데 대해 "낙담하고
절망했"다는 것이다.173)

170) Bebbington, "Evangelical Christianity and the Enlightenment", 34 : "Postmillennialism was a Christian version of the idea of progress-utterly Christian, but nevertheless a form of the idea of progress."
171) 이런 현상은 한국 교회의 해외 선교에서도 나타난다. 한국 기독교 내에 산적한 문제들이 있다는 사실을 모르는 한국인 선교사는 아마 없을 것이다. 그렇지만, 해외 선교에 나섰을 때, 그들은 "민족적 자긍심"(ethnic pride)을 갖는 경향이 있다. 후꾸다 다까시, "한국 선교사들 : 그들의 공헌과 약점", 「한국선교」 4.4 (2005), 66.
172) Sacvan Bercovitch, "The Typology of America's Mission", *American Quarterly* 30 (Summer 1978), 136.
173) 류대영, "한말 기독교 신문의 문명개화론", 40-41.

선교사들은 조선인들에게 실망했을 것이다. 그러나 제국주의 열강으로 둘러싸인 한반도를 사회진화론적 관점에서 바라보았던 선교사들은 제국주의의 본질이나 조선인들의 진정한 가능성을 이해하기 어려웠다. '회보'와 '신문'이 전하려 한 문명개화론은 선교사들의 진심과 우호적인 동기에도 불구하고 근본적으로 적자생존의 논리를 합리화하는 냉혹한 승자의 태도였다. 개항기 이후 우리 민족 자의식의 일부로 자리 잡은 패배의식, 열등감, 그리고 서구화에 대한 강박관념은 문명개화론에 설득당하고 제국주의에 강탈당한 역사의 지워지지 않는 흉터이다.[174]

즉 선교사 자신들이 힘썼던 문명개화의 실패와 좌절이 '문명화 선교'를 포기하게 했다는 것이다. 류대영은 여기에서도 남북전쟁 이후 미국 사회의 현실에 대한 보수적인 복음주의자들의 실망과 분노라는 "대반전" 논리를 충실히 따르고 있는 것으로 보인다. 하지만 선교사들이 낙담하고 절망했다는 구체적인 증거는 제시되기 어렵다. 그의 주장은 "복음주의 제국(the empire of Evangelicalism)"[175]에서 일어난 것으로 알려진 "대반전"을 맥락이 전혀 다른 선교지 한국 상황에 그대로 적용하려는 데 나온 것이 아닌가 한다. 나아가 재한 선교사들의 "문명개화론" 자체가 "사회진화론적 관점"으로부터 온 "승자의 태도"였다는 주장도 재고되어야 한다. 이런 논리대로라면 선교사들이 "적자생존의 논리"인 "문명개화론"을 접고, 그들의 고유한 과제로 알려진 '영혼 구원'으로 "대반전"한 것을 비판할 수 없다. 그런데 류대영은, 다시, 국권 상실 와중에서도 '영혼 구원' 사업에 몰두했던 선교사들은 "종교적으로 고양된 기독교인들이 현실을 받아

---

174) 류대영, "한말 기독교 신문의 문명개화론", 43.

175) Michael Gauvreau, "The Empire of Evangelicalism : Varieties of Common Sense in Scotland, Canada, and the United States", in *Evangelicalism : Comparative Studies of Popular Protestantism in North America, the British Isles, and Beyond, 1700-1990*, eds. Mark Noll et al. (Oxford : Oxford University Press, 1994).

들이고 민족적 감정을 종교적으로 승화시키기를 바랐으며, 결과적으로 그렇게 되었다."[176]고 비판하고 있다. 이제는 문명개화 대열로부터의 이탈이 문제시되고 있다.

여기에는 두 가지 난점이 있는 것 같다. "사회진화론"의 "번역" 문제는 다음 장에서 다뤄질 것이다. 다른 하나는 한국의 "문명개화"가 단지 선교사들에 의해 설득당한 "흉터"가 아니었다는 사실이다. 선교사들이 아니더라도, "문명개화"는 계몽 운동가들에게 거역할 수 없는 대세로 간주되었다. 다만 선교사들이 뜻했던 "문명개화"가 어떤 "문명개화"인지, 당대의 계몽주의자들의 그것과 어떻게 같고 다른지가 구체적으로 논의되어야 할 것이다. 다음 장에서 살펴보겠지만, 문명개화론 또는 계몽주의도 매우 다양하기 때문이다.

'평양대부흥'은 문명화 선교로부터 복음화 선교로의 "대반전"[177]의 결정적 계기로 간주되곤 한다. '평양대부흥'을 전후한 시기에 복음주의 선교사들은 한국의 복음화라는 자신들의 첫 번째 목적의 달성에 집중하기로 선교 전략을 바꿨다는 것이다. 이 가설적인 전환은 한편으로는 선교사들의 문명개화에 대한 이전까지의 공헌을 긍정적으로 평가하면서도, 다른 한편으로는 점차 분명해지는 복음주의 선교와 식민주의와의 직·간접적 연루 관계를 설명하는 해석적 계기로 기능하고 있다. 그것은 '문명화'에 대한 민족주의적인 역사 해석의 이중성과 관계된다. '문명화'는 한편으로는 민족의 생존과 번영을 위해 바람직한 것이지만, 다른 한편으로는 식민주의, 제국주의 침략의 통로가 된다. 이러한 이중성으로 인해 복음주의 선교

---

176) 류대영, 『개화기 조선과 미국 선교사 : 제국주의 침략, 개화자강, 그리고 미국 선교사』, 438.
177) 류대영, "2천년대 한국 개신교 보수주의자들의 친미·반공주의 이해", 66.

사들은 주관적으로는 한국인에게는 우호적이지만, 객관적으로는 외세의 앞잡이로 비쳐지는 것이다. 그리고 이제 선교 운동이 '평양대부흥'을 전기로 삼아 '문명화'를 포기하고 복음화에 전념하기 시작했다면, 이는 식민주의를 수긍한 것으로 간주된다.

이러한 논리에는 복음주의 선교가 문명화와 복음화를 구분할 수 있었고, 계몽주의로부터 자기 자신을 임의로 분리할 수 있었다는 가정이 있다. 그러나 이 구분 자체가 일종의 발명이며 허구라고 생각된다. 그리고 이 허구 위에 "대반전"으로서의 '평양대부흥'이 서 있다고 할 수 있다. 국내 학계에서 '평양대부흥'이 "해석학적 허구"(interpretive fiction)[178]일 가능성을 처음으로 제기한 류대영 자신도 역설적으로 "해석학적 허구"에 참여하고 있는 것으로 보인다.

"대반전"은 없었다. 1차 대전 전까지 "복음주의 제국"은 한국 선교에서 승승장구하고 있었다. 문명화 선교는 대대적인 성공을 거두고 있었으며, 선교지 교회는 모범적으로 성장하고 있었다. 일본 식민주의에 의한 국권 침탈이 가속화되는 과정에서도 선교 사업은 약진하고 있었다. 선교사들이 그들의 선교 정책을 크게 방향 전환할 특별한 계기는 주어지지 않았다. 세계적인 복음주의 선교 운동의 모범 사례였던 한국 선교 사업에 한국 내 정치 상황의 변동이 직접적으로 영향을 미쳤으리라고 추정할 수는 없다.

"대반전"론은 복음주의 선교의 전체적인 역사 편년과도 잘 맞지 않는다. 류대영의 앞선 복음주의 편년을 따르자면, 적어도 "복음주의 제국"의 분열이 나타난 1920년대 중반까지 복음주의 선교는 문명개화의 끈을 놓지 않고 있었다고 봐야한다. 이 시차는 '평양대부흥'의 성격을 이해하는 데

---

178) 류대영, "20세기 초 한국교회 부흥현상 연구에 관한 몇 가지 재검토", 176.

매우 중요하다. 한국의 정치 상황에 맞춰 1907년 '평양대부흥'을 복음주의 선교의 본격적인 보수화 시점으로 설정하려다 보니, 시차의 불일치가 발생한 것이다. 복음화와 문명화의 양자택일 또는 전략적 제휴는 사실상 후대의 "발명"이었다. 이 시기 복음주의 선교는 문명화를 주어진 것으로 전제하고, 그와의 관련 가운데에서 복음화의 좌표를 설정하려 했다.

선교사들은 문명화에 대한 보편적인 공감 속에서 문명의 완성에 대한 물음을 제기했다고 할 수 있다. 특별히 중국과 같은 비기독교 문명국가가 엄연히 존재해왔던 동양에서 비기독교적 문명화의 가능성을 배제할 수 없었다. 실제로 일본은 확연히 그러한 길로 나아가고 있었다. 이런 상황에서, 기독교를 종교의 완성으로 해석하는 '완성 신학(Fulfillment Theology)'은 '기독교 문명'이 문명의 완성이라는 논리와 짝을 이루게 되었다.

당시 복음주의 선교사들은 타 종교에 대해 개방적인 태도를 가지고 있었던 것으로 알려져 있다. 에딘버러 선교대회 보고를 위해 기독교와 타 종교와의 관계를 조사한 결과에 따르면, 대륙의 선교사들이 기독교의 절대적인 우월성을 주장한 반면, 영미의 선교사들은 "보다 자유주의적인 완성론(a more liberal fulfillment approach)"[179]을 선호했다. 세계 선교 대회에서는 타 종교와의 대결보다는 대화가 강조되었다.[180] 선교대회는 종교의 진화론적 발전 원리를 "섭리와 성령학의 기독교 신학(a Christian theology of providence and pneumatology)"으로 통합시킴으로써 화해를 도모했다.[181] 타 종교에 대한 비대결적인 자세와 기독교를 타 종교의 완성으로 보는 경향

179) Brian Stanley, *The World Missionary Conference, Edinburgh 1910* (Grand Rapids : Eerdmans, 2009), 205-206.
180) Ibid., 207.
181) Ibid., 246.

은 그 이후 더욱 강화되었다.[182] 완성의 원리는 복음주의를 타 종교에 대해서도 관용적이게 했다. 가톨릭은 물론 불교 등 비서구 종교와 개신교의 차이도 상대적이었다. 문명화의 과정에 대해서도 마찬가지 논리가 적용되었다. 문명적으로 완성을 향한 과정은 무수한 단계들을 포용할 수 있었다. 복음주의 선교는 타문명에 대해서도 상대적으로 관용적이고 포용적이었다. 다만 모든 문명이 복음의 빛이 비추기만을 기다리고 있었다. 복음주의 선교사들은 선교지에서 우상 파괴에 앞장서지 않아도 좋았다. 선교지민들에게 복음의 빛이 비쳤을 때, 그들이 스스로 우상들을 치울 것이었다.

문명화는 이처럼 기독교 없이는 완성될 수 없었다. 문명화만으로는 사람의 마음을 새롭게 변화시키지 못했다. 교육조차 이러한 변화를 가져오는데 미흡했다. 계몽주의도 피상적인 제도와 관습의 개선을 가져오는 데서 더 나아가지 못했다. 문명화를 지향하려면, 마음을 개량하는 기독교를 수용하는 것이야말로 가장 시급한 일이었다.

기계와 재조를 새롭게 하는 것보다 더 긴요한 것은 곧 사람의 마음을 새롭게 함이 제일 급무가 될지라. 우리나라 인심이 후패함으로 나라가 또한 약하여졌으니 이러함으로 정사를 개량하고자 하면 사람의 마음부터 개량하여야 될 것은, 우리나라 사람들이 밖으로는 다 열린 모양 같으되 속으로는 다 궤휼과 간사와 투기와 거짓과 속임과 탐냄과 교만과 여러 가지 가증하고 썩어진 악습이 그저 남아 있고 헛된 것만 숭상하니 사람의 마음들이 이같이 되고야 어찌 정치가 열리기를 바라리요… 세계가 이같이 문명하여 앞으로 나아가는 시대를 당하여 우리나라도 예수 진리대도로 백성의 마음을 개량하여 남과 같이 나아가게 되면 우리 이천만 동포의 행복일까 하나이다.[183]

---

182) Stanley, "The Future in the Past", 111.
183) "정치를 개량함이 인심을 개량하는데 있음", 「그리스도신문」 1906년 3월 21일자 논설, 류대영, "한말 기독교 신문의 문명개화론", 37-38에서 재인용.

"결국 기독교가 모든 문명개화의 시작이요 끝이라는 논리요 믿음이었다."184) 기독교가 문명개화에 기여할 수 있는 고유한, 그러나 가장 핵심적인 영역이 있었다. 그것이야말로 "제일 급무"였다. 그것은 "사람의 마음을 새롭게 함"이었다. "예수 진리대도"야말로 "백성의 마음을 개량"하는 길이었다. 기독교는 본질적으로 "마음의 종교"였고, 마음을 개량하는 종교였다. 복음주의 선교사들은 기독교를 종교의 완성, 문명의 완성 이상으로, 계몽의 완성이라고 주장했다. 기독교만이 마음을 새롭게 하는 회심을 가져오기 때문이었다.

이로써 복음주의 선교는 계몽주의의 시대에 기독교의 중요하고도 고유한 자신의 역할을 변호할 수 있었다. 합리성과 과학의 증진을 긍정하면서도, 기독교의 지분을 주장하는 문명 완성의 신학은 계몽주의와 복음주의의 공존과 병진과 합력을 위한 만족스러운 타협안처럼 보였다. 이 대타협 속에서 서로를 수단시 할 수 있었으며, 각자의 목적을 추구할 수 있었던 것이다. 복음주의 선교는 마음의 변화를 자신의 고유한 영역으로 설정함으로써, '기독교문명국'의 이상에 방점을 찍으려 했다.185)

물론 이러한 시너지 현상이 언제까지 계속될 수 있는 것은 아니었다. 기독교만이 사람의 마음을 변화시키는 것은 아니었다. 계몽주의도 마음의 변화를 가져올 수 있었다. 타 종교도 사람의 마음을 변화시킬 수 있었다. 사람은 하나님 없이 스스로를 계몽할 수 있었고, 스스로를 완성할 수 있었다. 선교지에서 목적과 수단의 관계는 종종 뒤집혔다. 선교사들이 목적이

184) 류대영, "한말 기독교 신문의 문명개화론", 40.
185) 이러한 현상은 복음주의 전반에 걸쳐 나타난 것으로 보인다. 이를테면, 프린스턴대학교 총장 맥코쉬(James McCosh)는 학문적으로 탁월한 학자들을 고용하려 하면서도 무디와 생키(Sankey)와 같은 복음주의 운동가들을 학내로 초치하여 학원 부흥 운동을 진척시키기도 했다. Noll, *A History of Christianity in the United States and Canada*, 370-371.

라고 여겼던 것들이 선교지에서는 수단이 되었다. 선교사들이 수단으로 여겼던 것들이 선교지에서는 목적이 되었다. 그것은 단지 선교지민들의 입교 동기의 순수성의 문제로 전가될 것이 아니었다. 그것은 차라리 복음주의 자체의 문제였다.

이를 두고 기독교가 선교지에서 상대화되었다고 말할 수는 없다. 기독교의 상대화는 복음주의 선교사들에 의해 먼저 시작되었다. 다종교 사회에서 살고 있던 선교지민들에게 기독교가 완성된 종교로 수용되려면, 많은 다른 종교들과 마찬가지로 기독교도 하나의 종교가 되어야 했다. 이렇게 기독교를 최고의, 완성된, 우월한, 그럼에도 불구하고, 하나의 종교로 제시한 것은 다름 아닌 복음주의 선교사들 자신이었다. 기독교와 타 종교 간의 차이는 설득력의 차이, 완성도의 차이였다. 이 차이는 어디까지나 상대적일 수밖에 없었다. 기독교 문명이야말로 기독교의 우월함을 증명하는 가장 강력한 증거였다. '문명화 선교'는 선택이 아니었다. 불가피했다.

제 3 장

계몽, 계몽주의, 선교지 계몽 운동

I. 계몽주의의 선교학적 이해

1. 계몽주의의 역사성

역사적으로 서구의 '계몽주의(Enlightenment)'는 좁혀서 1680－1780년 간에 나타난 지적 현상이라고 할 수 있고, 중상주의 영향으로 인한 새로운 시민계층의 대두 등과 같은 사회적 배경을 가지고 있었다고 할 수 있다.[1] 주지하다시피 서구의 역사에서 18세기를 '이성의 시대'라 하며, 이 시대의 정신은 전통적으로 계몽주의라 불려 왔다. 이렇게 보자면, 19세기는 계몽주의가 비판되고, 수정되며, 대안이 모색되던 시기, 그러니까 '후기(post)' 계몽주의의 시대라고 불릴 수 있다. 후기 계몽주의 시대의 양상은 단순화시키기 어렵다. 서구에서는 19세기에 계몽주의에 대한 반발로서 낭만주의가 대두되기도 했다. 서구에서의 부흥 운동을 계몽주의에 대한 반발이라고 주장되기도 하는 것은 이러한 역사적인 맥락에서다. '평양대부흥'을 계몽 운동으로부터의 후퇴 또는 일종의 낭만주의로 보는 시각이 일부 있는 사정도 납득될 수 있다. 한국에서 계몽 운동이 왕성하던 시기

---

1) Pierre Chaunu, *La civilization de l'Europe des Lumières* (Paris : Flammarion, 2003), cited by François Bousquet, "The Enlightenment, the Foundation of Modern Europe", *International Review of Mission* 95.378/379 (July/October 2006), 238.

에, 유럽에서는 이미 계몽주의의 절정이 지나갔다고 볼 수도 있기 때문이다. 하지만 계몽주의 내에서도 '시차(時差)'가 고려되어야 한다. 왜냐하면 계몽주의는 19세기 들어와 유럽에서 단지 오히려 대중화되었다고도 할 수 있기 때문이다. 복음주의의 컨센서스에 위기를 초래한 것으로 알려진 진화론과 성경 비판에 있어서도 시차가 있었다. 유럽 대륙 지성계에서와는 달리, 19세기 영미 기독교계에서 이들의 대중화는 매우 더디게 진행되었다.[2]

'계몽주의란 무엇인가?' 하는 질문은 여전히 커다란 "불확실성과 의심과 명료함의 결여"[3]에 머물러 있는데, 우선 좁은 의미의 계몽주의와 넓은 의미의 계몽주의가 구분될 필요가 있다. 계몽주의는 유럽의 특정한 시기에 나타난 사조(思潮)라는 제한적 의미의 계몽주의와, 이와 연관되면서도 특정한 시공에 매여 있지 않은 계몽주의를 나누어 생각할 수 있다.[4] '계몽'을 신적인 계시와 상관없는 전적으로 인간적인 현상으로 파악하려는 칸트가 '계몽'을 하나의 일반적인 발전 과정, 즉 개인적이고 사회적인 성숙과 인간이 자신에게 부과한 속박으로부터 벗어나며 어둠으로부터 빛으로 향상되는 초역사적인 범주로 설정했다면, 역사가들은 계몽주의를 서구 역사의

---

2) Douglas Hedley, "Theology and the Revolt Against the Enlightenment", in *The Cambridge History of Christianity Volume 8 World Christianities c.* 1815-c. 1914, eds. Sheridan Gilley and Brian Stanley (Cambridge : Cambridge University Press), 51.

3) Jonathan Israel, *Enlightenment Contested : Philosophy, Modernity, and the Emancipation of Man 1670-1750* (Oxford : Oxford University Press, 2006), cited by Darrin McMahon, "What Are Enlightenments?" *Modern Intellectual History*, 4.3 (2007), 601 : "There still remains great uncertainty, doubt, and lack of clarity about what exactly the Enlightenment was and what intellectually and socially it actually involved."

4) James Schmidt, "Enlightenment as Concept and Context", Journal of the History of Ideas 75.4 (October 2014), 679 : "'Enlightenment' can be used both to designate a particular historical period(i.e., 'Enlightenment') and to refer to a process(i.e., 'enlightenment') that, though associated with certain historical periods, is captive to none of them... while 'enlightenment' might be understood as encompassing a variety of activities, the bulk of them presumably occurring within the discursive context known as 'the Enlightenment.'"

일부분으로 이해해 왔다. 후자의 관점에서 계몽주의를 역사적으로 17세기 후반에서부터 18세기에 이르는 문화적, 지성적, 사회적 운동으로서, 근대적인 관념들을 생성시킨 것으로 좁혀 볼 수도 있다. 하지만 본 연구의 관심은 '대중적 복음주의'의 상대라 할 수 있는 '대중적 계몽주의' 또는 대중화한 계몽주의에 있다. 이를테면, 서구에서 계몽주의 시대는 흔히 기독교에 대한 관심이 줄어들고 반(反)기독교적 정서가 확산된 시기로 오인되어 왔다.[5] 그리하여 19세기에 계몽주의에 반대하여 종교적인 낭만주의의 반동이 일어났다는 식으로 이해하려 한다. 이러한 오해는 계몽 사상가들의 사상으로서의 계몽주의와, 이에 연관되어 있으면서도 대중화한 계몽주의를 구분하지 못하기 때문에 발생하는 것이다.

이 구분이 중요한 것은 선교지의 계몽주의가 대체로 대중화한 계몽주의였기 때문이다. 따라서 계몽 사상가들의 사상과는 별개로 "관념들의 사회사" 즉 "아래로부터의(from below)" 계몽주의를 연구할 필요가 있다.[6] 한국의 계몽주의는 사상 체계로서 보다는 먼저 일종의 "문명"으로 "문화(Enlightenment culture)"[7]로 수용되었다. 나아가 계몽주의는 일종의 "무드나 스타일(a mood or a style)"[8]로 이해할 필요가 있다. 선교학적으로 이 차이는 중요하다. 복음주의 선교사들은 계몽사상가나 철학가가 아니었다. 그들이 어떤 특정한 계몽 사상에 대해 논리적으로 일관성 있게 지지하거나 반대하는 경우는 거의 없었다. 따라서 선교사들의 '사상'이나 '인식'을 언표된 단편적인 진술들로부터 추출해내려는 사상사적 접근은 피상성을 면키 어렵다. 사상가라기보다는

---

5) Hedley, "Theology and the Revolt against the Enlightenment", 32.

6) McMahon, "What Are Enlightenments?" 603.

7) Ibid.

8) Henry May, "The Problem of the American Enlightenment", *New Literary History* 1.2 (Winter 1970), 203.

실용주의적인 선교사들은 '기독교 문명'이라는 커다란 저수지(reservoir)로부터 그때그때의 필요에 따라 계몽주의와 결부된 사상들과 인식들을 끄집어내 썼을 것이다. 그런 만큼, 선교학적으로 중요한 관심사는 선교사들의 캐주얼한 사상이나 철학이 아니라, 물줄기의 저수지다.

그런데 계몽주의를 논할 때 주의해야 할 점이 있다. 한 가지 계몽주의가 아니라 여러 가지 계몽주의들이 있었고, 같은 계몽주의라 하더라도 시기적으로 달라진다는 사실이다. 이 점은 계몽주의 시대의 선교를 이해할 때 주의해야 할 대목이다. 즉 유대교적·기독교적 사상과 제도를 송두리째 부정하고 수학적·역사적 이성을 진리의 규준으로 삼는 "급진적(Radical)" 계몽주의가 있었는가 하면, 이러한 급진주의적 공격으로부터 도덕적, 종교적, 정치적 질서를 보전하기 위해 이성과 신앙의 종합을 모색하는 "온건(Moderate)" 또는 "보수적(Conservative)" 계몽주의도 있었고, "반(Counter) 계몽주의"의 흐름들의 역학도 있었다.9) 이를테면 각각, 가톨릭 교회에 대한 비판을 수행했고 프랑스혁명에서 절정에 달한 급진적 계몽주의와 역사적으로 온건한 계몽주의와 관련을 맺어 왔던 영미의 복음주의를, 선교 현장에 기계적으로 대입하여 비교하는 것은 현실적이지 않을뿐더러 혼란을 가중시킨다. 또 계몽주의의 다양성에도 불구하고 훗날 보수적이고 근본주의적인 복음주의자들은 그들 나름대로 계몽주의를 무차별적으로 '세속주의'라든가 '반(反)기독교' 등으로 일반화시키는 경향이 있었다. 이러한 일방적인 "역사적 현재 주의(historical presentism)"10)는 극복되어야 한다.

계몽주의는 지역적으로 매우 다양한 양상을 나타내고 있었다. 계몽주의의 지역적 다양성이 밝혀지면서 계몽주의에 대한 종래의 단선적 이해가

---

9) Israel, *Enlightenment Contested*, cited by McMahon, "What are Enlightenments?" 607.
10) 류대영, 『초기 미국 선교사 연구』, 267.

시정되고 있다. 프랑스의 계몽주의와 영국의 계몽주의가 달랐고, 미국의 계몽주의와 독일의 계몽주의가 달랐다.[11] 이제 계몽주의와 복음주의의 관계를 다룰 때, 볼테르, 루소 같은 대표적인 프랑스 계몽 사상가들의 사상과 미국 선교사들의 복음주의의 교리들을 기계적으로 비교할 수 없게 되었다. 선교 현장에서 목격되는 계몽주의는 시 · 공적으로 특수한 양상을 보이는 역사적 계몽주의다. 복음주의가 선교 현장에서 상대했던 계몽주의가 구체적인 표현 속에서 발견돼야 한다. 영미권 출신의 재한 선교사들이 한국의 계몽 운동에 대해 반발하지 않은 이유는 의외로 간단히 설명될 수 있다. 그들은 그들에게 친숙한 영미식 계몽주의를 계몽주의로 알았기 때문이다.

전체적으로 영미 복음주의는 온건 또는 보수적 계몽주의와 손을 잡았다고 볼 수 있다. 어떤 측면에서는 급진적 계몽주의와 그 목표가 겹치기도 했지만, 온건한 주류 계몽주의는 대체로 기독교의 도덕성과 형이상학, 특히 섭리하는 하나님이라는 중심 요소들을 그대로 보전하려 했다. 복음주의자들은 지성적으로는 온건했고, 사회적으로는 보수적이었으며, 왕정과 제국을 지지했고, 무신론적, 유물론적인 관점들을 배격했다.[12]

이러한 온건한 계몽주의는, 독립혁명으로부터 1차 세계대전에 이르기까지 미국 사상을 압도적으로 지배해 왔다. 감각을 통해 체험적으로 알 수 있는 세계는 그대로 실재였고, 객관적, 합리적, 과학적 탐구는 모든 참된 지식의 길이었으며, 이로써 인간은 새롭고 더 높은 영광의 길로 진보할 수

---

11) Sheehan "Enlightenment, Religion, and the Enigma of Secularization", 1066-1067; Jonathan Israel, "Enlightenment! Which Enlightenment? : Review article of *Encyclopedia of the Enlightenment*", *Journal of the History of Ideas* 67.3 (July 2006).

12) Israel, *Enlightenment Contested*, cited by Mcmahon, "What are Enlightenments?" 608-609.

있었다.[13] 미국 선교사들이 선교지 한국으로 향할 때, 이러한 전제들과 가치들은 별다른 제한이나 조건 없이 동반했다. 더구나 선교지에서의 복음주의의 성공적 정착은 동반한 계몽주의에 대한 성찰을 더욱 지체시켰다. 복음주의의 한계 현상이라고 할 수 있는 '평양대부흥'도 마찬가지였다. 부흥 운동은 일종의 "대중적 계몽주의", 또는 민주적 계몽 운동이었다.

나아가 이 시기 계몽주의(the Enlightenment)는 하나의 '계몽(enlightenment)' 이상이었다. 계몽주의는 모든 다른 계몽들을 독점하려 했다.[14] 계몽주의는 시간을 계몽주의 이전의 시간과 계몽주의 이후의 시간으로 역사화했다. 이 시대 구분에 따르면, 계몽주의 시대는 인류 역사상 가장 위대한 시기였고, 계몽주의로 인해 초래된 변화는 불가역적인 것으로 비춰졌다. 계몽주의의 헤게모니로 인해 하나님의 계몽은 잊혀지거나 아니면 계몽주의의 신(新)질서에 편입되었다. 이처럼 계몽주의는 온 인류 보편의 길로 인식되었다. 문명개화에 대한 반대는 패배와 멸망의 길이었다. 복음주의 선교는 이를 당연한 사실로 받아들였다.

그러나 '계몽적 선교'는 계몽주의가 의미하는 계몽만이 모든 계몽의 총화요 완성이라는 식의 계몽주의의 절대화를 액면 그대로 수용할 수 없다. '계몽적 선교'는 절대주의적인 계몽주의를 상대화해야 한다. 서구내에서 다양한 계몽주의들이 있었으며, 서구 바깥에서도 다른 계몽의 전통들이 존재했다. 선교사 바울이 의미하는 계몽은 당시 헬라인들의 "지혜"와는

---

13) Noll, "The Rise and Long Life of the Protestant Enlightenment in America", 88.

14) '계몽주의'(Enlightenment)의 오만에 대한 비판이 '계몽'(enlightenment) 자체의 부정은 아니다. Drucilla Cornell, "Enlightening the Enlightenment : A Response to John Brenkman", *Critical Inquiry* 26.1 (Autumn 1999), 131 : "This hubris (of the Enlightenment) has often, and to my mind rightfully, been critiqued as inseparable from the imperial domination of the West. Yet we can reject this conceptualization of the Enlightenment and still embrace a more humble standpoint of enlightenment as a continual process of reflective judgment."

다른 기원을 가지고 있었다.

> 유대인은 표적을 구하고 헬라인은 지혜를 찾으나 우리는 십자가에 못 박힌
> 그리스도를 전하니 유대인에게는 거리끼는 것이요 이방인에게는 미련한 것이
> 로되 오직 부르심을 받은 자들에게는 유대인이나 헬라인이나 그리스도는 하
> 나님의 능력이요 하나님의 지혜니라 하나님의 어리석음이 사람보다 지혜롭고
> 하나님의 약하심이 사람보다 강하니라(고전1 : 22-25).

"어떤 근대성에 대한 비평가가, 어떤 후기근대성의 예언자가, 이보다 더 강
한 언사로 계몽주의에 대한 영원한 도전장을 냈을까?"[15] 계몽주의의 역사적
결과를 비판하는데 머물지 말고 "영원한 반계몽"(eternal Counter—nlightenmen
t)[16]에도 귀를 기울여야 한다. 계몽주의에 맞서 있는 이 반Counter계몽은, 계
몽주의의 다양성과 역사성에 대한 논의에 비할 바 없이, "계몽의 변증법" 이
상으로, 계몽주의에 치명적일 수 있다.

2. 계몽주의의 성격과 지역적 특징

선교학자 보쉬는 "계몽주의(Enlightenment)의 패러다임"을 다음과 같은 몇
가지로 정리한다.[17]

> (1) 이성의 시대 : 인간 이성이 모든 앎의 출발점이다.
> (2) 주체-객체의 틀 : 인간은 그의 환경을 객체화하고 과학적 탐구의 대상으
>   로 삼는다.
> (3) 목적의 제거 : 인간의 정신이 주인이 되면서, 목적성은 관심의 대상이 아

---

15) Mark Lilla, "What is Counter-Enlightenment?" *Transactions of the American Philosophical Society*
    93.5 (2003), 11.
16) Ibid., 11.
17) Bosch, *Transforming Mission*, 264-267.

니다. 인과관계만이 가치 있는 것으로 여겨진다.

(4) 진보에 대한 믿음 : 계몽의 세대는 탐험과 개척을 추구한다. 이 믿음은 '발전'이라고 하는 근대화의 이상이 된다. 발전은 불가피하며, 직선적이다. 그러나 이 근대화의 이상은 이기주의로 인해 권력의 추구로 변했다.

(5) 지식은 사실적이고, 가치로부터 자유로우며, 중립적이다.

(6) 모든 문제는 해결될 수 있다.

(7) 사람은 해방되고 자율적인 개인이다. 개인은 하나님이나 교회의 후견을 벗어난 자율적 존재다.

보쉬에 따르면 계몽주의 패러다임의 위와 같은 특징은 기독교 신앙과 신학에 다음과 같이 지대한 영향을 끼쳤다.

(1) 이성은 기독교 신학에서도 지극히 중요하게 되었다. 신학의 출발점은 신앙이 아니라 이성이 되었다. 종교의 사유화로 종교는 개인적인 일이 되었으며, 신학은 계몽주의적 의미에서 과학이라고 선언되었다.

(2) 주체와 객체의 계몽주의적 분리는 신학에도 적용되었다. 말씀은 경건주의에 의해 개인주의화했으며, 관념주의에 의해 합리화되었고, 자유주의에 의해 상대화되었다.

(3) 목적을 제거하는 계몽주의로 인해 "무엇을 위해"(wherefore)를 묻는 목적론은 약화되었다.

(4) 기독교에서 계몽주의적 진보는 온 세계의 복음화, 복음에 의한 세상 정의의 실현, 기독교 지식의 전파 등으로 나타났다.

(5) 사실과 가치의 구분으로 인해 기독교는 종교 중 하나가 되었다. 이 관용적인 종교는 과학과 더불어 존재하되, 과학에 도전하지 않아야 했다.

(6) 계몽주의에 의해 모든 문제가 해결될 수 있으므로, 기독교에서 기적은 배제되었고, 하나님은 과잉처럼 여겨졌다.

(7) 해방되고 자율적인 개인은 기독교에서도 개인주의를 발호하게 했다. 교회는 주변화했고, 개인이 자신이 무엇을 믿을 것인가를 결정하게 되었다.[18]

그런데 이러한 통찰력 있는 정식화를 제공한 보쉬는 계몽주의가 왜 근대 선교에서 가장 심각한 도전인지를 설명하지 않고 있다. 그는 단지 다른 주제들, 예를 들면, 선교 역사상 더 큰 논란거리가 되어 왔던 식민주의, 자본주의, 서구중심주의, 인종주의 등을 계몽주의의 연장선상에 두는 데 그치고 있다.

복음주의 선교에서 계몽주의가 다른 무엇보다도 왜 중요한가 하는 물음에는 두 가지 이유를 제시할 수 있다고 본다. 첫째는 계몽주의가 기독교를 상대화했다는 데 있다. 계몽주의의 이른바 '탈신화화'를 통해 기독교는 인간화되었고, 신학은 인류학이 되었다. 기독교의 영광은 계몽주의의 베일에 의해 가려졌다. 그런데 그보다 더 중요한 사실이 있다. 계몽주의는 하나의 종교가 되었다. 계몽은 하나의 '믿음'이며 그 자체 신화였다. 계몽주의는 "인류에 대한 신앙(faith in humankind)",[19] "인본주의(anthropocentrism)"[20]의 신념 체계였다. 따라서 복음주의와 계몽주의의 문제는 어떤 의미에서는 종교 간의 문제가 되었다. 만일 종교가 문화의 일부가 아니라 문화 체계 그 자체, 또는 문화 체계의 기초라면, 또는 종교 스스로 그렇게 되기를 의지한다면, 계몽주의는 종교로서의 기독교에 대한 심각한 도전이었다고 할 수 있다. 보쉬가 열거하는 계몽주의 시대의 인간의 일곱 가지 특징들은 이전의 기독교적 인간에 대한 비판이며 극복이고, 기독교로부터 자유로운 새로운 인간의 발명이었다고 말할 수 있다. 계몽주의는 이처럼 기독교를 내부에서, 내부로부터, 잠식했다.

이에 비한다면 근대주의, 자본주의, 식민주의, 가부장제주의, 종족중심

18) 이상은 Bosch, *Transforming Mission*, 267-273을 정리한 것임.
19) Ibid., 267.
20) Ibid., 267.

주의, 서구중심주의 등등과 기독교의 관계는 외적인(extraneous)관계였다고 할 수 있다. 그것들은 기독교 이전에도 존재했었고, 기독교를 때로는 이용했다. 또 기독교가 이것들을 이용하기도 했다. 하지만 이것들은 기독교의 본질 자체에 도전하려 하지 않았고 그럴 이유도 없었다. 그러나 계몽주의는 기독교의 토대를 문제 삼고 있었다. 그런 점에서 복음주의와 계몽주의의 상관성을 묻는 물음은 심각한 물음이다. 더구나 기독교의 역사가 일천한 비서구사회에서 복음주의가 계몽주의의 도체(導體)가 되었다면, 이는 선교학적, 신학적으로 대단히 어려운 물음들을 초래한다.

만일 계몽주의가 하나의 종교와 같았다면, 계몽주의 시대에 기독교 역시 하나의 종교가 되었다. 철학적으로, 도덕적으로 우월한 종교이며, 타종교보다 인간의 욕망을 보다 더 만족시키며, 인간의 지고한 이상을 보다더 실현할 수 있는 종교라고 주장되기는 했지만 말이다.[21] 이 시기 복음주의 선교사들이 계몽주의를 그런 관점으로 보았다는 말은 아니다. 그들은 계몽주의가 그 자체 목적을 가졌다고 생각하지 않았다. 계몽주의는 '가치 중립적'이었다. 객관적인 판단 기준이었다. 그러나 그 무엇이 스스로 기준임을 주장할 수 있단 말인가?

신념 체계로서의 계몽주의, 종교로서의 계몽주의가 언제까지 복음주의 개신교와 조화될 것을 기대할 수는 없었다. '계몽'은 '계시'와 분리되었고, "예수 그리스도를 아는 지식"은 단지 신비주의자들의 비상한 체험으로 간주되어 갔다. 계몽은 세속화되었다. 복음주의 선교사들이 하나님의 지혜와 세상의 지혜를 완전히 혼동했다고는 말할 수 없다. 그렇지만 '하나님의 계몽'과 '계몽주의' 간의 구분을 그들의 선교 현장에서 기대할 수는 없었다.

---

21) Barth, *Church Dogmatics*, I.2, 336.

상황을 더욱 복잡하게 만든 것은, 계몽주의가 계몽된 종교의 필요성을 부인하지는 않았다는 데 있다. 물론 종교의 쇠퇴가 예견되긴 했지만, 계몽주의 하에서도 종교가 제공하는 감성적 안정성－특히 여성에게－은 유용하다고 인정되었다. 또한 종교는 사회 아노미에 맞서 시민의 도덕성 함양의 책무를 떠맡을 것으로 기대되었다. 시민 사회에 긍정적인 역할을 할 것으로 기대되는 종교, 계몽주의에 의해 장악된 세상을 불안케 하거나 위협하지 않을 것으로 예상되는 시민 종교가 복음주의 개신교였다. 복음주의 선교사들이 "정치적 관련"[22]을 피하여, 천주교 선교를 연상하며 불안해하는 조선의 조정을 안심시켰던 것은 선교사들의 "준비 공작"[23]이 아니라, 그들의 진심이었다.

기독교에 끼친 계몽주의의 영향에 대한 평가는 논자의 입장에 따라 엇갈린다. 놀(Noll)은 미국에서 기독교는 계몽주의와 결부됨으로써 사회로부터 고립되지 않고 지속적인 영향력을 행사할 수 있었다고 본다.[24] 오히려 훗날 계몽주의와 분리됨으로써 복음주의는 반(反)지성의 치명적인 길로 나아갔다는 것이다. 그러나 이것은 기능주의적인 설명으로 보인다. 계몽주의와의 '계약'은 언제든지 해지할 수 있는 임의적인 것이 아니었다. 서구의 계몽주의로의 이동은 "종교(a set of religious commitment)"의 변경이었다.[25]

뉴비긴에 따르면, 사실과 가치, 아는 것과 믿는 것, 공적인 것과 사적인 것, 진리와 견해, 과학과 종교의 이원론이 오늘날 서구 사회와 문화의 "종교적" 전제라고 주장한다.[26] 그에 따르면 계몽주의는 "사실에 기초한 진

22) 백낙준, 『한국개신교사』, 143-144.
23) 백낙준, 『한국개신교사』, 142.
24) Mark Noll, *The Scandal of the Evangelical Mind* (Grand Rapids : Eerdmans, 1994), 105.
25) Michael Goheen, "'As the Father Has Sent Me, I Am Sending You' : Lesslie Newbigin's Missionary Ecclesiology", *International Review of Mission* 91.362 (2002), 364.

리(factual truth)"와 "종교적 믿음(religious belief)"을 확실히 구분 지었다.[27] 뉴비긴은 서구 문화가 계몽주의에 원천을 두고 있다고 판단하는데, 그에 따르면 계몽주의에로의 "회심"은 속박된 인간 정신을 해방시키고, 기존 교회의 반발을 극복하고 잔혹과 억압과 무지에 종말을 고하게 했으며, 계몽주의로부터 연원한 과학과 기술은 크나큰 혜택을 주었다고 본다.[28] 그러나 뉴비긴은 계몽주의는 더 이상 세계를 이해하는 데 유효하지 못하며 이제는 계몽주의적인 틀 자체가 바뀌어야 한다고 주장한다. 그럼에도 불구하고 현실적으로 "공적인 세계(the public world)"에서는 18세기적 계몽주의 사고방식이 일반화되어 있으며, 여전히 자명한 출발점으로 여겨진다는 것이다.[29]

프랑스혁명으로부터 러시아혁명과 중국혁명, 제3세계혁명에 이르기까지 저 혁명의 열기는 계몽주의적 천년왕국주의로부터 나왔다고 할 수 있다. 계몽주의는 종교로부터의 자유를 주장했지만, 기독교의 이매저리를 차용하여 자신의 이념을 전달하곤 했다. 이를테면, 프랑스 혁명 시기에 계몽 사상가들이 빛과 어둠을 말할 때, 그들은 자신들이 반대한 가톨릭의 이미지를 차용했다. 계몽주의자들에게 빛은 자율적인 인간의 이성과 지식이었다.[30] 특별히 선교지에서 계몽주의가 불러일으킨 열정은 가히 종교적이었다고 밖에는 달리 표현될 수 없는 것 같다. 애국 계몽운동은 열광주의적이었고, 다분히 이원론(빛-어둠)적이었다.

---

26) Goheen, "'As the Father Has Sent Me, I Am Sending You'", 365.

27) Lesslie Newbigin, *The Gospel in a Pluralist Society* (Grand Rapids : Eerdmans, 1989), 25.

28) Lesslie Newbigin, *The Other Side of 1984 : Questions for the Churches* (Geneva : WCC Publications, 1983), 15-16.

29) Ibid., 7.

30) Rolf Reichardt and Deborah Cohen, "Light Against Darkness : The Visual Representations of a Central Enlightenment Concept", *Representations* 61 (Winter 1998), 102.

또한 계몽주의는 호전적이었다. 계몽된 자와 계몽되지 못한 자의 구별
은 계몽 운동의 핵심이었다. 계몽 사상가들은, 흔히 알려진 바와는 달리
단지 사상가가 아니었다. 그들은 무지와 신비와 자의적인 권위의 예속으
로부터 서구의 정신을 해방시키기 위한 무기로 이성을 사용했다. 편견과
완고함과 미신은 계몽의 적으로서 타파되어야 했다.31) 계몽 사상가들은
세계를 객관적으로 분석하고 관찰하는 과학자나 자신만의 지혜를 추구하
는 현자로 머물지 않았다. 그들은 각성을 촉구하는 자요 사회의식을 제고
하는 데 더 많은 관심을 가진 비판적 정신의 소유자들이었다. 생명과 자유
와 행복의 추구는 모든 사람의 권리에 속했고 모든 사람이 이 권리에 대
해 알지 않으면 안 되었다.32) 모든 인간이 계몽될 수 있었고 계몽되어야
했다. 계몽 운동은 계몽된 자의 신성한 의무가 되었다. 나는 언제나 계몽
된 자의 편이었고, 타자는 언제나 계몽되어야 할 편이었다. 계몽에 대한
거역은 용납될 수 없었다. 계몽의 대세에 역행하는 것은 마치 자연의 질서
에 위반하는 것과 같았다. 실제로 복음화는 그 열정을 계몽주의의 그것으
로부터 차용한 경우가 많았다.

계몽주의는 단지 서구인 자신들을 변화시키는 데 만족하지 않았다. 그
것은 보편적으로 적용되어야 했다. 서구의 계몽주의가 세계적으로 보편화
될 때 그 '선교적'인 성격을 강화한 것은 계몽주의가 단지 식민주의, 자본
주의, 제국주의에 실려왔기 때문만은 아니었다. 계몽주의가 갖는 종교성
이, 계몽의 낮은 단계에 있는 것으로 보이는 선교지 상황에서 더욱 부각되
었다고 보는 것이 사실에 가까울 것이다. 계몽주의는 계몽 이전에 대한,

---

31) D. H. Meyer, "The Uniqueness of the American Enlightenment", *American Quarterly* 28.2 (Summer 1976), 169.
32) Ibid., 170.

이전의 계몽들에 대한, 다른 계몽들에 대한 헤게모니요 공격이었다. 계몽주의적 관점에서 볼 때, 비서구 사회는 무지와 어둠에 갇혀 있었다. 그들에게 계몽의 빛을 비춰주어야 했다. '선교적'인 계몽주의는 이렇게 하여 복음주의의 힘을 빌지 않고서도 그 자체로서 '문명화의 선교'가 될 수 있었다. 계몽된 서구는 식민지에서 토착 인구를 보호하고, 교육하고, 문명화시키는 거룩한 의무를 떠맡았으며, "자비로운 제국의 임재"라는 이러한 문화적 헤게모니의 담론은 모든 방면으로 산포되었다.[33] 계몽주의는 이러저러한 계몽 사상들의 내용을 이식하는 것을 넘어, 계몽은 생존의 문제일 뿐만 아니라 그 자체로서 지고지순한 가치라는 믿음을 선교지마다 깊이 아로새겼다.

하지만 계몽을 이처럼 인간 보편의 과제로 두면서도, 선교적인 계몽주의는 계몽된 서구와 계몽의 대상으로서의 비서구라는 이원론을 견지할 수밖에 없었다. 아니, 이 구분이 계몽주의의 기획을 지속시키는 원동력이었다. 계몽의 주체는 서구였고, 비서구는 계몽의 대상이었다. 계몽된 제국은 계몽될 비서구 주민들을 신민(subjects)으로 다뤘을 뿐, 시민(citizens)으로 대하지 않았다.[34] 자기 유지를 위해 계몽주의는 계몽될 대상을 계속 필요로 했다. 계몽은 계몽주의자들의 "명백한 운명(manifest destiny)"이었다.[35] 제국주의의 물리적 임재가 떠난 이후에도 계몽된 제국의 후광은 남았다.

그렇다고 해서 서구의 계몽주의가 선교지에서 여과 없이, 변형 없이, 그

---

33) Thomas Dubois "Hegemony, Imperialism, and the Construction of Religion in East and Southeast Asia", *History and Theory* 44.4 (December 2005), 113.
34) Ibid., 188.
35) 여기에서 '하나님의 계몽'과 계몽주의적 계몽 간의 근본적 차이가 나타난다. 하나님의 계몽은 계몽될 인간을 필요로 하지 않는다. 하나님에게는 인간을 계몽할 의무가 없다. 하나님의 계몽은 무상으로 주어지는 은혜이다.

대로 수용되었다고는 할 수 없다.[36) 계몽주의의 지구화와 지역화의 이중 과정은 선교지에서 그 기형적인 모습을 드러낸다고 볼 수 있다. 합리주의 (rationalism)가 "초합리주의(hyper-rationalism)"[37)로 극단화되었던 것처럼, 계몽주의도 그의 선교지에서 과장적으로 "번역"되었다. 앞으로 '사회진화론' 의 '번역'을 살펴보겠지만, 한국의 계몽주의가 '애국계몽운동'이라는 이름 으로 민족주의와 결탁한 것도 또 하나의 예가 될 것이다. 계몽 운동이 서 구에서는 부르주아의 시민운동이었다면, 선교지 한국에서는 애국 운동과 결합했다. 공적 담론의 장에서 계몽주의에 대한 반발이 두드러지게 나타 나지 않았던 것도 계몽주의가 애국주의 또는 민족주의와 결탁했기 때문이 었다. 계몽주의는 단지 서구주의로 불리지 않았다. 전복희는 구한말 애국 계몽운동이 개인의 권리 신장과 민권의 보장보다도 국가의 생존을 우선시 하는 경향이 있었고, "사회진화론과 민권사상이 원형적 본질에 있어서 서 로 대립 모순됨에도 불구하고 애국계몽운동에서는 이들이 서로 보완관계 로서 결합·사용되고 있다"면서, 이로 인해 "민권운동의 이론적 발전과 실천적 확산"이 저해되었다고 본다.[38)

그러나 애국주의와 계몽 운동의 결합과 이로 인한 민권 운동의 저발전은 "국민의 지적 수준"이나 "계몽가들의 엘리트주의적 사고"나 계몽주의 "사

---

36) 미국사에서도 계몽주의의 개념과 역사는 논란거리였다. 메이(Henry May)는 다음과 같은 6가지 물음을 제기한다. (1) 계몽주의란 무엇인가? (2) 미국의 계몽주의랄 것이 있는가? (3) 만일 있다면, 그것은 유럽의 계몽주의와 어떻게 관련되는가? (4) 미국에 계몽주의적 사상 들은 얼마나 널리 퍼져 있었는가? (5) 미국의 계몽주의 시기는 언제부터 언제까지인가? (6) 미국의 계몽주의가 오늘날 미국인들에게 의미하는 바가 무엇인가? 이러한 물음이 한 국 계몽주의의 연구에 물어진다면, 답변은 아직 초보적인 수준에 있는 것 같음. May, "The Problem of the American Enlightenment", 202.

37) Dipesh Chakrabarty, "Radical Histories and Question of Enlightenment Rationalism : Some Recent Critiques of 'Subaltern Studies'", *Economic and Political Weekly* 30.14 (April 8, 1995), 752.

38) 전복희, "애국계몽기 계몽운동의 특성", 「동양정치사상사」 2.1(2003), 113.

상과 가치를 그것의 사회적 문맥이나 사상사적 배경을 제대로 이해하지 못한 상태" 때문이라기보다는,[39] '미국식 계몽주의'의 영향이라고 볼 수 있다. 미국의 계몽주의는 기본적으로 계몽과 애국심을 구분하지 않았다. 그것은 문자 해득률 제고, 실용적인 교육이나 과학 정신, 도덕성의 함양 등을 애국심의 고취와 결합시켰다. 애국심은 자연스럽게 주어지지 않았다. 애국심도 계몽되어야 했다. 애국심도, "국권 의식"도 각성되어야 했다.

한국의 계몽주의자들이 국권회복 운동과 개인의 권리 신장을 반드시 서로 대립적인 것으로 상정할 필요는 없었다. 한국의 복음주의 개신교 교회의 경우도 마찬가지였지만, 서구 계몽주의를 자신들의 운명으로 여긴 것은 결국엔 한국 계몽주의자들이었다. 그들은 계몽을 민족의 생존의 문제로 간주했다. 복음주의 선교는 이러한 계몽주의의 대세를 거슬러 올라가려 하지 않았다. 이를테면 '미신'은 단지 기독교의 적이 아니었다. 미신은 계몽의 적이기도 했다. 미신은 나아가서 민족의 적이기도 했다. 계몽주의의 선교지에서 계몽은 그 자체로서 목적이 되었다. 이 계몽의 신전이 학교였다. 교육이 곧 경건이었다. 계몽이 애국이었다. 기독교를 받아들이는 것도 애국심의 한 발로였다. 선교지 계몽주의가 선교본국의 복사본이라고 믿어서는 안 된다. 계몽주의에서도 "번역"이 발생했다. 복음주의만 토착화하는 것이 아니다. 계몽주의도 토착화한다.[40]

---

39) 전복희, "애국계몽기 계몽운동의 특성", 113-114.
40) Chakrabarty, "Radical Histories and Question of Enlightenment Rationalism", 755 : "It may precisely be an irony of our modernity that we are constantly called upon to believe in what only requires to be performed, to treat a bad translation as though it was a perfectly adequate one, that is to say, to *be* what we also *are* not. This is not a question of having to dissemble or simulate, it is rather a question of having to live poorly, in and as bad translations."

3. 상식적 계몽주의, 상식적 기독교

계몽주의의 "주 무대"[41)]로 알려진 유럽 대륙을 뒤로 하고 복음주의 선교를 크게 확장시킨 영미에서의 계몽주의를 상론할 때가 되었다. 계몽주의는 각 환경에 따라 길들여졌다(domestication of the Enlightenment).[42)] 거꾸로 영미의 기독교가 계몽주의를 기독교화했다고 말할 수도 있다.[43)] 베빙턴은 1730년대 감리교 부흥 운동과 함께 탄생한 영국의 복음주의를 대중적인 기독교로 규정하면서, 복음주의가 계몽주의에 의해 탄생되었다고 주장하는데,[44)] 이때 그가 가리키는 계몽주의는 상식적 계몽주의를 일컫는 것이었다. "상식적 계몽주의"는 영미에 '토착화'한 계몽주의라 할 수 있다. 선교학적으로 "상식적 계몽주의"가 특히 중요한 것은 복음주의가 상식적 계몽주의와 결합된 개신교였기 때문이다. 영미의 상식 철학에서 기독교와 계몽주의는 공생했다. 프랑스의 경우 계몽주의, 자유, 민족 등은 가톨릭 교회와 맞섰지만, 미국의 개신교는 인민과 계몽주의와 민주주의와 공화주의와 경제적 자유주의와 미국의 명백한 운명 등을 자신과 동일시했다. 미국의 개신교는 "합리주의적 계몽주의"와 분리될 수 없었다.[45)] 오히려 개신교는 계몽된 종교였다. 건전한 상식으로 기독교의 진리가 수용될 수 있다고 믿어졌고, 계몽의 진전과 기독교의 진전은 동시에 진행될 것으로 기대되었다. 복음주의는 상식에 충실했고, 마찬가지로 복음주의의 부흥 운동도 상식으로부터 크게 이탈하지 않았다. 비록 상식으로부터 이탈하는 일이 발생하더

41) McMahon, "What Are Enlightenments?" 609.
42) Mark Noll, "Revival, Enlightenment, Civic Humanism, and the Development of Dogma : Scotland and America, 1735-1843", *Tyndale Bulletin* 40 (1989), 61.
43) Noll, A *History of Christianity in the United States and Canada*, 154.
44) Bebbington, *Evangelicalism in Modern Britain*, 74 : "The Evangelical version of Protestantism was created by the Enlightenment."
45) Noll, "The Rise and Long Life of the Protestant Enlightenment in America", 108.

라도, 곧 성경적으로 다시 신학화되었고, 교회사에 편입되었다.

이처럼 영미의 계몽주의는 반(反)종교적이지도 않았고, 반(反)기독교적이지도 않았다. 오히려 종교는 인간의 이성과 부합하는 것이었다. 계몽주의를 급진적인 합리주의, 회의주의와 동일시하는 경향도 없지 않았지만, 대체로 미국의 복음주의자들은 온건한 합리성과 과학적 사고를 지향하는 계몽주의를 지지했다.[46] 메이(Henry May)에 따르면, 미국의 계몽주의는 몇 가지 경향으로 분류될 수 있었다. 즉 질서, 균형과 종교적 타협을 이상으로 하는, 뉴턴과 로크와 연결되는 "온건한(Moderate)" 계몽주의, 볼테르와 흄에 의해 가장 잘 대변된 "회의적(Skeptical)" 계몽주의, 루소의 사상으로부터 자라난 것으로서, 지상에서 새로운 천국을 구현하려는 "혁명적(Revolutionary)" 계몽주의, 그리고 스코틀랜드의 상식(Common Sense) 사상에 뿌리를 둔 것으로서, 회의주의와 혁명에는 반대하지만, 18세기 초의 과학, 합리성, 질서와 기독교 전통의 본질적인 구성 요소들을 존중하는 "교훈적(Didactic)" 계몽주의 등이었다.[47] 이 중에서 미국 복음주의에 지속적인 영향을 끼쳤던 것은 "온건한" 계몽주의와 특히 "교훈적" 계몽주의로서, 후자는 미국 사상의 주류가 되었다는 것이다. 그리하여 유럽과는 대조적으로, 성경적으로 보수적인 복음주의와 계몽주의는 미국에서 밀접하게 연합되어 있었다.[48] 주목할 점은 이런저런 계몽사상의 주장들에 대한 찬반이 아니라, 복음주의자들 사이에 계몽주의적 사고방식 또는 그 습성에 대한 거부감이 없었다는 사실이다. 그들에게도 필요한 것은 전통의 승인이 아니라, 스스로 증거를 제시하고 입증하는 능력이었다. 미국 복음주의 속에서 과학과 스코틀랜드

---

46) Marsden, *Understanding Fundamentalism and Evangelicalism*, 127-128.
47) Ibid., 128.
48) Ibid., 129.

상식 철학은 초기부터 합류했다.[49] 나아가 19세기 미국의 신학 언어는 정치적, 경제적 자유주의의 언어와 구분될 수 없었다.[50] 신학의 언어와 "공공 철학(public philosophy)"의 언어가 상호 차용되었고, 이에 따라 "기독교 신학자들은 정치적, 경제적 자유주의의 언어를 배웠으며, 정치적, 경제적 자유주의는 기독교 신학의 언어를 변형시켰다."[51]

스코틀랜드 상식 철학이 복음주의 개신교에 끼친 영향의 중요성은 이제 교회사의 '상식'이 되었다. 그런데 이런 사실이 선교 현장에서 구체적으로 무엇을 의미하는지는 아직 천착되지 않고 있는 것 같다. 선교 현장에서는 여전히 계몽주의와 복음주의가 본질적으로 갈등 관계에 놓여있다고 상정되고, 이 갈등이 필연적으로 조만간 표면화할 것으로 예기되는 경향이 있다. 계몽주의는 여전히 시작부터 반(反)종교적이며 반(反)교회적이었다고 가정되고 있는 것이다. 그러나 19세기 선교 운동을 주도한 영미의 복음주의 선교사들에게서 계몽주의와 복음주의는 분리되지 않았다. 물론 학교와 병원의 설립이 복음주의 선교의 최종 목적은 아니었다. 그들의 목적은 교회 설립이었고 영혼 구원이었다. 그들은 의식적으로는 계몽 운동에의 참여가 복음 전도를 위한 하나의 방편이라고 믿었을 수도 있다. 그러나 계몽주의는 복음주의 선교에 있어서 선교 방법 이상이었다. 계몽주의는 그렇게 쉽게 썩어질 만나가 아니었다. 복음주의 내부에 계몽주의가 깊이 아로새겨져 있었다. 계몽주의는 복음주의 선교사들에게 제2의 본성과 같은 것이었다.

한편 복음주의 선교사들이 일종의 "대중 신학(popular theology)"[52]자들이

---

49) Noll, "Revival, Enlightenment, Civic Humanism, and the Development of Dogma", 56.

50) Ibid., 59.

51) Ibid.

52) Noll, "Revival, Enlightenment, Civic Humanism, and the Development of Dogma", 57.

었다는 점도 고려되어야 할 것이다. 그들이 자신들의 상식에 입각하여 선교했다는 것은 조금도 놀랄 일이 아니다.[53] 선교사들은 상식 철학에 의문을 갖지 않았고, 그들이 믿는 대로 실천했다. 그들은 선교지민들이 같은 인간으로서 상식적인 존재라고 믿었다. 자신들이 전하는 복음이 상식적인 만큼, 평균적인 지성을 가진 사람이라면 누구나 이해할 수 있고 받아들일 수 있다고 가정했다. 복음은 선교지민들의 상식에도 충분히 어필할 수 있다고 믿었던 것이다. 그런 만큼 복음주의 선교를 인종주의적이라거나 또는 종족중심주의적이라고 단정할 수 없다. 인간을 이성적인 존재로 여기는 것과 인간을 상식적인 존재로 여기는 것에는 어느 정도 차이가 있다. 이성이 그 보편성에도 불구하고 추상적인 논리를 연상케 했다면, 상식은 누구나 공감할 수 있는 일상적인 경험의 차원에 있었다. 상식적 계몽주의는 엘리트주의가 아니었다. 물론 그 상식이란 서구의 근대성과 사유화(私有化)된 의식의 산물일 수도 있겠지만, 본질적으로는 인간의 구체적인 삶과 경험 속에서 체득되는 것이었다. 그런 점에서 상식적 계몽사상은 이상적, 과학적 탐구와 복음주의적 신앙을 대중적으로 연결하는 매개 역할을 담당했다고 할 수 있다.[54]

그렇다면 이렇게 상식화한 이성, 상식적 이성이 선교사들의 '성경주의'와 어떻게 일치할 수 있었는가 하는 문제가 발생한다. 선교사들은 성경 말고도 또 하나의 경전, "합리적 법칙이라는 경전(the book of rational law)"[55]을 가지고 있었던 것은 아니었을까 하는 것이다. 즉 "신개신교(Neo–Protestantism)"[56]

---

53) Stanley, "Christian Missions and the Enlightenment", 17.

54) Bebbington, *Evangelicalism in Modern Britain*, 127.

55) Barth, *Church Dogmatics IV.2*, 380.

56) Ibid.

의 선교사들은 성경 제일주의에도 불구하고, 성경과 이성 또는 상식적 이성을 종합하는 '성경적 합리주의'로 나아가지 않았는가 하는 것이다.

실제로 19세기 복음주의 선교사들에게 이 두 법 간의 갈등은 거의 의식되지 않았던 것처럼 보인다. "과학과 신앙의 토미즘적 종합의 근대 개신교 판"[57]이라고 할 수 있는 이러한 신앙과 이성 간의 보완 관계 또는 조화라는 관념은 19세기 후반 세속화와 더불어 도전받았던 것이 사실이다. 종교적 영역과 비종교적 영역의 구분이 강화되어갔고, 복음주의 제국의 쇠퇴와 더불어 신앙과 이성은 점차 분리되어갔다. 그러나 이러한 선교본국에서의 분리가 선교지에서도 즉각 반영되었다고 할 수는 없다. 이 분리가 점차 현실화되어가고 있었지만, 아이러니컬하게도, 선교지의 상황은 오히려 신앙과 이성 간의 조화와 통합이 요구되었다고 할 수 있다. 적어도 '평양 대부흥' 시기의 선교사들은 종교와 과학 또는 이성의 "완전한 조화(perfect harmony)"[58]와 공존에 별다른 의문을 갖지 않았던 것으로 보인다.

복음주의 선교사들에게 과학과 이성은 단지 선교의 '접촉점(point of contact)'이 아니었다. 과학과 이성은 신앙의 확고한 기초가 될 수 있었다. 자연과 도덕의 일반 계시와 종교의 특수 계시는 모순 없이 설명될 수 있었다. 그들의 "뉴턴적인 자연 신학(the Newtonian natural theology)"[59]은 칸트의 신 인식 불가능론을 알지 못하는 종교였다. 하나님은 이성의 추론으로 알 수 있었고, 상식적인 경험으로 인식할 수 있었다. 따라서 복음주의 선교사들은 그들이 아는 하나님을 선교지민들에게 어떻게 알릴 수 있는가의 문제를 크게 염려하지 않았다. 기독교가 진리임을 경험적으로 증명할 수

---

57) Marsden, *Understanding Fundamentalism and Evangelicalism*, 132.
58) Ibid., 133.
59) Gauvreau, "The Empire of Evangelicalism", 235.

있다고 믿었고, 기독교가 선교지민들에게 미칠 긍정적 역할을 충분히 설득할 수 있다고 믿었다. 이런 점에서, 그들은 신학을 인류학화한 포이에르바하(Feuerbach) 이전에 있었다.[60]

하나님의 존재와 하나님에 대한 믿음도 상식적으로 설명되었다. 외적 세계의 존재와 하나님에 대한 믿음은 직관적으로 받아들여진다고 가정되었다.[61] 사람에겐 누구나 할 것 없이 자연의 질서 속에서 하나님을 발견할 수 있는 능력이 주어져 있었다. 비서구 문명권에서도 하나님 인식은 가능한 것으로 믿어졌고, 이에 따라 서구의 하나님의 이름에 상응하는 하나님의 이름을 전 세계 선교지에서 발견하게 되었다.[62]

이와 아울러 하나님은 자연계의 섭리와 법칙을 주관하는 창조주일 뿐만 아니라 도덕적 왕국의 통치자였다. 죄는 여기에서 발생했다. 자연 법칙이 획일적, 기계적으로 인간계에도 적용되기로 말한다면 죄의 가능성은 발생하지 않는다. 그러나 하나님의 도덕적 통치에 대한 반발로 인해 죄가 발생한다. 이 죄를 극복하기 위해서는 도덕적 자아를 자기 안에서 발견해야 했고 이 자아는 회개하고 하나님의 도덕적 통치에 순응해야 했다.

계몽주의가 이처럼 상식 철학의 양상으로 복음주의의 회로를 따라 선교지 한국으로 들어왔기 때문에, 계몽주의의 이른바 반(反)종교적이고 반(反)기독교적인, 나아가 반(反)교회적인 성향은 거의 문제시될 수 없었고, 복음주의 선교도 계몽 운동과 별다른 갈등 없이 추진될 수 있었던 것이다. 그

---

60) Joseph Weber, "Feuerbach, Barth, and Theological Methodology", *The Journal of Religion* 46.1 (Part 1) (January 1966), 35.

61) Bebbington, *Evangelicalism in Modern Britain*, 123.

62) 한국에서의 하나님의 이름에 관해서는 Sung-Deuk Oak, "Shamanistic Tan'gun and Christian Hananim : Protestant Missionaries' Interpretation of the Korean Founding Myth, 1895-1934", *Studies in World Christianity* 7.1 (2001).

리고 한국 기독교의 이른바 '신학의 빈곤'의 근본적인 원인이 바로 여기에 있다고 할 수 있다. '기독교 문명'과 같은 변증론은 있었을지 모르지만 신학은 그 자체로서 가치 있는 탐구의 대상이 될 수 없었다. 서구의 상식이 선교지의 상식이 될 수는 없었다. 상식이야말로 헤게모니 또는 억압의 다른 이름일 수도 있었다. 하지만 신학적 물음은 비(非)상식적인 것으로 공격받을 수 있었다. 상식적인 복음주의는 선교지에서 기독교의 대중화에 크게 기여했지만, 이를 위해 지불한 대가에 대해서는 잘 알려져 있지 않다. 아마 그 중의 하나가 신학의 빈곤이었을 수 있다. 선교사들에게는 자명한 것을 선교지 교회가 의문시 하는 것은 쉽지 않은 일이었다.

4. 과정으로서의 계몽

칸트는 "일반인은 더디게 계몽에 이를 수 있을 뿐(A public can only attain enlightenment slowly)."이라고 했다.[63] 그러나 선교사들은 인간 본성(human nature)에 대해 낙관적이었고, 그런 점에서 선교사들은 "복음주의적 자유주의자(evangelical liberal)"에 가까웠다고 할 수 있다.[64] 지배적인 후천년주의도 분명히 종말을 대망하고 있었지만, 종말론 그 자체에 대한 관심 자체가 점차 쇠퇴하고 있었다. 종말론은 "무한한 영적 진보와 시간적인 진보에 대한, 결정적으로 세상 이편에 대한 희망"이 되었으며,[65] 하나님의 나라가 아니라 하나님의 나라로 가는 '과정' 자체가 목표가 되었다.[66] 종말 저편으로부터 종말 이편으로 돌입하는 시간에 대해 진보주의적인 선교사들은 잘

---

63) McMahon, "What are Enlightenments?" 601.
64) William Hutchison, The Modernist impulse in American Protestantism. (Durham : Duke University Press, 1992), 6.
65) Moorhead, World without End, xii.
66) Ibid., xvi.

알지 못했다. 시간은 과거로부터 현재로, 현재로부터 미래를 향하여 나아가고 있었다. 그런 의미에서 계몽도 단선적인 과정이었다.

스탠리는 계몽주의 시대의 복음주의 선교의 특징을 논하면서, 복음주의 기독교가 인류의 근본적인 통일성(unity)을 주장했으며, 모든 사람에게 주어진 이성의 힘으로써 죄로 인해 상실된 인간성을 온전히 회복할 수 있다고 믿었다고 주장한다. 그에 따르면, 복음주의 기독교는 지식과 합리적 논증이 갖는 향상적이고 계발적인 능력을 신뢰하고 있었다.[67] 선교사들은 계몽주의 자체를 문제 삼지 않았다. 그들은 왜 신앙과 이성이 대립되어야 하는지를 이해하지 못했다. 그들에게 이 두 가지 개념(ideas)은 그 자체로서 탐구되지 않았다. 그것들이 어떻게 유용해질 수 있는가가 문제였다. 그들의 기술주의적 사고는, 선교의 효율을 극대화하고, 조직을 강화하는 데 집중했을 뿐, 이러한 활동들의 기원과 목표 그 자체를 성찰의 대상으로 삼지 않았다. 그들에게 선교는 일종의 "자기를 가리키는, 부단한 운동(self-referential, ceaseless motion)"이었고, "결코 끝나지 않는 과정(never-ending process)"이었다.[68] 계몽이 하나의 과정이 되었듯이, 선교도 하나의 과정이 되었다.

복음주의 선교사들은 계몽주의의 인간학적 전제들에 대해 의문을 제기하지 않았다. 영적인 지식과 세상적인 지식 간의 차이는 절대적이기보다 상대적이었다. 왜냐하면 하나님은 이 세상의 창조주이기 때문이었다. 이로써 지식 행위 자체가 하나의 영적 행위로 고양될 수 있었다. 하나님의 역사(役事)를 알려면 더 많은 것을 알아야 했다. 선교사들이 성경주의를 강하게 표방했던 것은 성경 고등 비평에 대한 방어 의식의 발로가 아니었다. 그들은 성경이 자연과 인간과 영적인 모든 비밀들을 포함하고 있다고 믿

---

67) Stanley, "Christian Missions and the Enlightenment", 11-12.
68) Moorhead, "Engineering the Millennium", 127.

고 있었다. 성경을 통해 모든 것은 알려졌고, 알려지고 있었다. 그런 의미
에서 선교사들은 무엇인가 알려고 하는 계몽의 사상가들이라기보다 이미
알려진 것을 알고, 선교지에서 알려진 대로 행하는 계몽의 실행자들이었
다. 특별히 시대는 "자유 기업(enterprise)" 정신으로 충만했다. 선교사들은
비즈니스맨들과 같았다. 그들은 실용주의적이었고 행동주의적이었다.[69]

　계몽이 하나의 과정이라면, 이 과정은 당연히 인간이 주체적으로 참여
하는 과정이었다. 이 과정은 인간의 노력 여하에 따라서 촉진되고 단축될
수 있었다. 계몽주의와 복음주의는 선교지 한국에서 시너지를 발휘했다.
선교지의 "알미니안 칼빈이즘"[70]은 복음주의가 계몽주의와 손잡음으로써
발생했다. 이러한 시너지는 부흥 운동에서도 되풀이되었다. 19세기 이래
미국의 복음주의자들은 '부흥'이라고 하는 은혜의 때를 마냥 기다릴 수 없
었다. 피니(Charles Finney)로 대변되는 '새로운 방법(new measures)'의 전도사
들은 칼빈이즘으로 머뭇거리던 에드워즈 추종자들의 거추장스러운 옷을
벗어버렸다. 부흥 운동은 하나의 실행 과학이 되었다. 부흥이 안 되는 것
은 잘못된 방법을 적용했기 때문이었다. 남북전쟁 이전부터 미국의 복음
주의자들 사이에서 부흥은 과정이며 하나의 방법임이 확실해졌다.[71] 선교
도 마찬가지였다.

　복음전도를 목적으로 했던 재한 복음주의 선교사들이 계몽 운동을 그
방편으로 '이용'했다고 보는 관점은 이제 전면적으로 재고되어야 한다. 그
런 관점대로라면 거꾸로 계몽주의자들에 의해 선교사들이 이용당했다는

---

69) Joerg Rieger, "Theology and Mission Between Neocolonialism and Postcolonialism", *Mission Studies* 21.2 (2004), 204.
70) 김상근. "1907년 평양 대부흥 운동과 알미니안 칼빈주의의 태동", 383-410.
71) Richard Carwardine, *Transatlantic Revivalism : Popular Evangelicalism in Britain and America, 1790-1865* (Milton Keynes, UK : Paternoster, 1978), 4.

논리도 가능하다. 그보다 선교사들은 합리적이고 과학적인 사고방식과 실천이 기독교와 서로 보완적이며 조화로운 관계에 있다고 믿었다고 해야 할 것이다.[72] 계몽주의적 사고방식은 선교사들에게도 의문의 여지가 없는 문화적 전제였다. 그들은 자신들의 선교 사업에도 뉴턴적인 자연의 인과관계 법칙에 유사한 원리가 있다고 가정했다.[73] 선교 사업은 과학적인 방법에 의해 실행되고 가시적 성과를 거두어야 했다. 선교지는 방대한 선교 과학의 실험장이었다. 상식적 계몽주의에 따르면, 확실한 지식으로 이르는 모든 과정은 관찰될 수 있고 해석될 수 있어야 했고, 가시적 증거로 입증될 수 있어야 했다. 원인이 있으면 결과가 있게 마련이었다.[74] 도덕적인 직관은 어디서든지 통용될 수 있는 것이었다. 복음주의 선교에서도 이러한 계몽주의적 사고 방식은 그대로 관철되었다.

'평양대부흥'도 이 점에서 예외일 수는 없었다. '평양대부흥'의 현장으로부터 보고된 '성령 강림' 현상은 복음주의 개신교와 계몽주의의 관계를 보여주는 시금석이라고 할 수 있다. 성령을 믿는다고 고백하는 것만으로는 충분하지 않았다. 부흥 운동 과정에서 나타나는 성령 강림은 경험될 수 있을 뿐만 아니라, 모든 사람에게 관찰될 수 있는 사건이어야 했다. 현장에서 성령의 현시를 목격한 선교사들은 성령 체험의 구체적인 사실들을 소상히 묘사했으며, 같은 방식으로 체험될 수 있도록 했다. 자연 과학에서 관찰될 수 있는 것처럼 부흥 운동의 과정도 원인과 결과의 인과관계로 설

---

72) Marsden, *Understanding Fundamentalism and Evangelicalism*, 132–133.

73) Wilbert Shenk, "The Role of Theory in Anglo-American Mission Thought and Practice", *Mission Studies* 11.2 (1994), 156.

74) Bosch, *Transforming Mission*, 265 : "The cause determines the effect. The effect thus becomes explicable, if not predictable.... All that is needed, is complete knowledge of these laws of cause and effect."

명될 수 있어야 했다. 물론 이 과정을 관찰할 수 있다고 해서 그들이 성령 강림을 인위적으로 만들어낼 수 있다고 믿었던 것은 아니다. 만유인력의 법칙을 관찰하고 입증한다고 해서 인간이 만유인력의 법칙을 만들어내는 것은 아니지 않는가? 그러나 만유인력의 법칙을 발견한 것은 인간이었다.

복음주의는 계몽주의의 인식론(epistemology)을 자명한 것으로 받아들였다. "일반적으로 진리의 빛은 스스로 빛을 발하는 것이 아니라 보여져야 했다. 이것이 바로 계몽주의의 철학자들과 지지자들의 임무였다."[75] 성령 체험 현상의 비상함에 압도되어 이 체험의 내적 과정을 놓쳐서는 안 될 것이다. 오히려 이 현상으로부터 계몽주의가 복음주의에 끼친 위력이 어느 정도인지를 가늠할 수 있다. 가시적인 결과에 대한 조급증은 대중적 계몽주의의 한 양상이기도 했다. 성령의 가시성을 추구하는 복음주의 선교는 부흥 운동의 과정에서 계몽주의에 반대하기는커녕 오히려 계몽주의의 논리를 답습하고 있었다. 경험된 것만이 믿을 수 있다는 존 로크식의 계몽주의가 부흥의 현장에서 작동하고 있었다.

원인과 결과 사이에는 과정이 있게 마련이었다. 복음주의 선교사들의 주요 관심사 중 하나는 '어떻게(How)' 선교지민들이 선교사 자신들과 같은 영적 단계에 도달하는가 하는 것이었다. 유럽의 지상천국주의자들(chilliasts)과는 달리, 미국에서 청교도들과 에드워즈주의자들을 연결하는 것이 있다면, 그것은 "과정(process)"이었다. 그들이 제시한 것은 지상천국이라기보다는 점진적으로 완성되어가는 설계(design)였다.[76] 흥미로운 점은 기독교를 본질적인 것으로, 계몽적 이성을 보조적인 것으로 간주했던 선교사들이라 하더라도, 선교 현장에서는 성경보다는 계몽주의의 '잣대(canons)에 더 부

---

75) Reichardt and Cohen, "Light against Darkness", 105.
76) Bercovitch, "The Typology of America's Mission", 139.

응하려 했다는 사실이다.[77] 앤더슨(Rufus Anderson)과 같이 기독교 문명과 복음을 구분하려는 선교학적 노력들이 있었지만 예외에 불과했다.

앞서 보쉬가 열거한 계몽주의의 특징들 중 목적론의 배제와 인과관계 중심 등이 포함되어 있었는데, '회심'에서도 중요한 것은 '과정'이었다. 스탠리는 계몽주의 영향 하에서의 복음주의적 '회심'과 관련하여, 종교가 사유화하고 다원화하는 상황에서 개신교 선교 전통은 종교의 공적 영역으로부터 사적 영역으로의 후퇴와 관련되어 있었다고 본다. 계몽주의적 종교 관용은 종교적 믿음을 개인에 맡겼고, 공적인 고백과 종교 단체로의 귀속은 개인들의 의지의 자발적인 행위가 되었다.[78] 즉 회심은 개인의 일이 된 것이다. 복음주의는 이 '개인'의 역사성에 대해서는 물론이고 이 '개인' —이 개인이 바로 '영혼'으로서 불멸성을 획득했다—의 성격에 대해 신학적으로 묻지 않았다. 이 개인은 자명하게 존재하는 것이었고, 존재하지 않으면 존재하게 해야 했다. 따라서 회심의 과정은 개인의 형성 과정이기도 했다.

선교지민들의 회심을 추구하던 복음주의 선교사들이 선교지민들에게 종교를 정치로부터 분리할 것을 요구했다고 해서 그다지 놀라운 일은 아니었다. 종교를 주어진 공동체나 공적인 영역으로부터 분리할 수 있다면, 이는 '영혼의 발명'에 준하는 것으로서, 문명으로부터의 퇴보가 아니라, 오히려 문명화가 진전되었음을 가리키는 표시였다.[79] '평양대부흥'의 경우도 마찬가지였다. '평양대부흥'에서 이러한 의미의 회심이 추구되었다면, 이를 계몽주의로부터의 후퇴나 이탈이라고 볼 수 없다. 회심하는 주체로서의

---

77) Stanley, "Christian Missions and the Enlightenment", 12.
78) Ibid., 13.
79) Ibid.

개인의 형성 없이 회심을 추구할 수는 없는 일이었다. 회심의 과정과 회심의 주체의 형성 과정은 분리될 수 없었다.

따라서 '회심주의(conversionism)'에 대한 의문은 흔히 생각하는 것처럼 회심의 과정에서보다는 회심의 기원과 회심의 목표에서 제기되어야 한다. '회심주의'에서의 회심은 무엇으로부터 무엇으로의 회심인가, 또는 누구로부터 누구로의 회심인가가 분명하지 않았다. 후천년주의에서의 진보가 종말에 의해 단절되지 않듯이, 회심도 회심 전과 회심과 회심 후라는 개인의 의식의 연속적인 과정이었다. 회심이 이처럼 회심하는 개인의 일이 됨으로써 회심의 방법이 모색될 수 있었다. 즉 계몽주의 하에서의 회심은 문자 그대로의 '전환(turning)'이라기보다는 개인적 차원의 '영적 진보'였다.

회심이 영적 진보의 한 '과정'으로 간주되는 것처럼, 계몽도 '진보'로 가시화된다. 계몽주의자들은 모든 인간에게 보편적으로 주어진 계몽의 가능성을 인정했다. 이 가능성은 이성 또는 상식적 이성에 의해 직관적으로 인정되었다. 계몽주의가 선험적으로 인종차별주의라거나 종족중심주의라거나 서구중심주의라고 단언할 수 없는 것은 이 때문이다. 그렇지만 계몽에도 단계가 있었다. 개명(開明)의 과정이 어둠으로부터 새벽과 아침을 거친다면, 동방의 은둔의 나라는 여명의 단계에 있었다. '세상의 빛'이 아침의 나라를 비추고 있었다. 계몽은 깨어남의 과정, 자각의 과정이었다. 빛을 향하여 나아가는 계몽의 단계는 자각의 심화 단계와 조응(照應)하고 있었다. '근대성으로서의 회심'론에서 주장하는 의미에서 '문명개화'는 하나의 회심이라고 할 수 있었다. 그러나 그것은 인간의 자기 계몽의, 즉 인간화의, 무한한 과정이었다. 복음주의의 트레이드마크 중 하나라 할 수 있는 회심에서조차 계몽주의의 위력은 발휘되었다. 빛과 어둠의 구분은 하나님의 나라와 세상 사이에만 있는 것이 아니라 기독교 세상과 비기독교 세상

사이에도 있었다. 그때 비기독교 세상이 어디로 회심해야 할지는, 계몽주의의 관점에서는, 명백한 것처럼 보였다.

그러나 복음주의 선교의 근본적인 한계는 계몽주의와의 관계에서 발견되는 것이 아니라ー이 관계는 개선되거나 악화될 수 있다ー'하나님의 계몽'과의 관계에서 발견된다. 복음주의 선교는 계몽을 자연적인 과정, 진화론적인 과정이거나, 아니면 인간이 자기 자신의 운명을 깨닫는 과정으로 여겼다. 계몽은 일종의 인간화 과정이었다. 계몽주의자들이 믿었던 대로 그들에게도 계몽은 인간의 하나의 보편적인 과제요 불가피한 과정이었다. 계몽이라는 과제는 이미 주어져 있었으므로, 남은 문제는 이 계몽을 구체적으로 실현해가는 방법의 문제였다.

그러나 무엇이 계몽인지(What is the Enlightenment?)를 복음주의 선교는 '신학적으로' 제시하지 못했다. 하나님이 진리이며, 성경은 계시이고, 예수 그리스도는 세상의 빛이라는 고백이 없었던 것은 아니었다. 성령의 역사가 관찰되지 않은 것은 아니었다. 생명의 기원이 창조주 하나님에게 있으며 구원의 능력이 자신들에게 있지 않다고 선교사들은 항상 강조하곤 했다. 그러나 복음주의 선교는 계몽의 주체는 누구인지, 계몽의 시작과 끝은 누구인지를 언급하는 경우가 거의 없었다. 복음주의 선교는 하나님의 은혜로 계몽될 기회가 모든 사람에게 주어졌다고 말했지, 계몽 자체가 하나님의 은혜라고 말하지 않았다. 세상의 빛으로서의 예수 그리스도는 망각되었고, 계몽주의의 중력(重力)을 따라 복음주의는 계몽을 하나님으로부터 인간으로 끌어내렸다.

복음주의야말로 그리스도의 은혜를 언제나 강조하지 않았는가 하는 반론이 제기될 수 있다. 베빙턴은 복음주의의 네 가지 특징 중 하나로 "십자가중심주의"를 든 바 있다. 선교사들은 분명히 주님의 보혈, 십자가의 은혜, 구속(救贖)의 능력, '못 박혀 죽으신 하나님의 어린 양'을 고백했다. 하지만, 베빙턴은 이를 "그리스도 중심주의(Christocentrism)"라고 부르지 않고 "십자가 중심주의(crucicentrism)"라고 부른다. 십자가는 '대속(atonement)'의 상징이다. 예수 그리스도의 피로 인해, 어둠과 죄의 권세로부터 벗어나 빛과 의의 정결함을 입는 것이다. 하지만 십자가는 하나님의 자기 계시라기보다는 인간이 거듭나기 위한 '과정'의 한 계기가 되었다. 어떤 상태로부터 어떤 상태로의 거듭남인지는 확정되지 않았다. 다만 십자가는 변화를 위한 능력 있는 수단이 되었다. 특히 복음주의에서 십자가는 자기 부인의 고통스러운 과정을 가리키기보다는 즉각적인 구속(salvation)의 가능성이 되었다. 그러므로 십자가의 은혜를 강조했다고 해서 복음주의 신학을 그리스도론적이었다고 말할 수는 없다.

II. 계몽주의와 복음주의 선교

1. 경건주의와 계몽주의

상식적 계몽주의가 이성과 신앙의 다리를 놓았다면, 경건주의는 계몽주의와 복음주의를 기독교 안에서 연결했다. 종교개혁 이후 나타난 유럽 대륙의 경건주의 전통은 흔히 반(反)계몽주의적인 것으로 간주되어 왔다. 따라서 경건주의를 잇는 복음주의도 반(反)계몽주의적 성격을 가진 것으로 해석되는 경향이 있었다. 그러나 양자의 관계는 전면적으로 재검토될 필요가 있다. 바르트는 경건주의와 합리주의적 계몽주의를 대립적인 관계로 보기보다 하나의 '일관성 있는 전체(a coherent whole)로 볼 것을 제안한다.[80] 바르트는 이 둘을 신학의 문제를 인간화하는 하나의 본질의 두

가지 형태로 파악한다.[81] 교리적 신앙에 대한 반발과 "삶"에 대한 경건주
의적 관심은 종교개혁적 영성의 심화를 뜻하면서도, 동시에 인간 자신으
로부터 "절대적인 것"을 찾으려는 "인간화"의 측면을 가지고 있었다. 경
건주의의 이러한 성격은 복음주의 선교 이해에서도 대단히 중요하다. 월
스는 영미의 개신교 선교가 기존의 유럽 대륙의 선교 전통으로 진입해
들어간 것이었고, '선교의 세기'는 "새로운 시작"이라기보다는 "하나의 확
장(an enlargement)"이며 "새로운 국면(a new phase)"이었다고 본다.[82] 이 전
통은 대륙의 경건주의 전통을 가리키는데, 따라서 월스는 근대 선교 운동
을 "경건주의-복음주의" 기획으로 묶고 있는 셈이다.[83] 경건주의와 복
음주의는 계몽주의의 토양에서 "참된(real)" 기독교, 개인이 책임지고 선택
하는 종교를 추구했다.[84] 경건주의의 내향성이 갖고 있는 인간화적 계기
는 복음주의에 의해 전면적으로 부상했다. 경건주의적 내향화는 합리주
의적 계몽주의가 추구하던 '인간화'와 합류했던 것이다.

한 가지 더 주목할 것은 경건주의를 수용한 복음주의적 부흥의 이중적
운동이다. 복음주의는 종교를 개인적 책임과 선택으로 내화(internalizing)하
면서, 동시에, 이러한 개인들의 자발적인 결합을 통해 외화(externalizing)했
다. 부흥 운동의 결과 행동주의적인 개인들에 의해 자발적인 선교 단체들
이 결성되었고, 이들로 인해 근대 선교 운동은 활성화되었다. "부흥 운동

---

80) Karl Barth, *Protestant Theology in the Nineteenth Century* (Grand Rapids : Eerdmans, 2001), 70-71.

81) Ibid., 71.

82) Andrew Walls, "The Eighteenth-Century Protestant Missionary Awakening in Its European Context", in *Christian Missions and the Enlightenment*, ed. Brian Stanley (Grand Rapids : Eerdmans, 2001), 34-35.

83) Ibid., 44.

84) Ibid., 41; 29 : "The evangelicalism that emerged from the revival in Britain and North America provided a highly successful form of Christian adaptation to the European Enlightenment."

의 경건의 형식적 측면들은 '사회단체(society)'의 사회적 형식과 '선택적 친화성(elective affinity)'을 가지고 있었다."[85] 다시 말하면, 복음주의 선교는 시작부터 이 두 가지 계기를 동시에 장착하고 선교지에 상륙했던 것이다. 민경배는 '평양대부흥'이 민족교회 발전사에서 외적 계기로부터 내적 계기로의 심화였고, 이 심화가 외적 계기로 참여하게 되는 "신앙 원형의 설정"이 이뤄졌다고 보는데,[86] 그가 말하는 "원형적 신앙"[87]은 다름 아닌 서구의 복음주의 그 자체였던 것이다. 내연에서도 외연에서도 '평양대부흥'은 복음주의의 기본 원리에 충실한 체험이었다. 한국 교회의 정착(토착화), 민족적 교회로의 전환(변화) 및 심화에 있어서, 그 계기가 한국 교회 자체 안에서 저절로 발생했다고는 할 수 없다. 민경배가 말한 "내연"과 "외연"은 복음주의의 두 가지 계기에 불과하다고 볼 수 있다.

"내연"과 "외연"이 맞물림으로써 계몽주의와 복음주의 사이에 매우 복합적인 관계가 형성되었다. 미드(Sydney Mead)는 미국의 "개신교 이데올로기"가 일종의 "혼합(a syncretistic mingling)"이라고 본다. 그 하나는 교파 종교 즉 경건주의 부흥 운동의 체험 종교인 복음주의이다. 다른 하나는 민주적인 사회와 국가에 대한 종교이다. 후자는 계몽주의의 합리주의에 뿌리를 둔 것으로서, 민주적 삶의 방식을 완성함으로써 온 인류의 본보기와 향상을 위해 본보기가 되어야 할 미국의 운명에 대한 종교였다.[88] 이 두 가지가 어떻게 논리적으로 일치할 수 있는지는 크게 문제시되지 않았다. 복음주의의 전세계의 복음화와 계몽주의의 보편주의의 거리는 멀지 않았

---

85) Peter van Rooden, "The Concept of an International Revival Movement Around 1800", *Pietismus und Neuzeit. Ein Jahebuch zur Geschichte des neueren Protestantismus* 16 (1990), 158-159.

86) 민경배, 『한국기독교회사』, 280.

87) 민경배, 『한국기독교회사』, 281.

88) Mead, "American Protestantism Since the Civil War (I)", 2.

다. 계몽지상주의와 마찬가지로 선교지상주의도 이 복합적인 '열정'으로
부터 나왔다. 따라서 계몽주의의 시대가 끝났다고 믿는 사람들에게서 선
교의 열정도 현저히 감소했다.

계몽주의의 시대에 선교사들은 계몽주의라는 집 위에 자신들의 선교를
세우려고 했다. 그러다보니 그들의 선교에는 늘 내적 "모호성(ambivalence)"[89]
이 따라다녔다. 이것은 일종의 "자기 분열(compartmentalization)"[90]을 의미할
수 있었다. 뉴비긴에 따르면, 교회는 과학적 이성에 대한 "우상숭배적"인
신뢰를 보내는 계몽주의에 맞서기보다는, 거기에 흡수되고 "순화되었다
(domesticated)."[91] 복음주의는 계몽주의의 권력/지식의 일부가 되거나 그
에 굴복하곤 했고, 계몽주의 밖에서 계몽을 말하기는 갈수록 어려워졌다.

선교사 아펜젤러는 1884년 그가 한국에 첫발을 들여놓은 부활절 아침,
다음과 같이 기도했다.

> "우리는 부활절 아침에 이곳에 도착했습니다. 이날 사망의 권세를 이기신 주
> 께서 이 백성을 얽어맨 결박을 끊으사 하나님의 자녀로서 빛과 자유를 주시옵
> 소서."[92]

복음주의 선교의 가장 강력한 비유는 어둠과 빛이었다. 계몽은 어둠으
로부터 빛으로 나아가는 것이었다. '새벽(Daybreak)', '아침(Dawn)' 같은 용
어들이 흔히 사용되었다. "Daybreak in Korea", "Dawn of Tomorrow",

---

89) Patterson, "Robert E. Speer and the Development of North American Mission Theology and
    Theory, 1891-1914", 470.

90) Mead, "American Protestantism Since the Civil War (I)", 5.

91) Goheen, "'As the Father Has Sent Me, I Am Sending You'", 365.

92) 박용규, 『한국기독교회사 1 (1784-1910』 (서울 : 생명의말씀사, 2004), 414에서 재인용.
    "May He who on this day burst asunder the bars of death break the bonds that bind this
    people and bring them to the light and liberty of God's children."

"Korea : Land of the Dawn" 등이 그 예다.[93] 선교와 더불어 어둠 가운데 빛이 비쳤다. '개화(開化)'는 단지 '서구화'가 아니었다. 눈먼 자가 눈을 뜨는 것, 새로운 현실에 눈이 열리는 것이었다. 빛과 어둠의 비유는 일차적으로 성경으로부터 왔다. 아펜젤러는 당연히 부활절 아침에 예수 그리스도의 사망과 부활을 생각했다. 그러나 그는 또한 개명(開明)된 나라로부터 어둠에 사로잡힌 나라로 왔다. 빛의 나라로부터 온 선교사들은 어둠을 깨뜨리는 자들이었다. 그들은 빛을 거부한 세상의 일부가 아니었다. 그들은 이미 빛의 자녀, 하나님의 자녀였다. 선교사들과 그들이 선교할 이 땅의 주민들의 차이는 분명했다. 후자를 자신들처럼 개화시키고 빛의 자녀가 되게 하는 것이 그들의 임무였다. 그들은 자신들이 몰고 올 어둠에 대해서는 전혀 알지 못했다.

2. 사회진화론과 기독교 진화론

'사회진화론'은 계몽주의가 복음주의와 선교 현장에서 어떻게 통합되어 갈 수 있는가를 보여주는 좋은 예다. 다윈의 진화론은 생물학적 이론에 그치지 않았다. 진화론은 19세기 말, 특히 미국의 산업화라는 새로운 삶의 현실을 반영하고 있었으며, 구시대적인 사고와 행위에 도전했다. 진화론은 지금까지의 "미국적 세계관(Weltanschauung)" 전체를 문제 삼았다.[94] 다윈의 진화론은 1880년대 이후 사회진화론으로 대중화했다. 경제적 혁명과 급속한 사회적 변화에 대해 사회진화론은 포괄적인 설명의 틀을 제공하는 것처럼 보였다.

---

93) Ibid., 24.
94) Bert Loewenberg, "Darwinism Comes to America, 1859~1900", *The Mississippi Valley Historical Review* 28.3 (December 1941), 339.

흔히 진화론은 복음주의와 과학·이성을 분리시키고 마침내 대결에 이
르게 한 장본인으로 알려져 있다. 하지만 미국 내에서 복음주의와 진화론
의 관계는 처음에는 매우 모호했다.[95] 이를테면 와필드(Benjamin Warfield)는
성서의 무오류를 확신하면서도 이러한 성서적 신앙이 진화론과 모순된다
고 생각하지 않았다.[96] 이는 복음주의가 이전부터 계몽주의와 지속적으
로 교류하고 있었기 때문이었는데, 개신교계 내에서는 처음부터 진화론
과 복음주의를 통합하려는 시도가 많이 행해졌다. 성경주의적인 보수적
인 복음주의자들조차 창세기와 진화론의 차이를 창세기의 재해석을 통해
해결하려 했다. 미국 남부를 제외하고, 19세기 후반에 이르기까지 진화론
은 아직 복음주의적 신앙의 시험대가 되지 않았다.[97] 복음주의 기독교와
진화론의 상호 공존 불가 판정은 복음주의 내부에서가 아니라 오히려 반
(反)기독교주의자들에 의해 내려지곤 했다. 복음주의 개신교가 계몽주의
를 주도적으로 반대했다는 관점에 계속 매달려서는 안 된다. 그보다는 먼
저 계몽주의 쪽에서 복음주의가 이성과 과학에 반(反)한다는 점을 크게
부각시킨 측면이 있었다.[98] 19세기 후반의 기독교계에서 "진화"는 하나
님의 활동의 성격을 "규정하는 것으로서(paradigmatic)", 생명의 성장, 발전,
진화 등등은 하나님 임재의 증거였고, 진화는 모든 실재의 "중심 비유
(master metaphor)"였다.[99]

하지만 선교학적으로는 진화론 일반보다 사회진화론이 더 중요하다.

95) Marsden, *Understanding Fundamentalism and Evangelicalism*, 135.
96) Mark Noll, "'Christian America' and 'Christian Canada'", in *The Cambridge History of Christianity Volume 8 World Christianities* c.1815–c.1914 eds. Sheridan Gilley and Brian Stanley (Cambridge : Cambridge University Press, 2006), 369.
97) Marsden, *Understanding Fundamentalism and Evangelicalism*, 138.
98) Ibid., 139.
99) Moorhead, *World Without End*, 34.

한국의 개화사상가들에게서와 마찬가지로 복음주의 선교 현장에서도 진화론에 앞서 사회진화론이 수용되었기 때문이다.100) 사회진화론은 일반적으로 "진화와 자연도태를 기본 개념으로 하는 다윈의 이론을 사회 현상 이해에 적용시킨 이론"으로 정의된다.101) 류대영의 예에서도 보았지만, 사회진화론 자체에 대한 국내 학계의 평가는 대체로 비판적이다.

> 요컨대 다윈의 생물학적 이론은 사회진화론자들에 의하여 사회 정치적 관점에서 파악되면서, 비합리적이고 반동적인 이데올로기를 지지하는 기반의 구실을 하게 되었다. 그 결과 사회진화론은 의사(義似) 다윈의 이론을 기반으로 인간과 사회를 '자연화'(naturalisiert)시켰다. 자연화된 인간은 자연법칙에 복종해야만 하고 사회발전을 자연도태의 법칙에 따라 순응시켜야만 한다. 의도적으로 사회를 변형시키려는 시도는, 그것이 자연법칙에 일치하지 않는 한 불필요한 일이요 불가능한 일이다.102)

사회진화론은 "비합리적인 경향을 띤 부르주아 이데올로기", "비합리적이고 반동적인 이데올로기"였고, "제국주의와 군국주의를 지지"하며, "인종주의와 결합"되었다는 비판을 받아왔다.103) 계몽주의자들이 추구하던 문명개화라는 목표와 사회진화론이 주장하는 약육강식이나 적자생존의 원리는 기본적으로 서로 일치하지 않았다. 문명화론자들은 사회진화론을 야만적인 논리라고 배척할 수도 있었다. 반대로 사회진화론자들은 문명화를 비과학적이라고 공격할 수도 있었다. 계몽주의자들이 기대고 있던 같은 과학과 이성의 이름으로, 사회진화론은 계몽주의의 이상을 깨뜨리고, 문명

---

100) 전복희, "사회진화론의 19세기말부터 20세기초까지 한국에서의 기능", 「한국정치학회보」 27.1 (1993. 10), 412.
101) 전복희, "사회진화론의 19세기말부터 20세기초까지 한국에서의 기능", 406.
102) 전복희, "사회진화론의 19세기말부터 20세기초까지 한국에서의 기능", 410-411.
103) 전복희, "사회진화론의 19세기말부터 20세기초까지 한국에서의 기능", 410-411.

화가 하나의 기만임을 아이러니컬하게 노정할 수 있었다. 계몽주의의 문명화 기획이 은폐된 "자연화" 곧 야만화임을 주장할 수도 있었다.

그런데 흥미롭게도 중국을 거쳐 한국으로 들어오면서, 구한말 특히 20세기 초 한국에서의 사회진화론은 문명개화를 추구하던 한국의 지식인들에게 일종의 "상식적인 정서(a common, unifying mood)",104) "거의 무오류(almost infallible)"105)의 진리로 여겨졌다. "구한말의 지식인들에게 사회진화론은 사회 계몽운동 또는 민족 개조운동의 일환이자 자강과 독립의 활로를 제시하는 寶庫(보고)로 인식되었다."106) 애국계몽사상은 사회진화론과 조건 없이 결합했다. 선교사들은 선교사들대로 사회진화론의 원리를 이용하여 기독교의 타 종교에 대한 우월성을 입증하려고 했다. 사회진화론은 비서구 사회에서 계몽주의의 일부가 되었다. 식민주의와 인종주의를 패자의 몫으로 받아들이기보다는, 오히려 이러한 인식을 자강과 독립의 밑거름으로 삼는 전복(顚覆)적인 번역이 일어났다. 지식은 힘이었다.

사회진화론의 역사는 '번역'이 계몽주의의 수용 과정에서도 발생했음을 뚜렷하게 보여준다. 사회진화론이 백인우월주의나 서구 열강의 식민주의적 지배를 정당화하는 논리였다 하더라도, 한국에서는 다르게 '번역'되었던 것이다. "사회진화론은 서구의 제국주의에서처럼 강자의 관점과 기득적 이익을 정당화하기 위한 논리로서가 아니라, 한국에서는 약자가 스스로 강자가 되는 것을 돕는 이론으로 변형되었다."107) "이러한 기능은 사

---

104) Vladimir Tikhonov, "Social Darwinism in Korea and Its influence on Early Modern Korean Buddhism", *International Journal of Korean History* 2 (2001), 67.
105) Ibid., 67. 이 논문에 따르면 1920년대 이후에도 사회진화론은 여전히 한국 지식인들에게 근대 사회에 대한 기본적인 가정 중의 하나였다.
106) 최연식, "개혁적 사회진화론의 수용과 청년기 이승만의 독립정신", 「한국정치외교사론총」 31.2 (2010), 136.
107) 전복희, "사회진화론의 19세기말부터 20세기초까지 한국에서의 기능", 406.

실 서구의 사회진화론의 기본원칙과는 매우 모순되는 것이다."108) "우리
는 이러한 문제점의 한 예를 사회진화론과 민권사상이 원형적으로 서로
대립 모순되는 이론들인 데도 불구하고, 애국계몽운동에서 이들이 서로
보완관계로 결합 사용되고 있다는 데서 발견할 수 있다."109)

 그것은 한국에서 사회진화론이 우승(優勝)열패(劣敗)를 어디에나 적용될
수 있는 결정주의적 '공리(公理)'라 해석하면서도, 인종(민족)의 성쇠에 있
어서는 문명국이 승자가 되고 야만국이 패자가 된다 하여 비결정주의적
'과정'으로 적용되었기 때문이다. 즉 문명국이 적자(適者)였고, 생존경쟁은
문명화를 재촉했다. 계몽은 그러므로 민족 존망이 걸린 문제였다. 애국계
몽운동가 박은식은 인류 내부의 생존 투쟁에서도 지식의 힘, 따라서 교육
의 필요성은 절대적이라며, "교육(教育)이 불흥(不興)이면 생존(生存)을 부득
(不得)"이라고 주장했다.110) 계몽의 빛은 양날을 가진 칼과 같았다. 그것은
계몽을 거부하는 민족에 대한 심판의 빛이었고, 계몽을 환영하는 민족에
대한 보상의 빛이었다. 그런 의미에서 적자생존의 법칙은 철칙이나 결정
론적 율법이 아니었다. 적자생존의 법칙을 아는 자는 이 법칙으로부터 벗
어날 수 있었다. 사회진화론은 "알미니안 칼빈이즘"의 세속화였다.

 이러한 "절충주의적 오류"111)를 단지 서구 계몽 사상들에 대한 이해 불
충분에 기인한다고 하기보다는, 당대 한국 민족주의의 특징과 연관지어 설
명함이 적절할 것이다. 당시 한국의 민족주의자들은 계몽의 힘을 굳게 믿
고 있었다. 자연 법칙을 앎으로써 자연을 이용할 수 있듯이, 사회 법칙을

---

108) 전복희, "사회진화론의 19세기말부터 20세기초까지 한국에서의 기능", 415.
109) 전복희, "사회진화론의 19세기말부터 20세기초까지 한국에서의 기능", 422.
110) 홍원식, "애국계몽운동의 철학적 기반 : 박은식과 장지연을 중심으로", 『동양철학연구』
    22 (2000), 276에서 재인용.
111) 전복희, "사회진화론의 19세기 말부터 20세기 초까지 한국에서의 기능", 422.

앎으로써, 사회를 변화시킬 수 있었고, 민족의 현실을 직시함으로써 민족을 구원할 수 있었다. 배우고 아는 것이 애국인 시대였다. 문자 그대로, 계몽이 주(主, Lord)라고 믿는, 교조주의적 계몽주의(啓蒙-主-義)의 시대였다.

이와 관련하여 흥미로운 것은 남감리교의 세례를 받은 윤치호가 동시에 사회진화론의 세례도 받았다는 사실이다.112) 그는 미국 유학시절 적자생존의 원리를 배웠다. 윤치호는 낙후하고 타락한 유교 대신 기독교가 한국의 생존을 위해 유익하다고 믿었다.113) 그는 하나님의 섭리에 대한 기독교적 신앙과 약육강식의 진화론 간의 불일치로 인해 심한 내적 갈등을 겪었지만, 마침내 힘이 정의(Might is right)임을 수긍하게 되었다고 한다.114) 그러나 윤치호가 수용한 이 힘의 논리는 약육강식적 진화론을 과학적 진리로 인정한 약자의 숙명주의가 아니라, 자강(自强)이야말로 살길이라는 변용된 구원의 논리였다고 할 수 있다.

이러한 '변용'에는 복음주의 선교사들도 한 몫을 담당했다. 구한말 선교사들은 진화론을 특정한 사상체계라기보다는 '과학'의 일부로 간주했다. '진화' 그 자체는 경험적 사실의 영역인 만큼, 논란의 대상이 될 수 없었다. 그러나 진화 자체가 하나님의 뜻일 수 있었다. 사회진화론이 사회를 "자연화"시켰다면, "기독교 진화론(Christian evolutionism)"은 진화론적 세계를 하나님의 창조질서 내로 수용했다. 복음주의 선교사들은 "생존경쟁, 자유선택, 적자생존" 등의 전통적이고 보수적인 사회진화론과는 구별되는 "적응(adaptation)", "상호부조(mutual aid)", 그리고 "타인의 삶을 위한 투

---

112) Vladimir Tikhonov, "Social Darwinism in Korea and Its Influence on Early Modern Korean Buddhism", 76.

113) Ibid., 77.

114) Dong-hyun Huh, "Forms of Acceptance of Social Darwinism by the Korean Progressives of the 1880-1890", *International Journal of Korean History* 2 (2001), 55-56.

쟁(struggle for the life of others)"을 강조하는 애벗(Lyman Abbot) 등의 "개혁적 사회진화론"115)을 따르고 있었다.

사회진화론은 선교지에서 변증론에도 적극 활용되었다. 기독교는 가장 진화된 종교였다. 선진 문명은 기독교 문명이었다. 개인이든 나라든 기독교를 받아들이는 것이 생존의 길이었다. 그런 만큼 선교사들의 "문명개화론"을 "근본적으로 적자생존의 논리를 합리화하는 냉혹한 승자의 태도"116)라고 단정 지을 수 없다. 선교사들은 "기독교 진화론"적 관점에서 문명개화를 추구했던 것이다. 문명화의 결과를 비관하는 근본주의가 전천년주의와 성경영감설의 교리를 두 축으로 19세기 말에 나타났다 하더라도,117) 그러한 분리주의가 해외 선교 운동에 직접 영향을 미친 것은 훨씬 뒤의 일로 봐야 한다. 1920년대 미국에서 근본주의와 자유주의의 충돌을 낳았던 진화론 논쟁은 아직 재한 복음주의 선교사들의 시야에 들어오지 않았다.

3. 계몽주의와 복음주의의 협력 : 교육

복음주의 선교의 성공 사례로 손꼽히는 한국은 복음주의의 토착화를 위한 비옥한 토양을 제공했다고 알려지고 있다. 흔히 국권침탈로 인한 민족적 위기와 가치관의 혼란 등등이 비옥한 토양으로 열거된다. 그러나 재난과 축복, 위기와 기회, 변화와 안정은 인류사의 공통적 경험이다. 그보다도 복음주의 기독교를 위한 비옥한 토양은 다름 아닌 계몽주의였다. 한

---

115) 최연식, "개혁적 사회진화론의 수용과 청년기 이승만의 독립정신", 137.

116) 류대영, "한말 기독교 신문의 문명개화론", 43.

117) Ernest Sandeen, "Toward a Historical Interpretation of the Origins of Fundamentalism", *Church History* 36.1 (March 1967), 72.

국은 그런 점에서 풍성한 추수를 기다리는 밭이었다.[118]

19세기 말~20세기 초는 선교에서도 황금기였다. 개화는 대세였다. 한국의 개항은 새로운 사조(思潮)들을 향해 문을 활짝 여는 것이기도 했다. 갖가지 계몽주의 사조들이 밀려들어 왔다. 거기에는 사회진화론이나 문명화론 등등이 당연히 포함되어 있었다. 사상들은 그 역사적인 뿌리와 맥락을 떠나 선교지에서 자유로이 유통되었다. 무수한 가능성들이 열리는 것 같았고, '사상'은 현실의 반영이라기보다 현실을 변화시킬 수 있는 힘으로 여겨졌다. 어떻게 생각하느냐에 따라 세상이 달라질 수 있는 것처럼 보였다. 새것이 좋은 것이었다. 계몽은 갈수록 거의 편집증적이 되었고, 반(反)개화세력에 대한 개화세력의 반감은 갈수록 비(非)관용적이 되어갔다. 시대에 뒤진다는 것은 죽음을 의미했다. 그러나 범람하는 새것들 간의 차이를 인식하기란 간단한 일이 아니었다.

나름대로 '개화'를 추진하던 구한말 정부로서는 처음부터 외국 선교사들이 자신들의 활동을 '계몽'으로 국한하는 한 그들의 선교 활동을 반대할 이유가 없었다. 오히려 정부는 선교사들을 통해 개화를 촉진하려 했다. 하지만 조선 정부로서도 개화와 선교를 구분하는 것은 어려운 일이었을 것이다. 어쨌든 1894년의 청일전쟁 이후 복음전도 활동은 정부나 지방 관리들의 반대를 거의 받지 않았다. 선교사들은 교육과 의료 등을 통해서 '간접적으로' 선교할 필요성을 그다지 느끼지 않았다. 고종은 언더우드에게 조선의 국교를 기독교로 선언하면 어떻겠느냐는 의견을 제시했던 것으로 알려져 있다. "아마도 기독교 전 역사에서 한국만큼 신속하게 기독교를 받아들였던 민족은 없었을 것이다. 4세기만에 기독교가 나라 전체에 광범위

---

118) Executive, "Korea Ripe for the Gospel", *The Korea Mission Field* 4.6 (June 1908), 82 : "Korea is a ripe harvest field to-day. The entire land is open for the preaching of the gospel."

하게 퍼져 '예수교회'와 '예수교리'가 대화의 공통 주제들이 되었다."119)
이 같은 성공이 네비우스주의와 같은 "대단히 현명한 선교정책"120)으로부
터 기인했다고만은 할 수 없다. 복음주의 선교는 시대의 화두인 계몽주의
와 같은 배를 탔기 때문에 성공했다. "한국은 립 반 윙클의 잠으로부터 깨
어나고 있습니다. 한국은 눈을 비비며 주위를 둘러보면서 이렇게 묻고 있
습니다. '나는 어디에 있습니까?' 한국은 도움을, 지혜를, 지식을, 힘을 갈
망하고 있습니다."121) 언더우드의 다음과 같이 말하고 있다.

> 한국에 있는 선교사들은 일반인을 위한 교육과 교회, 그리고 성직자를 위한
> 교육의 필요성에 대해 관심을 갖고 있지 않았던 것은 아니었으나, 처음부터
> 복음 전도 사업이 너무 벅찼던 것이어서 교육면에 충분한 주의를 돌릴 수 없
> 었다. 다시 말하면 복음을 전도하는 기회가 실제 손을 댈 수 있는 것보다 크
> 고 수적으로 많았던 것이므로 전도를 목적으로 하는 학교가 크게 도움이 된다
> 할지라도 당장에는 필요 없는 것으로 판단하였다.122)

선교사들이 '접촉점'을 확보하기 위해 굳이 교육이나 의료에 우선적으
로 투자했다고 추정할 근거는 없다. 초기에 개신교 복음전도가 국법에 의
해 종종 제지당했던 것은 사실이다. 그러나 곧 천주교와의 차별화에 성공
했고, 선교사들은 한국 정부에 그들의 종교가 반국가적이기는커녕 매우
애국적이며, 국법을 준수한다는 사실을 설득력 있게 보여주었다.123) 복음

---

119) Ernest Hall, "Religious Conditions in Korea", in *China and the Far East*, ed. George Blakeslee
   (New York : Thomas Y. Crowell & Co., 1910), 443, 박용규,『한국기독교회사 1』, 536에서 재인용.
120) 박용규,『한국기독교회사 1』, 537.
121) C. G. Hounshell, "Christian Education for Korea", *The Korea Mission Field* 2.4 (February 1906), 71.
122) H. G. Underwood, *The Call of Korea* (New York : International Press, 1908), 류방란, "개화기
   기독교계 학교의 발달 : 소학교를 중심으로", 한국문화 28 (2001), 255-256에서 재인용.
123) 크고 작은 어려움이 없었다는 말이 아니라, 비교적으로 말해서, 그렇다는 말이다.

주의 선교는 굳이 우회할 필요가 없었다. 교육, 의료, 출판 등등은 우회가 아니었다. 선교사들은 그것들이 단지 선교를 위한 접촉점이라기보다는 선교의 일환이라고 믿고 있었다. 교육 제도나 의료 기관 등의 지원 없이도, 복음 전도가 가능했으며, 교인 수는 꾸준히 늘어나고 있었다. 복음전도를 돕기 위해 다른 활동들이 반드시 필요했던 것은 아니었다. 그럼에도 불구하고 선교사들이 그들의 활동 범위를 넓힌 것은 "복음주의 제국"의 고유한 속성이었기 때문이었다. 문명화와 복음화의 구별은 아직 그들의 시야에 들어오지 않았다.

선교사들이 계몽 운동의 선구가 되었다는 것은 민족사적으로도 특별한 의미를 갖는다. 잘 알려졌다시피 복음주의 선교사들은 교육·의료·출판 등의 영역에 있어서 먼저 주도권을 잡았다. 이 사태를 그저 기독교의 사회적 영향력 확대라는 차원에서만 바라볼 것은 아니다. 이를테면 앤더슨(Benedict Anderson)이 말한 대로 근대 민족주의가 "인쇄 자본주의(print capitalism)"124)의 온상에서 자랐다면, 근대 한국의 대중적 문자 생활을 처음 주도한 선교사들이 한국의 민족주의에 어떤 방식으로든 기여했다는 것은 분명하다. 선교지민들은 교리문답을 통해 문자를 배웠다.125) 문자해득률(literacy)의 증가와 복음화율은 비례 관계에 있었다. 또한 성경주의자들인 복음주의 선교사들은 선교지민들이 토착어 성경을 읽을 수 있도록 하는 것을 최우선의 과제로 여겼다. 성경 번역 작업은 언제나 시급했다. 그리고 성경을 읽을 수 있는 독자층을 마련해야 했다. 교리문답이나 경건 서적들의 배포를

124) Benedict Anderson, *Imagined Communities : Reflections on the Origin and Spread of Nationalism* (London : Verso, 1983), 52.
125) Tomas Dronen, "'And it is Really Thanks to You that We Are Saved...' : An African Discourse on Conversion and the Creation of a Modern Myth", *Exchange* 36 (2007), 164.

위해서도 문자해득률을 높여야 했다. 한국어 보급에 선교사들이 앞장 선 것은 이 때문이었다.126) 그리고 문자 해득이 종교적인 수단으로만 활용 되었던 것은 아니다. 선교사들은 서양과 기독교에 대한 지식이 증가하면 선교를 위한 더욱 유리한 기반이 조성될 것이라고 믿었다. 아니, 기독교 문명의 선교는 언어 교육을 포함하고 있었다.

선교사들의 이러한 '문화' 선교는 결과적으로 한국을 하나의 실체로 상 상하는데 크게 기여했다고 할 수 있다. 선교지로서의 한국은 단지 복음화 의 대상 이상이었다. 선교사들에 의해서 '한국(Korea)'은 하나의 전체로서, 운명 공동체로서, 한 민족으로서 상상될 수 있었다. 민족주의적 이데올로 기의 전파 이상으로, 선교사들의 문화 사역은, 그들의 의도와는 상관없이, 민족주의 의식을 고취했던 것이다. 계몽주의의 기획을 선점한 복음주의 선교는 "겨레(Nation)와의 운명적인 공감"127)을 통해서 애국계몽운동과 결 합했다. 한국 교회는 이러한 의미에서 민족(주의) 교회였다. 민족을 깨우는 애국 계몽의 교회였다. '평양대부흥'은 애국계몽운동의 일환이었다. 민족 을 상상할 수 없는 한국 교회는 상상될 수 없었다.

계몽주의와 복음주의가 선교지에서 가장 용이하게 그러면서도 밀접하 게 결합한 분야가 '교육' 분야였다. "물질의 개화든지 아니면 정신적 개 화든지, 무지몽매한 백성을 일깨워 일하는 근대적 시민을 만들고 나라를 문명개화케 하는 모든 일이 교육의 문제였기 때문이다."128) 기독교에 대 해 소극적이었던 한국 정부도 기독교가 제공할 수 있는 교육의 기회에

126) 웨슬리의 감리교 초기 운동에서도 문자 해득과 저널 쓰기를 통한 영적 성장은 감리교 정서를 형성 하는데 중요했다. Vicki Collins, "Walking in Light, Walking in Darkness : The Story of Women's Changing Rhetorical Space in Early Methodism", *Rhetoric Review* 14.2 (Spring 1996), 343.
127) 서정민, "초기 한국교회 대부흥운동의 이해 : 민족운동과의 관련을 중심으로", 276.
128) 류대영, "한말 기독교 신문의 문명개화론", 37.

대해서는 대환영이었다. 아마도 '교육'이야말로 계몽주의와 복음주의의 가장 큰 합류지점이었을 것이다. "학교는 이교도들과 기독교인들 양자가 함께 즐겨 말할 수 있는 주제(a theme of pleasing comment)였다."129) 구한말 '교육'은 나라의 존망이 걸린 화두였다. 단지 해외문물을 수입하는 것만으로는 충분할 수 없었다. 제도와 체제의 개선으로서는 부족했다. 서구 열강의 힘의 진정한 원천을 찾아야 했다. 이 원천은 단지 군사력이라든가 자본의 힘에 있지 않았다. 개화기의 지배적인 담론은 그 힘을 계몽에서 찾았다. 한국인들은 아는 것이 없으면 할 수 있는 일이 아무 것도 없다는 사실을 깨달아가고 있었다.130) 계몽된 나라가 부강한 나라였다. 민족주의 담론은 계몽주의 담론이 되었다. 하지만 단지 교육 기관의 설립이나 교육 제도의 완비만으로는 교육의 과제를 다 수행할 수 없었다. 교육은 "교화(敎化)"였다.

> 지금 대한국 정치와 풍속을 보건대 태서문명한 나라에서 존숭하는 교화는 이단이라 하여 근본이치를 궁구하여 보지도 아니하고 다만 태서각국의 병기와 전보선과 전기와 전기차와 화륜선과 우체법과 각항기계는 취하여 쓰고자 하니 이것은 그 근본을 버리고 끝만 취함이라. 나무뿌리 배양할 생각을 아니하고 나무의 가지와 잎사귀만 무성하기를 바라니 실로 우스운지라.131)

계몽주의자들은 겉으로 나타나는 개화를 진정한 개화로 간주하지 않았다. 개화 또는 계몽은 뿌리로부터의 개화요 계몽이어야 했다. 생각이 변해야 했다. 마음이 변해야 했다. 회심이 일어나야 했다. 민족적인 회심이 민

---

129) E. M. Cable, "The Longing for Education", *The Korea Mission Field* 2.8 (June 1906), 144.
130) Ibid.
131) 「독립신문」 1899.8.19. 논설. 홍원식, "애국계몽운동의 철학적 기반", 269에서 재인용.

족을 살릴 수 있었다. 열강에 대한 물리적인 힘의 약세를 정신으로 극복해
야 했다. 여기에서 "교화"는 바로 기독교를 통한 변화를 의미하는 것이었
다. 구한말의 한 신문은 "기독교를 착실히 믿는 나라들은 세계에서 제일
강하고 제일 부유하고 제일 문명하고 제일 개화되어 하느님의 큰 복음을
입고 살더라."132)고 주장하고 있었다. 복음주의 선교사들의 관점으로는 기
독교에로의 회심과 복음주의적 부흥이 애국계몽의 본질적 요소였다. 서구
의 진정한 힘의 원천은 계몽에 있었다. 계몽적인 종교인 기독교에 있었다.

그러나 교육계는 계몽주의와 복음주의가 합류하는 장소인 동시에 이 둘
간의 차이가 부각될 가능성이 온존하는 곳이기도 했다.133) 학생들이 받은
교육도 양가적(ambivalent)이었다. 반(反)기독교가 태동하고 형성된 곳은 다
름 아니라 미선계 학교들이기도 했다. 기독교계 학교가 다수의 반기독교
적 졸업생들을 배출하게 되었던 것은 하나의 아이러니였다. 이러한 내적
균열은 선교지 계몽주의의 증가하는 다양성과 상호 충돌에 의해 더욱 강
화되었다. 이를테면, 문자해득률의 증가가 선교를 위해 유익했던 것만은
아니었다. 문자해득률의 증가는 문화해득률을 높였다. 계몽 사상들 간의,
문명들 간의, 대안들 간의 차이들이 점점 인식되어 갔다. 기독교국가인 미
국만이 문명화의 모델은 아니었다. 이를테면 신도(神道)를 국가 종교로 격
상시키는 일본도 모델이 될 수 있었다. 선교지에서 계몽의 헤게모니를 둘
러싼 각축이 일어났다. 다른 빛들이 점점 뚜렷이 나타났다.134)

---

132) 홍원식, "애국계몽운동의 철학적 기반", 270에서 재인용.

133) 인도 선교에서의 기독교 전파를 위한 스코틀랜드 더프(Alexander Duff) 등의 교육 활동의 의미
에 대한 논란에 대해서는 Brian Staley, "Christianity and Civilization in English Evangelical
Mission Thought", in *Christian Missions and the Enlightenment,* ed. Brian Stanley (Grand Rapid
s : Eerdmans, 2001).

134) Gottfried Noth, "Jesus Christ, the Light of the World", *The Ecumenical Review* 14.2 (January 1962),
144 : "There are lights in the world; that we can say without hesitation."

구한말 한국에서 복음주의 개신교가 계몽을 독점할 수는 없었다. 다양한 계몽 사조가 다양한 경로를 통해 한국에 이입되었다. 지배자들과 지식인들은 선교사들을 통하지 않고도 다양한 계몽사상을 접하고 전파할 기회를 더욱 많이 갖게 되었다. 실제로 선교 초기부터 반(反)기독교적 서적의 유입이 우려되기도 했다.[135] 특별히 일본을 거쳐 들어온 계몽주의는 비(非)기독교적이었다. 청일전쟁 이후 일본을 통해 유입된 "근대적–서구적 문명"은 선교사들에게 문젯거리였다.[136] 일본의 "대단히 반(反)선교사적이며 종종 비(非)기독교적"인 "세속적" 영향이 우려되었다.[137] 나아가서 계몽주의의 영향을 받은 개신 유교, 대종교, 천도교 등 '토착적' 사상들이 출현했다. 계몽 운동에 있어서의 개신교의 선점권은 개화의 불가피한 진전에 따라 점점 약화되었다. 기독교와 계몽주의는 동일시될 수 없게 되어갔다. 시간이 갈수록 개신교는 "문명의 기호라는 칭호를 빼앗긴 채 이질적인 하나의 종교로 전락하며, 이와 함께 제국의 문화적 헤게모니는 그 힘을 박탈당한다."[138] 그러나 이것은 자연스러운 현상이었다. 복음주의가 곧 복음은 아니었듯이, 한국도 다른 계몽들의 가능성 속에 놓여 있었다. 선교사들이 계몽에 대한 해석의 독점적 권리를 가지고 있었던 것은 아니었다.

이 시점에서 선교사들이 단지 계몽주의의 전도사일 수 없었다는 사실이 재차 상기되어야 한다. 나아가 그들이 의식적으로 '복음주의'를 전도하려

---

135) 류대영, "윌리엄 베어드의 교육사업", 「한국기독교와 역사」 32 (2010), 131.
136) 류대영, "윌리엄 베어드의 교육사업", 130.
137) 류대영, "윌리엄 베어드의 교육사업", 130.
138) 김윤성, "개신교 선교와 문화 제국주의 : 문화적 헤게모니와 이에 대한 대응", 「현상과 인식」 74 (1998), 54. 김윤성은 "대부흥운동"을 하나의 "잡종"으로 해석한다. "개신교에서 출현한 이러한 잡종들은 서구 종교인 개신교가 한국의 문화적 토양 속에 뿌리내리는 과정에서 전통적인 신앙–실천들과 뒤섞이면서 창출된 것들이다." 그에 따르면, 이러한 잡종의 출현으로 한국 개신교가 한국의 종교 문화 속에 뿌리를 내릴 수 있었다.

한 것은 아니었다. 그들은 선교지에 "복음주의(evangelicalism)를 전하려고 간
것이 아니라, 복음(gospel)을 전하려고 갔다."139) 선교학은 선교가 하나님으
로부터 기원하며, '예수 그리스도'는 '하나님의 선교'임을 기본 전제로 한
다. 선교의 소명을 자기 것으로 받아들이는 인간적인 사건이 지상에서 일
어났기 때문에 선교가 발생한 것이다. 선교사들의 '증언'은, 그들이 설령
문화의 포로라 할지라도, 예수 그리스도의 빛 아래에서 판단되어야 한다.

　선교사들은 복음을 전도할 목적으로 한국에 왔고, 그것을 그들의 본래
적인 사명으로 알고 사역에 임했다. 그러므로 한국에 온 선교사들이 한국
에서의 계몽 운동에 어떻게 기여했는가 하는 물음은 그 자체로서는 선교
학으로는 본질적인 질문이라기보다는 파생적인 질문이다. 한국에서의 민
족 운동 또는 계몽 운동에 복음주의 개신교가 어떻게 기여했는가 하는 질
문이 거듭 제기되고 있고, 교회사는 특별히 이러한 질문 앞에 서야 한다는
강한 압박감을 받아왔다. 그러나 한국에 근대 민족 국가를 수립한다는 것
이 재한 선교사들의 최우선적인 목적일 수 없었음은 명백하다. 한국 초기
선교사들의 선교 정책에 지대한 영향을 미친 인물로 알려진 네비우스는
다음과 같이 말한다.

> 　그리스도교회의 대사명은 기계학이나 토목공학이나 외국 언어 혹은 과학을
> 전수하는 데 있지 않으며 이교도 나라를 문명화함으로써 그들을 기독교화하
> 는 데 있지도 않다. 그 사명은, 그들을 기독교화한 다음 자신들의 문명 형태를
> 발전시켜 나가도록 내버려두는 데 있다.140)

　이 정도이다. 선교사들이 "기독교화"를 위해 이 땅에 왔다는 사실을 받

139) Walls, "The Evangelical Revival, the Missionary Movement, and Africa", 101.
140) 곽안련, 『한국교회와 네비우스 선교정책』, 39-40.

아들여야 한다. 그들에게 문명화라든가, 한국 민족의 자주 독립이 "대사
명"일 수 없었음은 당연한 일이었다. 그것들은 그 자체로서는 선교의 궁극
적인 목적이 될 수 없었다. 선교사들은 '하나님의 선교'의 증인들이었다.

하지만 그렇다고 해서 그들의 "대사명"을 재확인함으로써 선교학적 대
화가 종결되는 것은 아니다. 오히려 거기로부터 선교학적 물음이 제기될
수 있다. 우리는 복음주의 선교사들이 전파하려고 했던 '복음'이 무엇이었
는가, 네비우스가 말한 "기독교화"가 무엇을 의미했는가 물을 수 있다.
"문명화"의 시대에 그들은 자신들이 전하는 '복음'을 어떻게 이해했는가
하는 것이다.

복음주의의 진정한 문제는 문명화에도 불구하고 여전히, 언제나, 복음
의 문제였다. 계몽주의 시대에 복음은 계몽이었고, 선교 운동은 계몽 운동
이었다. 기독교는 계몽을 가져오는 종교였다. 내적인 회심은 계몽의 완성
이었고, 부흥 운동은 '계몽적 선교'의 일환이었다. '평양대부흥'은 계몽의
민주화요 계몽의 심화였다. 그렇다면 네비우스가 바랐던 것처럼 복음주의
선교에서 계몽은 선교지민들에게 맡겨둘 수 있는 "수단" 이상이었다. 계
몽은 복음주의 선교에서 복음의 본질을 이루고 있었다. "문명화"와 "기독
교화"는 네비우스가 생각했던 것처럼 간단히 분리될 수 없었다. 편리한 양
분법을 견지하기보다, 복음주의는 선교지에서 거듭나야 했다.

III. 계몽 운동과 부흥 운동

1. 계몽 운동과 부흥 운동의 상관성

그렇다면 부흥 운동이야말로 계몽주의의 헤게모니에 대한 복음주의의

반격이었는가? 서구에서도 기독교 부흥 운동을 일종의 반(反)계몽주의 운
동(counter-Enlightenment)으로 해석하는 경향이 있어 왔고, 계몽주의와 부흥
운동과의 관계도 서로 "적대적(antagonistic)"인 것으로 알려져 왔다.[141] 서
구에서도 순수 이성의 추구와 합리적 개인주의는 당연한 것으로 받아들여
지지 않았다. "자연 과학적 방법"으로 "계산하는 지성"과 시장의 냉혹한
법칙에 대한 저항, "세계의 탈주술화(disenchantment of the world)"에 맞서는
저항이 있어 왔다.[142] 부흥 운동은 지성의 지배에 대한 그러한 "감정의
항의"였으며, 따라서 "비합리주의적"이었으며 "열광주의적"이었다는 것이
다.[143] 이러한 선입견으로 인해서, 부흥 운동이 복음주의의 뼈대(backbone)
요 출생처로 인정되고, 적어도 20세기 초까지 복음주의가 계몽주의와 친
연성을 갖고 있었다고 인정되는 경우라 하더라도, 부흥 운동 자체를 반계
몽주의적인 것으로 해석하는 일종의 논리적 불일치가 발생하곤 했다. 특
별히 "불합리(irrationality)", "열광주의(enthusiasm)", "발작적 증세" 등으로 묘
사되는 "복음주의적 부흥"은 "이성의 시대에 대한 이례적인 무단침입"[144]
으로 비치기도 했다. 여기에는 종교 현상, 그중에서도 대중적인 종교 현상
에 대한 계몽주의적 편견과 경멸이 투영되어 있다고 볼 수 있다.

하지만 이러한 관점은 개신교를 포함한 많은 종교들이 지배적인 계몽
주의의 시대에 자신들을 적응시키기 위해 부단히 노력해온 사실을 간과
하는 경향이 있다. 그러나 앞에서 살펴본대로 계몽주의와 복음주의를 분
리할 수 없다면, 복음주의의 뿌리인 부흥 운동을 반계몽주의적이라고 단

---

141) David Bebbington, "Revival in Eighteenth-Century England", in *Modern Christian Revivals* eds. Edith Blumhofer and Randall Balmer (Urbana : University of Illinois Press, 1993), 17.
142) Comaroff and Comaroff, *Of Revelation and Revolution Vol. 1*, 60.
143) Bebbington, "Revival in Eighteenth-Century England", 17-18.
144) Bebbington, "Revival in Eighteenth-Century England", 18.

정할 수 없다. 오히려 부흥 운동의 역사는 양자 간의 상관성을 잘 드러내
준다. 미국의 경우 부흥 운동은 19세기 제2차 대각성 이래 개신교의 "정
통(orthodoxy)"이 되었다.[145] 부흥 운동이 갖는 민주적이고 개혁적 동력에
도 불구하고 부흥 운동을 반(反)계몽주의로 간주하는 경향은 계몽주의의
대중화를 경시하는 경향과도 짝을 이룬다. 그러나 앞서 밝혔다시피 계몽주
의는 계몽 사상가들의 사상 이상이었다. 계몽주의도 하나의 대중 운동이
되었다. 부흥 운동은 기독교 대중에 의한 계몽주의의 '주체적'인 수용이었
고, 이러한 경로로 근대 대중 문화의 일부가 되었다. 계몽 운동이 위로부터
의 '의식'의 근대화라면, 부흥 운동은 밑으로부터의 '잠재의식'의 근대화였
다고 말할 수 있다.

또한 '부흥 운동'이 기본적으로 진보적인 계몽주의의 시대에 반대하는
보수주의라는 시각도 빈번히 등장한다. 하지만 이러한 일반화는 부흥 운
동의 역사성을 외면하는 경향이 있다. 놀(Mark Noll)은 흥미로운 사례를 제
공한다. 그는 18세기 미국의 제1차 대각성 운동이 개인의 구원과 교회의
순수성을 보전한다는 의미에서 신학적으로는 보수적이었다고 본다.[146]
그러나 놀은 대각성 운동이 결과적으로 청교도주의의 관념, 즉 개인적 종
교와 교회 구조와 사회 질서를 통합하는 "언약(covenant)"에 대한 초기 청
교도들의 관념을 흔들어놓았고, 개인과 교회를 사회와 분리함으로써 오
히려 시민적 인본주의를 주장하는 공화주의와 이에 뒤이은 자유방임 자
유주의의 개인주의를 추인했다고 본다. 그렇게 해서 독립 전쟁 시기 특징
적인 "기독교 공화주의"를 산출시켰다는 것이다.[147] 놀의 해석은 부흥 운

---

145) Carwardine, *Transatlantic Revivalism*, xiv.
146) 물론 이 보수성은 계몽주의에 맞선 자기 방어적인 보수성은 아니었다. 청교도들은 아직
　　　본격적으로 계몽주의의 영향을 받지 않았다.

동과 계몽주의의 역학이 매우 복합적임을 시사하고 있다.

미국에서 계몽주의와 부흥 운동의 연관성은 제2차 대각성 운동 시기에 더욱 강화되었다. 이 시기 피니 등의 "새로운 방법"에 의한 부흥 운동은 "보다 자유주의적인 신학의 실천적 표현(a practical expression of the more liberal theology)"이었다.[148] 나아가 제도화된 부흥주의라고 해서 반드시 전통적이고, 보수적이며, 반동적이라고 단정될 수 없었다. 피니의 부흥 운동은 실제로 절제 운동과 같은 개인적인 경건의 추구로부터 사회적 경건의 추구로 나아갔고, 노예제 폐지 운동으로 이어졌다. 보쉬는 영미의 복음주의가 극단을 피하고 종합을 추구했다면서, 18세기 이래 대각성 운동이 계몽주의의 이념들을 낯설게 여기거나 그것들과 갈등을 일으키지 않았다고 보고 있다.[149]

흔히 부흥 운동과 결부됨으로써 복음주의는 반(反)계몽주의적이었다고 단정되는 경향이 있지만, 기독교국가의 이상, 시민적 종교로서의 특성, 과학과 철학의 영향, 개인주의 등을 고려할 때, 양자 사이의 관계를 파악하는데 있어서 언표된 진술들을 단순 대비하는 것만으로는 불충분하다. 양자 간의 "상보성(compensation)"과 "연결(connexion)"이 고려될 때,[150] 계몽과 부흥의 대립은 사실상 강조점의 상대적인 이동이라는 사실이 밝혀진다.

이러한 차원에서 20세기 벽두에 발생한 한국의 '평양대부흥'과 계몽 운동과의 관련성을 다시 묻게 된다. 류대영은 앞서 언급한 대로 19세기 복음주의 선교의 개혁적 성격이 1907년 '평양대부흥'을 결정적인 계기로 삼

---

147) Noll, "Revival, Enlightenment, Civic Humanism, and the Development of Dogma", 53-54.

148) Carwardine, *Transatlantic Revivalism,* 6.

149) Bosch, *Transforming Mission.* 277.

150) Barth, *Protestant Theology in the Nineteenth Century*, 87.

아 다음과 같이 변질되었다는 견해를 표명한 바 있다.

> 대부흥은 한국 개신교의 새로운 시대를 열어 놓았다. 그 변화 가운데 이 글
> 의 주제와 관련하여 지적할 것은 이때부터 기독교가 뚜렷이 보이기 시작한 비
> 정치화, 또는 탈정치화 경향이다. 대부흥은 한국 개신교가 과거에 강하게 보이
> 던 민족주의적, 개혁적, 현실참여적 성격을 크게 상실하고 전반적으로 내세 지
> 향적인 개인적 차원의 감성적 종교로 변하는 결정적 계기가 되었다. 즉 한국
> 인들이 나라가 망해가는 가운데 느낀 실망과 좌절을 종교적 카타르시스를 통
> 해 해소시켜주고 종교적 이상의 세계 속에 희망과 의미를 가지도록 해주었던
> 것이다.[151]

위 인용문은 한국교회사 연구자들의 '평양대부흥'에 대한 비판적인 견해
들을 집약하고 있다고 할 수 있다. 그런데 우선 사실 관계와 잘 맞지 않는
것 같다. '평양대부흥'과 거의 동시대에 발족한 신민회의 활동과 105인 사
건, 1919년의 3·1운동 등을 볼 때, 한국의 개신교는 적어도 1920년대 초
까지는 "민족주의적, 개혁적, 현실 참여적"인 성격을 견지했던 것으로 보
인다. '평양대부흥'을 계기로 복음주의 선교사들의 선교 정책이 크게 달라
졌다고 판단할 근거는 없다. 국제적인 복음주의 선교 운동이 한 선교지의
정치 정세 변화에 따라 그 선교 정책을 근본적으로 전환할 만큼 그렇게
민감하게 반응했다는 증거도 잘 보이지 않는다. 대한제국의 몰락은 이미
예견된 일이었다. 만일 한국 선교와 한국 교회에 어떤 주목할 만한 변화가
일어났다면, 그것은 아마 1920년대 이후의 일일 것이다. 급변하는 국제 정
세와 대한제국의 비극적인 종말이 복음주의 선교와 전혀 무관할 수는 없
었을 것이다. 그러나 복음주의 선교는 세계적인 운동이었고, 선교사들은

---

151) 류대영, "2천년대 한국 개신교 보수주의자들의 친미·반공주의 이해", 66.

복음의 크나큰 대의를 위해 일하고 있었다. 그들에게는 선교지 국내 정세
보다 웨일즈,[152] 인도 등지에서 일어나고 있는 부흥 운동이라든가, 에딘버
러 선교대회와 같은 국제 선교 운동 등이 더 중요했다. 국제적인 복음주의
선교가 개항과 맞물려 활성화되었다고 해서 한국의 개항이 개신교 선교의
원인이라고 말할 수 없는 것처럼, '평양대부흥'이 구한말 민족사적 위기와
맞물려 있었다고 해서 이러한 위기가 '평양대부흥'의 직접적인 계기가 되
었다고 볼 수는 없다. 그보다는 좀 더 구조적인 차원에서의 연결 고리가
탐색되어야 한다. 보수적이고 근본주의적인 복음주의와 사회 복음이 아직
분열되지 않은 "복음주의 제국"의 전성기에, 한국에서 활동하던 선교사들
이 '평양대부흥'을 통해 "한국개신교의 새로운 시대"를 열었다면, 이야말
로 특기할 만한 일이었을 것이다.

2. '반(反)계몽주의'론들

'평양대부흥'을 본격적으로 고찰하기에 앞서서, 예비적인 사전 정지 작
업을 해야 할 단계에 이르렀다. 이 작업은 본 연구의 논점을 보다 확실히
하기 위해 필요하다. 이하에서는 '낭만주의'론, '신비주의'론, '내세주의'론,
'기복주의'론, '토착주의'론 등을 차례로 검토하면서, '평양대부흥'이 일종의
'반(反)계몽주의' 운동으로서, 과연 구한말 계몽 운동에 대한 어떤 반발이
나 이탈을 지향하고 있었는지를 논하려고 한다. 결론을 미리 말하자면, 부
흥 운동 과정에서 당시 풍미하던 애국계몽운동에 대한 어떤 불만이나 반

---

152) 웨일즈 부흥 운동이 다른 부흥 운동에 끼친 영향에 대해서는 Wolfgang Reinhardt, "'A Year of
Rejoicing': The Welsh Revival 1904-05 and Its International Challenges", *Evangelical Review
of Theology* 31.2 (2007). 국내 논문으로는 박용규, "웨일즈 대 부흥운동(The Welsh Revival)
1904-1905", 「교회사학」 6.1 (2007) 참조

발이나 이탈은 나타나지 않았다.

(1) 낭만주의론

선교사들에게 부분적으로 낭만주의적 한국 이해가 있었던 것도 사실이다. 그들의 한국에 대한 인상은 "낭만주의화된 비전(a romanticized vision)"[153]을 포함하고 있었다. 이웃한 일본의 급속한 서구화에 대비해 볼 때, 조선은 아직도 비(非)서구의 원형을 좀 더 많이 간직하고 있었다. 선교사들은 한편으로는 한국의 위생 상태와 빈곤과 게으름과 반상(班常) 차별과 같은 현상들에 대해 눈살을 찌푸리면서도, 한국인의 순수함과 선량함과 배우려는 열의 등에 대해 대체로 호의적이었다.

그러나 그것은 '아직도'의 호기심에 불과했다. 복음주의 선교사들은 과거로 돌아가려 하지 않았다. 그들은 명백히 '근대주의자들'이었다. 역사는 진보하고 있었고, 하나님의 나라를 향해 나아가고 있었다. 시간은 돌이킬 수 없었다. 선교사들이 발견한 한국인들의 선량함은 앞서 지적한 계몽주의의 보편적인 인간성에 대한 선교사들의 긍정을 가리키고 있었다. 선교사들의 비전에서는 사라져가는 "고귀한 야만"에 대한 동경과 감상주의를 발견할 수 없다. 한국인들은 명백히 변해야 했다. 선교사들은 자신들이 변화의 역군이 되어야 한다는데 대해 조금도 자기 의심도 없었다.

'평양대부흥'의 배경이 된다고 주장되는 19세기 말의 케직 사경회 등 성결 운동에 대해 베빙톤은 이 운동이 도시화, 산업화에 대한 일종의 탈출로로서, "낭만적 감수성(Romantic sensibilities)" 또는 낭만주의적 요소를 갖고 있었다고 주장한다.[154] 그는 "완전(perfection)"에 이르기 위한 개인의

---

153) Pak, "Not by Power, Nor by Might", 16.
154) Bebbington, *Evangelicalism in Modern Britain*, 168.

의지를 강조하는 경향도 독일에서 시작된 낭만주의가 영미권에 더디게나마 영향을 끼치고 있었음을 시사한다고 보고 있다.[155] 이와 관련하여 놀(Noll)도 부흥 운동이 기계적이고 합리주의적인 계몽주의에 반발하여 주관적인 감정과 직관을 강조하는 성격을 갖고 있었다고 본다. 적어도 지성은 감성에 의해 보완되어야 했다는 것이다.

'평양대부흥'과 낭만주의의 관련성은 시기적으로는 있을 법해 보인다. 즉 19세기 말 영미의 성결 운동이 같은 시기에 활동한 재한 복음주의 선교사들과 전혀 무관할 수 없었다. 그러나 18세기 유럽의 계몽사상을 20세기 초 한국의 계몽 운동에 직접 대입할 수 없는 것처럼, 유럽의 낭만주의와 영미의 성결 운동이 '평양대부흥'에 시기적으로 앞섰다 해서, '평양대부흥'을 성결 운동, 케직(Keswick) 사경회 등의 정서의 일부를 이루고 있던 낭만주의와 곧바로 연결지을 수는 없다. 물론 낭만적 정서가 옛것의 상실에 대한 일반적인 감성이라면 선교사들이 이러한 감성을 보유할 수도 있었을 것이다. 그러나 당시 한국은 근대 산업은 일천하고 도시화는 겨우 시작 단계에 불과한 농촌적인 나라였다. 이런 상황에서 선교사들이 자연에 대한 복고주의적 감수성을 선교지 교회의 영적 생활에 투영하려 했다고 보긴 어렵다. 덧붙여 유럽과 비교할 때, 선교사들이 떠나온 본국에서의 낭만주의가 매우 지체되었고 완만했다는 사실도 감안되어야 한다.[156] 이 점에서 일반적인 낭만적 감수성과 역사적인 낭만주의를 개념적으로 구분할 필요가 있다. 낭만주의는 1920년대에야 일본을 거쳐 식민지 조선으로 도입된 것으로 봄이 타당할 것이다.[157]

---

155) Ibid., 168-169.

156) Sydney Ahlstrom, "The Romantic Religious Revolution and the Dilemmas of Religious History", *Church History* 46.2 (June 1977), 150.

19세기 말 이후 한국에서 나타난 부흥 운동이 계몽주의적이라기보다는 계몽주의 이후의 낭만주의적 성향의 '성결 운동(Holiness movement)'이라는 관점은 선교지에서 그대로 적용될 수 없으며, '평양대부흥'에서는 더욱 그렇다. 성령의 직접적인 역사, 완전한 성화와 은혜의 두 번째 체험을 추구하던 성결 운동에서 나타나던 "분리주의"가 한국의 부흥 운동에서는 나타나지 않았다.[158] 성결 운동은 선교지에서 "주관적으로 내적인 왕국 중심의 완전한 승리"[159]를 추구할 만큼 낭만주의적이지 않았다. 나아가 감리교ー성결 운동도 때로는 사회 개혁에 대한 후천년주의적 비전을 지지했다.[160] 부흥 운동으로 순수해진 영혼은 나라를 위한 애국 운동으로 승화하곤 했다.

재한 선교사들은 '고귀한 야만인(noble savage)'과 같은 것을 믿지 않았다. 타락한 이교도들로부터 건질 것은 없었다.[161] 그들이 때때로 선교지민들의 지적 능력이나 열심을 칭송한 것은 어디까지나 후자의 회개와 자기 변화의 잠재력을 높이 평가했기 때문이었다. 복음을 끝까지 거부한 이방인들은 그들의 고귀한 성품에도 불구하고 영원한 저주로부터 벗어날 수 없었다. 그러나 선교사들은 선교지민들의 진보에 낙관적이었다.

부흥 운동이 계몽주의의 적(敵)이라는 해석을 따른다면, 이성의 차가운 형식주의와 합리주의적이고 기계적인 세계관으로부터 인간을 해방하려는 낭만주의가 부흥 운동의 친구가 될 수도 있었을 것이다. 부흥 운동과 마찬가지로 낭만주의도 "감정"을, 외적인 교리보다는 내적인 체험을 중시했다. 복음

157) Hyun Sohn, "Romanticism and Korea : A Missed Encounter?" 「유럽사회문화」 9 (1912), 33.
158) Noll, A History of Christianity in the United States and Canada, 378-379.
159) Ibid., 381.
160) Marsden, Understanding Fundamentalism and Evangelicalism, 114.
161) Michael Coleman, "Not Race, but Grace", 51.

주의적 경건과 낭만주의적 충동은 슐라이에르마허의 "낭만적 종교(Romantic religion)"에서 극적으로 연결되었다.162) 하지만 선교지에서는 오히려 계몽 운동이 격정적으로 추구되었다. 청교도주의와 계몽주의에 대립되는 새로운 조류로서의 유럽의 낭만주의163)는 선교지 한국에서 부각될 수 없었다. 계몽의 선구자를 자임하던 선교사들이 탈계몽주의(post-Enlightenment)적인 낭만주의를 부추길 가능성은 거의 없었다. "낭만주의 혁명(romantic revolution)"164)은 아직 도래하지 않았다. 선교지에서 합리주의는 불신앙이 아니었고, 부흥 운동은 정통이었다. 계몽주의와 부흥 운동이 서로 대립될 이유는 없었다. 이 둘은 서로를 동반하여 선교지에 이르렀다.

실제로 낭만주의가 이후 한국 교회에 어떤 영향을 미쳤는지도 의문이다. 내면적 주체에 대한 집중이 성결 운동이었다 하더라도, 선교지에서 이러한 내면적 주체는 세상과의 단절을 추구하지 않았다. 유럽적인 낭만주의는 상식으로 무장한 미국 선교사들의 낙관적인 세계관과 맞지 않았다. 계몽주의가 충분한 것은 아니었다 하더라도, 그렇다고 해서 계몽주의를 대체할 다른 사조를 그들은 필요로 하지 않았다. "계몽주의 시대의 유물인 미국은, 족히 19세기까지도, 그 기원이 18세기의 환경보다 더 나중으로 가지 않는 사고 유형에 대체로 만족하고 있었다."165) 끝으로 앞서 언급했다시피 계몽주의와 낭만주의가 서로 대립적이었던 것만은 아니었다. 낭만주의는 계몽주의의 두 가지 계기 중 한 축, 즉 '내적 계몽'의 심화로 이해될 수 있었다. 경건주의가 계몽주의의 선구가 되었던 것은 이 때문이었다.

---

162) Ahlstrom, "The Romantic Religious Revolution and the Dilemmas of Religious History", 156-157.
163) Ahlstrom, *A Religious History of the American People*, 584.
164) Ibid., 596.
165) 김경빈, "한국에 온 미국 선교사들의 신앙 유형과 그 사상적 배경", 103.

(2) 신비주의론

'평양대부흥'의 성령 체험과 관련하여, 신과의 합일을 추구하는 신비주의적 경향이 거론되기도 했다. 민경배는 '평양대부흥'에 대해 "언어로 표현 불가능한 신비스러운 실재 앞에 압도당하는 매복이 거기 있었다."며 다음과 같이 주장하고 있다.

> 그러나 이러한 신비적 체험류의 경건보다도 심각한 것이 신앙의 피안적 안착이요, 역사 내에서의 선교에 대한 몰각이라 할 수 있다. 선교사들은 당시의 한국교회가 지나치게 애국의 충성에 기울어져, 요컨대 '비신앙'의 위험에 있는 것을 불행히 여겨 비윤리화, 비정치화의 정책을 드높이 들고 나섰다. 1907년을 치리권까지 포함한 한국민족교회 형성의 해로 잡은 이들은 그 확립 이전에 그들의 신앙형태에 한국교회가 딱 들어맞는 모습으로 출발하기를 바랬다. 그래서 이 부흥의 물결에 저 유명한 신비적 경건의 색채를 짙게 뿌릴 심산이었다.166)

'평양대부흥'이 신비주의 운동이었다는 것은 아니지만, "몰현세적 명상"과 "신과 나와의 근접성의 체험" 등은 "이 대부흥의 신비주의적 요소를 시사했다"는 것이다. "교회를 혼란과 싸움에서의 피난처로 보는 이상, 그 교회는 항상 신경과민적인 신비주의적 경향에 인도된다고 봄이 마땅할 것이다."167) 이런 맥락에서 민경배는 선교사들이 토착적인 한국민의 신비적 경건에 덧붙여 "주님과의 고고한 인격적 관계"에 전념하는 신비주의를 의도적으로 도입했다고 주장하고 있다.

그러나 복음주의 선교사들은 이성주의적이지도 않았지만, 신비주의적이

---

166) 민경배, "한국교회의 신비주의사 : 1945년까지", 「기독교사상」 24.9 (1971), 73.
167) Ibid., 73.

지도 않았다. 이를테면 프린스턴 신학은 이신론(deism)과 함께 비합리적인 신비주의(mysticism)를 거부했다.[168] 오히려 그들은 경험주의자들이었고, 성령의 현시를 목격할 뿐만 아니라 관찰하고 기록할 수 있다고 믿었다.

더구나 부흥 운동을 일으킨 선교사들이 주류교단 출신이었다는 사실도 고려되어야 한다. "세계 개신교 선교역사에서 브라질을 제외하고는 한국만큼 미국 개신교 주류 교단에 의해 완전히 장악된 선교지는 없었다."[169] 미국 주류 교단 출신의 선교사들이 선교지 한국에서 "신과의 합일"과 같은 신비주의 운동을 일으켰다는 주장은 동의될 수 없다. 오히려 '평양대부흥'은 세계 부흥 운동사상 비합리적인 현상과 신비주의적인 요소가 거의 나타나지 않은 점에서 주목될 수 있을 것이다.

'평양대부흥' 과정에서 보고된 '성령 체험'을 곧 신비(주의)적이라고 판단할 수도 없다. 만일 신비주의가 신과의 인격적 합일을 추구하는 것이라면, 선교지 한국에서 성령은 오히려 낯설고 두려운 존재였다.

> 한일신협약 이후 전국적으로 개최된 부흥사경회에서 나타난 현상은 목격자들이 미국의 대부흥운동이나 심지어 초대교회의 오순절 사건을 연상시킬 정도로 엄청난 것이었다. 전설적인 이런 사건들과 마찬가지로 한국의 부흥사경회에서는 '비상한 육체적·정신적 현상'들이 나타났다. 1907년 1월에 있었던 평양 사경회가 좋은 예다. 선교사들이 목격한 이 집회는 '소리지르고, 신음을 하며 괴로워하고 격렬하게 울부짖고 바닥에 쓰러지고 입에 거품을 물고 각종의 발작적 행위를 하다가, 결국에는 완전히 의식불명이 되는' 많은 한국인들로 아수라장이었다. 한국 기독교인들이 보여준 이런 육체적, 정신적 흥분 현상은 때로 지나치게 비정상적인 것이어서, 선교사들조차도 놀라 통

---

168) Ernest Sandeen, "The Princeton Theology : One Source of Biblical Literalism in American Protestantism", *Church History* 31.3 (September 1962), 309.
169) 류대영, 『초기 미국 선교사 연구』, 27.

제하고자 할 정도였다.[170)]

이러한 "육체적, 정신적 흥분 현상"을 두고 과연 "신비주의적" 요소라고 할 수 있을지는 의문이다. 물론 선교사들이 이러한 현상을 정상적이라고 판단하지는 않았다. 이러한 현상은 비정상적이고, 예외적인 현상이었다. 선교지 교회가 이와 같은 "아수라장"이 될 수는 없었다. 하지만 이 현상을 비합리적이라고는 말할 수 없다. 선교지민들은 회개하라는 선교사들의 요구에 복종했을 뿐이다. 그들이 회개해야 할 내용에 대한 시사는 선교사들로부터 주어졌다. 또 이 회개를 어떻게 몸으로 표현할 것인지, 그리고 그 한계가 어디까지인지는 선교사들에 의해 조건 지어져 있었다. 만일 '평양대부흥'이 신비주의적이었는가를 물으려면, 먼저 선교사들이 신비주의적이었는가를 물어야 한다. 결론적으로 그들은 신비주의적이지 않았다. 비상한 육체적 표현은 성령의 '신비한' 역사(役事)를 가리키기보다는 계몽의 고통을 가리키는 것이었다. 선교지민들로부터 복음주의적 영혼을 산출하는 산고(産苦)가 '평양대부흥'에서 압축적으로 표현되었다.

(3) 내세주의론

신비주의에 대한 혐의는 아마도 '평양대부흥'이 내세 지향적이라는 혐의의 연장 선상에 있는 것 같다. 그러나 내세(來世)와 내면(內面)은 다르다. 사후세계는 더욱 다르다. 어떤 논자들은 미국 선교사들의 전천년주의라든가 선교지 대한제국의 몰락 등을 거론하면서 '평양대부흥'을 내세주의와 관련 지어보는 경향이 있다. 무디의 영향 아래 있던 노스필드 컨퍼런스(Northfield

---

170) 류대영, 『초기 미국 선교사 연구』, 139.

Conference)는 고든(A. J. Gordon)이나 피어선(A. T. Pierson)과 같은 세대주의자
들에 의해 주도되었고, '세대주의적 진리(Dispensational Truth)'가 발표된 1886
년, 같은 노스필드에서 SVM이 발족되었다. 이 해 컨퍼런스에서 100여 명
의 SVM 자원자들이 나왔다.[171] 이런 정황 때문에 선교사들이 전천년 세
대주의를 선교지 한국에 전했을 가능성은 배제할 수 없고, '평양대부흥'도
"내세 지향적"[172]이라거나, 이를 계기로 "전천년 왕국설의 신학이 교회
안에 깊숙이 정착하기 시작한 것"[173]이라는 주장도 나오게 된다.

  그러나 선교지에서 대부분의 복음주의 선교사들은 내세주의적이라기보
다는 자신들을 "변화의 주역(agent of transformation)"으로 여겼고, "역사를 만
들고 풍파를 일으키는 영웅으로서의 의식(a heroic sense of making history and
precipitating events)"을 가지고 있었다.[174] 이러한 그들이 내세를 추구했다는
것은 논리적으로 맞지 않는다. 그들에게 선교지 전 민족의 복음화는 눈앞
에 다가온 듯 했지만, 그 복음화가 "영광 중에 강림하는 하나님의 나라(a
glorious advent of the kingdom of God)"[175]와 어떤 상관이 있는지에 대해서는
모호했다. 캐나다에서 다르비(Darby)를 따라 "공리적 경건(propositional piety)"
을 추구하는 플리머드 형제단과 "체험적 경건(experiential piety)"을 추구하는
감리교는 성결에 대한 관심에서 매우 다른 길을 걷고 있었다고 한다.[176]
캐나다의 감리교 지도자들 대부분은 플리머드 형제단의 전천년주의를 결
정적으로 거부했다는 것이다.[177] 한국에 온 선교사들이 선교지에서 추구

---

171) Sandeen, "Toward a Historical Interpretation of the Origins of Fundamentalism", 76-77.
172) 류대영, 『개화기 조선과 미국 선교사』, 434.
173) 민경배, 『한국기독교회사』, 276.
174) Deborah Gewertz and Frederick Errington, "Individualism, Agency, and Revivalism in the
     Duke of York Islands", *Cultural Anthropology* 8.3 (August 1993), 279.
175) Edwards, "Forging ideology for American Mission", 167.
176) Phyllis Airhart. "'What Must I Do to Be Saved?'" 381.

한 것은 "공리적 경건"이라기보다는 "체험적 경건"이었다.

미국의 온건하거나 자유주의적인 개신교인들도 하나님의 나라를 이 땅에 건설하는데 관심을 기울였다. 1880~1920년대의 후천년주의자들은 인간의 삶의 모든 측면에서 진보가 이뤄질 것을 기대했다. 승리하는 기독교란 피안의 세계가 아니라 이 세계를, 교회가 아니라 거룩한 성을, 구원받은 영혼이 아니라 구원받은 열방을 가리키는 것이었다.[178] 교회는 성장하고 있었으며, 세상은 기독교에 의해 변화하고 있었다. 이 세대에 한국을 복음화하려는 야심을 가진 선교사들에게 파국적인 종말에 대한 기대가 들어설 자리는 거의 없었다. 선교지 교회도 내세로 도피하려 하지 않았다. 그것은 변화의 주역이 되려고 했다. 그러므로 내세주의가 '평양대부흥'에 끼친 영향을 살펴보기보다, 거꾸로, 정황으로는 개연성이 있는데도 불구하고, '평양대부흥'에서 왜 내세주의가 나타나지 않았는지를 설명해야 할 것이다.

(4) 기복주의론

부흥 운동은 대중적인 운동이었고, 엘리트 문화와 민중 문화의 구별을 뛰어 넘는 일종의 "근대 대중 문화(modern mass culture)"적 요소를 가지고 있었다.[179] 그렇다고 해서 '평양대부흥'이 기복주의적이고 물질추구적이라고 추정할 근거는 없다. 이와 관련하여 되풀이되는 기복주의에 대한 오해를 재검토할 필요가 있다. 1960년대 이후 한국 교회의 괄목할 만한 성장을 두고, 한국 개신교회가 물질주의적이고 이 세상적인 복음을 강조했으며, 이

---

177) Ibid., 383.
178) Moorhead, "Engineering the Millennium", 108.
179) van Rooden, "The Concept of an International Revival Movement Around 1800", 166.

것이 전래의 샤머니즘과 맞아떨어졌다는 주장이 계속 제기되어 왔다.[180] 이러한 맥락에서 부흥 운동은 이러한 기복주의 신앙을 강화했다고 비판되었다.

그러나 우선 선교지 한국민들이 기독교로부터 무엇인가 혜택이 주어질 것을 기대했다고 해서 그들의 그러한 신앙이 경멸의 대상이 되어서는 안 된다. 기복 신앙의 대상은 나라의 부강에서부터 개인의 행복에 이르기까지 매우 포괄적인 것이었다. 민족주의자들이 추구한 부국강병과 부흥주의자들이 추구한 현세적 축복은 유사한 논리 구조를 갖고 있었다. 다만 국가와 개인을 유기적으로 연결시킬 수만 있다면 문제될 것이 없었다. 실제로 복음주의 선교는 이 둘을 연결시키고 있었다. 개인주의적인 기복을 단죄하고 국가와 민족의 번영을 추구하는 공동체주의의 이면(裏面)에는 개인이 잘 살아야 나라도 번영한다는 자유주의가 있었다. 그리고 둘 다 천년왕국적인 비전 속에서 가시적인 지상의 행복을 추구한다는 점에서는 일치했다.

기복주의의 문제는 당시 복음주의 선교의 후천년주의적 성격으로부터 접근할 필요가 있다. 물질생활의 개선과 기술의 발전은 후천년주의의 담론에서 매우 중요한 요소였다. 과학의 진보와 상업의 발전, 이에 따른 풍요로운 삶 등등은 천년왕국의 의미있는 표적들이었다. 개화와 문명의 진보는 천년왕국을 가져올 것이었다. 증기선은 선교사들을 실어 날랐고, 출판인쇄업은 성경을 배포했으며, 전신전화의 발명은 전 세계 교회의 소식을 신속하게 알렸다. 기차와 전차의 부설은 선교사들의 전도를 도왔다. 병원은 기독교 환자들을 고쳤으며, 학교에서는 경건을 가르쳤다. 세속적인

---

180) Andrew E. Kim, "Korean Religious Culture and Its Affinity to Christianity : The Rise of Protestant Christianity in South Korea", *Sociology of Religion* 61.2 (Summer 2000), 119.

향상은 복음주의 개신교와 불가분의 관계를 가지고 있었고, 세속적인 향상의 욕망은 기독교 입교와 자연스럽게 동반했다.[181]

그런 만큼, 기복적 신앙의 기원을 한국인의 전통적인 종교성과 연결시키거나, 복음의 물질주의적 왜곡이라는 식으로 해석하는 것은 충분치 않다. 선교사들이 지니고 있었다고 추정되는 금욕주의적 기독교를 선교지 교회의 물질주의적 기독교와 대조시키는 논법에도 한계가 있다. 무엇보다도 한국에 들어온 복음주의 개신교는 엘리트주의적인 종교가 아니었다. 선교사들의 신학은 일종의 대중 신학이었다. 그리고 그들의 선교는 정신세계에 몰입할 수 있는 엘리트들의 계몽을 주목적으로 하지 않았다. 선교사들은 선교지민들의 일상적인 삶에 밀착하려 했다. 선교사들은 분명히 선교지민들의 삶을 개선하려고 했고, 그들이 전하는 복음이 어떤 방식으로든 선교지민들의 삶에 긍정적으로 기여하리라고 믿었다. 선교지에서의 복음은 처음부터 매우 물질주의적이었다.

선교지민들이 선교사들보다 본래 더 '세속적'이었다고 가정할 이유도 없다. 선교지민들의 세속성은 때로는 실용성을 강조하는 복음주의 선교사들에 의해 부추겨진 측면도 있었다. 베버가 금욕적 프로테스탄티즘의 윤리와 자본주의 정신 간의 친연성을 발견했듯이, 경건주의와 기복주의의 경계는 실제로 그렇게 절대적이지 않았다. 천상의 빵과 지상의 빵은 후천년주의적인 복음주의 선교에 의해서 그 거리가 매우 좁혀졌다. 금욕주의적이고 탈세속적인 기독교가 선교지 한국인들에 의해 기복주의적 종교로 왜곡되었다는 가정 자체에 문제가 있다는 말이다. 복음주의 선교는 선교지민들에게 행복을 약속했다. 이 행복을 굳이 피안의 세계에서, 내세에서 찾

---

181) Moorhead, *World Without End*, 10.

을 이유는 없었다. '문명화 선교'는 지금 여기에서의 행복을 약속하곤 했
다. 그렇다고 해서, 자신들의 행복을 포기하고 선교에 나선 선교사들이 선
교지에 와서 단지 기복주의 신앙을 전파했을 뿐이라고 주장하는 것도 이
치에 맞지 않는다. 중요한 것은 복음주의 선교가 영적인 것과 물질적인 것
을 분리하지 않았으며, 따라서 경건과 기복의 경계 또한 매우 흐릿했다는
사실이다.

 이와 함께 고려되어야 할 문제가 있다. 이를테면 19세기 말 미국의 "신
앙 치유(faith cure)"가 단지 개인의 건강이나 행복만을 추구하는 자기중심적
인 운동이었는가 하는 것이다. "신앙 치유" 운동도 개인적인 건강의 회복
에 그치지 않았다. 그것은 하나님을 섬기고 다른 사람에게 봉사하는데 적
극적으로 참여하려는 보다 깊은 의욕과 밀접하게 연결되어 있었다.[182] 19
세기 후반 개신교 전체가 일반적으로 진보적인 정서의 영향 하에 있었던
만큼, "위대한 의사"와 만나는 "신앙 치유"도 가난이나 무절제나 사회적
악의 극복에 적극적으로 참여했다.[183] 건강한 그리스도인은 건강한 사회
의 역군이 되어야 했다. 신앙 치유 운동은 YMCA와 같은 사회 활동 조직
들과 합세했다. 개인의 영적 각성이든 신체적 강건이든, 그것이 곧바로 이
기주의적인 것이었다고 단정할 수 없다. '평양대부흥'이 기복주의적이지도
않았지만, '쌀자루 기독교(Rice Christianity)'라고 해서 경건하지 않은 것도 아
니었다.

182) Heather Curtis, "The Lord for the Body : Pain, Suffering and the Practice of Divine Healing in Late-Nineteenth-Century American Protestantism" (Ph.D. diss., Harvard University, 2004), 251.
183) Ibid., 253.

(5) 토착주의론

'평양대부흥'을 민족 교회의 기원과 연결시키려 할 때마다 한국인 특유의 '토착적'인 종교적 심성이 언급되곤 한다.

여기에서 한 가지 강조해야 할 것은 부흥집회의 감정적 분위기와 한국인들의 원초적 감성이 상승작용을 일으켰다는 점이다. 고대로부터 한국의 민중은 신명, 흥, 한 등으로 대표되는 감정적이고 역동적인 생활감정을 가지고 있었다. 그러나 조선시대를 지배하던 성리학적 이데올로기가 합리적이고 절제된 삶을 강조하면서 그런 원초적인 생활감정은 오랫동안 짓눌려 있었다. 대부흥에서 한국인들이 보였던 감정의 폭발은, 그렇게 억눌려왔던 원초적 본성이 표출될 수 있는 장을 부흥회의 분위기가 제공한 것과도 관계있을 터이다.[184]

하지만 한국인들에게 어떤 "원초적 감성"이 있다는 주장은 전도(顚倒)된 종족중심주의이며 본질주의이다. 우리는 선교사들에게 그들 종족 특유의 "원초적 본성"이 있을 것이라고 기대하지는 않는다. 서구에서 발생한 부흥 운동의 연구에서도 서구인들의 "원초적 감성"은 거론되지 않는다. 그렇다면 유독 선교지 부흥 운동에서는 왜 "원초적 본성"이 거론되어야 하는가? 부흥 운동 중 나타나는 "비상한 육체적, 정신적 현상"은 "강렬한 죄 고백을 하는 사람들에게 흔히 나타나는 현상"으로서, 이를테면 미국 "케인 릿지 부흥회(Cane Ridge Revival)"에 비할 때 "그렇게 비상한 것은 아니었다."[185] '평양대부흥'이 한국인의 "억눌려왔던 원초적 본성"의 표출이라는 식의 설명에는 근거가 없다.

한국인 특유의 감성이 '평양대부흥'처럼 선교사들에 의해 지도된 부흥회

184) 류대영, "20세기 초 한국교회 부흥현상 연구에 관한 몇 가지 재검토", 172.
185) Ibid., 162-163.

에서 표출되었다는 주장은 더욱 받아들이기 어렵다. 이러한 견해에는 부흥 운동이 반(反)계몽주의적이라는 가정이 깔려 있다. 고급 종교에 비해 대중 종교가 감정적이라는 편견도 감지된다. 전자에 비해 후자는 감정적인 통제를 덜 받는 만큼, 자유로운 감정의 분출이 이뤄진다는 것이다. 그러나 복음주의 개신교는 경건주의로부터 출발했으며, 계몽주의의 이성에 의해 통제되고 있었다. 선교사들이 알거나 경험하지 못한 어떤 종교적 감성이 '평양대부흥'에서 작동했다고는 믿어지지 않는다. 무엇보다도 개신교는 고급 종교도 아니고 저급 종교도 아니었다. 개신교는 외래 종교였다. 이 외래 종교를 자기 것으로 만들어가기 위해서, 선교지민들은 선교사들로부터 일정한 감정 교육도 받아야 했다.

그러므로 보다 의미 있는 물음은 감정의 억제냐 분출이냐가 아니라 어떻게 감정을 분출하느냐에 있다. 선교사들은 "통회자복"의 과정에서 선교지민들의 감정 분출을 조장했을 뿐만 아니라, 그러한 현상이 나타났을 때 매우 만족스러워 했다. 그것은 단지 회개하는 선교지민들에 대해 선교사들이 도덕적 우월감을 가졌기 때문은 아니었다. 선교지민들의 체험은 선교사 자신들의 '감정적' 체험에 견주어 그 진정성을 인정받아야 했다. 이 시기에 선교사들이 선교지민들 고유의 어떤 "원초적 감성"으로 세워가는 교회를 희망했다고는 볼 수 없다. 또한 선교지 교회의 교인들이 선교사들의 의도와는 다른 교회를 은밀히 추구했다고 보기도 힘들다. 선교사들은 전례 없이 새로운 부흥회를 도모했던 것이라기보다, 그들이 알고 있고 체험했으며 그들 자신도 그 산물인 부흥회를 선교지에 적용하려고 했다. 이런 상황에서 토착 종교라든가 토착 감정 같은 것은 그 자체로서는 별다른 의미를 가질 수 없었다.

토착주의론에서 전제되는 것은 일종의 "연속성(continuity)"이다.[186) 이를테면 아프리카 종교를 연구한 호튼(Robin Horton)은 아프리카 현지민의 우주관이 "정령들(lesser spirits)"의 소우주에 밀착되어 있을 경우에는 대우주적인 "최고신(the supreme being)"에 대한 관심은 상대적으로 적을 수밖에 없었고, 비록 전통적인 신관이 약화되어 최고신에 대한 관심으로 기독교를 받아들이더라도 이는 매우 선별적이었으며, 무엇이 선택되고 무엇이 거부되는가는 현지의 기초적인 우주관에 의해 주로 결정되었다고 주장한다.[187] 그런데 이러한 견해는 거꾸로 복음주의 기독교가 선교지에서 초래한 "불연속성(discontinuity)"을 부정하려는 경향이 있다. 순드클러(Bengt Sundkler)는 아프리카의 시오니스트 교회를 옛 부대에 담은 새 포도주이며, 반투(Bantu) 선지자들은 토착적인 줄루(Zulu) 종교의 패턴을 통해서만 기독교를 이해할 수 있었다고 주장하고 있다. 그 결과 반투 혼합주의가 생겨났다는 순드클러의 견해에 대해, 엥겔케(Matthew Engelke)는 이런 논법으로는 '달라지면 달라질수록 그들은 같은 자리에 있다.'는 식의 결론이 나오게 된다고 비판한다.[188]

연속성을 기독교 수용과정 해석의 모델로 삼는 토착주의 이론에 대해 인류학계 내에 반성이 일어나고 있으며,[189] "돌변의 관점(notion of rupture)"[190]이 대두되고 있다. 즉 자신들의 과거와의 완전한 단절을 주장하는 선교지

---

186) 연속성을 선호하는 인류학계의 전통적인 경향에 대해서는 Joel Robbins, "Continuity Thinking and the Problem of Christian Culture : Belief, Time, and the Anthropology of Christianity", *Current Anthropology* 48.1 (February 2007).

187) Robin Horton, "On the Rationality of Conversion. Part I", *Africa : Journal of the International African Institute* 45.3 (1975), 220.

188) Matthew Engelke, "Discontinuity and the Discourse of Conversion", *Journal of Religion in Africa* 34.1-2 (2004), 83.

189) 파푸아 뉴기니에서 은사주의 운동에 의해 일어난 단절적 변화에 대해서는 Joel Robbins, "Whatever Became of Revival? : From Charismatic Movement to Charismatic Church in a Papua New Guinea Society", *Journal of Ritual Studies* 15.2 (2001).

190) Engelke, "Discontinuity and the Discourse of Conversion", 83.

민들의 목소리를 경청해야 한다는 것이다. 선교지민들이 샤머니즘과의 관계 단절을 역설하는 데도 불구하고, 연구자들이 한국 교회의 샤머니즘적 "본성"을 계속 고집한다면, 여기에는 연구자들의 어떤 편견이 작용하고 있는 것이 아닐까 자문해봐야 한다. '평양대부흥'의 "대부흥사"였던 길선주는 자신이 전에는 도교의 신앙으로 영원한 존재를 찾아 기도에 전념했지만, 마침내 "예수의 이름"으로 기도했고, "길선주야!"라고 부르는 소리로 깨어남으로써 회심했다고 고백한다.191) "예수의 이름"은 그의 신앙에 전혀 새로운 요소였다. "부흥 운동"도 새로운 요소였다. 새로운 감성이 출현할 수도 있었다.

토착주의적 연속성을 강조하는 관점은 회심의 사건을 불신하는 경향이 있다. 이는 회심자가 이전에 가지고 있었다고 추정되는 종교나 신앙을 전제하고, 이것들을 기준으로 하여 새로운 요소가 어떻게 가미되고 변형되는가를 살펴보려 하기 때문이다.192) 이러한 관점으로는 종교적인 변화를 설명하기 어렵다. 그리스도에로의 회심, 믿음의 회심은 불합리(absurd)하고 있을 수 없는 일로 간주된다. 그러나 이방인이 영원히 이방인으로 머물러야 하는 것은 아니다. 이방인도 참된 그리스도인이 될 수 있다. 만일 그렇지 않다면, 대체 어느 누가 그리스도인이 될 수 있으며, 선교는 결국 무슨 소용이란 말인가?

---

191) 옥성득, 『한반도대부흥』, 254-258.
192) Joel Robbins, "Anthropology, Pentecostalism, and the New Paul : Conversion, Event, and Social Transformation", *South Atlantic Quarterly* 109.4 (Fall 2010).

제 4 장

'평양대부흥'의 '발명'

Ⅰ. '평양대부흥' 기인론(起因論)들

앞에서 부흥 운동을 계몽 운동과 서로 적대적이라고 보는 견해들을 비판했지만, 이와는 별도로, '평양대부흥'의 발생을 당시의 정치경제적 환경이나 선교지 교회의 내적 필요성 등으로 설명하려는 경향이 있다. 이하에서는 '평양대부흥'이 일어난 원인에 대한 지금까지의 논의들을 '음모'론, '종교 도피'론, '종교적 심화·성숙'론, '교회 침체·위기'론 등으로 범주화하여 차례로 검토하려 한다. '외적 음모론'도 '내적 동인론'도 '평양대부흥'의 기인론으로는 충분치 못하다는 것이 이 연구의 입장이다.

(1) 음모론

'평양대부흥'을 선교사가 연루된 정치적 음모의 산물로 보는 견해가 있다. 음모론에 따르면, '평양대부흥'은 선교사들의 정략적인 음모에 선교지 교회가 부화뇌동한 사태에 불과하다. 만일 부흥 운동이 하나의 음모의 산물이라면, 이 음모는 의도와 목표를 가지고 단계적으로 진행되어야 할 것이다.[1] 음모론은 부흥 운동이 한국민의 반(反)외세적 계몽 운동의 열기를

---

1) Ibid., 408-409.

오도하고, 한국의 개조와 독립 의지를 비현실적, 초월적인 관념으로 왜곡
시켰다고 주장한다. 이로써 '평양대부흥'은 개신교인들의 체제 순응주의와
종속적 자세를 양육했다는 것이다.

이러한 관점은 프랑스 노동자들에게서 나타났던 혁명적 열기가 영국에
서는 감리교 부흥 운동에 의해 순화되었다고 본 알레뷔(Élie Halévy)에 의
해 제시되었고, 톰슨(E. P. Thompson), 홉스봄(E. Hobsbawm) 등의 연구로 이
어졌다. 복음주의 부흥 운동은 서구 진보적 역사학계에서는 체제순응적
성격을 가진 것으로 비판되었다.[2] 같은 논리의 연장선상에서 복음주의
선교는 기본적으로 민족 운동이나 계급 운동에 부정적인 영향을 끼친 것
으로 간주되는 경향이 있다. 앞서 살펴본 대로 코마로프 부부(Comaroffs)는
이러한 관점을 남아프리카 선교 현장에 적용시켰다. 노동 규율과 시간 엄
수 등과 같은 복음주의자들의 의식 개혁 운동은 중산층의 부르주아 의식
을 표준으로 삼는 것으로서, 개신교의 원죄의 교리와 만민 구원의 "영적
민주주의(spiritual democracy)"가 현실적인 계급 불평등을 정당화했던 것처
럼, 복음주의 선교가 선교지민들의 의식을 가혹한 식민지 현실로부터 눈
돌리게 했다는 것이다.[3]

일본 식민주의 당국이 일본 주재 선교사들과 우호적인 관계를 갖고 있
었고, 재한 선교사들은 당국으로부터 한국의 정치적, 사회적 안정을 위해
협조해 달라는 요청을 받았으며, 이 요청을 긍정적으로 받아들이고 실행
에 옮긴 선교사들이 다수 있었을 것이다. 그러나 이와는 반대로 한국민들
의 독립 열망에 동의하며, 그들의 열망을 돕겠다는 선교사들도 많이 있었

---

2) J. A. Jaffe, "The 'Chiliasm of Despair' Reconsidered : Revivalism and Working-Class Agitation
   in County Durham", *The Journal of British Studies* 28.1 (January 1989), 23.
3) Comaroff and Comaroff, *Of Revelation and Revolution Vol. 1*, 70.

다. 이런 문제에 대해 선교사들의 의견이 일치했다고 보기는 어렵다. 아니, 어떤 의견의 일치를 구하기에는 정치 현안에 대한 선교사들의 견해들이 매우 다양했다. 사안별로 일본 당국의 협력을 구하는 것이 선교에 유리한지, 반대로 민족주의자들을 고무하는 것이 선교에 유리한지, 선교사들로서는 판단하기 쉽지 않았다. 이와 함께 선교사들이 열강들의 한반도 식민주의 전략에 개입했다는 주장도 재고해 볼 필요가 있다. 선교사들이 대한제국 조정과 긴밀한 관계에 있었고, 또한 선교본국의 이해관계를 대변했다는 것은 어느 정도 불가피한 일이었다. 그러나 그들의 일차적 관심이 한국의 자주 국권 유지가 아니었듯이, 식민주의의 하수인이 되는 것도 그들의 일차적 관심사일 수는 없었다.

일본 식민주의와의 결탁이라는 좁은 의미의 음모론과는 구분될 것이 넓은 의미의 음모론이다. 선교사들은 부흥 운동을 통하여 식민지 권력과의 직접적인 결탁을 추구했다기보다는, 당시의 정치적·사회적 환경에 상응하여 일정한 의도를 가지고 한국 교회의 방향을 선교사들이 원하는 대로 결정지으려 했다는 것이다. 선교사들이 선교지 교회에 대해 갖는 막대한 영향력을 이용하여 교회를 비정치화하고 내세 지향적이 되게 하였다는 견해도 이에 속한다고 할 수 있다. 즉 선교지 교회가 정치에 의해 위협받거나 오염되는 것을 차단하고 교회를 위태로운 식민지의 현실로부터 벗어난 순수하게 영적인 조직으로 온존시키려 했다는 것이다. 민경배는 다음과 같이 주장하고 있다.

그래서 이 부흥의 물결을 통해서, 한국 교회를 비정치적인 피안적 교회로 구형(構形)시키려고 하는 선교사들의 강력한 의도가 태동하기 시작했던 것이다. 앞서 본 바와 마찬가지로 왕실의 비운에 접근되면서 의외로 정치의 회오리 속에 끌려갔다고 자성한 선교사들 뇌리 속에 본래적인 신앙 형태로의 복귀

가 숙제처럼 남아 있다가 그것을 구체적으로 실현하고, 그렇게 해서 한국 교
회를 숙청(肅淸)한 것이 이 1907년의 대부흥이었다고 볼 수 있다.[4]

그러나 문제는 "본래적인 신앙 형태"가 무엇인가 하는 것이다. 누가 이
본래적인 신앙 형태를 정의하고 그것을 실천에 옮기는가 하는 것이다. 본
래적인 이 신앙 형태가 과연 비정치적이었는가 하는 것이다. 이를테면,
1901년의 장로회 선교 공의회가 "우리 목사들은 대한 나라 일과 정부 일
과 관원 일에 대하여 도무지 그 일에 간섭 아니하기를 작정할 것"이라고
하면서도, "황제를 충성으로 섬기며 관원을 복종하여 순종할 것"[5]이라고
선언했는데, 국왕에 대한 이러한 충성이 어떻게 비정치적이라고 말할 수
있는가 하는 것이다. 교회가 곧 정당이 아님을 주장했다고 해서 선교사들
이 정교분리주의를 일관적으로 추진했다고 단정한다면, 이는 지나치게 단
순한 논리다. 선교지에서 '정교분리'는 흔히 일종의 수사(修辭)였고, 기회주
의적이곤 했다.

선교사들의 정교분리론이 어느 정도 실행에 옮겨졌다 하더라도, 그것이
반드시 친일을 의미하는 것은 아니었다. 그것은 공화적인 급진주의에 반
대하는 왕당주의일 수도 있었다. 개신교는 처음부터 왕실의 후원을 받은
것으로 알려져 있다. 선교사들이 왕실로부터 받은 후의는 매우 두터운 것
이었다. 전체적으로 개신교 선교사들은 한국에서 공화주의보다는 입헌 왕
정을 선호한 것으로 보인다. 왕실의 후원을 받았고, 왕실의 후의와 선교사
들의 "온건한 계몽주의"적 성향을 감안할 때, 선교사들이 급진적인 공화
파들을 지지했을 가능성은 별로 없다고 할 수 있다.

---

4) 민경배, 「한국기독교회사」, 271.
5) Ibid., 271-272.

음모론의 가장 큰 약점은 이 이론이 선교지민의 주체성을 거의 완전히 무시하고 있다는 데 있다. 좁은 의미든 넓은 의미든 음모론적 시각에 따르면 한국 교회와 개신교인들은 선교사들의 의도와 방침에 거의 맹목적으로 추종하는 모습을 보이고 있다. 어떤 숨겨진 의도를 가지고 부흥 운동을 추진하는 선교사들에 의해서 선교지 교회는 자동적으로 동원되고 있는 것으로 비쳐진다. 구한말 선교사들은 그들이 원하는 대로 얼마든지 선교지민들을 조작하고 동원할 수 있었다는 말이 된다. 그러나 이와 같은 일은 있을 수 없다.6) 이만열은 "부흥운동에서 차지하는 선교사의 역할"에 대해 "선교사들이 한국 교회를 부흥운동으로 이끈 것은 그렇게 하지 않을 수 없는 시대적 상황이 있었다"면서, "그 시대적 상황이란 선교사들이 경험하고 있는 한국의 정치사회적 제반 조건과 선교사들의 본국(미국)이 관련된 국제적 상황"을 주목한다.7) 그러나 좀 더 주목해야 할 것은 복음주의 선교의 내적 논리 그 자체이다.

(2) 종교 도피론

당시 구한국에서는 위기의식이 팽배하고 있었다. 국가의 존망뿐만 아니라, 민족의 멸절까지 우려하는 정도였다. 이 같은 한국이 처한 민족적 곤경을 통해 부흥 운동의 성격을 파악하려는 '종교 도피'론이 있다.

---

6) 우드(Gordon Wood)는 "편집증"(paranoid)적 "음모론"(conspiratorial thinking)이 18세기 계몽된 정신들 사이에 만연했으며, 이것이 미국 혁명의 한 요인이었음을 밝히고 있다. 음모론은 점점 복잡화되는 근대 사회에서, 사회적 실체를 인격적으로 해석하려는 계몽주의의 "마지막 절망적 노력"(411)이었다고 한다. Gordon Wood, "Conspiracy and the Paranoid Style : Causality and Deceit in the Eighteenth Century", *The William and Mary Quarterly* 39.3 (July 1982), 406.
7) 이만열, "1907년 평양 대부흥운동에 대한 몇 가지 검토", 「한국기독교와 역사」 26 (2007), 33.

군대의 해산으로 각지에서 의병이 일어나고, 계속되는 흉년과 기근, 그리고
역병과 탐관오리들의 가렴주구로 백성들의 삶이 극도로 황폐해 갔다. 이런 육
체적 탈진은 영적 고갈을 심화시켰고, 종교적 본능은 새로운 종교 운동의 출
현을 갈망하게 되었다. 남감리교회의 무즈(Moose) 선교사는 '일반적인 불안 의
식과 정신적 지주(支柱)의 결여는 백성들로 하여금 선교사와 그가 전하는 복
음을 지향하게 하였고, 그들이 의지할 말한 무엇인가를 우리에게서 찾으려고
애썼다.'고 했다. 부흥 운동은 이렇게 정치, 사회, 경제, 사상적 혼란과 그에 따
른 난경(難境)에서 비롯되었다.[8]

'평양대부흥' 당시의 시대상은 한마디로 혼란 그 자체였다는 것이다.
이러한 상황에서 한국민들은 그들을 구원할 종교로 눈길을 돌리게 되었
다는 것이다. 실제로 당시 선교사들도 그런 식으로 진술하고 있었다. '평
양대부흥'의 역사적 배경과 관련하여 아래와 같은 설명들을 흔히 접하게
된다.

무서운 정치적 상태가 한국인들로 미국 선교사들에게로 향하도록 만들었고,
그들의 메시지야말로 눈에 보이는 유일한 구원자이다. 이 나라의 지도자들은
기독교에서만 민족의 정치적 및 사회적 구원을 발견할 수 있다고 공공연히 선
언하고 있다. 궁지에 빠진 한국인들은 살아 계신 하나님께로 돌아설 준비가
되었다.[9]

그러나 이러한 진술들은 '종교'란 무엇이며, 종교와 세계와의 관계란 어
떤 것인지에 대한 광범위한 물음을 야기한다. 모든 종교가 일종의 현실 도
피라면 '평양대부흥'도 마찬가지로 현실 도피의 일환일 것이다. 하지만 이

8) 김인수, "미국 교회 대각성 운동과 한국 교회의 1907년 대부흥 운동과의 비교 연구", 『20
세기 개신교 신앙 부흥과 평양 대각성 운동』, 서원모 편 (서울 : 장로회신학대학교 출판부,
2006), 39.
9) J. Z. Moore, "The Great Revival Year", 119, 박용규, 『평양대부흥운동』, 498에서 재인용.

러한 논법이라면 복음주의 선교도 현실 도피로 봐야 하는 자기모순에 빠진다. 그와는 반대로 '종교 도피'론은 종교를 국가적, 사회적, 개인적 위기를 반영하고 설명하며 치유하는 하나의 '기능'으로 이해하기도 한다. 하지만 한국의 혼란과 난경은 1907년에 국한된 것은 아니었다. '평양대부흥'의 시기가 1910년 이후나 1920년대보다 더 혼란스러웠다고 상정할 수 없다. 나아가 선례를 살펴 볼 때 부흥 운동은 경제적, 사회적 발전과 함께 발생하기도 했다. 한국의 1960년대 이후 오순절－은사주의 부흥 운동은 민족적 위기가 종교적 부흥 운동을 가져온다는 도식이 언제 어디서나 적용될 수 있는 것이 아님을 보여주는 단적인 예다. 선교사들이 이런 기회를 잘 활용할 수는 있겠지만－하긴 이러한 위기에는 선교사 자신들에게 일정 부분 책임이 있었다고도 말할 수 있다－이러한 위기에 대해 교회나 종교 자체가 어떤 해답을 제공할 수 있었다고 단정할 수는 없다. 위기가 곧 부흥 운동을 초래하는 것은 아니다.

'평양대부흥'을 점증하는 일본 식민주의의 압박 하에 있던 연약한 선교지 교회의 생존 전략이라고 보는 것도 지나친 견해다. 민경배는 식민주의 앞에서 한국 교회는 자신의 생존을 위해 일시적으로 후퇴하지 않을 수 없었다는 식으로 기술하고 있다. 이보전진을 위한 일보후퇴라는 것이다. 이런 논리 속에서는, 신사참배조차 정당화될 수 있다. 그 역시 교회의 생존을 위한 전략이었을 테니까 말이다. 하지만 한국 교회가 생존을 걱정해야 할 만큼, 당시의 일본 식민 당국이 반(反)기독교적이지 않았다.

(3) 종교적 성숙심화론

이와는 달리 '평양대부흥'이 한국 교회의 내부적 요인으로부터 발생했다는 견해도 제시되어 왔다. '평양대부흥'의 발생을 '종교적 성숙·심화'

의 관점에서 파악하는 다음과 같은 진술도 자주 접하게 된다.

> 한국 교인들은 기독교가 한국에 소개되면서 기독교 신앙을 받아들였지만,
> 실은 그 깊은 진리를 깨닫지는 못했다. 기독교를 기존 신앙의 다른 한 형태로
> 받아들였기 때문에, 기독교가 말하는 참된 회개를 경험하지 못했다. 그러다가
> 1907년 부흥 운동을 통하여 참된 회개를 경험하게 되었다. 따라서 부흥 운동
> 은 기독교의 진리가 한국 기독교인들 마음에 뿌리를 내리게 하는 계기를 마련
> 해 주었다. 참된 회개와 성령의 감동, 그리고 새로운 피조물로서의 결단하는
> 삶으로 이어지는 전형적인 그리스도인 됨의 과정을 통과하게 되었다.[10]

즉 '평양대부흥'은 선교지민들에게는 일종의 종교적 발전이었다는 것이
다. 선교지 교회가 "참된 회개를 경험"함으로써, 형식적인 기독교로부터
참된 기독교로의 전환이 일어났다는 것이다. 이러한 관점은 복음주의의
"전형적인" 회심주의 담론을 선교지에 그대로 적용하고 있는 것처럼 보인
다. 이에 따르면, 선교지 교인들은 회심의 과정을 통과함으로써 비로소 진
정한 "그리스도인"이 된다. 그러나 "기독교 신앙"을 받아들인 한국 교회가
부흥 운동과 같은 또 다른 "마음에 뿌리를 내리게 하는 계기"를 반드시
필요로 했다고 가정할 이유는 없다. 부흥 운동을 경험해야만 "깊은 진리"
를 깨닫는 것도 아니다. 선교지 한국 교회가 처음부터 부흥 운동으로 시작
하였고, 부흥 운동적 사고와 감성이 이어져 내려왔다고 이해할 수도 있다.

이와 관련하여 초기 한국 기독교인들의 개종 동기에 대한 복음주의 선
교사들의 때로는 집요한 '의심'을 의심해볼 필요가 있다.[11] 선교사들은 선
교지민 개개인들의 '입교 동기'에 깊은 관심을 보였다. 개인의 입교 동기

---

10) 김인수, "미국 교회 대각성 운동과 한국 교회의 1907년 대부흥 운동과의 비교 연구", 45.
11) 흥미롭게도 선교사 바울의 서신서들에는 개종 동기를 묻는 물음이 없다.

에 대한 물음은 종교의 일정한 사유화(私有化)를 전제로 한다. 한 가족이나 가문이나 마을의 개종과는 달리, 사유화된 종교에서는 각 개인의 주체적인 결단이 요구되었다. 본국에서 그러한 의미의 개인적 회심을 체험했던 복음주의 선교사들은 선교지 주민들에게 자신들이 체험한 것과 같은 종교 체험을 요구했다. 하지만 결과는 실망스러웠다. 선교지민들의 입교 동기는 개인의 영달이나 안전, 또는 크고 작은 물질적인 혜택, 선교사들이 가진 권력을 소유하는 것 등등인 것으로 보였다. 민족주의자들의 숨은 정치적 의도도 의심되었다. 선교사들은 그들 자신의 선교 동기의 순수성을 의심하지 않았다. 의심되어야 할 편은 언제나 선교지민들의 입교 동기였다. 그리고 그들의 판단으로는 선교지민들의 최초의 입교 동기는 대부분 세속적이었다. 하긴 복음 전도를 목적으로 선교지들의 세속적 동기를 활용하려 했다. 따라서 새로운 종교의 호소력조차도 가족주의와 같은 전통적인 믿음과 가치에 합류함으로써 갈등을 최소화했고, 복음주의 선교가 제공하는 복지는 기독교에 대한 신뢰도를 강화시켰다.[12] '평양대부흥'은 이제 선교지 교회의 이러한 초보적인 신앙을 한 단계 끌어올려 복음이 "한국의 기독교인들 마음에 뿌리를 내"리기 위해 요청되었다는 것이다.

하지만 선교사들의 '의심'에 의심없이 동참하기 전에, 선교사들의 '동기주의' 자체를 문제 삼아야 한다. 여기에 두 가지 문제가 있다. 첫째로 종교적인 영역과 비종교적인 영역이 어디까지 분리될 수 있느냐 하는 문제이다. 이를테면 아프리카 나이지리아의 이그보(Igbo)족에게 종교는 권력을 획득하는 길이었다.[13] 종교와 권력이 불가분의 관계에 있을 때, 종교적 동기

---

12) Andrew Eungi Kim, "Political Insecurity, Social Chaos, Religious Void and the Rise of Protestantism in Late Nineteenth-Century Korea", *Social History* 26.3 (October 2001), 267-281.
13) Walls, "The Evangelical Revival, the Missionary Movement, and Africa", 89.

의 순수성을 추구하는 것 자체가 매우 불순한 행위로 간주될 수도 있었다. 또 다른 예를 들자면, 한국에서 기독교는 유교적 이상을 실현할 수 있는 종교처럼 여겨지기도 했다. 전통적인 무속적 종교 관념에서 기독교는 축 귀와 치유의 능력으로 강한 힘을 과시하는 종교였다. 민족주의자들에게 기독교는 민족을 구원할 수 있는 종교처럼 보였다. 선교지민들의 이러한 기독교관이 '순수한' 것이었다고 말할 수는 없다. 하지만 하나님은 "사람 에게는 영원을 사모하는 마음을 주셨(전3 : 11)"지 않았는가? 한국인들이라 고 해서 영원을 사모해서는 안 된다는 법이 없다. 동기에 대한 물음은 역 으로 선교사들의 선교 동기는 얼마나 순수한 것이었는가를 되묻게 한다. 식민주의, 제국주의, 자본주의, 종족중심주의, 서구중심주의, 인종주의, 순 수주의 등등.

둘째로 종교적 영역과 세속적 영역의 관념적 구분은 복음주의 선교 사업 초기부터 지켜지지 않았다. 그것은 불가능했다. 복음주의 선교사들은, 물질 적으로든 영적으로든, 원하든 원하지 않든 간에, 선교지에서 서구 물질 문 화의 대변자가 되었다. 본국이 기독교문명의 표준이 되어야 했다. 그러나 이 기독교문명국인들 성속(聖俗)을 구분할 수 있었는지 의심스럽지 않을 수 없다. 종교와 정치의 관계도 그렇다. 문제는 선교사들이 정교일치적이었는 가 정교분리적이었는가 하는 것보다는, 선교사들이 선교 현장에서 자신들 의 선교 활동이 정치적일 수밖에 없으며, 그들의 종교적 행위조차 정치적 으로 해석될 수 밖에 없다는 사실을 잘 이해하지 못했다는 데 있었다.

선교지 교회의 내적 성장이라는 가부장제적 내러티브는 이러한 모순 속 에서 탄생했다. 계몽주의가 야만으로부터 계몽으로 나아가는 과정에 '고상 한 야만인'이나 반(半)계몽의 단계를 삽입했듯이, 복음주의 선교사들은 선 교지 기독교가 외적이고 형식적인 종교로부터 내적이고 참된 종교로 심화・발전할 것을 기대했다. 아니, 선교사들은 처음부터 선교지 교회의 내적 성장을 추구했다. 그리고 이로부터 의미심장한 불일치가 발생했다. 복음주의 개신교는 기존 교회에 대한 일종의 항의였다. 그들이 선교지에서 세우려 했던 교회는 형식적인 교회가 아니라 참된 교회였다. 이 참된 교회를 세우기 위해서 선교사들은 선교지에서 자신들이 세워가는 교회에 대해 자신들이 항의해야 한다는 자가당착에 직면했다. 자신들의 교회의 피상성과 형식주의를 비판해야 했다. 물론 그들은 그렇게 할 수 없었다. 선교사들은 자신들이 세워가고 성장시킨 교회를 지켜야 하기도 했다. 이제 선교지 교회를 계속 성장시켜가면서도, 동시에 교회를 참된 교회로 부단히 변화시킬 수 있는 방법을 찾아야 했다.

'평양대부흥'은 복음주의 선교의 이러한 모순의 산물이라고 할 수 있다. 선교지에서 부흥 운동은 기존 교회에 대한 개혁적인 항의가 될 수 없었다. 기존 교회가 죽었다고 급진적으로 비판할 수도 없었다. 기존 교회는 선교사 자신들이 세워가는 교회였다. 선교지 종교적 심화・발전이라는 신화는 복음주의 선교의 하나의 타협책이었고, 부흥 운동은 복음주의 선교의 내러티브에서 빠질 수 없는 요소가 되었다. 그러나 선교지 부흥 운동과 부흥 내러티브 사이의 불일치는 피할 수 없었다. 형식적 교회와 진정한 교회의 관계를 미성숙으로부터 성숙으로 나아가는 종교적 심화와 발전의 단계로 설정하는 것은 항의와 저항으로서의 복음주의와 잘 맞지 않았다.

(4) 교회 침체・위기론

'종교 심화・성숙'론의 반면(反面)이 '교회 침체・위기'론이다. 세계 다른 지역의 부흥 운동들에 대한 연구는 부흥 운동 이전의 교회로부터 쇠퇴나 타락의 징후를 찾아내곤 해왔다. 하긴 그도 그럴 것이 '부흥(revival)'이라는 말이 성립되려면, 양적이든 질적이든, 세속적이든 영적이든, 이전의 어떤 쇠퇴와 타락을 전제해야 했기 때문이다. 교회의 출석률 저하라든가, 헌금의 감소, 교인들의 도덕적 문란과 무관심, 이단의 발생 등등이 부흥의 필요성을 제기하는 배경을 이루는 것들이었다. 이를테면 18세기 미국의 제1차대각성은 침체한 교회의 부흥 운동으로 출발했다. 재한 선교사들은 복음주의의 영향력이 감퇴되어가던 시기에 무디 부흥 운동의 영향을 받았다고 알려져 있다. 부흥 운동은 이처럼 교회의 침체나 쇠퇴 등을 전제하기 마련이었다.

그러나 '평양대부흥' 이전의 신생 한국 교회에서 교회의 쇠퇴와 타락의 징후는 전혀 나타나지 않았다. 선교지 교회는 성장 중이었고, 그 전망은 밝아보였다. 반대로, 경향적인 추측과는 달리, '평양대부흥' 기간 동안 "교세의 급증이나 큰 폭의 변화는 찾기 어렵다."[14] 러일전쟁으로 인해 선교사업은 일시적으로 어려움을 겪었지만, 곧 "기회의 문이 이전보다 더욱 활짝 열렸다. 이교주의에서 대거 탈출하여 하나님 나라로 향하는 놀라운 운동이 일고 있"[15]었다. 선교사들은 증가일로의 한국 교인들을 수용할 만한 교회 시설이 부족함을 본국에 계속 호소하고 있었다. 부패와 타락과 사멸의 어둠이 지배하는 땅에서 교회는 동방의 등불처럼 밝아 보였다.

상황이 이와 같았다면, '부흥' 운동이 필요했던 이유가 오히려 궁금해지지 않을 수 없다. '평양대부흥'의 배경과 관련하여 다음과 같은 진술을 흔히 접하게 된다.

(미국) 1차 각성 운동의 진원지 중 하나였던 노샘프턴(Northampton)에서는

---

14) 서정민, "초기 한국교회 대부흥운동의 이해", 256.
15) 케이블(Elmer M. Cable), "1904년 북장로교보고서", 박용규, 『평양대부흥』, 30에서 재인용.

도시 젊은이들 사이의 방종(licentiousnes)이 도를 넘어 야밤에 떼를 지어 돌아
다니고, 선술집에는 사람들이 넘쳐났으며, 어떤 추잡한 행동도 개의치 않는
한심한 상태에 있었다. 남녀가 음탕하게 모여서 주연을 베풀고 그것을 '희락'
이라고 불렀다. 밤늦게까지 시간을 보내면서 가족들의 질서는 아랑곳하지
않았다. 그 도시는 가족 내 질서 확립에 완전히 실패하였다. 각성 운동은 이
런 사회적, 사상적 혼란기에 태동하게 되었다. 한국에서 1907년 대부흥 운동
이 일어나던 즈음 우리나라의 정치적, 사회적 환경도 미국의 그것과 별반 다
를 바 없었다.16)

구한말 한국이 "사회적, 사상적 혼란기"였고, 미국의 제1차대각성과 유
사한 "정치적, 사회적 환경"에서 발생했을 수 있다. 그런데 간과할 수 없
는 차이가 있다. 미국의 대각성 운동은 개신교가 지배적인 사회에서 발생
했다. 그렇지만 한국은 기독교국가가 아니었고, 개신교의 교세는 아직 미
약했다. 교회는 부흥의 대상이 아니라 부흥의 주체였다. 선교지 교회는 성
장하고 있었고, 교회는 멸망해가는 대한제국의 희망처럼 여겨졌으며, 개신
교인들은 그들의 높은 도덕적 수준으로 인해 한국인들로부터 존중받고 있
었다. '부흥'의 교회 내적 필연성은 존재하지 않았다.

이와는 다른 각도에서 박종현은 피니(Charles Finney)의 '부흥론'을 예로 들
어, "부흥운동이 공동체 내의 갈등을 해소하고 갱신하는 방법"이라면서,
초기 한국교회 부흥운동에는 "어떤 위기감과 갈등이 내재하고 있었던 것"
이라고 주장한다. 즉 "국권회복을 지향하는 민족운동" 세력과 "한국교회
가 기독교회의 진정한 신앙을 확보하지 못하고 있다고 생각하고 있는 선
교사들의 견해" 사이에 갈등이 있었고, 이 갈등을 해소하기 위한 돌파구로
부흥 운동이 시작되었다는 것이다.17) 다시 말하면 '평양대부흥'은 한국 교

16) 김인수, "미국 교회 대각성 운동과 한국 교회의 1907년 대부흥 운동과의 비교 연구", 37.

회 내부에 상존하고 있던 선교사들과 선교지민들 사이의 갈등의 해소책이
었다는 것이다.

물론 이러한 부흥 운동이 있을 수 있다. '화해'는 세계 속에 교회가 존재
하는 이유이며 근거이기도 하다. 하지만 부흥 운동이 일종의 "공동체의 갈
등 해소"라는 의례주의적 접근은 역사적 사실과 잘 부합하지 않는다. 영국
의 감리교 부흥 운동이나 미국의 대각성 운동 등을 볼 때 부흥 운동이 교
회 공동체 내의 갈등을 화해시켰다기보다는 교회의 또다른 분열을 촉진시
켰던 것이 보다 사실에 가깝다. '화해'의 기능을 하기 위해서는 부흥 운동
이 하나의 제도로서 공동체 내에 의례화해야 한다. 사건으로서의 '평양대
부흥'과 일상화된 부흥 운동은 구분되어야 한다.

"공동체 내 갈등 해소"로서의 '평양대부흥'은 '음모론'의 한계를 벗어나
기 어려울 것으로 보인다. 민족 운동과 선교 운동 간의 갈등이 일시적인
문제가 아니라 구조적이며 영속적인 문제였다면, '평양대부흥'은 이 갈등을
봉합하기 위한 선교사들의 미봉책으로 평가될 것이다. 그러나 '평양대부흥'
이전의 선교지 한국 교회에서 이러한 "갈등"이 과연 어느 정도 존재했었는
지 물어야 할 것이다. 일천한 경험의 한국 교회 교인들이 이 시기에 교회
가 무엇인지, 교회가 세상 속에서 어떤 존재인지, 교회가 세상에 대해 어떤
입장을 취해야 하는지 등등에 대해 선교사들과는 다른 독자적인 신앙과 신
학과 실천의 역량을 갖추고 있었다고는 판단하기는 어렵다. "통회자복" 중
에서 선교사들과 선교지민들 간의 "죄"가 다수 고백된 것도 사실이다. 선
교사들은 이 사실을 자세히 보고하고 있다. 그러나 그것이 '평양대부흥'의
본질적인 요소는 아니었다. 적어도 이 시기에 선교사들과 "민족운동 세력"

---

17) 박종현, "한국교회 신앙 내연과 그 외면 구조의 상관 관계 연구" (연세대학교 박사학위논문,
    2000), 39.

간의 갈등이 가시화되었다고 할 수는 없다. 그리고 "민족 운동" 세력과 선교지 교회 간의 어떤 갈등이 있었는지와는 별개로, 선교지 한국 교회 "내"에서 선교사와 선교지민 간에 갈등이 표면화했고, 이 갈등을 '평양대부흥'이 해소시킬, 그런 단계는 아니었다고 생각된다.

II. 복음주의 문화로서의 부흥 운동

1. 복음주의 문화와 공격적인 기독교

부흥 운동은 복음주의와 분리될 수 없다. 복음주의자들 내에서도 부흥 운동의 진정성에 대한 회의가 제기되기도 하지만, 부흥 운동이 복음주의의 기원이었고 동력이었음은 부인될 수 없다. 부흥 운동과 복음주의를 분리하려는 시도는 의문시되어야 한다. 한국의 복음주의 개신교로부터 부흥 운동을 분리하고, 부흥 운동을 한국 기독교의 예외적이거나 비정상적인 사태로 보려는 경향들도 의문시되어야 한다. 한국의 개신교를 복음주의 기독교라고 칭하면서도, 부흥 운동 또는 부흥주의를 복음주의의 역사와는 별개의 대상으로 분리시키는 것은 타당성이 없다. 복음주의는 부흥 운동을 통해 개신교(protestantism)에 대한 개신(protest)으로 정착했다. 부흥 운동에서 나타난 회심의 체험과 회심 이야기는 복음주의에서 "신성시(apotheosize)"되었다.[18] '평양대부흥'은 한국 기독교에 돌연히 발생한 뜻밖의 사건이 아니다.

---

18) James Daryn, "Chants of Conversion : Inspiration, Individualism and Adherence in American Evangelicalism (A Review Essay)", *Journal of Religion and Society* 11 (2009), 4, "...American Evangelicalism has tended to celebritize the conversion experience and almost to apotheosize the celebrity or radical conversion narrative..."

　오히려 '부흥'은 복음주의에서 하나의 강박 관념이 되었다. 복음주의는 부흥 운동의 사상이었고, 부흥 운동은 복음주의의 힘이었다. 부흥은 언젠가 개인적, 민족적 삶의 변화를 의미하게 되겠지만, 변화는 기독교 내부에 우선적으로 요구되었다. 지적이고 머리로 아는 기독교의 불모성이 거듭 제기되었다. "이미 죽은 정통의 유령(ghost of dead orthodoxy)"[19]이 계속 환기되었다. 그리고 미국의 경우, 복음주의의 생성기에 하나님의 놀라운 역사로 간주되었던 부흥과 성령 충만은 제2차 대각성 운동 이후부터는 교회의 통상적인 상태로 여겨지게 되었고, 미국 개신교의 한 구성 요소가 되었으며, 제도화되면서 일종의 영속성을 갖게 되었다.[20] 이것이 해외로 나간 미국 선교사들이 본국에서 경험한 부흥의 실상이었다. 그들은 부흥의 '사상'을 가지고 한국으로 왔다.

　19세 후반 미국에서 부흥 운동 또는 부흥주의는 정상적인 교회 생활의 일부분이었다. 이 시기에 선교본국에서의 부흥 운동은 돌발적이고 자발적이며 폭발적이고 경악을 자아내는 '사건'이라기보다는, 기획되고 실행될 수 있는 하나의 '하위 문화(sub-culture)'였다.[21] 빈번히 등장하는 '놀라움'은 전혀 낯선 사건의 도래라기보다는 기대했던 일 또는 남들이 체험했다고 하는 사태가 자기 자신에게도 실제로 일어났다는 데 대한 놀라움이었다. 기적에 대한 경이로움이라기보다는 만시지탄(晚時之歎)과 같은 것이었다. 하지만 이처럼 의례화한 부흥회라고 해서 그것이 무의미했다는 말은 아니다. 의례화한 부흥회에서도 은혜의 체험은 얼마든지 발생할 수 있었

19) Barth, *Protestant Theology in the Nineteenth Century*, 79.
20) Moorhead, *World Without End*, 5.
21) 대본과 연행의 관계에 대해서는 Richard Schechner, "Drama, Script, Theater, and Performance", *The Drama Review* 17.3 (September 1973).

다. 부흥 운동에서 인위적인 것과 자연발생적인 것의 경계는 분명하지 않았다.

부흥 운동은 복음주의 문화의 핵심적인 구성 요소 중 하나였다. 복음주의는 단지 하나의 이데올로기나 신념체계가 아니었다. 복음주의는 일정한 "감정의 구조(structures of feeling)"[22]를 갖고 있었다. 흔히 복음주의를 일종의 관념 체계로만 해석함으로써, 복음주의의 '문화'로서의 특징적 양상들과 그것들이 선교를 통해 전 세계적으로 확산된 과정이 간과되는 경향이 있다. 선교사들을 통해 선교 현장에 그 모습을 드러낸 복음주의 문화는 일종의 식민주의 문화로만 간주될 수 없는 측면을 가지고 있었다. 무엇보다도 복음주의 문화는 선교지민들에 의해 '육화'되어야 했다.

나아가 복음주의 문화는 내적으로도 역사적으로도 복잡했으며, 매우 유동적이었고 유행에도 민감했다. 오늘날 대중문화가 그렇듯이, 간단히 일반화하기 어렵다는 말이다. 이를테면 미국의 1차 대각성 운동에서는 죄와 지옥의 두려움이 강조되었다면, 2차 대각성 운동에서는 도덕적 완전이 추구되었다. 교파적으로도 남북전쟁의 패배를 체험한 남부의 감리교회는 "분리주의적(segregational)", 반주지주의적, 중상층적이었으며, 개인의 도덕성 함양에 집중했던 것으로 알려지고 있다.[23] 이는 한국의 부흥 운동에서 하디(R. Hardie)와 같은 남감리교 선교사들이 적극적인 역할을 수행한 사실과 연관된다고 할 수 있다. 하지만 장로교의 경우, 부흥 운동을 감리교의 알미니안주의에 대한 하나의 "대안적 경건"으로 받아들였을 가능성이 있다.[24] 류대영의 주장처럼 '평양대부흥'에서 장로교가 감리교 성결 부흥 운

22) Williams, *Marxism and Literature*, 132.
23) Ahlstrom, A *Religious History of the American People*, 717-718.
24) Airhart, "'What Must I Do to Be Saved?'" 374.

동에 일시적으로 참가했다기보다는, 오히려 장로교가 '평양대부흥'을 통해
감리교적 부흥 운동을 자기 것으로 가져갈 기회를 얻었다는 설명이 자연
스럽다. 결과는 만족스러웠다. 실제로 미국에서 감리교, 침례교, 그리스도
교회 등이 부흥 운동을 주도했지만, 기존 교파 중에서도 이러한 추세에 가
장 민감하게 반응하고 수용한 교파는 장로교회였던 것으로 알려지고 있
다. 그 결과 19세기 중반 장로교회는 감리교 등 교회사상 후발주자들에
버금가는 교회 성장을 이룰 수 있었다.[25]

　이처럼 19세기 중반 이후 미국에서의 부흥 운동은 더 이상 감리교 등 후
발주자들의 독점물일 수 없었다. 피니 이후, 예정설을 따르던 칼빈주의 교회
들도 부흥은 계산되고 진척되어야 한다는 사실을 받아들였다.[26] 부흥 운동
이 사건들의 연쇄적인 반응들 속에서 점진적으로 일어난 것이 아니라, 운동
의 참여자들이 의도를 가지고 조직하고 노력한 결과라는 의미에서, 19세기
후반 이후 부흥 운동은 일종의 교회의 "재활성화 운동(revitalization movement)"
이었다고 할 수 있다.[27]

　부흥 운동의 신학이랄 수 있는 복음주의는 특정한 교파를 넘어 보다 넓
은 미국의 "대중 문화(popular culture)"에 뿌리박고 있었다.[28] 1차 대각성 운
동에서　신정(神政)정치적인　청교도주의는　대중적인　부흥주의로　변화했
다.[29] 제2차 대각성 운동에서 복음주의는 민주화되었다.[30] 남북전쟁 이후

---

25) Noll, "'Christian America' and 'Christian Canada'", 362-363.
26) Carwardine, *Transatlantic Revivalism*, 9.
27) Anthony Wallace, "Revitalization Movements", *American Anthropologist* 58.2 (April 1956), 265 :
　　"A Revitalization movement is defined as a deliberate, organized, conscious effort by members
　　of a society to construct a more satisfying culture."
28) Richard Kyle, *Evangelicalism : An Americanized Christianity* (New Brunswick : Transaction Publishers,
　　2006).
29) Bercovitch, "The Typology of America's Mission", 142.
30) Noll, "Revival, Enlightenment, Civic Humanism, and the Development of Dogma", 58.

복음주의 기독교는 "미국주의(Americanism)", 또는 "미국식 생활 방식(the American way of life)"과 동일시되었다.31) 이러한 실정이었던 만큼, 복음주의 선교사들이 교단의 파송을 받았다 하더라도, 선교지에서 그들의 교파적 색채를 노정했을 가능성은 거의 없었다. 부흥 운동의 산물인 선교사들은 교파적 차이를 중시하지 않았다. 그들이 선교 현장에서 교파들 간의 신학적 차이를 인식할 수 있었는지도 의문이다. 그보다 선교사들은 포괄적으로 기독교 문명을 대표했을 뿐만 아니라, 미국 기독교 대중 문화의 전파자였다.

한편 전 세계적인 선교 운동 네트워크가 '평양대부흥'에 크게 기여했음이 틀림없다. 활발한 인적 교류와 아울러 전 세계적으로 유통되는 선교 관련 문서들을 통해, 선교사들은 다른 지역과 나라에서 일어나는 선교 현황들을 파악할 수 있었다. 그들에게 세계는 하나였다. 복음주의 대중 문화는 이미 일종의 지구촌 문화의 단계에 들어가 있었던 것이다. 한국에서 활동하던 선교사들은 선교 네트워크를 통해 웨일즈, 인도 등지의 부흥 운동 소식을 수시로 접할 수 있었다. 새로운 선교지를 개척했던 젊은 선교사들이 선교본국 중 하나인 영국의 웨일즈나, 수백 년의 선교 역사를 자랑하는 인도의 부흥 운동을 능가하는 사건을 '동방의 예루살렘'에서 일으키려 했다는 것은 충분히 있을 수 있는 일이었다.

이와 함께, 복음주의 문화가 갖고 있던 "표현주의적 개인주의(expressive individualism)"가 추가로 고려되어야 한다. 복음주의가 개인의 내적 변화를 우선적으로 추구했다고 해서, 그것이 외적 표현을 경시했다는 말은 아니다. 회심주의와 행동주의(activism)는 모순을 일으키지 않았다. 복음주의 개

---

31) Mead, "American Protestantism Since the Civil War (I)", 1.

신교는 명목적(nominal) 기독교인으로부터 거듭난(born−again) 기독교인으로의 회심을 추구[32]했지만, 개인의 회심 체험은 개인 안에 머물 수 없다고 믿었다. 개인을 회심시킴으로써 사회가 변화될 수 있다는 것이 복음주의 부흥 운동의 "사회적 약속(social promise)"이었다.[33] 진정한 회심은 열매를 맺어야 하기 때문이었다. 회심은 밖으로 표출되어야 했다. 복음 전파와 교회 설립은 '복음화'라는 인류 보편적인 회심의 한 과정이었다. 거듭난 자들은 그들이 살아갈 세상을 이 땅에 만들어가야 했다.[34] 복음주의 선교는 이처럼 크거나 작거나, 보수적이거나 진보적이거나, 사회 변화를 지향하지 않을 수 없었다. 복음주의는 그런 의미에서도 세계를 안팎으로 변혁시키려 했던 계몽주의와 불가피하게 서로 얽혀 있었다.

19세기 후반 복음주의자들은 정치적인 혁명, 사회 구조의 변화 등을 요구할 정도로 급진적이지는 않았지만, 교육, 관습의 개혁과 생활의 변화, 의식의 변화 등, 일종의 문화적 개혁 운동을 전개했다. 그들은 금연·금주 운동이라든가, 사회적 물의를 일으키던 도박 등 유희의 폐지, 새로운 복음주의 음악의 전파 등에서는 매우 적극적이었다. 이런 점에서 복음주의는 '문화주의' 기독교였다. 그리고 개신교는 한국에서 그런 형식으로 수용되었다. 복음주의의 문화주의적 접근이 일부 선교지민들의 정치적인 욕구를 즉각적으로 충족시켜 주지 못했을 수도 있다. 하지만 장기적으로 볼 때, 복음주의 문화가 끼친 영향을 결코 낮게 평가할 수 없다. '문화'로서의 기

---

32) Young Keun Choi, "The Great Revival in Korea, 1903-1907 : Between Evangelical Aims and the Pursuit of Salvation in the National Crisis", 「한국기독교신학논총」 72 (2010), 133.

33) Mark Noll, "'Christian America' and 'Christian Canada'", in The Cambridge History of Christianity Volume 8 World Christianities c. 1815-c. 1914, eds. Sheridan Gilley and Brian Stanley (Cambridge : Cambridge University Press, 2005), 367.

34) Sara Jorgensen, "The American Zulu Mission and the Limits of Reform : Natal, South Africa, 1835-1919" (Ph.D. diss., Princeton University, 2009), 472-473.

독교는 한국 사회에 지속적인 영향력을 행사했으며, '무의식적으로' 한국인 들의 "감정의 구조"를 상당한 정도로 복음주의화했을 수 있다. "물리력 (coercive power)"이 아니라, "설득력(persuasive power)" 또는 매력으로 말이다.[35]

하긴 설득력만은 아니었다. 문화주의 기독교의 공격성을 과소평가해서 는 안 된다. 복음주의 선교는 일종의 '문화 전쟁'이었다. '학생자원운동 (SVM)' 지도자들의 선교 언어는 "군사적 용어(militant terminology)"로 채워져 있었다. 복음주의는 "영적인 제국주의(spiritual imperialism)"였고, 선교 정책가 모트(Mott)는 어둠의 왕국으로부터 빛의 왕국을 조속히 회복하기 위해 출 정한 총사령관을 자임했다.[36] '평양대부흥'은 복음주의 문화 전쟁의 일부 였다.

이러한 경향은 청교도들 이래 미국인들의 정체성의 일부를 이루어 온 미국의 "명백한 운명(manifest destiny)"에 대한 믿음과, 세상의 빛과 소금으 로서의 미국의 소명으로서의 "순수한 영적 기독교(pure spiritual Christianity)" 와, "시민적 자유(civil liberty)"가 앵글로 색슨 족에 의해 구현되어야 한다는 사상 등과 관계되는 것이었다. 19세기 후반 사회진화론을 나름대로 변용 하여 받아들인 주류 기독교에서 이러한 사상들은 매우 "대중적(popular)"이 었다.[37] 이 세대에 세계를 복음화한다는 논리는 미국식 기독교 문화 확장 의 논리와 구분할 수 없었다. 흥미로운 것은, 19세기 후반 진화론을 적극 수용하여 이를 제국주의 논리로 발전시킨 자들이 자유주의적인 칼빈주의 자들이었다는 사실이다.[38] 칼빈과 청교도주의와의 거리만큼, 같은 칼빈주

35) Mead, "American Protestantism Since the Civil War (I)", 2.
36) Ben Harder, "The Student Volunteer Movement for Foreign Missions and Its Contribution to 20th Century Missions", *Missiology : An International Review,* 8.2 (April 1980), 144-145.
37) Edwards, "Forging Ideology for American Mission", 190.
38) Ibid., 163-191.

의를 표방했던 청교도주의와 복음주의와의 거리도 멀었다.

19세기 말 무디의 부흥 운동도 "미국적 낙관주의와 복음주의적 알미니언주의의 혼합(blend)"[39]이었다. 그가 전한 복음의 중심은 예수 그리스도 안에서의 하나님의 구원의 역사였고, 그 목표는 죄인의 회심과 구원이었다. 무디는 개인의 회심으로 개인과 사회의 모든 문제가 해결되리라고 낙관했다. 개인의 감정을 중시한 그의 회심 운동은 "감상적인 도덕주의(sentimental moralism)"를 복음주의에 도입했다.[40] 무디가 전천년주의적인 관점을 피력했던 것은 사실이었다. 그는 성경의 내용이 후천년주의자들의 주장과 다르다고 생각했다. 그러나 무디와 그의 추종자들은 농촌에서 도시로 이주한 중산층이었다. 그들은 미국의 꿈이 실현될 수 있다고 믿는 사람들이었다. 무디는 "우리는 젖과 꿀이 흐르는 땅에서 살고 있다."고 말했다.[41] 그는 성공의 신화에 환멸을 느낀 사람들의 대변자가 아니었다.[42] 도시화에 따른 부작용에 대해서도 무디는 사회 개혁보다는 기독교 교육을 해결책이라고 생각했다.[43] 무디의 부흥 운동도 문화주의적 기독교의 예외는 아니었다.

미국 기독교 문화를 해외에 전파하는 선교를 곧바로 식민주의로 규정하는 것은 성급하다. 이를테면, 남아프리카에서 미국 선교사들은 반(反)제국주의적이었고, 줄루(Zulu) 민족의 독립과 공화주의를 지지했다.[44] 복음주의 선교를 정치·경제적 이해관계 이상으로, 문화적인 "동화주의(assimilationism)"[45]의 관

---

39) Ahlstrom, *A Religious History of the American People*, 745.

40) Ibid., 745.

41) McLoughlin, *Revivals, Awakening, and Reform*, 144.

42) Ibid., 144-145.

43) Ibid., 143.

44) Norman Etherington, "Social Theory and the Study of Christian Missions in Africa : A South African Case Study", *Journal of the International African Institute* 47.1 (1977), 33.

점으로 볼 필요가 있다. 선교사들이 조선 정부의 요청으로 미국 정부에 조선의 독립을 요구하거나 일본 당국의 식민화 정책에 협조하는 등등은 복음주의 선교에서는 부차적인 것들이었다. 그보다는 선교사들이 가져왔던 미국 기독교의 가치관과 제도들의 내용 및 그것들에 대한 선교사들의 관점과 수용 과정 등이 치밀하게 분석되어야 할 필요가 있다. 이러한 것들이 선교지 교회에 더 지속적으로 영향을 끼쳤기 때문이다.

선교사들은 선교지에서 문화적 계몽의 주역이었다.[46] 당시 선교사들은 선교지 사회를 문화적으로 변화시킬 수 있다는 신념에 차 있었다. 오늘날 관점에서 볼 때, 복음과 문화의 조화에 대한 그들의 신념이 나이브해 보일 수 있다. 하지만 이것이 한국을 당대에 복음화하려 한 복음주의 선교사들의 신념이었고, 선교지 한국민들이 받아들인 복음의 구성요소들 중 하나였다. 복음과 문화를 구분하는 일은 선교지민들의 몫이 되었다.

2. 선교국 부흥주의와 선교지 부흥 운동

월스에 따르면, 근대 복음주의 선교 운동은 선교본국의 부흥 운동의 결과였다. 부흥 운동은 인종 차별의 편견을 불식시키고, 인류의 동일성을 확인했으며, 지역, 국가, 교파 간의 차이를 극복하는 연합 운동을 가능케 했고, 수많은 해외 선교사들을 배출해냈다.[47] 민경배의 표현을 빌자면, 부흥은 선교의 "내연(內燃)"이었고, 선교는 부흥의 "외연(外延)"이었다.[48]

45) Ralph Luker, "The Social Gospel and the Failure of Racial Reform, 1877-1898", *Church History* 46.1 (March 1977), 86-87.
46) Harder, "The Student Volunteer Movement for Foreign Missions and Its Contribution to 20th Century Missions", 145.
47) 안신, "부흥과 선교의 관계성에 관한 연구 : 종교 현상학적 해석을 중심으로", 「선교와 신학」 21 (2008), 207.
48) 민경배, 『한국기독교회사』, 280.

선교사들은 본국 내 부흥 운동의 산물이었다.

　한국에 파송된 대부분의 선교사들은 그와 같은 영적 분위기 속에서 성장
하고 신학 교육을 받고 파송된 선교사들이었기 때문에 부흥운동에 대해 매
우 긍정적이었다. 한국에 파송된 적지 않은 선교사들은… 19세기 말과 20세
기 초 미국 전역을 휩쓸고 있던 부흥운동의 영향을 직·간접으로 받은 자들
이었다.[49)

그들은 본국에서 부흥 운동에 의해 회심한 자들이었다.

　일반적으로 초기 내한 미국 선교사들은 부흥운동에 대하여 매우 적극적
신앙 입장을 가지고 있었고, 특히 SVM 관련 출신 선교사들은 더욱 그러했
다. 무디의 부흥집회와 그가 후원한 각종 사경회 그리고 SVM 관련 집회 등
이 매우 부흥적(Revivalistic)이었다는 것은 의심의 여지가 없다. 1903년에 시
작하여 1907년에 절정을 이루었던 한국교회의 대부흥 사건은 초기 내한 선
교사들이 지니고 있는 부흥회적 신앙형태의 결실이라고 할 수 있다.[50)

　하지만 부흥회적 "신앙형태"만이 그들이 지니고 온 것은 아니었다. 선
교사들이 미국의 부흥 운동의 산물이라는 것은 그들이 자국 내 부흥 운동
이 갖고 있던 인위적 요소까지를 습득했다는 것을 의미한다. 그들은 부흥
이 하늘에서 비가 오듯 마냥 기다림으로써 발생한다고 배우지 않았다. 그
들은 부흥의 테크닉을 '자연스럽게' 습득했다. 그들은 그리스도의 복음과
더불어 '부흥 운동'의 복음을 동시에 전파했다. 따라서 초창기 선교지 교
회에서 부흥 운동에 반대한다는 것은 상상하기 어려운 일이었다. 선교지

49) 박용규, 『평양대부흥운동』, 17-18.
50) 이호우, "무디의 부흥운동과 학생자발운동이 초기 내한선교사들의 선교활동에 끼친 영향
　　연구", 『역사신앙논총』 14 (2007), 297.

교회는 교회 설립과 동시에, 아니 교회 설립 이전부터 부흥 운동을 통해, 형식적인 교회로부터 진정한 교회로 나아가야 했다. 먼저 "부흥적" 선교사들이 한국 기독교인들을 형식적인 기독교인들로 양육할 수는 없는 일이었다. 머리의 개종으로부터 마음의 회심으로 가는 방법이 부흥 운동이었다. 선교지민들은 선교사들이 전하는 복음 또는 성경과 선교사들의 방법인 부흥을 구별할 수 없었다. 복음은 부흥의 복음이었고, 성경은 부흥을 위한 매뉴얼이었다.

선교사들은 자신들이 부흥 운동에 참여했던 기억들을 지니고 한국에 왔다. 그들이 아는 바에 따르면, 부흥은 사람에 의해 준비되는 것이었다. 그들은 그렇게 하는 것이 '조작'이라고 생각하지 않았다. 피니가 주도한 부흥 운동에서 부흥은 은혜의 선물이기에 앞서 인간적 노력의 결실이었다. 인간은 자신의 의지로부터 나오는 행위를 통해 자기 자신을 구원을 위해 무엇인가를 할 수 있었고, 부흥을 진척시키기 위해 노력해야 했다. 부흥 운동의 작위성이 때로는 문제되었지만, 선교사들은 자신들의 부흥 운동이 '작전(campaign)'과는 다르다고 생각했다. 어차피 '성령 강림' 없이는 부흥 운동은 완성될 수 없었다. 그리고 선교사들은―여기에서 복음주의와 계몽주의는 일단 갈라지는 듯했다―성령 강림을 인위적으로 초래할 수 있다고는 믿지 않았다. 부흥 운동 과정에서 어떤 초자연적인 사건이 발생해야 했다.

> 저녁 집회 시간마다 우리는 성령을 위해 간구했습니다. 우리는 성령께서 이 때에 당신을 분명히 나타내시도록 아주 구체적인 방식으로 기도했습니다. 그 집회 도중 어떤 때에 모든 청중이 연합해서 성령을 간구하는 기도를 드렸습니다. 아무 혼란 없이 완벽한 조화 가운데 함께 기도하는 1,000명의 목소리를 듣는 것은 놀라운 일입니다. 오후나 이른 저녁에 거리를 걷노라면 가정에서 성

령님을 간구하며 드리는 기도를 들을 수 있습니다. 남자들은 필사적으로 성령님을 간구해 왔습니다.[51]

선교사들은 부흥 운동이 필시 부흥으로 이어지리라고 낙관했다. 계몽주의의 "단순하고 기계론적인 당구공식 인과관계(a simple, mechanistic, billiard-ball-type causality)"에 따르면, 원인이 결과를 결정했다.[52] 그런 점에서 자연발생적 부흥 운동과 기획된 부흥 운동의 구별은 최종적으로 별다른 의미가 없었다. 부흥은 일으켜야 했고, 일어나야 했다. 진지한 부흥 운동은 반드시 부흥의 감격을 맛볼 수 있었다.[53] 부흥은 예비되어 있었다.

선교사들은 부흥의 진정성에 대한 세간의 '의심'도 알고 있었다. 그들이 "이 역사(役事)는 진정하였다. 오보(誤報)가 아니었다."고 거듭 강조했던 것은 이 의심을 반증한다.[54] 부흥의 진정성에 대한 의문은 미국 내의 부흥 운동 초기부터 나타났다.[55] 세속적인 계몽 운동이 교육 등을 통해 계몽의 주체를 '인위적으로' 형성하는 데 별달리 심리적 저항을 받지 않았던 데 반해, 아무리 인위적인 노력을 강조하는 부흥주의자들이라 하더라도 성령의 초자연적인 개입 없이 부흥이 일어난다고는 생각하지 않았다. 결국, 부흥은 자연발생적인 것도 아니었고, 인위적인 것도 아니었다. 선교사들이 할 수 있는 일은 부흥을 위해 준비하는 일이었다. 그리고 부흥이 실제로 일어났을 때, 이 부흥의 진정성을 의심하는 자들에 맞서 부흥을 객관적으로 옹호하는 일이었다. 하기는 부흥의 진정성을 의심하는 복음주의자들이

---

51) McCune, "Letter to A. J. Brown" (January 16, 1907), 옥성득, 『한반도대부흥』, 236에서 재인용.
52) Bosch, *Transforming Mission*, 265 : "The cause determines the effect."
53) Bosch, *Transforming Mission*, 266 : "Sixth, in the Enlightenment paradigm *all problems were in principle solvable.*"
54) 백낙준, 『한국개신교사』, 391.
55) Bratt, "Religious Anti-Revivalism in Antebellum America."

라 하더라도, 부흥의 필요성 자체를 부인하는 일은 없었다. 왜냐하면 부흥은 복음주의 자체의 존립 근거였기 때문이다. 선교사들이 '평양대부흥'에서 성령이 강림했다고 주장하면서, 제기되는 의심에 맞서 부흥의 진정성을 옹호했던 것 역시 전형적인 복음주의 부흥 운동의 일환이었다.

이처럼 관행화한 사건이었지만, 계몽주의와의 관계에서 볼 때, '성령 강림'은 여전히 특이한 사건이었다. 계몽주의와 함께 전진하던 그들이었지만, 복음주의 선교사들은 선교지 교회에도 성령이 강림해야 한다고 믿었다. 그리고 '성령 강림'은 그 자체로서는 계몽주의가 뜻하는 인간의 자기 계몽과는 질적으로 다른, 이질적인 현상이었다. 그런 점에서 '성령 강림'은 복음주의와 계몽주의 간의 일종의 균열(chasm)이었고, 하나의 위기였다. '평양대부흥' 중 선교지에 강림한 성령의 빛은 자기를 계몽하는 인간의 빛과 구분될 수 없었다는 것이 이 연구의 결론이긴 하지만, '성령 강림'은 계몽주의와 복음주의의 결합이 일종의 타협이며, 일종의 임의적인 결합임을 가리키는 표시였다. 바로 이 때문에 부흥 운동은 계몽주의 하에 놓여져 있던 복음주의에 위기를 초래할 수 있었다. 사실, 부흥 운동이 자연발생적으로 일어났는가, 인위적으로 일어났는가 하는 문제보다 더 중요한 것은 부흥 운동 중의 "하나님의 성령의 놀라운 현현"[56]에 어떻게 반응하는가였다. 이 문제는 5장에서 다뤄질 것이다.

---

56) 박용규, 『평양대부흥운동』, 291에서 재인용.

3. 부흥 운동과 한국 교회의 기원

부흥 운동은 전 세계적인 네트워크를 가진 복음주의 문화가 한국 교회로 유입되는 과정이기도 했다. 선교사들은 이 문화의 유통을 당연한 것으로 생각했다. 부흥은 그들에게는 "일상(routine)"[57]이었다. 선교지 교회는 단지 교리와 의례와 정상적인 교회 활동만을 수용하지 않았다. 선교지 교회는 대리인들(agents)인 선교사들에 의해 중개된 선교본국의 '교회 문화'를 수용했다. 때로는 '교회 문화'가 교회 자체보다 더 중요할 수도 있었다. 특히 종교와 문화의 구분이 선교본국에서는 어느 정도 가능했을 수 있었는지 모르겠지만, 선교지에서 그 구분은 사실상 거의 불가능했다. 정교분리가 선교지에서는 구두선(口頭禪)이 되곤 했듯이, 선교지에서 교회와 문화의 분리는 상상되기 어려웠다.

그런 만큼, 부흥은 선교 초기부터 한국 교회의 일상적인 현상이었다고 할 수 있다. 류대영은 "20세기 초 몇 년에 걸쳐 연속적으로 일어났던 부흥 현상"에 주목하고,[58] 옥성득은 『한반도 대부흥』의 시작을 1903년 8월 선교사 하디의 회개로 시작된 '원산 부흥 집회'로 보고 있지만,[59] "부흥 현상"은 한국 선교 및 교회 설립과 동시에 나타났다고 추정하는 것이 타당할 것이다. '평양대부흥'이 '대'부흥인 것은 교회의 성장과 병행하여 부흥 운동이 전국화 되었다는 것을 의미하는 것이지, '평양대부흥'과 같은 일이 이전에 없었던 새로운 현상이라거나, 전례 없는 선교지민들의 영적인 진보나 심화를 가져왔다거나, '평양대부흥'이 최초로 성령이 강림한 '한국의

---

57) Bosch, *Transforming Mission*, 282 : "Awakenings—or 'revivals', as they increasingly came to be called—were becoming routine."
58) 류대영, "20세기 초 한국교회 부흥현상 연구에 관한 몇 가지 재검토", 159.
59) 옥성득, 『한반도 대부흥』, 93.

오순절'이었다는 것을 의미하지는 않는다. 복음주의 선교는 부흥주의를 전세계에 전파했으며, 선교 운동은 부흥 운동이었고, 부흥주의 선교사들이 활동하던 한국 교회는 부흥주의의 실행 무대였다.

'평양대부흥'은 물론이고, 그 기원이라 알려진 '원산부흥운동' 역시 '일상적인' 부흥 운동의 일환이었다. 1903년 8월 원산에서 하디는 "주일 오전예배 때 한국인들 앞에서 공개적으로 '교만, 심령의 강퍅함, 그리고 믿음의 부족' 등 자신의 죄악을 낱낱이 털어놓으며 눈물로 참회하고 회개했"[60]고, 이것이 "원산부흥운동"과 "한반도대부흥"의 시발로 알려져 있다. 하지만 하디는 원산부흥운동 이전인 1901년 3월 철원 갈말읍 지경터 교회에서 자신이 사경회를 열었을 때 "나는 처음으로 한국인들이 죄를 고백하고 큰 소리로 우는 것을 보았다."[61]고 하여 이미 부흥 현상이 일어났음을 보고하고 있다. 그리고 '원산부흥운동' 이전인 1903년 초 선교사 크램(W. G. Cram)이 인도한 개성 남감리교의 신년(구정) 기도회에서도 비슷한 현상이 나타났다.

> 교인들이 날마다 점점 늘어 회당에 앉을 틈이 없게 모여서 예배를 하는데 이때에 성신님이 예전 오순절에 일백 이십 인에게 감화하시듯이 이 예배당에 모인 형제자매들에게 각각 감화하시더니 하루는 전도할 시대에 온 회중이 눈물을 흘리고 슬피 우는 것을 보고 또 하루는 형제 중에 가슴을 치고 대성통곡하는 것을 보고 또 하루는 기도할 때에 홀연히 마음이 비창하여 울면서 기도를 하였으며 또 하루는 간증할 때에 각 울면서 간증함으로 온 회중이 서로 비창하여 얼굴을 숙이고 눈물을 머금었더라.[62]

---

60) 박용규, 『평양대부흥운동』, 44.
61) 옥성득, 『한반도대부흥』, 97에서 재인용.
62) 문경호, "송도에 전도함", 「신학월보」(1903년 3월호), 112, 박용규, 『평양대부흥운동』, 33에서 재인용.

이로 미뤄볼 때, 예배의 부흥 집회적 성격은 선교지 교회 설립 초기부터 나타났다고 봐야 할 것이다. "당시 선교사들은 부흥은 단순히 발생하는 것이 아니라 주도면밀하게 무대에 올려지는 것이라는 현대적 부흥집회 방식에 매우 익숙했던 사람들이었다."[63]고 알려지고 있다. 그러한 선교사들이 그들이 비판했던 형식적인 예배 방식이나 교리문답, 세례, 사경회 등에 만족했다고 볼 수는 없다. 선교 처음부터 그들의 진정한 목표는 단지 교회 설립이 아니라 부흥회를 통한 선교지민의 회심이었다.

장로교 선교사였던 언더우드가 1988년 보낸 한 편지의 다음과 같은 내용은 교회의 예배 분위기를 짐작케 한다. "우리는 방금, 막, 우리 가운데 임하신 성령의 권능의 현시를 목도(目睹)하였습니다. 우리의 예배는 잘 진행되고 있으며, 우리 방은 사람들로 북적이고 있고, 주일에는 1시간 이상 동안 진지하게 예배를 드리는 사람들로 가득 차 있습니다."[64] 여기에서 언더우드는 초창기 선교지 교회 예배 분위기를 묘사하고 있는데, "성령의 권능의 현시"와 같은 부흥 운동에서 자주 나타나는 표현을 사용하고 있는 점이 눈에 띈다. 모펫(Samuel Moffett)의 『위원입교인규도』(1895. 2)를 보면, 장로교에서는 초기부터 "신자가 되고자 하는 사람에게는 먼저 자기의 죄를 원통히 뉘우치는 행위가 요구되었다."고 하며, "한국인들은 개종의 행위로서 공개적으로, 혹은 선교사들이 보는 앞에서 이전에 행했던 자신의 '죄'를 뉘우쳐야 했다."[65]

'평양대부흥' 십 년 전인 1897년 미국 장로교 선교본부의 스피어(R. E.

63) 류대영, "20세기 초 한국교회 부흥현상에 관한 몇 가지 문제 재검토", 179.
64) Underwood, "Letter to A. T. Pierson" (December 23, 1888), 박용규, 『한국기독교회사 1』, 515에서 재인용.
65) Samuel Moffett, 『위원입교인규도』(1895.2), 이유나, 『한국 초기 기독교의 죄 이해 : 1884-1910』(서울 : 한들출판사, 2007), 78에서 재인용.

Speer)는 부흥 운동에 대한 특별한 언급 없이도, 한국에서의 선교를 다음과 같이 보고하고 있다.

> 진정한 심령운동이 태동하고 있다고 믿을 수 있는 확실한 근거가 있다. 죄의식과 그리스도를 통하여 얻을 수 있다는 구원관은 한인 신자들이 가진 지배적 생각인 듯하다. 회개한 개인의 실정은 어느 나라 개종인과 마찬가지로 그 철저하고 만족한 사례를 이 나라에서 찾아볼 수 있다. 뜨거운 교회생활과 형제적인 신임과 협력이 여기 있다. 전날의 유교인들도 죄를 아프게 뉘우치고, 울면서 기도를 올리고, 자발적이고 아낌없는 헌금, 선교사의 도움보다 자조하려는 정신, 개인전도 생활, 우리나라에도 드문 구령 열의, 간음과 주정과 흉악한 죄에서 전환하여 정화, 순결되어 성경을 열정적으로 탐독하면서 좀 더 배우기를 열망하는 등 사실에는… 피상적이며 모방적인 면이 있다고 치더라도 신생의 진실성을 표증 하는 줄 안다. 심령적 경험을 표시하는 창의적 사상과 접인(接人)과 담화의 신이(新異)함은 다른 데에서 볼 수 없었다. 초기 기독교인들이 가졌던 그 생생한 생활에 접촉하는 감을 얻게 하여 줌으로 우리에게 한없는 축복이 되고 있다.[66]

부흥 운동에 대한 직접적인 언급 없이도 부흥주의적인 복음주의 선교의 성과가 약여하게 그려져 있다.

류대영은 20세기 초 한국의 부흥현상이 "감리교가 시작하고, 전파하고, 끝까지 주도한 전형적인 감리교의 성결―오순절 운동이었던 것으로 보인다."[67]는 관점을 제시했다. "성령의 임재"를 경험한다거나, "새로운 성령의 세례"를 체험하고, "거룩한 삶의 편린을 개인적으로 맛"보는 등등은 "전형적인 감리교식 성결운동"이라는 것이다.[68] 하지만 그의 논의에는

---

66) R. E. Speer, *Report on the Mission in Korea*, 9, 백낙준, 『한국개신교사』, 273에서 재인용.
67) 류대영, "20세기 초 한국교회 부흥현상에 관한 몇 가지 문제 재검토", 186.
68) Ibid., 182.

장로교 중심의 성결 운동에 대한 언급이 빠져 있다. 실제로 "케직사경회
는 칼빈주의적인 배경을 가지고 성결운동을 이끌어갔다."[69] "성결 운동"
은 감리교만의 전유물이 될 수 없었다.

　그보다도 복음주의의 일반적인 특징이 언급되어야 한다. 복음주의는
교리적으로 "절충적(moderate)"이었다. "웨슬리의 알미니안주의와 복음주
의적 칼빈이즘 사이에는 거의 신학적 차이가 없었다."[70] 중요한 것은 교
파 간의 차이가 아니라, 복음주의 문화의 공통성이었다. 케직 사경회의
성결 운동에서도 장로교의 교리적 특징을 부각시킨 흔적은 나타나지 않
는다. 박명수는 "19세기 미국교회의 주류는 부흥 운동을 지지하는 신파
장로교회였다."[71]고 주장한다. 이 점에서는 아마 박용규의 다음과 같은
설명이 적절할 것이다.

　　한국에 파송된 대부분의 선교사들은 그와 같은 영적 분위기 속에서 성장하
　고 신학 교육을 받고 파송 된 사람들이었기 때문에 부흥운동에 대해 매우 긍
　정적이었다. 한국에 파송 된 적지 않은 선교사들은, 나이아가라 사경회든, 무
　디 부흥운동이든, 학생 자원운동(Student Volunteer Movement)이든, 혹은 성결
　운동(Holiness Movement)이든 19세기 말과 20세기 초 미국 전역을 휩쓸고 있
　던 부흥운동의 영향을 직·간접으로 받은 자들이었다.[72]

　한국 교회 초기의 신학이, 긍정적인 의미에서든 부정적인 의미에서든,

---

69) 박명수, "성결운동과 한국교회의 초기 대부흥", 52.
70) Bebbington, "Evangelical Christianity and the Enlightenment", 34 : "There was little distinction
　　between the theological position of Wesley's Arminians and Evangelical Calvinists."
71) 박명수, "근대복음주의와 초기 한국 교회", 「기독교사상」 433 (1995. 1), 108.
72) 박용규, 『평양대부흥운동』, 17-18. 박용규는 "전형적인 웨슬리안 복음주의 부흥운동의 후예들"
　　인 감리교 선교사들 말고도, 무디의 영향이 강했던 "맥코믹 신학교 출신" 장로교 선교사들이
　　같은 "복음주의 신앙"과 "부흥운동에 대해 긍정적인 시각"을 공유했다고 본다.

'보수적'이었다는 견해에 반대하여, 박명수는 "한국 초기 교회의 모습을 설명하는 용어로 '복음주의'라는 단어가 적절하다."[73]고 주장하는데, 그 근거 중 하나로 북장로회는 선교 정책의 신조에서 "선교회에 속한 모든 사람은 복음주의 정책을 믿는 바이다. 선교회의 복음주의적 경향은 명백하고도 확실한 지침이다."[74]라고 선언한 사실을 예로 든다. 당시 복음주의는 정통 교리를 수호하려는 정통 보수주의와는 달리 "성서적 진리를 순박하게 믿는 신앙"[75]을 의미하고 있었고, "성서적 신앙의 재현"[76]을 추구했다는 것이다. 박명수에 따르면, "한국에 기독교가 들어온 시기는 아직 근본주의적 복음주의가 구체적으로 형성되기 이전의 복음주의이다. 따라서 한국 복음주의의 모습은 평범한 성서적 신앙을 강조하는 '넓은 의미의 복음주의'라고 할 수 있다."[77]

복음주의의 시작을 영국 감리교의 부흥 운동에서 찾지만, 그렇다고 해서, 20세기 초 선교지 부흥 운동으로부터 어떤 교파적 특징을 찾기는 쉽지 않아 보인다.[78] 이를테면 재한 선교사를 많이 배출한 장로교의 맥코믹신학교의 졸업생들은 19세기 말 미국의 대중적 부흥 운동과 복음화 열기에 의해 크게 영향 받았으며,[79] 그들이 물려받은 장로교 유산 중에는 신파 경건주의의 흐름이 있었다. 장로교도 19세기 전반에 걸쳐 알미니안주의화했던 것이다. 흥미로운 것은 선교지 상황에서도 이러한 상황이 되

---

73) 박명수, "근대복음주의와 초기 한국 교회", 99.

74) Ibid.

75) Ibid.

76) Ibid., 100.

77) Ibid.

78) Gary Williams, "Was Evangelicalism Created by the Enlightenment?" *Tyndale Bulletin* 53.2 (2002), 312.

79) Jaekeun Lee, "McCormick Missionaries and the Shaping of the Korean Evangelical Presbyterianism, 1888-1939", 「한국기독교와역사」 35 (2011), 10.

풀이되고 있었다는 사실이다. 즉 감리교가 부흥의 기술을 처음부터 보다 적극적으로 도입했다면, 장로교가 이를 뒤따랐다. 그리고 부흥 운동의 결실은 대부분 장로교의 몫이 되었다.[80] 이는 양자를 함께 아우르는 복음주의의 문화적 배경, 그중에서도 부흥 운동 때문이었다. 감리교 선교사 존스는 초기 한국 교회의 신앙적인 특징을 다음 열 가지로 요약했다. "곧 성서의 압도적 권위에 대한 부동(不動)의 신앙, 예민한 죄의식과 회개, 개인의 인격적 신앙, 부흥회적인 열정, 교리 문답식 성서 교육, 기독자로서의 헌신과 봉사, 십일조, 헌금, 강렬한 주체적 신앙 때문에 겪는 환난, 그리고 선교의 열정"[81] 등이 그것이다. 이러한 기독교가 처음부터 한국의 개신교인들에게 전파된 기독교였다. 그리고 이러한 기독교에 대한 교회 내적 반발은 찾아볼 수 없었다.

이 점에서는, 앞에서 복음주의의 특징으로 언급한 대중성에 다시 주목할 필요가 있다. 복음주의는 문화적인 적응에 뛰어났다. 복음주의는 소수임을 자처했지만, 소수로 머물기보다는 사회문화적으로 주류를 지향했다.[82] 이렇게 대중적으로 문화화한 기독교였던 만큼, 복음주의 선교의 현지 적응 능력 또한 뛰어났다고 할 수 있다. 복음주의 선교는 논란의 여지가 많은 교리적 주장들을 최소화했고, 선교지 문화와 종교에 대해 포용적이었으며, 그들이 전하는 복음을 단순화, 대중화했다. 대가는 컸지만─그리스도론은 크게 위축되었다─진입 장벽을 최대한 낮춤으로써 선교지민들

80) 서정민, "초기 한국교회 대부흥운동의 이해", 257 : "부흥운동의 주도권을 쥐었던 장로교회가 교세의 안정과 발전을 기하는 반면, 보다 사회적 관심에 투철하던 감리교인의 감소나 정체가 크게 나타나며, 그 차이도 보다 큰 폭으로 격차지어지고 있는 점이다."
81) G. H. Jones, "The Growth of the Church in the Mission Field", *The International Review of Missions* 1.3 (1912), 민경배, 『한국기독교회사』, 194에서 재인용.
82) Kyle, *Evangelicalism*, 2 : "Because evangelicals have become culturally mainstream, their social acceptance has greatly increased."

의 반발을 최소화했다. 종교적 갈등이 전혀 없었다는 말이 아니라, 다른 선교 패러다임들과 비교해 볼 때, 복음주의 선교 패러다임의 유연성을 높이 평가할 수 있다는 말이다. 선교사들은 "활달하게 실용적(cheerfully pragmatic)"이었다.[83] 복음주의 개신교는 시작부터 대중적이었다. 대중을 목표로 했고, 대중에 파고들려고 했다. 이것은 선교사들이 선교지민들에게 다소 엄격한 입교 과정을 요구했다는 것과 상충되지 않는다. 왜냐하면 선교사들은 미국 복음주의의 특징 중 하나라고 할 수 있는 "대중적 경건"을 추구했기 때문이었다.[84] 부흥 운동도 이러한 대중적 경건주의의 일환이었다.

이와 아울러, 부흥주의적인 복음주의 선교가 별다른 저항을 받지 않은 것은 기독교 자체 내의 반발 세력이 없었기 때문이라고 할 수 있다. 선교지 교회로부터 불협화음은 거의 나오지 않았다. 또 선교 초기에 소개된 복음주의 문화를 선교지 교회가 독자적으로 재해석하거나 비판하고 이에 반발한다는 것은 현실적으로 있을 법한 일이 아니었다. 한국보다 상당히 앞서 설립된 일본의 선교지 교회조차 이러한 시점에 이르지 않았었다. 성경의 번역조차 아직 끝나지 않았다. 성경의 내용에 대한 해석의 권위도 선교사들에게 있었다. 복음주의 문화로서의 부흥 운동에 대한 동의도 반발도 없었다. 부흥 운동은 선교지가 수용한 복음의 일부였다.

이렇게 볼 때, '평양대부흥'이 당시 한국 내 언론의 특별한 주목을 받지 못한 이유 중의 하나는 개신교와 복음주의와 부흥 운동이 선교지에서 구

---

83) John Barker, "Cheerful Pragmatists : Anglican Missionaries among the Maisin of Collingwood Bay, Northern Papua 1898-1920", *The Journal of Pacific History* 22.2 (April 1987), 68.

84) Randall Balmer, "Eschewing the 'Routine of Religion' : Eighteenth-Century Pietism and the Revival Tradition in America", in *Modern Christian Revivals*, 11.

별될 수 없었던 데 있다고 할 수 있다. 해외에서 주목받았던 '평양대부흥'을 당시 유력한 국내 언론들이 거의 보도하지 않았다는 사실은 그동안 국내 연구자들의 관심을 끌어왔고, 부흥 운동의 성격을 규정하는 데 지대한 영향을 끼쳐 왔다. 이와 관련하여 학계에서는 아래와 같은 견해가 자주 피력되었다.

> 확실히 표면적으로는 대부흥은 비민족화를 겸했다. 그 진행경과에 이런 경향이 노골적이었던 나머지, 당시 민족지 「대한매일신보」는 전국적 큰 이슈였던 대부흥운동에 지면을 거의 할애하지 않았다. 이것은 무언의 저항이었고, 민족 희망의 보루였던 교회에 대한 실망과 좌절의 표현이었다.[85]

그러나 한국 개신 교회는 초기부터 부흥주의적이었다. 부흥 운동은 전혀 새로울 것이 없었다. 그러므로 부흥 운동은 일상적인 교회 소식 이상으로 특별히 기사화될 사건이 아니었고, 국내에서는 "전국적 큰 이슈"가 아니었다. '평양대부흥'은 반발도 반대도 받지 않았으며, 그렇다고 해서 특별히 지지나 성원도 받지 않았다. 교회 기관지가 아닌 「대한매일신보」로서는 특별히 주목해 기사화할 기사거리가 아니었다.

이러한 현상은 언론의 집중 조명을 받은 미국의 부흥 운동과의 차이를 볼 수 있다. 이를 테면 무디가 보스턴에서 부흥 운동을 계획하던 당시의 보스턴은 자유주의자들의 소굴로 알려져 있었다. 이런 상황에서 부흥 운동은 언론의 주목을 받는 이벤트가 되어야 했다. 무디는 기독교계뿐만 아니라 일반 언론에도 자신의 부흥 집회 계획을 홍보하기에 힘썼다. 무디는 언론계 인사들을 위해 집회장에 특별한 좌석을 배려하도록 했다. 그리고

---

85) 서정민, "초기 한국교회 대부흥운동의 이해", 275.

무디의 부흥 운동을 상세히 보도한 「보스턴 글로브」의 구독자 수는 세 배로 증가했다.[86] 무디는 언론계의 하나의 "상품(commodity)"이 되었다.[87] 영혼 구원은 하나의 종교 사업이었고, 이를 위해 미디어와의 좋은 관계가 성공의 핵심 요소였다.

하지만 한국의 부흥 운동은 국내에서 언론의 특별한 조명을 받지 않았다. 언론의 입장에서는 일상화된 부흥회가 특별한 사건이 아니었기 때문이다. 기독교는 복음주의요, 복음주의는 부흥주의라면, 사경회 등과 같은 통상적인 교회 행사 과정에서 일어난 부흥 운동이 세간의 이목을 끌 이유가 없었고, 선교사들도 한국 내 언론을 통해 이를 특별히 홍보할 이유를 갖지 못했다. '평양대부흥'을 포함한 선교지 한국 내에서의 부흥 운동은 교회 소식란을 장식하는 것만으로 충분했다.

나아가 「대한매일신보」와 같은 친기독교 언론이라도, 교회가 "나라일 의론 하는 집"[88]이 아니었던 만큼, 일반 신문으로서 교회 내에서 일어나는 의례적인 활동을 자세히 보도할 필요성을 느끼지 않았을 것이다. 그러므로 당시 유력한 신문인 「대한매일신보」가 "대부흥회"에 대해 침묵을 지킨 이유는 "그 신문 기왕의 애국심에서 판단"[89]할 일은 아닌 것 같다. 선교사들은 선교사들대로, 언론, 교육, 의료 활동 등과 같은 교회 외 활동과 예배, 사경회 등과 같은 교회 내 활동을 구분하고 있었다. 부흥 운동은 교회 내의 정상적이고 일상적인 활동에 속하는 만큼, 재한복음주의선교부공

---

86) Bruce Evenson, "'It is a Marvel to Many People' : Dwight L. Moody, Mass Media, and the New England Revival", *The New England Quarterly* 72.2 (June 1999), 259-260.
87) Ibid., 267.
88) "장로회 공의회 일기", 「그리스도신문」, 1901년 10월 3일자, 민경배, 『한국기독교회사』, 272에서 재인용.
89) 민경배, 『한국기독교회사』, 276.

의회의 기관지 성격을 가졌던 「The Korea Mission Field」가 '평양대부흥'을 집중 보도했던 것과는 달리, 선교사들은 일반 언론의 관심 끌기를 추구하지 않았던 것이다.

III. 개인적 회심과 에큐메니즘

1. 개인적 회심과 근대적 개인

선교지 한국 교회는 괄목할 만한 성장을 거듭하고 있었다. 모트는 당시 한국 교회의 상황을 다음과 같이 보고하고 있었다.

> 최근 내가 극동을 여행하는 동안 만일 한국에서 같이 일하고 있는 여러 선교부가 응분의 지지를 받고 당장 사업을 확장한다면 한국은 비기독교세계에서 최초로 기독교국가가 되리라는 확신을 가지게 되었다. 나는 선교사업에 투자한 액수에 비하여 한국에서와 같이 크고 견실한 성과를 얻은 피선교지를 알지 못한다.[90]

선교사들은 환영받았다. 개신교는 별다른 난관 없이 교세를 확장하고 있었다. 하지만 이러한 사업적인 성공이 복음주의 선교사들이 추구해 온 진정한 목표는 아니었다. 선교사들은 이러한 사태를 반기면서도 그 의미를 나름대로 해석하려 했다.

> 한국에서 어디나 할 것 없이 기독교에 대해 매우 호의적이며, 믿는 사람들의 수가 급속히 늘어나고 있으며, 새로운 모임이 여기저기에서 족출하고 있으며, 교회가 넘칠 지경으로 차고 있다는 말을 듣는다. 사람들은 이렇게 말할 것

---

90) *The Korea Mission Field* 4 (May 1908), 65, 백낙준, 『한국개신교사』, 382.

이다 : '이는 이 나라의 상황에 크게 기인한 것이 아닌가? 사람들은 외국인에 대해 정치적인 사안들에 대해 영향력과 도움을 확보하려는 희망을 품고 찾아 오는 것이 아닌가?' 어떤 경우에는 그러한 욕망들도 역할을 할 것이다. 그러나 그것이 전부는 아니다. 거기에는 보다 좋은 것들에 대한 주림이 있다. 진정한 하나님을 찾음이 있다. 의에 목마름이 있다.[91]

복음주의 선교사들은 한 차원 높은 종교를 소개하려고 했다. 그들이 전하려는 복음을 현지인들의 이익과 관심에 눈높이를 맞출 수만은 없었다. 복음주의 선교는 사회 경제적인 박탈이나, 정치적인 불만, 정신적인 공황 등에 대한 해답 이상을 추구했다. 복음주의 선교사들은 영혼의 전취와 변화를 위한 전쟁터를 찾아 한국에 왔다. 그리고 그들은 선교지민들 사이에서 물질적인 가난 말고도 영적인 가난도 발견할 수 있었다.

만일 한국의 그리스도인들이 단지 하층 민중의 경우에는 경제적인 이득을, 중층인 경우에는 영어, 의료 등의 기술 습득을, 상층 엘리트의 경우에는 정치적인 의도를 목적으로 기독교에 입문했다면, 한국인들 사이에는 "주린 마음(hungry hearts)", "목마른 영혼(thirsty soul)", "슬픈 마음(sad heart)"[92] 이 없었다는 셈이 된다. 그러나 종교적인 것에 대한 온전한 관심이 선교사들만의 일일 수는 없었다. 세속주의나 형식주의에 불만을 품고 "참된 종교"를 추구하는 현상은 복음주의의 전유물이 아니라 모든 종교에서 목격될 수 있었다. 한국인들에게도 "진정한 하나님을 찾음"이 있었다. 회심도 "보편적인 인간적 패턴(a universal human pattern)"[93] 중 하나라고 할 수 있었다. 복음주의 선교사들이 선교지 종교들에 대해 천주교 선교사들보다 관

---

91) Josephine Hounshell, "Soul Hunger", *The Korea Mission Field* 2.2 (May 1906), 128.
92) Ibid.
93) Brauer, "Conversion : From Puritanism to Revivalism", 226.

대할 수 있었던 것은, 선교지의 종교들과 천주교가, 이를테면, '형식적 종교'였기 때문이다. 그리고 '형식적 종교'와 '참된 종교'는 절대적으로 구분되지 않았다. '형식적 종교'는, 선교사 자신들의 경험처럼, 회심을 통해서 '참된 종교'로 깨어날 수 있었다. 계몽의 본질은 '참된 종교'의 각성이었다. 복음주의 선교는 선교지민들에게 마음으로부터의 회심을 요구했고, 부흥운동을 통해 그 목적을 이루려 했다. 선교사들은 '평양대부흥'을 통해 복음주의 선교의 최종적인 목표가 가장 늦게 개척된 선교지 중 하나인 한국에서 가장 먼저 성취되었음을 전 세계에 타전하고 있었다. 이처럼, 한국교회는 선교 사업의 성공 사례였을 뿐만 아니라, '참된 기독교'를 향한 영적 진보의 거보를 내딛은 모범적인 복음주의 교회였다.

하지만 '평양대부흥'에서 나타난 '회심' 체험의 성격을 어떻게 이해할 것인가 하는 데에는 논란의 여지가 있다. 대부분의 연구자들은, 성령의 강권으로든 인위적 조작으로든, 긍정적인 의미에서든 부정적인 의미에서든, 선교지 교회의 기독교인들에게 심원하고 지속성을 가진 어떤 커다란 변화가 일어났다는데 의견의 일치를 보이고 있다. 즉 선교지민들이 전례 없는 '성령' 또는 '통회 자복' 체험을 통해 '마음의 종교'를 받아들였으며, 이로 인한 변화를 이전의 형식적인 개종과는 다른, 어떤 진정성 있는 변화였다고 해석해 온 것이다. '평양대부흥'을 해석함에 있어서, 국내 연구자들은 토착문화와의 "연속성"보다는 일찍부터 나름대로 "비연속성"에 주목해 왔다고 할 수 있다. 앞에서 "토착주의"론의 허점을 비판했지만, 토착문화와의 관련성을 시사하는 연구자들도 '평양대부흥'을 통한 "한국인들의 원초적 감성"[94]의 분출 등을 언급하는 정도일 뿐, 부흥 운동 이전과 이후의 문화적

94) 류대영, "20세기 초 한국교회 부흥현상 연구에 관한 몇 가지 재검토", 172.

연속성을 주장하는 것은 아니라고 할 수 있다. 대부분의 연구자들은 이처럼 선교사들의 복음주의적 해석학을 별다른 의문 없이 추인하는 것으로 보인다.

백낙준은 일찍이 "이 부흥이 비기독교인을 신자화하려는 운동이라기보다 이미 신자가 된 사람들의 영적 생활을 소생시키려는 부흥"이었다면서, "부흥회는 신자들의 신앙체험과 영적인 생활을 깊게 하는 기간으로 여겨졌다."고 했다.[95] 서정민도 "대부흥"의 "가장 큰 결과적인 변화는 신앙 유형에 있었다."면서, 이 변화를 "기독교적, 혹은 종교적 신앙 형성이 처음 이루어지는 변화"로 이해하고, "현세적 목적의 추구로서, 혹은 방법적 가치로, 혹은 제2차적 전제로 접근되던 교회 신앙의 한 일면을, 내세적 궁극 목적으로, 전인격적이고 제1차적인 형태로 전환하고 있는 모습"이라고 해석한다.[96] 이 같은 변화가 실제로 발생했다면, '평양대부흥'은 형식적인 개종으로부터 참된 회심으로의 변화를 가져왔다고 말할 수 있을 것이고, 복음주의의 '회심주의'가 선교지에서 큰 결실을 거두었다고 볼 수 있다.

복음주의 선교사들이 한국 교회의 이 같은 '회심'에 대해 만족감을 표현했을 것은 당연한 일이었다. 선교사들은 한국인들의 죄의식이 희박하며, 자신들이 느끼는 것과 같은 "죄의식을 심오하게 느낄 수 없다."고 판단하고 있었다.[97] 죄의식을 느낄 수 없다면, 변화되고 의로운 삶을 사는 것도 불가능했다. 그러므로 죄인으로부터 의인으로의 변화에 선결되어야 할 문제는 죄를 죄로 알고, 죄를 내면적으로 의식하는, "죄의식"을 갖는 일이었다. 복음주의 선교사들은 '평양대부흥'을 통해 이 중대한 사안에서 변화가

95) 백낙준, 『한국개신교사』, 395.
96) 서정민, "초기 한국교회 대부흥운동의 이해", 260.
97) 박용규, 『평양대부흥운동』, 453.

일어났다고 보고하고 있었다.

부흥 이후 몇 달 동안 지내면서 과거를 돌이켜보면 이 신앙체험의 결과로서 두 가지 뚜렷한 효과가 나타나 있다. 그중의 하나는 신자들 가운에 의와 죄의 의식을 심화한 것이다. 이 문제에 대한 기독교의 교훈은 한인들에게는 생소하였다. 한인에게도 죄와 의에 대한 의식이 없는 것은 아니었으나 우리들의 그 것과는 다른 것이었다. 이 부흥은 교인들의 마음에 죄의 극심한 죄악성을 깨 닫게 하여주는 동시에 의에 살고 행하는 것이 우리의 평생 책임이 된다는 인 식을 깊이 넣어주었다.[98]

선교사들이 언급한 "죄와 의에 대한 의식"은 이유나가 말하는 "양심" 같은 것이라고 볼 수 있다.

초기 개신교의 '양심'은 스스로의 내면을 볼 수 있는 힘을 의미했다. 즉, 마음속에 있는 죄, 내면의 존재인 성령을 깨달을 수 있는 것은 바로 이 양심을 통해 가능하다. 양심이 기준이 될 때, 죄의 내용들은 비단 교회의 규범들뿐만 아니라 각자에게 다양하게 나타날 수 있는 것이었다.[99]

선교사들은 '평양대부흥'을 통해서 선교지민들 안에서 "양심"이 존재함을 발견했고, 그 "양심"을 깨웠으며, 그것을 "심화"시켰다. "양심"이란 복음주의자들이 선교지에서 구원하려고 한 '영혼'의 핵심적인 기능이었다. '평양대부흥'에서 선교지 영혼은 죄 가운데 발견되었다. 부흥 운동은 영혼 구원 운동이었고, 그런 만큼 복음주의 선교의 불가결한 요소였다. 이 운동에는 선교지민의 '주체적인' 참여가 반드시 요구되었다. 그들의 "죄와

---

98) *The Korea Mission Field* 4.5 (May 1908), 70, 백낙준, 『한국개신교사』, 394에서 재인용.
99) 이유나, 『한국 초기 기독교의 죄 이해 : 1884-1910』 (서울 : 한들출판사, 2007), 212.

의에 대한 의식"은 진정성을 가져야 했다. 그들 스스로 그들의 죄를 깨달아야 했고, 의에 대한 책임을 짊어져야 했다.

> 성령의 능력이 놀랍게 나타났다. 많은 사람들이 공개적으로 죄를 고백했다. 그 고백을 들은 자라면 누구나 그들의 회개의 진정성을 의심할 수 없었다. 지적인 회심 외에 다른 것을 알지 못하던 교회의 많은 유력한 자들이 죄를 깨닫고 그리스도를 통한 죄 사함을 경험했다. 사역을 하면서 열정이 식은 한국인 본처 전도사들, 부인 권서들, 속장들, 주일학교 교사들이 각성하고 차원 높은 기독교인의 삶을 살게 되었다.[100]

선교사들이 부흥 운동 과정에서 발견한 선교지 한국인들은 선교국에서처럼 이미 "해방되고 자율적인 개인들"[101]이 아니었다. 그들의 영혼은 극복해야 할 죄 가운데서 발견되었다. 그 영혼은 선교본국의 경우처럼 형식적 기독교인으로부터 진정한 기독교인으로 회심해야 하는 개인이라기보다는, 죄로부터 해방되고 의롭게 되는 진정한 회심을 통해 비로소 출현해야 할 개인이었다. 이러한 "양심"을 가진 개인이 출현해야 비로소 "차원 높은 기독교인의 삶"을 살 수 있었다.

계몽 운동에 있어서 '평양대부흥'의 기여라면 바로 이 지점에서이다. "이런 차원에서 본다면, 부흥운동이 한국인 개종자들로 하여금 기독교적 윤리의식을 내면화하고 기독교인으로서의 정체성을 가지게 하는 계기가 되었다는 해석은 설득력이 있다."[102] 부흥 운동은 근대 한국인들을 "내면화"된 주체로서의 윤리적 자아를 형성하는 데 기여했다. '평양대부흥'에서

100) "Revival Meeting in Seoul", *Korea Methodist* 1904년 11월 10일자, 8, 옥성득, 『한반도대부흥』, 137에서 재인용.
101) Bosch, *Transforming Mission*, 267.
102) 류대영, "20세기 초 한국교회 부흥현상 연구에 관한 몇 가지 재검토", 167.

출현한 "차원 높은 기독교인"은 "스스로의 내면을 볼 수 있는 힘"을 지니
게 된 근대적 개인이었다. 하지만 "이러한 개신교의 양심 담론은 개신교인
의 고유한 양심이라는 구분점을 마련하지 않은, 신자와 외인의 구분을 넘
어선 근대적 양심의 의미까지 포함하고 있는 것이었다."103) "근대적 양
심"의 발견 또는 발명이야말로 '평양대부흥'의 진정한 주제였다.

　복음주의 선교사들이 부흥 운동을 통해 이루려고 했던 것은 계몽주의의
완성이었고, 복음주의 선교 운동은 심오한 의미에서 본질적으로 계몽 운
동이었다. "차원 높은 기독교인"은 "근대적 양심"을 지닌 개인이었고, "기
독교"는 이 개인들의 종교였던 것이다. 류대영에 따르면 복음주의 선교사
들에 의해 한국에 소개된 "기독교"는 "신과의 개인적 관계에 의해 구원이
결정된다는 사적인 차원의 종교"였으며, "사적 개인의 종교적 필요성을 충
족시켜주었"으며, 특별히 '평양대부흥' 기간에 한국의 개신교인들은 "사적
종교로서의 기독교"를 경험했다."104) 그렇다면 '평양대부흥'으로 대변되는
부흥 운동은 일종의 "근대성으로의 회심"105) 운동이었던 셈이다. 그리고
이 새로운 인간은 "의에 살고 행하는 것이 우리의 평생 책임이 된다는 인
식"을 지닌 윤리적 주체였다. 박용규는 "부흥운동은 영적 갱생을 통해 한
국교회를 정화시키고, 죄의식을 강화시켰으며 윤리적인 면에서도 한 차원
높은 수준으로 교회를 끌어올렸다."고 평가한다.106) 선교지 교회의 윤리
의식이 '평양대부흥'을 통해 심화되었다는 것이다. 그렇다면 이 윤리 의식

---

103) 이유나, 『한국 초기 기독교의 죄 이해』, 212.
104) 류대영, "20세기 초 한국교회 부흥현상 연구에 관한 몇 가지 재검토", 169-170.
105) Peter van der Veer ed., *Conversion to Modernities : The Globalization of Christianity* (New York : Routledge, 1996).
106) "The Direct Effects of the Revival", *The Korea Mission Field* 4.5 (May 1908), 70, 박용규, 『한국기독교회사 1』, 963에서 재인용.

은 어떤 성격의 것이었을까?

> 그런데 부흥운동 기간에 한국인 개종자들이 보였던 회개는 거의 인간과 인
> 간의 관계에 대한 것이거나 개인의 행위와 관련된 것들이었다. 즉, 한국 개종
> 자들의 죄 고백은 신과의 관계보다는 사회적-기독교적 규범을 어겼거나(예를
> 들어, 도둑질, 사기, 축첩, 음주), 인간과의 관계를 파괴한 행위(예를 들어, 미
> 움, 질투)에 집중되어 있었다.107)

선교지 부흥 운동에서 표출된 죄목들은 선교사들이 한국인 개종자들에
게 기독교인으로서 용납될 수 없는 '죄'로 가르쳐 온 내용이 대부분이었
을 것이다. 선교사 자신들이 경험했던 19세기 후반 선교본국의 부흥 운동
에서도, 그 강도의 차이는 있을지언정,108) "사회적-기독교적 규범"과
"인간과의 관계를 파괴한 행위"가 통회와 자복의 주요 내용이었을 것이
고, 선교사들의 관점으로 볼 때, '평양대부흥'에서 "한국인 개종자들이 보
였던 회개"의 진정성은 의심의 여지가 없었을 것이다. 류대영은 다음과 같
이 결론 짓는다. "이것은 부흥운동 기간에 집중적으로 이루어진 것이 신과
의 관계가 회복되는 개종(conversion)이 아니라 지은 죄를 깨닫고 회개하여
더욱 헌신된 신앙생활을 하게 되는 성화(sanctification)의 경험이었음을 보여
준다."109) 류대영은 이처럼 "개종(개종에 대해서는 본 연구 제5장 III에서 상론할 것
이다)"과는 구분되는 "성화"의 체험을 '평양대부흥'의 핵심으로 이해하고
있는데, 이는 "의화(Justification)"가 "성화"로 이어진다는 감리교 신학과 '평

---

107) 류대영, "20세기 초 한국교회 부흥현상 연구에 관한 몇 가지 재검토", 168.
108) "Revival Meeting in Seoul", The Korea Methodist (November 1904), 7, 박용규, 『평양대부흥
    운동』, 8 : "나는 이 부흥회 동안 내가 목격했던 것보다 더 직접적이고 더 강하게 회개
    하는 백성들을 본국에서는 결코 보지 못했다."
109) 류대영, "20세기 초 한국교회 부흥현상 연구에 관한 몇 가지 재검토", 168.

양대부흥'의 신학을 서로 연관짓는 것이기도 하지만, 복음주의 선교의 두 단계론을 부흥 운동에 적용하는 것이기도 하다. '평양대부흥'은 "더욱 헌신된 신앙생활", 즉 종교적 심화의 과정이었다.

그렇다면 이렇게 출현한 "사적 종교" 또는 사적 종교를 체험한 "사적 개인"의 성격이 문제가 된다. 이 개인은 철저히 사적인 종교 체험에 몰입하는 "비정치적"인 존재인가? 그렇게만 볼 수는 없다. 류대영은 미국에서의 "근대화로 인한 종교의 개인화 현상"을 설명하면서 부흥 운동에 대해 다음과 같이 평가한다.

> 회심의 경험을 강조하는 부흥회적 종파가 종교 소비자를 사로잡으면서 종교는 급속히 개인화되어 갔다. 19세기 말이 되었을 때에는 기독교를 믿기로 결심하거나 경건한 종교적 삶을 사는 일, 나아가 복음전파의 열정을 가지고 해외 선교로 나가는 일도 순전히 개인적 차원의 종교 경험이었다.[110]

이 맥락에서 "개인화"와 "개인주의화"는 동일한 것이다. 근대의 복음주의 부흥 운동은 개인적인 영적 체험을 추구하는 만큼, 개인주의적 성향을 강화시킨다고 알려져 있다. 개인주의는 계몽주의의 산물이기도 했다. 계몽주의는 인간을 "해방되고 자율적인 개인들(emancipated, autonomous individuals)"로 간주했다.[111] 복음주의는 이러한 계몽주의의 전제를 받아들였고, 개인의 회심을 선교의 목표로 세웠던 것이다.

하지만 이 개인들이 고립된 사적 존재들로 파편화되고 고립화된다고 가정할 수 없다. 선교 단체들은 개인들의 '사회(社會)'였다.[112] 그들의 '자발적

---

110) 류대영, "세속화 이론과 미국 종교사", 「종교와 문화」 8 (2002), 29.
111) Bosch, *Transforming Mission*, 267.
112) Van Rooden, "The Concept of an International Revival Movement Around 1800."

인' 협력은 전통적인 '공동체'에 못지않았다. "개인적 차원의 종교"인 복음
주의는 개인에 머물지 않았다. 세계 선교를 주도한 복음주의는 "신자들의
상상된 세계적 공동체(an imagined worldwide community of believers)"를 지향했
다.[113] 사적 영역과 공적 영역의 계몽주의적 구분은, 기독교의 경우, 한
끝으로는 "순전히 개인적인" 회심으로, 다른 편 끝으로는 해외 선교 운동
으로 나타났다. 그런 점에서 개인적인 회심을 추구하는 부흥 운동과 세계
의 복음화를 추구하는 선교 운동은 하나의 "변증법적(dialectic)"인 관계에
있었다.[114] 부흥 운동은 사적 개인에 머물지 않고, 교회 전체의 사건으로,
때로는 민족적 사건으로 확대될 수 있었고, 대양을 횡단할 수도 있었다.

그렇다고 하더라도, 복음주의적 회심은 언제나 "사적 개인"의 내면으로
부터 시작됨으로써 그 진정성을 확보해야 했다. 영혼을 구원하려면, 영혼
이 거기 있어야 했다. 그렇기 때문에 복음주의 선교사들은 부흥 운동을 통
해 회심할 개인을 발견하려 했고, 죄로 사로잡힌 영혼 상태로부터 깨끗한
양심으로 구원하려고 했던 것이다. 즉 '평양대부흥'에서 계몽주의적 개인
은 전제되기보다는 "구형(構形)"[115]되어야 했다.

하지만 '평양대부흥'이 당시의 애국계몽운동 대열로부터 개인주의적인
체험의 세계로 이탈했다는 주장에는 논란의 여지가 있다. 원론적으로는,
계몽 운동이야말로 개인주의적 경향을 부추길 가능성이 있었다. 종교를
공적 영역으로부터 배제하여, 사적인 '마음'의 영역으로 고립시키려 했던
것은 복음주의이기 이전에 계몽주의였다. 서구에서 정교분리를 주장한 것

113) Peter van Rooden, "Nineteenth-Century Representations of Missionary Conversion and the Transformation of Western Christianity", in *Conversion to Modernities*, 77.
114) Van Rooden, "Nineteenth-Century Representations of Missionary Conversion and the Transformation of Western Christianity", 67.
115) 민경배, 『한국기독교회사』, 281.

은 교회에 앞서 세속 국가들이었고 계몽주의자들이었다. 복음주의자들은 종교를 개인적 차원의 일로 고립시킨 계몽주의적 전제를 받아들이고, 그 위에 그들의 회심의 사역을 추진했던 것이지, 복음주의자들이 주도적으로 종교의 개인주의화를 추구했다고는 할 수 없다. 오히려 근대 선교는 단지 "순전히 개인적 차원의 종교 경험"의 공간적인 연장이 아니라, 사적인 영역과 공적인 영역을 가로지르는 "시민 종교(a civil religion)"를 추구했고, "간접적"이나마 개인의 회심과 시민 사회의 교육 및 도덕의 개혁을 통해 사회 변화에 기여하려고 했다.116)

실제로 문화 운동적 성격이 강한 계몽 운동과 문화주의적 기독교를 전파하는 복음주의 선교가 한국과 같은 선교지에서 서로 분리된다는 것은 실제로 불가능했다. 그리고 사태는 그런 방향으로 가지도 않았다. 개신교가 부흥 운동을 거치며 애국계몽운동으로부터 이탈했다기보다, 부흥 운동자체가 애국계몽운동의 연장선상에 있었다. '평양대부흥'에서 근대적 개인은 주어진 것이라기보다는 부흥 운동 과정에서 발견되거나 발명되어야 했다. '평양대부흥'에서 나타난 "근대성으로의 회심"은 계몽의 체험이기도 했다. 복음주의 선교가 "근대성으로의 회심"을 최종 목표로 했다는 말이 아니다. 복음주의적 회심이 근대적 개인을 조건으로 하고 있었고, 성령 체험의 주체는 그러한 개인이어야 했다는 말이다. "자유와 진정성(freedom and authenticity)"을 가진 "초월적"인 주체를 형성하는 데 있어서 개신교와 근대성은 "제휴(align)"했다.117)

---

116) Van Rooden, "Nineteenth-Century Representations of Missionary Conversion and the Transformation of Western Christianity", 79-82.

117) Webb Keane, "Sincerity, 'Modernity', and the Protestants", *Cultural Anthropology* 17.1 (2002), 83.

2. 성령의 역사와 계몽된 주체

선교사들은 진정한 회개를 위해서는 반드시 성령의 역사가 일어나야 한다고 믿었다. 선교사가 아니라 성령만이 선교지민들로 하여금 그들의 죄를 죄로 깨닫게 할 수 있었다. 이것은 부흥 운동을 이끈 복음주의 선교사들도 기꺼이 인정하는 바였다. 성령은 죄를 인식케 하며, 죄를 고백케 하며, 죄를 두려워하게 하며, 그리스도의 대속을 통한 죄사함을 경험케 하며, 마음의 평화와 기쁨을 가져다주는 존재였다. '평양대부흥'에서 성령은 회개의 영이었고 성결케 하는 영이었다. 선교사들은 부흥 운동에서 성령을 체험한 한국 교회가 전체적으로 성결해졌다고 선언했다.

하지만 '평양대부흥'에서 강림했고 체험되었던 '성령'의 성격에 대한 신학적 연구는 거의 없는 것 같다. 삼위일체론을 젖혀두더라도, 대속주로서의 그리스도와 회개의 성령 간의 관계도 본격적으로 천착되지 않고 있다. 그러나 '평양대부흥' 연구에서 종종 나타나는 "성령의 강권하심"과 같은 표현은 성령에 대한 일정한 신학적 해석을 포함하고 있다. 선교학적으로 성령 신학은 한국인의 전통적인 종교성이나 신성의 체험을 탐구하는 일로부터 출발하기보다, 부흥 운동 등을 통해 한국인들에 의해 고백되고 체험된 성령을 신학적으로 설명하고 해석하는 일로부터 출발해야 한다고 생각된다.

간단히 말해서 '평양대부흥'의 성령은 예수 그리스도와는 별개의 영으로 이해되었던 것으로 보인다. 예수 그리스도의 공로는 십자가를 통한 죄의 사함에 있었고, 죄인의 의화(義化)와 함께 그 역할을 다한 것으로 간주되었다. 용서받은 기독교인은 이후로 성령의 인도 하에 성결한 삶을 사는 '성화(聖化)의 길로 나아가야 했다. "그리스도를 믿는 것으로 말하자면, 내가 그리스도를 하나님의 아들로 믿어 온 지 10년이 되었다. 그러나 오늘 처음으로 나는 하나님의 영과 나의 영이 서로 교제할 수 있다는 것을 알았다."[118] 그리스도의 사역이 죄 용서라면, 성령의 역사는 성결한 삶이었다. 전자가 형식적이고 법적인 의미의 믿음의 구원이었다면, 후자가 실질적이고 참된 체험의 구원이었다. 의화는 성화를 위한 전 단계였다. "1907년 평양 대부흥 운동에 대한 선교학적 함의"에 대해 김상근은 한국 교회가 이를 거치면서 "전통주의적 칼빈주의에 기초한 구원론을 극복하고 '알미니안적 칼빈주의'라는 신학적 유연성을 획득했고, 이러한 신학적 유연성을 통해 선교 지향적인 한국 교회의 특성이 자리 잡게 되었다."[119]며 다음과 같이 주장한다.

> 그러나 1907년 평양 대부흥 운동을 통해 한국 교회는 전통적인 칼빈주의의 편협하고 제한적인 구원론을 서서히 극복하고, 부흥회에 참석한 사람들의 주체적인 반응(비록 대중 심리가 압력으로 작용했지만)을 통해 인간의 감정적 선택이라는 가능성을 열어 놓는 신학적 유연성을 획득했다. 공개적인 죄의 고백이라는 인간의 자발적 의지의 실천을 통해 하나님의 구원이 개인적으로 확신되고 체험될 수 있는 길이 열린 것이다. 한국 교회의 이러한 "알미니안적 칼빈주의"는 1907년 평양 대부흥 운동에서 한국의 교인들이 공개적으로 자신의 죄를 고백함으로써 시작되었다는 것이 필자의 주장이다.[120]

복음주의 선교가 '평양대부흥'을 통해 "전통적인 칼빈주의의 편협하고 제한적인 구원론"으로부터 "알미니안적 칼빈주의"의 "신학적 유연성"을 획득했다기보다, "알미니안 칼빈주의"가 미국 주류교회로부터 파송 된 복

---

118) W. G. Cram, "The Revival in Songdo", *The Korea Mission Field* 2.6 (April 1906), 113.
119) 김상근, "1907년 평양 대부흥운동과 알미니안 칼빈주의의 태동", 401.
120) 김상근, "1907년 평양 대부흥운동과 알미니안 칼빈주의의 태동", 402.

음주의 선교사들의 처음부터 일반화된 신학적 입장이었다고 할 수 있지만, 중요한 것은 구원의 길은 "개인적으로 확신되고 체험될 수 있는 길"이 되었다는 사실이다. 복음주의가 성화의 중심을 성화하는 하나님으로부터 "성화의 경험" 주체인 "인간의 자발적 의지의 실천"으로 옮겼을 때, 그리고 선교지에서 부흥 운동이 이런 의미에서의 성화 또는 성결 운동이 될 때, 성화하는 성령과 "내면의 존재"인 근대적인 "양심"은 서로 구분될 수 없었다. 그때, 계몽 운동의 빛과 부흥 운동의 빛은 같은 빛이었다. 그때, 계몽주의와 부흥주의는 같은 것을 추구하고 있었다. 그때, 성령은 인간의 자기완성으로서의 성화로 인도하는 영이었다. "알미니안적 칼빈주의"의 선교사들이 선교지에서 추구한 '회심'은 "근대성으로의 회심"이었다.

'평양대부흥'은 계몽주의에 의해 보편적으로 인간에게 주어진 것으로 추정되는 자기 형성의 의지와 능력을 활용하여 "공개적인 죄의 고백이라는 인간의 자발적 의지의 실천"을 감행함으로써, 선교지에서 근대적이고 주체적인 개인의 출현을 선언하고 있었다. 성령 체험은 죄를 죄로 인식하고 고백하는 개인, 계몽의 주체로서의 개인을 확증하는 데 그 의미가 있었다.

하지만 '평양대부흥'에서 발견되거나 발명된 윤리적 주체로서의 "기독교인"은 자발적이고 자원하는 개인이라기보다는 그 출생이 강요된 개인이었다. 이 개인은 죄의 공포와 죽음의 심판 가운데 탄생했다.

하나님의 부르심을 전혀 피할 수 없었다. 이전에는 결코 경험하지 못한 무시무시한 죄의 공포가 우리를 사로잡았다. 어떻게 그것을 떨쳐 버리고 도망하느냐가 당면한 문제였다. 몇몇 사람은 달아나려고 했으나 이전보다 더 극심한 비탄의 상태, 곧 영혼의 죽음과 얼굴에 깊은 골이 패진 모습으로 되돌아왔을 뿐이었다. "오! 하나님, 어찌하오리까? 내가 하늘에 올라갈지라도 거기 계시며 음부에 내 자리를 펼지라도 거기 계시나이다." 그래서 이들 수백 명은 무시무시한 공포감으로 함께 모였다. 심판 날이 임했고, 그들은 할 수 있는 대로 몸 부림치고 날쌔게 피하려고 했으나 아무런 소용이 없었다. 죽음 외에 도저히 다른 길이 없었다. 설교의 외치는 소리 앞에 그리고 놀랍고 경외로운 하나님 의 분명한 임재 앞에 그들이 해야 할 것이 과연 무엇인가?[121]

'평양대부흥' 중 선교지민들이 느꼈던 두려움은 일차적으로는 선교사들 이 부과한 법을 어겨 죄를 지은 일에 대한 심판의 두려움이었다. 따라서 '평양대부흥'에서 체험된 성령은 복음주의 선교사들의 권위를 높이고, 그 들에 의해 부과된 도덕적 규범들을 "무시무시한 공포감"으로 추인하는 존재였다. 그러나 성령은 그 이상이었다. 강요된 개항과 적응해야 하는 문명화 속에서, 사회진화론적 적자생존의 세계에서, 생존을 위해 강요된 계몽 속에서, 사회 경제적 여건이 갖춰지지 않은 반(半)식민지 사회에서, 근대적 개인의 탄생과 성령 체험을 통한 기독교인으로서의 "집단 의식 (conscience collective)"[122]의 형성은 피할 수 없는 두려움 속에서 강요되었 다. '평양대부흥'은 한국의 근대성의 모순을 그대로 드러내고 있었다. 그 것은 강요된 운명과 자발적 선택의 결합이었다.

> 길선주가 회개와 고백을 촉구하자 "시내산의 섬광"이 그들 위에 임했으 며, 그곳에 모인 이들은 아무도 하나님의 부르심을 피할 수 없었다. 전에는 경험하지 못한 무시무시한 죄의 공포가 우리 위에 임했다. 그것을 어떻게 벗어버리고 피할 것인지 그것이 문제였다.[123]

"시내산의 섬광"이 하나님의 백성에게 부과된 모세의 율법의 권위를

---

121) James Gale, *Korea in Transition*, 205-206, 박용규, 『평양대부흥운동』, 235에서 재인용.
122) Matthew Lawson, "The Holy Spirit as Conscience Collective", *Sociology of Religion* 60.4 (1999).
123) George Godwin, *The Great Revivalists*, 1950, 박용규, 『평양대부흥운동』, 231.

가리킨다면, '평양대부흥'에 임했던 번쩍이는 빛("섬광")과 "무시무시한 죄의 공포"는 선교지에서의 계몽된 주체(subject)의 출현 과정을 극적으로 표현하고 있었다. "의식의 식민화"는 발가벗겨지는 체험이었다.

> 그러나 우리의 지도자이신 하나님께서 능력과 권능으로 그곳에 계셨으며 그의 임재의 현시는 무시무시했다. 마치 이들은 사람이 하나님의 현시 속에 발가벗겨져 죄의 무시무시함이 적나라하게 드러난 듯이 행동했다. 먼저 육체적인 비통 가운데 손과 머리로 바닥을 치며 통회하였고, 마치 군대 마귀가 그를 찢듯이 울부짖으며 부르짖었고, 이어 죄악되고 정결치 못한 삶에 대한 뉘우침으로 흐느껴 울며 회개하였다.124)

'평양대부흥'은 존망의 기로에 선 한국에서 복음주의 개신교인들이 계몽된 주체로 거듭나기 위해 겪어야 했던 극심한 산고(産苦)를 극화하고 있었다. 계몽은 그들에게 단지 의무나 책임 정도가 아니었다. 계몽은 삶과 죽음, 천국과 지옥, 성령과 마귀의 문제였다. 그리고 그들은 항복했다. "무서운 영혼의 씨름을 한 뒤 그들은 한 사람씩 하나님 앞에 눈물을 흘리고 울부짖으며 마음을 쏟아 놓고 항복했다."125)

인류의 보편성을 가정한 계몽주의자들처럼, 복음주의 선교사들은 자신들과 마찬가지로 선교지민들도 죄를 죄로 인식하고 고백할 수 있는 능력을 지니고 있다고 생각했다. 나아가 대중적 경건이 몸에 밴 그들이 선교지민들에게 가르친 죄는 선교지민들의 "상식"으로도 능히 식별할 수 있는 것들이었고, 능히 배울 수 있는 것들이었다. 몸으로 짓는 죄에 마음으로 짓는 죄가 추가되었지만, 이 같은 죄에 대한 인식 가능성 역시 선교지민들

---

124) Jones, *The Korean Revival*, 14, 박용규, 『평양대부흥운동』, 275에서 재인용.
125) Jones and Noble, *The Religious Awakening of Korea*, 1908, 옥성득, 『한반도대부흥』, 305에서 재인용.

에게 본래부터 갖춰져 있는 것으로 믿어졌다. "한인(韓人)은 그 내심과 또 기타 인생의 근본 문제에는 서양 형제들과 꼭 마찬가지"였다."126) 부흥주 의적인 선교사들에게는 죄를 깨달아 알고, 회개하며 도덕성을 향상시킬 수 있는 인간적 능력에 대한 기본적인 신뢰가 있었다.

선교사들의 이러한 관점은 죄의 현실성에 대한 의식이 약화된 복음주의 내의 경향을 반영하는 것이기도 했다. 선교사들이 주도한 한국의 부흥 운동은 19세기 말 무디의 부흥 운동의 영향을 많이 받은 것으로 알려져 있는데, 무디의 부흥 운동에서는 죄보다는 죄로 인한 고통과 피해(victim)가 강조되었으며, 심판과 지옥보다는 그리스도의 자비와 동정이 강조되었다고 한다.127) 죄와 죄의 현실에 대한 두려움은 약화되고 있었다. 죄의 흉악함에도 불구하고, 죄의 용서는 더욱 확실했다.

하지만 '평양대부흥'에서 선교사들과 한국의 기독교인들은 과연 같은 "죄"를, 같은 "죄의식"을 말하고 있었는가?

> 일부 교회사가들은 이런 과정을 통해 한국 교회에 죄의식과 새로운 윤리의 식이 자리 잡게 되었다고 분석한다. 그러나 근대 도시의 부흥회 전통(urban revivalism)과 미국적 소유 개념에서 태동한 피니의 죄에 대한 규정이 이제 막 종속적인 식민 경제 체제 아래에 편입되기 시작했던 1907년의 한국인들에게 동일한 의미론적 가치(semantic value)를 가졌는지는 추가적인 연구가 요청되고 있다.128)

결론적으로, 그것은 "동일한 의미론적 가치"를 가질 수 없었다. 복음과

---

126) J. Z. Moore, "The Great Revival Year", *The Korea Mission Field* 3.8 (August 1907), 118, 백낙준, 『한국개신교사』, 393에서 재인용.

127) James Downey, "Revivalism, the Gospel Songs and Social Reform", *Ethnomusicology* 9.2 (May 1965), 116-117.

128) 김상근, "1907년 평양 대부흥운동과 알미니안 칼빈주의의 태동", 401.

더불어 "미국 중산층의 문화와 가치관"을 전한 복음주의 선교사들은 "외적 강제로부터 지배받지 않는 개인의 자유와 자율성을 철학적 근간"으로 하는 "정치·경제적 자유주의"를 체질화하고 있었다.[129] 반면 "종속적인 식민 경제 체제"로 편입되는 선교지 한국의 상황에서 계몽된 주체는 죽음의 공포 앞에서 그 탄생을 강요당하고 있었다. 죄로부터의 회심은 "폭력적(the epistemological violence)"이었고, "비타협적(intransitive)"이었으며, "일방적(one-way street)"이었다.[130] 그럼에도 불구하고 선교사들이 기대하던 "차원 높은 기독교인"이 되려면 선교지민들이 반드시 거쳐야 할 관문이었다.

선교지민들은 '평양대부흥'에서 죄의 현실성에 대해 매우 격렬하게 반응함으로써 부흥 운동을 주도한 선교사들을 놀라게 했다. 김상근은 이를 두고 "드와이트 무디의 부흥회 방식이 아닌 찰스 피니의 대중의 심리를 자극하는 부흥회의 기법이 사용되었으며, 특별히 죄의 공개적인 고백이라는 인위적인 기법이 사용"되었기 때문인 것으로 해석한다.[131] 부흥 운동의 '저수지'에 있던 피니의 기법을 선교사들이 활용했을 가능성을 배제할 수 없다. 그러나 그보다는 선교국 부흥주의가 선교지 부흥 운동으로 번역되는 "선교 번역" 과정에서 발생한 "차연(差延, différance)"으로 해석될 수 있다고 본다.[132] 죄 용서를 위한 죄 고백이 선교지 부흥 운동에서 죄 고백을 위한 죄 용서로 뒤바뀌었던 것이다. 이로 인해 죄의 "어둠"은 선교지에서 더욱 부각되었다. 그 죄는 선교사들이 본국에서의 경험으로 알고 있었던

---

129) 류대영, 『개화기 조선과 미국 선교사』, 446.
130) Nicholas Dirks, "The Conversion of Caste : Location, Translation, and Appropriation", in *Conversion to Modernities*, 121.
131) 김상근, "1907년 평양 대부흥운동과 알미니안 칼빈주의의 태동", 401.
132) 김상근, "선교 번역 이론의 고찰 : 앤드류 월스, 유진 나이다, 자크 데리다를 중심으로", 「종교연구」 37 (2004), 84.

것과 같은 개인 또는 교회의 윤리 의식 향상에 관련된 무디식 "감성적인 도덕주의"나 류대영이 말하는 "감성적 종교"의 문제 이상이었다. 선교지 부흥 운동에서 그것은 물질성을 가진 하나의 두려운 실체로 나타났다. 죄는 육체적인 고통이었다.

> 이교주의의 심연으로부터 모여든 검은 피부(dark-skinned)의 형제자매들이 저 계시하는 성령의 빛(Light)을 통해 그들의 죄의 어둠(blackness)을 응시하는 것을 어떻게 필설로 형용할 수 있겠는가! 기독교 가정에서 태어난 우리가 그들의 고통을 어떻게 설명할 수 있을까![133]

죄는 어둠이었다. 성령의 빛이 죄의 어둠을 깨뜨리고 있었다. 죄로부터 의로의 부흥의 체험은 어둠으로부터 빛으로서의 계몽의 체험과 결합되었다. 나아가 선교지 성령 체험은 "종교적 카타르시스"로 소진될 수 없었다. 그것은 실질적인 결과를 산출해야 했다. 감리교 감독 해리스(M. C. Harris)는 다음과 같이 평가한다.

> 이 부흥운동의 효과는 전적으로 훌륭하였다. 즉 교회의 신앙 수준은 더 높아졌고, 미리 자세한 성경교육이 있었으므로 광신은 거의 없었고, 정신이상 같은 경우는 하나도 없었고, 수천 명의 신도가 올바른 마음의 자세를 세웠고, 다수인에게 성직의 소명을 받게 하였고, 그보다 더 많은 교회들이 성경말씀을 공부하려고 무려 2천 명의 대집회가 한 장소에서 거행되었으며, 수천 명이 글 읽기를 배우고, 기독교를 알아보려고 문의하며, 술주정꾼, 도박꾼, 도적놈, 오입쟁이, 살인강도, 독선적인 유학자들, 구태의연한 불교도들, 여러 천 명의 잡신을 섬기는 사람들이 다 그리스도 안에서 새 사람이 되었으니 옛 것은 모두 다 지나가고 말았다.[134]

---

133) Edith McRae, "For Thine is the Power", *The Korea Mission Field* 2.4 (February 1906), 74.
134) "Journal of the 25th Delegated General Conference of the Methodist Church in 1908", 861-862,

3. 선교지 에큐메니즘

'평양대부흥'에서 그 모습을 드러낸 계몽된 주체는 세속화론자들이 흔히 주장하는 것처럼 자기 자신에게 침잠하는 자아가 아니라 자기 자신을 밖으로 표출하는 자아였다. 죄의 포로가 된 영혼을 구원해야 하는 선교사들은 개인의 죄와 "사적"인 회개를 한국의 사회적, 민족적 현실에 적용했다. 교회는 한국의 희망이었다. 교회가 변해야 한국이 변했다. "평양대부흥운동"은 "평양 대각성 운동"이었고, "한반도대부흥"이었다. 이교도들의 나라에서 수적으로 아직 미미한 교회였지만, 선교사들은 온 나라 전체에 오순절을 선포했다. "Korea Pentecost!"

나아가 복음은 온 세상을 위한 것이었다. 복음주의 선교사들은 자신들 간의 교리의 차이를 최소화하는 만큼, "상상된 세계적 공동체"를 실현하기 위한 에큐메니컬 운동을 적극적으로 펼쳐나갔다.[135] '평양대부흥'은 세계 에큐메니컬 운동의 금자탑이라 칭할 만했다. 서구에서도 선교 단체들은 비교파주의적이기도 했지만,[136] 교리와 교파의 차이를 출현시킨 서구의 역사적 배경과 무관한 선교지에서 교리의 차이로부터 발생하는 교파적 충성심을 확보하기란 처음부터 기대하기 어려운 일이었다. 선교국의 초교파적 부흥 운동의 산물인 복음주의 선교사들은 교리 문제에 있어서 대부분 절충적이고 실용적인 입장을 취하고 있었다. 선교사 부족에 시달리던 선교지 교회에서 자신들의 교파와 다른 교파들 간의 차이를 경쟁적으로 부각시킬 동기도 별로 없었다. 선교본국에서보다 선교 현장에서 선교사들

백낙준, 『한국개신교사』, 391에서 재인용.

135) Ahlstrom, *A Religious History of the American People*, 784.

136) van Rooden, "Nineteenth-Century Representations of Missionary Conversion and the Transformation of Western Christianity", 79.

간의 컨센서스와 교회들 간의 협력 관계가 자연스럽게 형성되었으며, 이
러한 에큐메니즘은 세계 복음화에 기여할 것으로 기대되고 있었다.[137]

선교지 부흥 운동과 선교사들의 에큐메니즘과의 관계는 '평양대부흥'
의 성격을 이해하는데 매우 중요한 단서가 된다. 박용규는 인도 등 다른
지역의 부흥 운동에 비해 '평양대부흥'이 "더 많은 결실, 더 지속적인 결
실을 거둘 수 있었던 이유는 무엇인가?"를 자문하면서, "한국 교회만이
갖고 있는 독특한 어떤 특징들"로서, 다음과 같은 세 가지를 드는데, "선
교지 분할정책", "한국인들에 의한 복음전도", "협력 정신 등이 그것이
다."[138] 복음주의 선교사들 간의 "협력 정신(선교지 분할정책도 그와 연관된
다.)"은 기본적으로 주류 교파 소속으로서의 선교사들 간의 신학적, 신앙
적, 문화적 공통성에 기인하는 것이었지만, 복음주의의 일반적인 속성과
도 관련 있었다. 죄 용서와 성령 체험이 철저히 사적 체험이었다 하더라
도, 사적인 종교로서의 복음주의가 자기의 내면세계에 침잠하는 경건주
의적 내면화의 방향으로 치달렸던 것은 아니었다. 복음주의 교회는 전통
적이며 귀속적(歸屬的)인 공동체가 아니라, 자원(自願)하는 개인들의 자생적
인 공동체였으며, 이 공동체는 교파의 차이를 초월하여 연합할 수 있었
고, 전 세계적인 공동체를 상상할 수 있었다. 민족국가만이 "상상된 공동
체"는 아니었다. 그런 점에서 종교의 사유화와 에큐메니컬 운동은 복음주
의에서 반대 방향으로 길항했다기보다는 보완 관계를 갖는 것이었다. 복
음주의 선교 운동의 이러한 양면성이 교회사 연구에서 간과되는 경향이
종종 있지만, 복음주의 선교사들이 "영적인 왕국"[139]을 강조했다고 해서,

137) Patterson, "Robert E. Speer and the Development of North American Mission Theology and
Theory, 1891-1914", 465.
138) 박용규, 『평양대부흥운동』, 536-537, 각주 18.

세계의 개선에 대해 무관심했던 것은 결코 아니었다.

'평양대부흥'은 하나의 한국 교회를 출현시켰다고 할 수 있다. 네비우스 선교 방법으로 알려진 '삼자(三自)원리', 즉 자급, 자전, 자치의 현지 교회 원리를 단지 '토착화'의 관점으로만 분석할 것은 아니다. 자립적인 현지 교회 원리는 또한 자립적인 선교지 개인들과 교회들 간의 연합으로서의 교회 공동체를 추구했으며, 진정으로 회심한 자들의 연합이라는 복음주의 교회의 이상을 선교지 한국에 구현하는 방법이었다. 네비우스 원리를 따르는 복음주의 선교사들에 의해 "상상된" '한국 교회'는 제도나 기관으로 체계화된 교회라기보다, 참된 기독교인 "복음주의"를 따르는 모든 한국인 개개인들이 자발적으로 참여하고 연합하는 하나의 '사회(社會)'로서의 교회였다. 그런 점에서 이 시기 재한 선교사들이 새로이 발족시킨 "재한복음주의선교회연합공의회(The General Council of Evangelical Missions in Korea)"가 하나의 한국 교회를 목표로 했으며, 전국적인 규모의 초교파 연합 부흥회를 기획한 것은 자연스런 일이었다.

반 루덴에 따르면, 세계를 자신의 교구로 삼은 웨슬리의 감리교 부흥 운동은 일종의 "근대적 사회 운동"[140]이었다. 기독교 개인들은 전통적인 친족 제도나 민족-국가나 인종적, 문화적, 종교적 차이를 넘어서 같은 복음주의의 정신과 사업으로 연합할 수 있었다. 그들에게서 교파는 연합의 장벽이 될 수 없었다. 지역성에 기초했던 '기독교국가(Christendom)의 이완이 에큐메니컬 운동을 파생시켰다. 19세기 선교 운동은 여전히 "민족적 성격과 기초(national character and base)"를 강하게 견지하고 있었고, 특히 제국주의 국가들끼리 대결한 1차 대전은 선교계의 국제주의적 정신을 크게

---

139) 류대영, 『개화기 조선과 미국 선교사』, 438-439.
140) Van Rooden, "The Concept of an International Revival Movement Around 1800", 165.

약화시켰던 것도 사실이다.[141] 그러나 복음주의 선교사들은 계몽주의의 영향 아래에서 자신들의 특수한 경험들을 보편화하려는 경향을 갖고 있었다. "미국식 보편주의(the American brand of universalism)"는 "보편주의 그 자체 (simply universalism itself)"로 간주되곤 했다.[142] 중요한 것은, 복음주의가 결코 개인의 사적 경험의 세계나 민족국가 또는 '기독교국가'에 머물지 않았다는 사실이다. 복음주의는 선교적 충동을 가지고 있었으며, 에큐메니즘은 그 표현 중 하나였다.

'평양대부흥'이 교파적, 지역적 부흥 운동으로 머물지 않고 급속도로 전국적으로 확산될 수 있었던 것은 복음주의 선교사들 간의 연합 정신과 활동이 전부터 이미 정착되어 있었기 때문이었다. 박명수는 부흥 운동과 연합 운동의 관계를 다음과 같이 설명한다.

> 부흥운동은 기독교의 어떤 운동보다 연합적인 성격을 갖고 있다. 부흥운동의 근본적인 목적은 죄를 회개하고, 예수 그리스도를 인격적으로 만나고, 성령을 체험하자는 것이다. 여기에 교리와 정치제도의 차이 등은 문제가 되지 않는다. 기독교의 역사를 보면 수많은 교회들이 부흥운동을 통해서 서로 교류하고, 같은 신앙을 고백하는 것을 볼 수 있다. 1907년 대부흥운동도 출발부터 연합 운동이었다.[143]

개인적인 체험을 강조하는 근대 부흥 운동은 기존의 교리와 제도 등을 가로질러 같은 체험을 공유하는 개인들과의 자발적인 교류와 연합을 가능케 했다. 부흥 운동의 '교리'는 기독교인이면 누구나 동의하고 공감할 수

---

141) Adrian Hastings, "The Clash of Nationalism and Universalism", in *Missions, Nationalism, and the End of Empire*, eds. Brian Stanley and Alaine Low (Grand Rapids : Eerdmans, 2003), 21.
142) Ibid., 33.
143) 박명수, "1907년 대부흥과 초교파 연합운동", 「기독교사상」 583 (2007), 200.

있을 만큼 단순했으며, 그런 만큼 교파와 교리의 차이를 넘어 연합할 수
있었다.

하지만 복음주의의 에큐메니즘을 강조하는 것만으로는 부흥 운동이 영
국 웨슬리 감리교 부흥 운동의 예에서 보듯이, 때로는 기존 교회들로부터
강력한 반발을 불러일으키기도 했다는 역사적 사실들을 설명하지 못한다.
20세기 후반 한국에서의 오순절 부흥 운동도 주류 교단으로부터 상당한
기간 동안 배척되었다. 부흥 운동이 자동적으로 교회 간 연합 운동으로 발
전되는 것도 아니었다. 재한 선교사들의 주목을 받았던 인도의 카시아 힐
스 부흥 운동은 1900년대 초 전 세계 부흥 운동의 일환이었지만, 인도 내
에서는 고립된 현상이었다.[144] 1900년대의 십 년 기간 동안에 선교지 주
류 교회들이 연합하여 전국적인 규모로 부흥 운동을 일으킨 경우는 한국
교회뿐이었다. '평양대부흥'은 이전까지의 선교사들 주도의 연합 활동이
그만큼 잘 유지되고 확대되어 왔다는 사실을 반증하는 것이었다.

그러나 선교사 주도의 연합 운동에도 문제는 있었다. '평양대부흥'이 일
종의 연합 운동의 결과요, 연합 운동이었기 때문에 성공했다고 알려지고
있지만, 이러한 연합의 과정에 선교지민들이 어떻게 참여했는지에 관해
알려진 바가 거의 없다. 앞서 박용규가 언급한 선교회 간의 지역 분할은
1905~1908년 간에 마무리되었는데, 여기에서 선교지민들의 의사는 거의
반영되지 않았던 것 같다.

　　이 전역(轉域)의 조정이 혼란을 야기하기도 했다. 수백수천의 교인이 하루
　　아침에 난데없이 딴 교파의 교인이 되기도 했고, 교회의 재산 일체가 한꺼번

---

144) Michael Bergunder, *The South Indian Pentecostal Movement in the Twentieth Century* (Grand
　　Rapids : Eerdmans, 2008), 23-24.

에 명의 변경되는 이변(異變)이 있었다. 그러나 이러한 이변이 '완전한 호의
의 감정으로' 수행된 것은 놀라웠다.[145]

호의적으로 이뤄진 지역 분할은 복음주의의 포괄주의적 성격을 잘 나타
내는 것이기도 하고, 교파 간의 차이가 선교지에서 갖는 상대적인 성격을
시사하는 것이기도 하다. 하지만 선교지에서의 연합은 선교지민들에 대한
고려 없이 선교사들에 의해 일방적으로 행해졌다. 선교지민들은 자신들의
의사로 연합 운동과 부흥 운동에 참여하지 않았다. 둘 다 선교사들에 의해
그 당위성이 판단되었으며, 선교사들에 의해 기획되었고, 선교사들에 의해
주도되었다.

'평양대부흥'은 선교지 한국 교회에 대한 복음주의 선교의 통제력이 어
느 수준에 있었는가를 짐작케 해주는 사건이기도 했다. 연합도 분리도 선
교사들의 권한이었다. 연합 운동은 선교지 교회의 의사에 맡겨진 것이 아
니었으며, 부흥 운동에의 참여도 선교민 교회들의 자유 의지에 맡겨지지
않았다. 연합 운동과 부흥 운동은 둘 다 선교사들에 의해 주도되었고, 통
제되었다. "하나의 복음주의 교회", 하나의 민족 교회조차 해외 선교사들
에 의해 정초 된 것이었다. 이런 형편이었기 때문에, "한국인 자신들이 이
교회 연합에 무관심했다."[146]는 말이 선교사들의 입으로부터 나왔던 것이
다. 이 시기 부흥 운동이 교회 분열로 이어지지 않았던 것도 위와 같은 이
유로 설명될 수 있다.

선교사들의 에큐메니즘의 기초도 복음주의만큼이나 인류 공동체에 대
한 계몽주의적 보편성에 기대고 있었다. 이 보편성은 선교지에 선험적, 일

145) 민경배, 『한국기독교회사』, 287.
146) 민경배, 『한국기독교회사』, 291.

방적으로 부과되었다. '평양대부흥'에서 나타난 선교지 에큐메니즘은 복음
주의 선교사들이 한국 교회를 확고히 장악하고 있었고, 그들이 부흥 운동
을 주도했으며, 부흥 운동에 반발할 가능성이 있는 또 다른 기독교가 존재
하지 않았기 때문에 가능했다.

> 이것이 한국의 부흥 운동과 서로 다른 점이다. 미국에서는 교회 분열이라는
> 비극을 겪었음에 반하여 한국에서는 미국의 경우와 같이 교회가 분열되는 일
> 이 없었고, 오히려 타교단과 전에 없이 친밀하게 교제가 이루어지고, 각 교파
> 가 더 성장하고 발전하였다.[147]

즉 부흥 운동이 교회의 연합을 더욱 공고화한 점에서 '평양대부흥'은 교
회 연합 운동의 귀감이 되었다는 것이다. 이 연합이 반드시 제도적, 기구
적 연합일 필요는 없었다. 통일적인 단일한 한국 교회를 형성하지 못하게
한 요인으로서, "유럽의 국가교회가 건너가 교파교회로 구형(構形)된 비(非)
대륙형 교회의 선교"[148]의 폐해가 지적되기도 하지만, 선교지 교파교회의
우산이었던 복음주의가 가져온 통일성에도 주목해야 할 것이다. 선교지
교파교회는 계몽주의자들의 '사회단체'처럼 자원하는 개인들의 협회적 성
격을 갖고 있었다. 유럽의 선교단체들과는 달리, 선교지 한국에서 교파교
회는 근대적 사회단체의 선구였다.[149] 개인적 신앙이 세계의 복음화에 나
섰듯이, 다양한 교파들도 '복음주의'라는 포괄적인 깃발 아래 자발적으로
연합할 수 있었다.

---

147) 김인수, "미국 교회 대각성 운동과 한국 교회의 1907년 대부흥 운동과의 비교 연구", 65.
148) 서정민, "근대 아시아에서의 선교사 문제 : 한국과 일본 개신교 선교사들의 활동에 대한
    검토를 중심으로", 「한국기독교와 역사」 5 (1996), 223.
149) Van Rooden, "Nineteenth-Century Representations of Missionary Conversion and the Trans
    formation of Western Christianity", 71 : "They(Societies with a religious purpose) were a late
    fruit of the drive toward voluntary associations of the Enlightenment."

'평양대부흥'이 거둔 대성공의 원인으로 박용규가 열거한 세 가지 중 나머지 한 가지인 "한국인들에 의한 복음전도" 역시 선교지 교회 연합 운동과 같은 맥락에서 설명될 수 있다. 한국 기독교인들의 자발적인 전도열은 단지 한국민의 적극적인 체질, 종교성, 열정 등의 산물로 설명될 수 없다. 이러한 설명들은 종족중심주의적 담론들이다. 그보다는 복음주의 선교가 지속적으로 추구한 개인적 회심의 결실로 봐야 할 것이다. 근대적 개인이며 계몽된 주체로서의 "차원 높은 기독교인"은, 복음주의 선교사 자신들의 예에서 보듯이, 자신의 체험을 공유하거나 그럴 가능성이 있는 다른 개인들을 찾아 선교로 나서게 마련이었다. 복음주의의 내적 논리상, 선교지 교회가 선교하는 교회로 전환되는 것은 시간의 문제였다.

이상으로 미뤄보자면, '평양대부흥'이 교회 연합을 가져왔다기보다, '평양대부흥'이 연합 운동의 산물이라고 함이 타당하지 않을까 한다. 역사적인 관점에서도 그렇게 말할 수 있다. 1905년 9월 15일 4개 장로교회와 2개의 감리교회가 모여, "재한복음주의선교회연합공의회"가 조직되었다. 이 선교공의회의 목적은 "선교활동에 협력을 이루어 궁극적으로 하나의 복음주의 교회를 조직하려는데 있었다." 그리고 이 공의회가 결정한 첫 사업이 이듬해 구정을 기점으로 한국의 모든 교회에서 "일제히 부흥 운동(a simultaneous revival movement)"을 일으키는 것이었다.150) 즉 교회 연합적인 선교공의회의 발족을 '축하'하기 위해 부흥 운동이 기획되었던 셈이다. 평양 장대현 교회를 시발로 부흥 운동이 시작되었을 때, 선교사들은 이 운동이 교파를 넘어 전국의 모든 교회로 확대되어야 한다고 확신했다. "이 운동은 아주 잘 시작되었으며, 우리는 이 운동이 이 지역과 한국의 모든 지역으로 확대되기를

---

150) "The Time Opportune", *The Korea Mission Field* 2.2 (December 1905), 30.

소망합니다. 이것은 시작에 불과합니다. 우리는 이것이 온 교회에 확대되어
야 한다고 확신합니다."151) 부흥 운동을 전국 교회로 확산시키려는 의도는
부흥 운동 초기부터 분명했다.

복음주의의 기치 아래 한국에 하나의 교회를 세운다는 선교공의회의 목
표가 선교본국의 교파주의와 선교사들의 편법주의에 의해 좌절되었음을
아쉬워하기도 한다. "이로 인해서 선교사들은 이 일을 적극적으로 추진하
지 못하고, 결국 교파의 다양성을 그대로 한국에 이식한 불명예를 안은 채
지나가게 되었"152)다는 것이다. "결국 통일된 한국 기독교회의 단일한 형
성은 세상에 태어나지 못하고 말았다."153)는 것이다. 그러나 "교파의 다양
성"만이 이식된 것은 아니었다. 에큐메니즘도 이식된 것이었다. 게다가
하나의 민족, 하나의 교회나 하나의 민족교회는 선교사들이 추구했던 연
합의 진정한 목표가 아니었다. 그들의 목표는 형식적 제도로서의 "통일된
한국 교회"가 아니라 참된(true) 한국 기독교회였다. 복음주의자들이 추구
한 에큐메니즘은 제도적, 교파적 일원화보다는 영적인 "통일"을 지향했
다.154) 단일한 한국 교회의 발족을 바랐던 선교사들도 없지 않았겠지만,
복음주의 기독교는 언제나 보다 깊은 '영적인' 일치를 지향했다.

'평양대부흥'이 한반도의 모든 개신교회에서 발생한 사건이었다면, 부흥
운동은 이로써 이미 에큐메니즘을 실현하고 있었다고 말할 수 있다. '평양
대부흥'이 제도적으로 단일한 한국 교회를 초래하지 못했다 해서, 또는 다

151) William Swallen, "Letter to A. J. Brown", January 18, 1907, 옥성득, 『한반도대부흥』, 245
　　에서 재인용.
152) 민경배, 『한국기독교회사』, 290.
153) 민경배, 『한국기독교회사』, 290.
154) Ian Randall, "Evangelicals, Ecumenism and Unity : A Case Study of the Evangelical Alliance",
　　Evangel 22.3 (Autumn 2004), 62.

양한 교파들이 그대로 이식되었다 해서, 한국의 교파 교회들이 자신들의 "통일된" 복음주의적 기원을 망각한 경우는 거의 없었다. 선교지의 모든 교파 교회들이 실질적으로 복음주의 교회가 됨으로써 "단일한 형성"은 이미 실현되었던 것이다.155) 이는 '평양대부흥' 과정에서 한국 교회에 정착했다고 알려진 '통성기도'를 통해 비유적으로 설명할 수 있다.

> 간단한 설교가 끝나고 그래함 리 선교사가 사회를 보면서 회중에게 기도하자고 선포하였더니 여러 사람들이 기도를 시작하므로 그래함 리가 "여러분이 다 이와 같이 기도하기를 원하면 다 같이 기도합시다"라고 말하자 온 회중이 일제히 큰소리를 내어 기도하기 시작하였다. 그 정황은 실로 글로 적을 수 없을 정도였다. 아무런 혼란도 없었고 도리어 심령과 심령이 호응하는 화음이 서리었고 기도를 올리고 싶은 충동을 억제할 수 없던 마음과 마음이 사귀는 마음의 교통이었다. 기도 소리는 마치 폭포수 소리와 같아서 대해호(大海湖) 같은 기도가 하나님의 보좌로 밀어 올라가는 듯하였다.156)

복음주의적 에큐메니즘은 '평양대부흥'의 산파였으며, '평양대부흥' 과정에서 선교지 에큐메니즘의 위력이 실감되었다. "비록 그곳에는 너무도 많은 기도 소리가 있었지만 전혀 혼란은 없었다. 거기에는 하나의 통제된 완벽한 조화가 있을 뿐이었다."157) 선교사들의 관점으로 볼 때, '평양대부흥'

---

155) 한국 교회의 해외 선교에서도 이와 유사한 현상을 목격할 수 있다. 한편으로는 다양한 교파와 초교파 조직들("파라처치")이 해외 선교에 나서는 만큼, 매우 다양한 신학적 견해들이 선교지에서 표출될 것으로 상정하지만, 실제로는 "미국의 복음을 전 세계로 수출하는 해외 판매조직"으로서의 획일성이 부각되는 실정이다. 교회조직적인 측면에서는 놀라울 정도로 다양하지만, 신학적으로는 복음주의적 전체주의가 놀라울 정도로 단일하게 지배적이다. 김상근, "한국교회의 해외선교, 어디로 갈 것인가?", 35.

156) W, N. Blair, *Gold in Korea*, 101, 박용규, 『평양대부흥운동』, 216에서 재인용.

157) G. S. McCune, "The Holy Spirit in Pyeng Yang", 99, 박용규, 『평양대부흥운동』, 215에서 재인용. '통성기도'는 '평양대부흥'에 앞선 웨일즈와 인도의 부흥 운동에서도 나타났다. 홍기영, "토착화의 관점에서 바라본 1907년 평양대부흥운동", 『선교와 신학』 18 (2006), 12. 통성기도를 한국 교회에 정착시킨 장본인은 선교사들이었다. 선교사 리는

은 선교지 그리스도인들 간의 일치, 선교사와 선교지민들 간의 일치, 선교
하는 교파들 간의 일치, 선교지 교회들 간의 일치, 한국 교회와 세계 교회
의 일치 등을 실현하고 있었다. 그것은 "심령과 심령이 호응하는 화음"이
었고, "마음과 마음이 사귀는 마음의 교통"이었다. 대한제국은 몰락하고
있었지만, 선교지 한국 교회는 연합하여 전진하고 있었다. 이 연합이 교회
안에 머물러야만 할 필연성은 없었다. 교회 연합 운동의 최선봉이었던 모
트는 "만약 조선에서 협력하는 선교회들의 현재 사업이 적절히 유지되고
확대된다면 가까운 장래에 조선은 비기독교국가 가운데 처음으로 기독교
국가로 될 것"[158]이라는 기대를 밝혔다. '평양대부흥'을 개괄하면서, 한 선
교사는 다음과 같이 말하고 있었다. "그리고 그리스도인이나 비그리스도
인이나 한국인들은 그들의 유일한 구원의 소망이 기독교라는 사실을 깨달
았다."[159]

IV. '평양대부흥'의 발명과 복음주의 선교의 유산

1. 세계 선교 운동

복음주의 선교사들은 그들이 기획하고 추진한 부흥 운동이 선교지민들
을 위한 "이벤트"[160]가 되길 원치 않았다. 선교 사업은 성공적으로 추진
되고 있었으며, 교세는 나날이 커지고 있었다. 부흥 운동은 선교지 교회에

웨일즈, 인도 등지의 통성기도를 소개하면서 "여러분이 다 이와 같이 기도하기를 원
하면 다 같이 기도합시다."고 권했다.
158) 류대영, 『개화기 조선과 미국 선교사』, 436-437에서 재인용.
159) J. Z. Moore, "The Great Revival Year", 119, 박용규, 『평양대부흥운동』, 497에서 재인용.
160) 미국의 1차 대각성 기간에 휫필드가 부흥 집회를 이벤트화한 과정에 대해서는 Harry
Stout, *The Divine Dramatist : George Whitefield and the Rise of Modern Evangelicalism* (Grand
Rapids : Eerdmans, 1991).

서 이미 정착되어 있었다. 입교를 원하는 사람들이 밀려들어 오는 상황에
서 부흥회를 교회 밖으로 끌고 나가 이벤트를 통해 선전할 이유가 없었다.
'평양대부흥' 이전에도 교파 간 연합 운동은 순조로이 진행되고 있었고,
선교지 교회는 시작부터 복음주의의 기초에 충실한 '진정한 기독교'의 교
회였다. '평양대부흥'의 필요성은 적어도 선교지 내에서의 맥락에서는 존
재하지 않았다.

　그럼에도 불구하고 만일 '평양대부흥'이 '이벤트'였다고 한다면, 이 이벤
트는 국내용이라기보다는 국외용이었다. 하긴 처음부터 복음주의는 일정
한 지역에 국한된 지역 운동이 아니었다. 복음주의는 대서양 양안(兩岸)의
영미권 부흥 운동으로부터 출발했다.161) 19세기 말까지 복음주의는 지구
화했다. 박명수는 세계적 복음주의 운동의 맥락에서 '평양대부흥'을 고찰
하면서, "대부흥운동은 19세기 말과 20세기 초 전 세계적으로 일어난 수
많은 성결운동의 일환"이라고 보았다.162) 하지만 "성결 운동"은 보다 광
범위한 복음주의 운동의 하나의 '하위 세트(sub-set)'로 간주되어야 한다.
이 시기 선교 현장에서는 특정한 분파적 경향보다 복음주의적 컨센서스가
더 중요했다. 이 컨센서스는 선교사들이 개개인의 활동무대였던 지역의
경계를 넘는 것이었다. 복음주의 선교는 민족국가를 가로지르는 국제적인
운동이었다. 부흥 운동도 마찬가지였다. 1906년 9월 북장로교 해외선교부
의 존스톤(Howard Johnston)이 서울을 방문하여 웨일즈 대부흥과 더불어 카
시아 힐스(Khasia Hills)에서 수천 명이 세례를 받은 인도의 부흥 소식을 소

---

161) Harry Stout, "George Whitefield in Three Countries", in *Evangelicalism : Comparative Studies of Popular Protestantism in North America, the British Isles, and Beyond, 1700-1990*, eds. Mark Noll et al. (Oxford : Oxford University Press, 1994).
162) 박명수, "성결운동과 한국교회의 초기 대부흥", 49.

개했을 때, 사경회에 참석했던 선교사들은 선교지 인도의 부흥 소식에 더 큰 충격을 받았던 것으로 알려져 있다.

> 존스톤을 만났던 윌리엄 스왈른(William Swallen)에 의하면 그때까지 장로교 선교사들은 한국에서의 선교 성과가 중국이나 일본을 포함하여 다른 어느 선교지보다 훨씬 좋았기 때문에 한국에서 "더 큰 은총"을 기대하지 않았다고 한다. 그러나 존스톤으로부터 카시아 힐스에 관한 이야기를 듣고 "겸손해져서"(humbled) 그와 같은 은총이 한국에도 내리기를 기도하기 시작했다고 한다.163)

전국에 걸친 동시다발적인 부흥집회는 이전부터 계획된 것이었기 때문에 존스톤의 방문에 큰 의미를 부여할 것은 아니다. 그보다 주목할 것은 재한 선교사들 주도의 부흥 운동이 국내적인 사건이 아니라, 국제적인 복음주의 선교 운동에 연결되어 있었다는 사실이다. 선교지들 간의 선의의 경쟁심도 작용했을 것이다. 재한 선교사들은 인도의 그것을 능가하는 부흥 운동을 일으킴으로써 자신들의 존재감을 세계 복음주의 선교계에 각인시키려고 했다. 온 세계의 복음화를 이 세대에 달성하는 과제에 그들이 앞장 서려했다.

그도 그럴 것이 복음주의 선교사들은 계몽주의자들처럼 기본적으로 국제주의자들이었던 것이다. 회심은 지역과 민족의 경계를 넘어 전 세계적으로 일어나야 했다. 하나님은 열방의 하나님이었다. 대위임령은 '열방'의 제자화를 명하고 있었다. 시대도 국제주의의 시대였다. 제국주의의 시대는 국제주의의 시대이기도 했다. 공산주의자들은 "국제주의자들(internationals)"로 자칭했다. 1893년 시카고에서는 만국박람회와 함께 세계종교대회가 개

---

163) 류대영, "20세기 초 한국교회 부흥현상 연구에 관한 몇 가지 재검토", 174.

최되었다. 국제어인 에스페란토어가 발명되었다. 1차 대전으로 심각한 위기를 맞았지만, 국제주의 운동은 대전 후 '국제연맹'의 창설로 절정에 달했다. 국제주의 선교도 1910년의 에딘버러 세계 선교대회로 정점에 이르렀다. 한국의 복음화는 세계의 복음화의 일부였다.

민족사적이거나 민족교회사적 시각으로 '평양대부흥'과 같은 국제주의적인 선교 사건을 해석하려 할 때 한계를 보이는 것은 이 때문이다. "제국주의 침략 앞에 나라가 망해 가는 상황에서 조선인들이 가장 필요로 했던 일은 나라를 살리는 일"[164]이었을 수도 있다. "교인들이 예배당에 모여 죄를 자복한다 하여 울부짖고 땅에 (뒹)구는 것을 보고 저 어리석은 백성을 어떻게 깨우칠꼬?"[165] 한탄했다는 안창호의 심정에 공감하지 못할 것도 없다. 선교사들이 '평양대부흥'을 통해 선교지민들에게 정치적 불행에 대한 "종교적 카타르시스"[166]를 제공한 것이 아닌가 의구심을 갖는 이유도 이해하지 못할 것 없다. 난파하는 대한제국의 비극적 운명 앞에서 세계의 복음화를 외치는 복음주의 선교사들의 공상이 터무니없음을 지적할 수도 있을 것이다. 민족교회사적인 관점에서는 '평양대부흥'이 한국 교회의 내적 필연성이나 요구와는 관계없는 국제 선교 운동에 한국 교회가 동원된 사건이 아닌가 하는 의문이 제기될 수 있다. 교회 이기주의적인 선교사들이 그들의 '국제정치적 감각'으로 한국의 민족적 운명에 대해 소극적이며, 때로는 회피적이고, 때로는 친일적인 태도를 보인 데 대해 실망하고 배신감을 느낄 수도 있다. 국제주의는 미국의 팽창주의를 대변할 뿐이라고 꼬집을 수도 있다. 특히 20세기 후반 제3세계 민족주의가 지배적인 사

164) 류대영, 『개화기 조선과 미국 선교사』, 450.
165) 류대영, 『개화기 조선과 미국 선교사』, 435.
166) 류대영, 『개화기 조선과 미국 선교사』, 434.

조가 되었을 때, 국제주의는 식민주의자들의 변명이며, 일종의 지적인 사
치처럼 여겨지기도 했다. 그러나 복음이 온 세계 모든 사람을 회심시키기
위한 복음이라고 믿는 한, 복음주의자들이 국제주의의 기치를 내릴 수는
없는 일이었다. 복음주의 선교사들이 처음 한국에 오게 된 동기도 은둔의
나라에 대한 특별한 호기심이나 남다른 사랑 때문이라기보다는, 열방을
복음화하는 세계 선교의 대의(大義) 때문이었다. 한국에 머물면서 그들이
한국인들에 대해 애착을 갖게 된 것도 사실이겠지만, 그렇다고 해서 그들
이 세계 복음화라는 선교의 대의를 망각했다고는 할 수 없다. '평양대부흥'
은 재한 선교사들이 세계 복음주의 선교계에 제출한 자신들의 '선교 보고
서'였다.

'평양대부흥'이 선교지 에큐메니즘이 만들어낸 일종의 연합 부흥회였다
해서 그 의미가 감소되는 것은 아니다. 선교사들은 전국 규모의 연합 부흥
회를 도모했지만, "'너무도 효과적으로 수행'되어 기대했던 것 이상의 결
과를 낳았다."167)고 자평했다. 그들은 스스로 놀라워했다. '평양대부흥'에
서 인위적인 부흥주의와 자연발생적인 부흥 운동의 경계는 흐려졌다. 하
늘과 땅이 그렇게 가까워진 적은 일찍이 없었다. '평양대부흥'은 에딘버러
세계 선교 대회의 신데렐라와 같았다.

복음주의 세계 선교사상 '평양대부흥'은 가장 나중 된 선교지였던 한국
이 가장 앞서 세계 복음화를 실현해가고 있음을 알리는 '기적'이었다. 일
찍이 복음주의 선교 현장에서 부흥 운동이 이만한 성취를 보인 적은 없었
다. 선교지 한국 교회는 '평양대부흥' 한창이던 1907년, 세계를 위해 기도
하고 있었다.

---

167) 류대영, "20세기 초 한국교회 부흥현상 연구에 관한 몇 가지 재검토", 180.

(1907년 장로교) 독노회 조직 당시 그 장소에 만국기가 요란하게 장식되고
펄럭이고 있었으며, 사경회나 기도회 중에도 세계를 위한 기도가 계속 들려
오고 있었다. 이제 한국교회는 한국 전체를 위해서 기도할 뿐만 아니라, 세계
를 위하여 기도하게 되었던 것이다.168)

열강의 침탈로 5백년 왕조의 몰락을 눈앞에 둔 한국의 교회가 만국기가
휘날리는 가운데 "한국 전체를 위해서"는 물론이고 "세계를 위하여" 기도
하고 있는 모습을 단지 희화(戲畵)로만 보아 넘길 수 없다고 본다. "한국
기독교를 반드시 한국 민족과의 연관 속에서만 파악하려는 시도는 한계가
있"169)다. 국제주의자라고 해서 민족주의자가 되지 말라는 법도 없었다.
복음주의 선교사들의 본국을 향한 애국심은 의심의 여지가 없었다. 20세기
식민지 조선의 계몽주의자들이었던 사회주의자들도 국제주의자들인 동시
에 민족주의자들이었다. 그렇다면 '민족 교회'는 일종의 "전통의 발명"170)
이었을지도 모른다. 하기는 '평양대부흥' 자체가 하나의 발명이었다.

2. '평양대부흥'의 '발명'과 부흥의 내러티브

'평양대부흥'을 세계 선교계에 부각시키면서, 복음주의 선교사들은 이
'사건'을 중심으로 그때까지의 자신들의 사역을 재평가하게 되었다고 할
수 있다. 사건의 극적 성격을 강조하기 위해, 선교사들은 1907년 '평양대
부흥'의 이전과 이후의 한국 교회가 확연히 다른 것처럼 보고했고, 그러한
경향은 시간이 지날수록 강화되었던 것으로 보인다. 진정한 종교를 추구

---

168) 민경배, 『한국민족교회형성사론』(서울 : 연세대학교출판부, 2008), 65-66.
169) 류대영, 『초기 미국 선교사 연구』, 270.
170) Eric Hobsbawm and Terence Ranger, *The Invention of Tradition* (Cambridge : Cambridge University Press, 1983); 김상근, "1907년 평양 대부흥운동과 알미니안 칼빈주의의 태동", 384.

하는 그들의 회심주의가 '평양대부흥'과 맞물려 '회심' 이전과 이후의 선교지 교회를 경향적으로 구분하려 했다고 할 수 있다. 다음과 같은 평가도 '평양대부흥'의 새로움을 강조하고 있는 예다.

> 부흥운동은 기독교인들로 하여금 죄와 의에 대한 의식을 한층 심화시켜 주는 결과를 가져왔다. 한국인들에겐 이에 대한 기독교의 가르침이 생소한 것이었다. 한국인들도 나름대로 죄와 의에 대한 의식이 없었던 것은 아니지만 우리[선교사]의 기준과는 다른 것이었다. 부흥운동으로 교인들은 마음 속 깊이 죄의 사악함을 깨닫고 의로운 삶을 살아야 한다는 깨달음을 얻었다.[171]

한국 기독교인들의 새로운 각성에 대한 재한 선교사들의 위와 같은 보고를 세계 복음주의 선교계는 액면 그대로 받아들이는 경향이 있었으며, 뒷날 한국 교회사가들은 이렇게 '발명'된 '평양대부흥'을 역사적인 사실로 간주하고, 이를 기정 사실화한 다음, 그 성격을 두고 논쟁을 벌이게 되었다고 할 수 있다.

하지만 '평양대부흥'은 과연 존재했는가? 이와 관련해 김상근은 미국 교회사가들의 "제1차 대각성 운동의 역사적 실체에 대한 비판적인 견해"를 소개하면서, "1830년대의 심령 대부흥"조차 "하나의 역사적인 창작(invention)"에 불과했다는 견해를 소개하고 있다.[172] 류대영도 미국의 1차대각성 운동을 두고 "대각성이 존재하지 않았거나 아니면 적어도 동시다발적 부흥 현상은 없었다."는 "수정주의자들"의 주장을 '평양대부흥'과의 비교적 관점에서 유의할 필요성을 언급한 적이 있다.[173] 그는 "평양대부흥의 와중"

---

171) "The Direct Effects of the Revival", *The Korea Mission Field* (May 1908), 70, 이덕주, "초기 한국 교회 부흥 운동에 관한 연구(3)", 『세계의 신학』 44 (1999), 79에서 재인용.
172) "1907년 평양 대부흥운동과 알미니안 칼빈주의의 태동", 384.
173) 류대영, "20세기 초 한국교회 부흥현상 연구에 관한 몇 가지 재검토", 175.

의 자료들과 "몇 년이 흐른 후 출간된 책 사이에는 부흥현상을 객관적으로 전하려는 노력에서 출발하여 점점 더 그것을 확대 해석하는 방향으로 나아가는 모습을 발견할 수 있"다고 본다.174) 하지만 이러한 "확대해석"의 배경과 성격과 의미는 아직 실증적으로 추적되지 않고 있는 실정이다.

확실히 산발적이고 개교회적인 부흥 운동이 일찍이 존재했었고, 크고 작은 교회연합적인 부흥 운동도 이전부터 존재했었다. 선교지 한국 교회는 처음부터 부흥주의적이었다. 복음주의 선교 운동은 한국에서 처음부터 부흥 운동이었다. 집회가 비록 공식적으로 '부흥회'라는 명칭으로 개최하지 않았다 하더라도, 예배, 교육 등에서 통회자복과 회개 등 부흥주의적 성격들은 선교 초기부터 일상화되어 있었다. 그 연속선상에 1907년 1월 평양 장대현 교회를 시발로 하여 전국적으로 확대된 장·감 연합 부흥회로서의 부흥 운동도 존재했다. 그러나 선교지 한국 교회의 이전과 이후를 가를 수 있는 획기적인 사건으로서의 '평양대부흥'은 복음주의 선교계의 "발명(invention)"이었다.

재한 복음주의선교회공의회의 계획은 실천에 옮겨졌고, 따라서 동시다발적인 부흥회가 "역사적 실체"로 존재했다. 그것은 선교 사역의 진전에 따라 이전까지 개교회나 지역 연합회, 때로는 교파를 달리하여 행해지던 부흥회를 복음주의 교회들 간의 연합을 통해 전국화해 나간 것이었다. 그런 의미에서 1907년 평양에서 시작된 부흥 운동은 전국 규모의 연합 부흥회라고 할 수 있다. 선교지에서 일어난 부흥 운동이었던 만큼, 1907년의 부흥 운동은 선교사들이 선교본국에서는 경험하기 어려웠던 '진정성'을 가지고 진행되었던 것은 사실이다. 그러나 이 부흥 운동과 이전의 크

174) 류대영, "20세기 초 한국교회 부흥현상 연구에 관한 몇 가지 재검토", 180-181.

고 작은 부흥 운동들 사이에 어떤 질적 차이나 단절은 없었다. 1907년의 부흥 운동에서 문자적인 의미의 '부흥(revival)'이나 이전에는 발견될 수 없는 '회심'은 발생하지 않았다.

선교사들에 의해 "발명"[175]된 '평양대부흥'은 이후 교회사가들에 의해 '역사화'되었다고 할 수 있다. '평양대부흥'의 성격이 극적으로 확대 해석되면서, 이전의 크고 작은 부흥 운동들은 이 거대한 사건을 위한 준비 단계로 간주되었다. 선교 초기부터 "부흥현상"이 엄연히 존재했었다는 사실은 점점 잊혀졌다. 성경적인 오순절 사건에서와 같은 획기적인 '성령 강림' 현상이 덧입혀짐으로써 1907년의 부흥 운동은 진정한 민족 교회의 탄생을 알리는 기원적 사건으로 자리 잡았다. 한국에서의 선교 사역의 눈부신 성과를 알리기 위한 '국외용' 선교 문서들에 의해 발명된 '평양대부흥'이었지만, 이렇게 '발명'된 '평양대부흥'은 초창기 선교지 교회가 마침내 '진정한 기독교'로 회심한 '국내용' 사건으로 재해석되었다.

모든 시작이 그렇겠지만, 한국 개신교의 시작은 모호한 영역이었다. 천주교의 전래(傳來), 로스(John Ross)의 성서 번역, 이수정의 개종, 솔래 교회의 창립, 1885년 언더우드와 아펜젤러의 입국 등등, 한국교회의 기원을 정립하려는 시도는 언제나 불확실해 보였다. 특히 19세기 복음주의 선교사들은 성령의 역사로 교회가 세워진다고 믿고 있었다. 성서의 보급이나 예배당의 설립과 예배 및 성례전의 실행, 나아가 세례 받은 현지 그리스도인의 출현만으로 진정한 한국 교회가 세워졌다고 생각하지 않았다. 외형으로부터 내실로의 회심이 관건이었다. 그들에게 1907년 이전에도 크고 작은 성령의 역사와 회심의 보고가 없었던 것은 아니었다. 그러나 한국의 신

175) 김상근, "1907년 평양 대부흥운동과 알미니안 칼빈주의의 태동", 384.

생 교회가 그 존재를 전 세계에 분명히 알리기 위해서는 그 이상의 '사건'
이 요구되었다.

'평양대부흥'은 한국 개신교의 기원 설화가 되었다. "기독교가 한국 역
사의 토양에 뿌리를 박아, 오늘 세계 유수의 기독교 교세의 나라가 되었다
면, 그것은 바로 그 날부터의 일이었다."[176] '평양대부흥'은 어느덧 길선주
와 같은 한국인 부흥사와,[177] "신명, 흥, 한 등으로 대표되는 감정적이고
역동적인 생활감정"[178]과, 무엇보다도 선교지 교회의 진정한 '성령 체험'
을 고리로 하여, 선교지 교회를 선교사들의 교회로부터 선교지민들의 교
회로 변화시킨 진정한 부흥 운동으로 자리매김했다. 복음주의 선교사들에
의해 세워진 한국 교회는 '평양대부흥'이라는 획기적인 사건을 통해 한국
에 토착화한 것으로 간주되었다. '평양대부흥'을 통해 한국 교회는 선교사
들이 세운 교회로부터 한국인 자신들의 교회로 결정적으로 전환했으며,
복음주의적이면서도 토착적인 기독교가 이 사건을 통해 한국의 토양에 굳
건히 뿌리내리게 된 것으로 간주되었다. "오늘날의 기독교야말로 한국인
들이 가장 열렬하게 환영하는 민족종교다."[179] 네비우스의 삼자 원리는
'평양대부흥'을 통해 한국인 중심의 민족 교회로 결실을 맺은 것으로 해석
되었다.[180]

　1910년 에딘버러 세계 선교대회는 '평양대부흥'과 더불어 "이제 강직,

---

176) 민경배, 『한국기독교회사』, 277.
177) '평양대부흥'에서 길선주의 역할을 부각시키고 그를 전세계 선교계에 소개한 사람들은
　　외국인 선교사들이었다.
178) 류대영, "20세기 초 한국교회 부흥현상 연구에 관한 몇 가지 재검토", 172.
179) E, Sung Man(이승만), "Appeals of Native Christians", *The Korea Mission Field* 4.6 (June
　　1908), 96, 박용규, 『평양대부흥운동』, 551에서 재인용.
180) 스티븐 니일 저, 홍치모・오만규 공역, 『기독교선교사』(서울 : 성광문화사, 1980), 427. 한편
　　박용규는 클라크의 주장을 따라 네비우스의 성경 중심 사경회가 부흥 사경회로 발전하여 '평
　　양대부흥'의 발단을 이루었다고 본다. 박용규, 『한국기독교회사 1』, 694.

담대, 신생 한국 교회의 독자적인 정신의 역사가 시작됐다."[181]고 선언했다. "이제 한국인들은(선교사들에게) 이렇게 말한다 : 여러분 가운데 일부는 신앙의 근원을 찾기 위해 존 칼빈에게, 일부는 존 웨슬리에게로 돌아가겠지만, 우리는 주 예수 그리스도를 처음 진실로 알게 된 1907년 이전으로 돌아갈 수 없습니다."[182] '평양대부흥'의 역사적 의미에 대해 "한국 교회의 신앙 형태가 여기서 실질적으로 규정되었다."[183]는 평가는 비판적인 역사가들 사이에서도 일반적으로 받아들여지고 있다.

이렇게 토착화한 교회라 하여 교파 교회가 되지 말라는 법은 없었다. 한국인들 자신들에 의해 세워진 교파 교회들의 경우에도 '평양대부흥'은 그들의 기원이 되었다. 이를테면 내한 시기가 늦어진 성결교회도 마찬가지였다. '평양대부흥'을 "한국의 오순절 성령운동의 원형"[184]으로 보고 싶다고 한 박명수는 "사실 1907년 대부흥운동은 장로교와 감리교, 그리고 침례교에서 함께 일어난 운동"이며, "여기에 1907년에 들어온 성결교회도 가담"한 만큼, "1907년의 대부흥운동은 어떤 특정교파의 신앙이 아니라 한국교회의 신앙이라고 말할 수 있다."[185]고 주장한다. 이영훈도 "1907년의 대부흥"을 한국 개신교 사상 최초로 성령의 강력한 은사를 체험한 운

181) Ibid., 278.
182) Willing and Jones, The Lure of Korea, 1913, 21, 옥성득, 『한반도대부흥』, 표지 기사에서 재인용.
183) 민경배, 『한국기독교회사』, 279.
184) 박명수, "한국 교회와 오순절운동 : 한국교회사적 입장", 한국 교회사학 연구원 편, 『한국기독교사상』(서울 : 연세대학교출판부, 1998), 89.
185) 박명수, "초기 한국교회의 영성 : 1907년 대부흥운동의 신앙분석", 『성결교회와 신학』 11 (2004), 46. 또 박명수는 박용규의 『평양대부흥운동』 서평에서 "평양 대부흥운동"이 "성결운동의 전형적인 요소들을 갖고 있다."(300)고 주장하면서 박용규의 『평양대부흥운동』이 장・감 이외의 다른 교파들에 대해 거의 언급하고 있지 않음을 비판한다. 그는 한국의 "성결교회는 이 대부흥운동의 와중에 시작되었다."며, "비록 대부흥의 주역은 아니라 해도 이들의 이야기도 한국교회사의 한 부분을 차지해야 할 것"(299)이라고 주장한다. 박명수, "서평 : 평양 대부흥운동", 『성결교회와 신학』 5 (2001), 295-302.

동이라며 오순절운동과의 관련성을 강조한다.[186] '평양대부흥'은 이처럼 토착화한 한국 교파 교회들의 기원이 되었다.

근대 민족이 하나의 "상상된 공동체(an imagined community)"[187]라는 앤더슨(Benedict Anderson)의 주장대로라면, 전국적인 규모의 부흥 운동을 통해 성령 체험을 공유한 선교지 교회가 하나의 교회, 하나의 민족으로서의 "상상된 공동체" 형성을 더욱 촉진했을 것은 분명하다.[188] 이것이 민족교회의 형성에 공헌하게 될 것은 두말할 필요가 없다. 하지만 '평양대부흥'의 동시다발성은 부흥 운동에 참여한 선교지 한국 교회의 자발성(spontaneity)을 보여준다기보다, 선교지 교회에 대한 복음주의 선교사들의 포괄적인 장악력을 보여 준다고 할 수 있다. 이 장악력은 단지 교회의 조직뿐만 아니라 한국 교회의 이론과 실천에 이르기까지 광범위하고 깊이 있게 미치는 것이었다. 김상근은 '평양대부흥'에서 피니 방식의 "대중 심리적인 압박"이 작용했음을 지적했고,[189] 류대영은 '평양대부흥'의 "부흥 현상"이 "성령의 강권하심"에 의한 사건이나 자연발생적인 사건이라기보다 "철저하게 광고하고, 준비하고, 조직하고, 계획대로 실행하여 만들어낸 현상"으로 보았는데,[190] 부흥회가 전국적, 동시다발적으로 진행될 수 있었던 것도 선교사들에 의해 그렇게 기획되었기 때문이었다. 하긴 "상상적 공동체"가 반드시 먼저 공동체 구성원들에 의해 상상되어야 하는 것은 아니었다. 민

---

186) Young-Hoon Lee, "Korean Pentecost : The Great Revival of 1907", *Asian Journal of Pentecostal Studies* 4.2 (2001), 73.

187) Anderson, *Imagined Communities*.

188) 그러나 미국의 제2차 대각성 운동을 계기로 대중적 기독교가 미국사에 지대한 영향력을 끼치게 되었다는 식의 역사 서술에 대한 비판으로는 Bratt, "Religious Anti-Revivalism in Antebellum America."

189) 김상근, "1907년 평양 대부흥운동과 알미니안 칼빈주의의 태동", 402.

190) 류대영, "20세기 초 한국교회 부흥현상 연구에 관한 몇 가지 재검토", 176.

족 공동체든, 민족교회 공동체든, 그것을 먼저 상상한 사람들은 재한 선교
사들이었을지도 모른다. 그 어느 경우든, 선교사들에 의해 주도된 부흥 운
동이라 하여 그것이 민족과 분리되는 비민족화의 길을 갔다는 것은 상상
하기 어려운 일이다.

  하지만 '발명'은 '창안'과는 다르다. '평양대부흥'의 발명에는 부흥의 정
형화된 내러티브도 중요한 역할을 했다고 할 수 있다. 선교지 부흥 운동을
단지 선교사들의 용의주도한 기획—이는 음모론으로 연결될 수 있다—으
로만 볼 수 없는 것은 부흥 운동이 복음주의 선교의 제2의 천성과 같은
것이었기 때문이다. '평양대부흥'도 선교사들에게 유전된 부흥의 내러티브
가 선교지에서 그들을 통해 실행된 사건이었다. 선교사들은 자신들의 개
인적인 체험과 더불어 정형화된 부흥의 내러티브를 가지고 있었다. 가까
이로는 동시대 웨일즈와 인도의 부흥 운동, 19세기 말 영미의 성결 운동,
거슬러 올라가 19세기 중엽과 18세기 초 미국의 대각성 운동, 18세기 영
국 웨슬리의 감리교 운동, 멀리는 사도행전에 기록된 오순절 성령 강림 내
러티브 등이 그것들이었다. 이외에도 수많은 회심 내러티브들이 대중적으
로 유통되고 있었다. 이러한 내러티브는 부흥 운동의 실제를 반영하기도
하지만, 동시에 이 내러티브가 부흥 운동을 만들어내기도 했다. 이로 인해
'평양대부흥'을 말로 표현할 수 없이 놀라운 사건이라고 보고하는 문서들
의 내용이 천편일률적이고 반복적이라는 아이러니에 직면하게 된다. 부흥
운동을 보고하는 형식이 정형화되었기 때문이고, 이 형식이 부흥 운동의
방향까지 예측 가능하게 했기 때문이었다. '평양대부흥'에서도 내러티브의
기본 축은 흔들리지 않았다. 더크스(Nicholas Dirks)가 "회심(conversion)"에 대
해서 말했던 것처럼, 부흥 운동의 과정도 "비타협적"이었고 "일방적"이었
다.191)

'평양대부흥'을 한국인의 고유한 감성과 영성으로 성령 강림을 체험한 "원초적" 사건으로 간단히 규정될 수 없는 것도 이 때문이다. 부흥의 내러티브가 선교지민들에 의해 실행에 옮겨진다 하더라도, 먼저 내러티브의 권위가 전제되어야 했고, 선교지민들의 경험의 진정성이 입증되어야 했다. 그것들은 언제나 선교하는 교회와 선교사들로부터 왔다. '평양대부흥'에서의 선교지민들의 성령 체험은, 선교사들의 관점에서 볼 때는, '새로운', '놀라운' 체험이 아니라, 역설적으로, '모방된', '예상된' 체험이며 보증되고 확증된 체험이어야 했다. 선교지민들의 체험담이 없었다는 말은 아니다. 그러나 이런 체험담조차 선교사들을 통해 보고되었으며, 따라서 정형화되는 패턴을 따랐다.

선교사들이 '평양대부흥'을 보고할 때 사건을 의도적으로 왜곡했다는 말은 전혀 아니다. 선교사들은 자신들의 보고가 객관적이며, 이 객관성은 다른 목격자들에 의해서 확인될 수 있다고 강조했다. 그들이 '평양대부흥'을 '있는 그대로' 전달하려 했음을 의심할 필요는 없다. 부흥의 이야기는 허구가 아니었다. 하지만 부흥 현상의 보고는 "간증이라는 새로운 장르(a new genre of testimony)"의 형식에 맞춰진 관찰 결과였다.192) 선교사들은 사실 그대로를 기록하는 것이야말로 신적인 현상인 부흥에 대한 가장 확실한 간증이 된다고 확신했다. "영혼에 기록된 은혜의 청각적, 시각적 각인 (刻印, aural and visual sensory impressions of grace recorded upon the soul)"이 "신앙의 간증(testimony of faith)"이었다.193) 그런 점에서 그들은 계몽주의의 자녀

---

191) Dirks, "The Conversion of Caste", 121.
192) Sarah Rivett, "Evidence of Grace : The Science of the Soul in Colonial New England, Volume 1" (Ph.D. diss., University of Chicago, 2005), 2.
193) Ibid.

들이었다.

하지만 "선교지민의 육성(oral testimonies)"은 선교사들의 번역과 해석과 편집의 과정을 거쳐 선교 문서화되었고, 이 과정에서 선교사들의 부흥 운동에 대한 '정통'이 작용했다. 특히 회심 내러티브에는 선교사들의 개입 정도가 심했던 것으로 알려져 있다.[194] 선교지민들은 선교사들이 자신들로부터 보고 듣고 목격하고 싶어 하는 회심을 진지하게 실행에 옮겼고, 그렇게 실행한 회심을 선교사들에게 고백했다. 이에 따라 부흥의 이야기는 갈수록 형식화되어가는 경향이 있었다. 회심 이야기도 피상적이 되어갔다.[195] 앞사람의 간증은 뒷사람들의 간증들에 영향을 미쳤고, 내용은 "판에 박은 듯" 반복적이 되어갔다. "주지하듯이 우리는 원산부흥운동과 평양대부흥운동에서 부흥운동이 나타나는 곳마다 마치 판에 박은 듯, 정해진 코스를 밟듯이 회개운동과 더불어 일련의 영적 각성이 나타나는 것을 목도할 수 있었다."[196] 이러한 현상은 부흥의 내러티브가 부흥 운동에 어떻게 작용했는가를 보여주는 한 예가 될 것이다.

'평양대부흥'에서의 회심의 고백은 점차 선교지민들의 내면적인 죄의 사적인 고백이라기보다는 그들이 이해한 기독교 신앙의 공적인 고백의 양상으로 나타났다. 부흥과 회심을 요구받고 있던 선교지민들은 "회심의 형태학(morphology of conversion)"에 대한 추상적인 지식들을 이용하여 "하나의 그럴 듯한 이야기(a credible conversion narrative)"를 지어냈을 수도 있다.[197]

---

194) Erik Seeman, "Lay Conversion Narratives : Investigating Ministerial Intervention", *The New England Quarterly* 71.4 (December 1998), 629. 시맨은 식민지 시기 뉴잉글랜드의 평신도의 회심 내러티브 창작 과정에 나타난 교역자들의 개입에 대해 논하고 있다.

195) John Adams, "Ramist Concepts of Testimony, Judicial Analogies, and the Puritan Conversion Narrative", *Rhetorica : A Journal of the History of Rhetoric* 9.3 (Summer 1991), 261.

196) 박용규, 『한국기독교회사 1』, 954.

197) John Adams, "Ramist Concepts of Testimony, Judicial Analogies, and the Puritan Conversion

어쨌든 선교지민의 회심 이야기가 진정한 것인지, 아니면 거짓되거나 착각인지의 여부는 선교사들에 의해 판단되어야 했다. 선교사들이 선교지민들의 체험을 목격하고 '부흥했다', '회심했다'고 판정하면, 그것으로 부흥과 회심은 이뤄진 것으로 확정되었다. 그러므로 선교지 회심에서는 선교사의 판단이 회심자 자신의 회심에 대한 판단보다 중요했다.

끝으로, '평양대부흥'을 목격한 선교사들은 자신들이 관찰한 대로 기록했다고 주장하지만, 그들이 '중립적으로' 부흥현상의 사실성 그 자체를 추구했다고는 할 수 없다. 부흥은 모방된 것일 뿐만 아니라, 모방되어야 했다. 간증은 다른 사람들을 일깨우는 '목회적' 목적을 가져야 했다. 선교지 한국으로부터 전해지는 부흥의 소식은 선교본국의 교회와 잠자는 기독교인들을 일깨울 수 있어야 했다. 이렇게 해서 '평양대부흥'도 복음주의 부흥 운동의 내러티브의 전통들 중 하나로 자리매김되었다.

3. 해석적 허구로서의 '평양대부흥'

류대영은 "20세기 초 한국 교회의 부흥현상이 '대부흥'으로 알려지게 된 데에는 선교사들이나 후대의 한국교회가 만들어낸 일종의 해석적인 허구가 작용한 것은 아니었는지 재점검할 필요도 있다."198)고 지적한 바 있다. 그는 초기의 "부흥현상을 객관적으로 전하려는 노력에서 점점 더 그것을 확대 해석하는 방향으로 나아가는 모습"199)에서 이 "해석학적 허구(interpretive fiction)"200)를 발견한다. 하지만 이러한 "확대해석"이 '누구의'

Narrative", 260.
198) 류대영, "20세기 초 한국교회 부흥현상에 관한 몇 가지 문제 재검토", 180.
199) 류대영, "20세기 초 한국교회 부흥현상에 관한 몇 가지 문제 재검토", 180-181.
200) 미국 1차 대각성의 "해석학적 허구" 이론에 대해서는 Frank Lambert, "The First Great Awakening : Whose Interpretive Fiction?" *The New England Quarterly* 68.4 (December 1995), 650-659.

확대해석이며, 그 동기가 무엇이고, 어떤 방향의 확대해석인지, "해석학적 허구"가 '평양대부흥' 연구에 무슨 의미를 갖고 있는지는 아직 분석되지 않고 있다. 이와 관련하여 앞에서 시론적으로 복음주의 선교의 국제주의적인 성격과 '평양대부흥'을 전후로 한 획기화(劃期化), 한국 교회에 의한 역사화와 기원 설화화, 정형화된 부흥 담론 등을 지적했다.

그런데 이 해석적인 허구는 '평양대부흥' 시기의 복음주의 선교에 대한 후대의 해석과 깊은 관련이 있다고 생각된다. 이 점에서 미국 북장로교 해외 선교부 총무 브라운의 재한 선교사들에 대한 다음과 같은 촌평이 주목할 만하다.

> 한국이 문호를 개방한 이후 25년에 걸쳐 입국한 장로교 선교사들의 전형적인 모습은 청교도풍(Puritan type : 필자주)이었다. 잉글랜드 선조들이 지금으로부터 100년 전에 안식일을 지켰던 것처럼 그들도 엄격하게 안식일을 지켰다. 댄스, 흡연, 카드놀이는 그리스도의 참된 추종자들이 빠져서는 안 되는 죄악이라고 생각했다. (신학과 : 필자 주) 성경 비평학에 있어서는 강한 보수주의였으며 (예수 재림의 전천년주의를 핵심적인 진리로 믿었다 : 필자주) 또한 고등비평과 자유주의 신학은 아주 위험한 이단으로 생각했다. (미국과 영국의 대부분의 복음주의 교회에서는 보수주의자들과 자유주의자들이 공존하며 평화롭게 함께 일하는 것을 배웠다면, 한국에서는 '근대적 관점'을 가진 소수의 사람들이 갈 길은 험하다. 특히 장로교 선교단에서는 더욱 그러하다 : 필자주)[201]

이승준에 따르면 "청교도적 패러다임"을 적용한 브라운은 한국에서 활동한 전형적인 선교사를 '청교도적 유형의 인사(a man of the Puritan type)로 규정했는데, 브라운의 "청교도적 패러다임"은 백낙준, 민경배, 이만열, 유

---

201) Arthur Brown, *The Mastery of the Far East : The Story of Korea's Transformation and Japan's Rise to Supremacy in the Orient* (New York : C. Scribner's Sons, 1919), 540, 박용규, 『한국기독교회사 1』, 463에서 재인용. 일부 원문 번역 추가함.

동식, 박용규 등 광범위한 신학적 스펙트럼에서 별다른 이의 없이 수용되었다고 한다.[202] 하지만 브라운의 재한 장로교 선교사들에 대한 이러한 평가는 신학적으로 진보적인 일본의 개신교인들과의 비교 가운데 나왔으며, 선교사들의 신학적 성향을 말하기 위해서가 아니라, 그들의 청교도풍이 한국의 개종자들 사이에서 자연스럽게 모방되고 있는 현상을 기술하기 위해서 언급되었다.[203] "청교도풍"이라는 표현도 청교도 신학이 아니라, 도덕적으로 엄격한 삶을 추구하고 가르쳤다는 '형용사'로 받아들여야 한다. 만일 이러한 표현에 의지하여 19세기 말~20세기 초 복음주의 선교를 17세기 영국이나 미국의 역사적인 청교도주의를 연관 지으려 한다면, 이는 지나친 확대 해석이다. 복음주의의 역사적 기원을 청교도주의로 소급해 올라갈 수도 있겠지만, 계몽주의의 세례를 받기 이전의 청교도주의와 이후의 복음주의의 차이를 다시 한 번 기억해야 할 것이다.[204] 후자는 청교도주의 또는 청교도신학이 아니라 청교도'풍'이었다. '평양대부흥'을 에드워즈 등에 의해 주도된 18세기 미국의 제1차 대각성 운동에 비교하는 것도 시대착오적이다. 세태에 실망한 미국의 복음주의자들이 청교도주의를 그리워한다고 해서, 한국 교회의 기원까지 청교도주의로 소급될 수 있는 것은 아니다.

그렇다고 해서 복음주의가 청교도주의의 엄격함으로부터 도덕적 이완을 초래했다고만 말할 수 없다. 19세기 내내 미국의 부흥 운동 과정에서 도덕

202) 이승준, "한국 개신교의 정체성 논의와 Evangelical America : Arthur J. Brown의 청교도 패러다임 비판", 「한국기독교역사연구소소식」 32 (1998), 5-6.
203) Ibid., 540 : "The Korean converts naturally reproduced the prevailing (Puritan) type."
204) Jonathan Yeager, "Puritan or enlightened? John Erskine and the transition of Scottish Evangelical theology", *Evangelical Quarterly* 80.3 (2008). Yeager는 이 논문에서 청교도 전통의 John Erskine(1721-1803)을 통해 청교도주의로부터 계몽주의의 영향 하에 복음주의가 적응해가는 과도기적 상황을 보여주고 있다.

성 향상을 위한 많은 프로그램들과 캠페인들이 있었으며, '평양대부흥'과 시기적으로 가까운 무디의 부흥 운동도 예외는 아니었다. 금연, 금주, 풍속 개량 운동 등이 그것들이었다. 복음주의 선교사들의 도덕주의(moralism)는 선교지에서 더욱 부각되는 경향이 있었다. "자본주의적 가치관"[205]을 받아들인 이 시기 복음주의자들의 도덕성의 기준이 달라질 수도 있었지만, 복음주의 선교사들은 "대중적 경건"의 실천을 통해 선교지민들에게 기독교 문명국의 대표(代表)로서의 모범을 보여야 했다. 그러나 "청교도풍"의 대중적 경건이 그들을 보수주의자들로 판단하는 근거가 될 수 없다는 것은 자명하다. "대중적 경건"은 "복음주의 제국"의 문화의 한 구성 요소였다.

선교사들의 "전천년주의"적 경향을 언급할 때, 브라운은 미국에서의 종교 지형을 염두에 두었을 것이다. 그는 미국의 전천년주의가 선교지 한국 기독교인들에게 기계적으로 반복되고 있다고 생각한 것 같다.[206] 하지만 이는 단견이었다. 교회의 정치적 의도가 일본 식민지 당국에 의해 지속적으로 의심받는 형편에서, 한국의 기독교인들이 복음의 "사회적 적용"을 공개적으로 천명하는 것은 쉽지 않았을 것이다. 더구나 브라운식의 관점으로는 그의 저서 출간 직후에 터진 3·1 운동에서 한국 교회가 담당한 적극적 역할을 이해할 수 없다.[207] 브라운은 "사회 복음(social application of the gospel)"적 관점에서 한국 교회의 "개인주의적(individualistic)" 성향을 비판적으로 평가했을 수도 있다. 그러나 브라운은 복음을 사회적으로 적용하여

---

205) 류대영, 『초기 미국 선교사 연구』, 259.
206) Arthur Brown, *The Mastery of the Far East*, 541-542 : "Another characteristic of Korean Christianity is comparative indifference to the social application of the gospel. The thought of the Korean churches is fixed on the next world. The present world is regarded as so utterly lost that it cannot be saved in this dispensation ; … the general type of Korean Christianity is individualistic rather than social."
207) 논란이 된 그의 저서의 서문은 1919년 1월 1일자에 쓰여졌다.

교회가 세상을 기독교화 하는 것을 의무로 여기는 것은 영미에서도 새로운 경향이라는 단서를 달고 있다.[208] 브라운의 촌평은 한국 교회의 실상보다도 미국에서 점차 심화되고 있던 복음주의의 내부 균열을 반영하고 있는 것으로 보인다.

브라운이 자유주의적, 사회복음적 입장에서 한국의 복음주의 선교사들을 비판한 반면, 보수주의자들은 복음주의 선교의 역사를 근본주의적 시각으로 재해석했다고 할 수 있다. "온건한 복음주의적 노선(옥성득)"을 견지했던 장로교 선교사들의 신학은 근본주의 대두 이후, "강직한 칼빈주의(민경배)"에 의해 재해석되었다. 한국 선교 희년인 1934년 클라크(Charles Clark)는 "처음부터 선교회의 거의 모든 회원들은 신학에 있어서 현저하게 보수적인 관점을 견지하고 있었다."[209]며, 그 근거로 이들이 "성경이 하나님의 직접적인 계시, 신적인 책(a Divine Book), 그리고 권위 있는 책"으로 받아들였다고 주장하고 있다.[210] 그가 네비우스의 선교 정책을 성경중심주의라고 해석하는 것도 그 일환이라고 할 수 있다. 그는 여기에서 근본주의자들의 "축자영감설"을 선교사들의 "성경주의"에 소급 적용하고 있는 것으로 보인다. 그러나 '평양대부흥' 시기의 복음주의자들은 성경에 대한 "근대적 관점"에 맞선 축자영감주의 이전의, 넓은 뜻에서의 성경주의자들

---

208) Arthur. J. Brown, *The Mastery of the Far East*, 542-3 : "Let those who are disposed to criticise the missionaries for their conservatism remember that even in America and Great Britain the idea of the social application of the gospel and consequent duty of the church to Christianize the social order is comparatively new, and that there are still devout Christians in the West who deem such effort a semi-heresy, or at best a diversion of precious time and energy from the more pressing task of 'preaching the gospel.'"

209) C. A. Clark, "Fifty Years of Mission Organization Principles and Practice", in *The Fiftieth Anniversary Celebration of the Korea Mission of the PCUSA* (1934), 56, 박용규, 『한국기독교회사 1』, 461에서 재인용.

210) 박용규, 『한국기독교회사 1』, 462.

이었고, 성경의 권위를 둘러싼 복음주의자들 간의 논쟁은 아직 선교지에 소개되지 않은 시점이었다.[211] 보수주의 선교사들과 역사가들이 '평양대부흥'을 자신들의 계보와 전통에 포함시키면서, '평양대부흥'을 가능케 한 에큐메니즘은 망각되었고, 그들에 의해 '평양대부흥'은 복음전도 집회적인 '부흥회'의 모델로 전유되었던 것으로 보인다. 후대의 "비민족화"하고 "내세지향적인" 부흥회가 구한말의 '평양대부흥'으로 소급해 투사되면서, '평양대부흥'은 현재 주의적이고 근본주의적인 이분법에 의해 재단되어 한국 교회사의 '정통'이 되었다고 할 수 있다.

주목할 것은, 근본주의자들에 의해 만들어진 허구가 비판적인 연구자들에 의해서도 재생산되어 왔다는 사실이다. '평양대부흥'은 그들에 의해 "보수주의적 경건주의 신앙", "개인 구원론", "자학적 죄책감", "일련의 선교지 부흥 프로젝트", 기획된 사건", "조선 개신교도의 사회의식을 협애화", "의도적인 탈정치화, 탈사회화", "탈역사화", "항일정신의 약화", "현실주의적 적응 논리", "구약성서의 외면", "피안적인 타계주의적 천국관", "신학적 예속화" 등으로 평가되었다.[212] 이 같은 평가에서는 대체로 식민지 시대의 부흥회, 1960년대 이후 오순절 운동의 부흥집회 등에 대한 부정적인 이미지가 '평양대부흥'에 그대로 이전되고 있다. 류대영은 "대부흥은 조선 기독교의 새로운 시대를 열어 놓았다."며, "조선 기독교가 과거에 강하게 보이던 민족주의적, 지적, 현실참여적 성격을 크게 상실하고 전반적으로 내세 지향적인 개인적 차원의 감성적 종교로 변하는 결정적인 계기가 되었다."[213]고 주장한다. 이만열도 '평양대부흥' 당시의 민족주의 운

---

211) 간하배(Harvie Conn)는 클라크를 근본주의자로 본다. 간하배, "한국 장로교 신학에 관한 연구(II)", 「신학지남」 33.4 (1966), 34-35.
212) 김회권, "역사적 화석에서 되살려야 할 '불씨'", 『기독교사상』 51.1 (2007), 66-79.

동과 관련, "대부흥운동이 한국 그리스도인들을 비정치화 내지는 탈의식화시켰을 것이라는 주장"을 지지하면서, "대부흥운동은 한국인 신자들의 항일독립의식을 누그러뜨리는 데 영향을 미쳤고, 그런 의미에서 비정치화 내지는 정교분리 의식을 조장했다는 지적에 외면할 수 없다"고 본다.[214] '평양대부흥'에 대한 이러한 부정적인 지적에는 한국의 주류 개신교에 대한 비판이 포함되어 있다. 주재용은 '평양대부흥'을 1970년대 부흥 운동과 비교하면서, "공통되는 것은 경건주의적이며 피안 동경적이며 따라서 비정치화되어 있다는 점"[215]이라고 주장하고 있다. 근본주의자들에 의해 전유된 '평양대부흥'을 역사적 사실로 전제하고, 이 사실을 비판적으로 해석함으로써, "해석학적 허구"를 답습하고 있는 셈이다.

베빙턴은 계몽주의가 본질적으로 종교에 대해 "본질적으로 적대적(intrinsically antagonistic)"[216]이며, 부흥 운동은 "현저하게 비계몽적(conspicuously unenlightened)"이라는 가정 하에, 서구의 "복음주의 부흥 운동(the Evangelical Revival)"을 "이성의 시대로의 난입(an anomalous intrusion into the Age of Reason)"으로 간주하는 통설과는 달리, 부흥 운동과 계몽주의의 관계가 "두드러질 정도로 가까웠으며(remarkably close)", 계몽주의와 "제휴(alignment)"한 대중적인 부흥 운동은 문화적인 의미에서 "계몽주의의 전제들(Enlightenment assumptions)"을 온 땅에 전파하는 데 공헌했다는 견해를 피력하고 있다.[217] 계몽주의와 부흥 운동의 관계에 대한 일반화된 '편견'이야말로 '평양대부흥'이라는 '허

---

213) 류대영, 『개화기 조선과 미국 선교사』, 434.
214) 이만열, "1907년 평양 대부흥운동에 대한 몇 가지 검토", 36.
215) 주재용, "한국교회 부흥운동의 사적 비판 : 1907년 부흥운동을 중심으로", 「기독교사상」 243 (1978. 9), 39.
216) Bebbington, "Revival in Eighteenth-Century England", 17-18.
217) Bebbington, "Revival in Eighteenth-Century England", 33-34.

구'를 지탱시키는 기초들 중의 하나라고 할 수 있다. 이로 인해 선교지 한
국 교회의 기원으로부터 작용하고 있었던 서구 계몽주의를 복음주의 선교
와는 별개의 흐름으로 여기게 되었고, 민족사의 기로에 섰을 때 복음주의
적인, 아니 '보수주의적인' 한국 기독교가 '평양대부흥'을 계기로 '애국계몽
운동'의 대열로부터 이탈했다는 충분히 예견할 수 있는 결론이 나오는 것
이다. 보수주의적인 관점을 견지하지 않더라도, 복음주의와 계몽주의의 상
관관계에 대한 철저한 분석이 선행되지 않는 한 "해석학적 허구"는 되풀이
될 수밖에 없다.

  선교학적으로 볼 때, 이 허구의 더 큰 문제는 계몽주의를 신학적으로
성찰하기 어렵게 한다는 데 있다. 이 허구에 따라 선교학은 계몽주의를 기
독교가 스스로 선택할 수 있는 하나의 '방편'이나 '수단'인 것처럼 가정하
고, 임의로 또는 필요에 따라서 분리할 수 있다고 믿는다. 그러나 그것은
희망 사항일 뿐이다. 놀(Mark Noll)은 미국의 기독교가 계몽주의를 근본적으
로 반성할 수 없는 까닭을, 계몽주의와 무관해서가 아니라, 오히려 기독교
가 미국에 계몽주의를 정착시키는 데 너무나 큰 기여를 했기 때문이라고
주장한다.[218] 한국의 경우도 이와 크게 다를 바 없다고 생각된다.

  복음주의 내에서의 자유주의적 경향과 계몽주의의 밀접한 관계는 상당
히 알려져 있다. 그런데 반(反)계몽주의를 표방하는 근본주의가 계몽주의
로부터 자유롭다는 주장도 이제는 더 이상 자명한 사실로 받아들여질 수
없다. 복음주의가 근본주의와 자유주의로 분열되었다고 하지만, 계몽주의
의 유산은 양자 모두에게 상속되었다. 뉴비긴은 복음주의 내에서 서로 "대
립 관계(dichotomy)"에 있는 근본주의와 자유주의를 18세기 계몽주의 운동

---

218) Noll, "The Rise and Long Life of the Protestant Enlightenment in America", 118.

의 "쌍생아(twin products)"로 파악한다.219) 근본주의가 객관적으로 참된 일련의 "공리(proposition)"를 기독교의 본질이라고 주장하는 반면, 자유주의는 주관적인 영적 체험을 기독교의 본질로 이해한다는 것이다. 이렇게 볼 때, 근본주의를 간단히 반(反)계몽주의라고 단정 지을 수 없다. 상식 철학이 이두 가지를 결합한 것이었다면, 이 결합의 임의성이 드러나면서 양자 간의 차이가 부각되었을 뿐이다. 복음주의적 공감대의 붕괴란 스코틀랜드 상식 철학에서 발원한 영미의 상식적인 개신교가 계몽주의의 위기를 배경으로 자체 분열한 현상을 의미하는 것으로서, 근본주의와 근대주의 또는 자유주의의 대립은 칸트 이전의 계몽주의와 칸트 이후의 계몽주의 간의 대립을 반영함에 불과하다고 할 수 있다. 근본주의가 근대주의를 반대한다고 주장한다 해서, 곧 계몽주의를 반대하는 것으로 여겨선 안 된다는 말이다. 산딘(Ernest Sandeen)은 둘 간의 관계를 "적대자들과의 공생적인 관계(symbiotic with the adversaries)"로 파악한다.220) 근본주의는 다윈 이전으로, 과학의 종교와의 분리 이전으로, 과거의 합리주의적 계몽주의로 회귀하기를 추구했다는 것이다.221)

계몽주의로부터 발원하는 위기의 심화에도 불구하고,222) 복음주의는 계몽주의의 유산을 쉽사리 포기할 수 없었다. 그것은 복음주의의 '태생적 한계'일지도 모른다. 왜냐하면, 윌스의 표현을 빌자면, 복음주의는 계몽주의적 토양을 필요로 하는 '토착화된' 개신교였기 때문이다. 나아가 선교지

219) Newbigin. *The Gospel in a Pluralist Society*, 24.

220) Ernest Sandeen, "Fundamentalism and American Identity", *Annals of the American Academy of Political and Social Science* 387 (January 1970), 61.

221) Noll, "The Rise and Long Life of the Protestant Enlightenment in America", 117.

222) Horkheimer and Adorno, *Dialectic of Enlightenment* 3 : "In the general sense of progressive thought, the Enlightenment has always aimed at liberating men from fear and establishing their sovereignty. Yet the fully enlightened earth radiates disaster triumphant."

한국에서 계몽주의는 단지 토양 이상이었는지도 모른다. 계몽주의는 또 하나의 복음, 아니, 복음 그 자체로 나타났는지 모른다.

선교지 '부흥 운동'은 복음주의와 계몽주의 사이의 복합적인 관계가 드러나는 현장이라고 할 수 있다. 복음주의자들은 부흥 운동을 들어 자신들이 계몽주의와 같지 않음을 주장할 수 있었고, 계몽주의자들은 부흥 운동을 들어 복음주의자들에게 그들의 입장을 분명히 할 것을 요구할 수 있었다. 부흥 운동은 양자 간의 경계요 분리점이라고 생각되는 경향이 있었다. 그러나 '평양대부흥'조차 복음주의와 계몽주의의 제휴였다면, 한국 기독교에서 계몽주의의 문제는 더 이상 부차적인 것으로 회피할 수 없다. 그 반대도 성립된다고 할 수 있다. 복음주의는 "어려운 결혼(a difficult marriage)"[223]의 한 파트너였고, '평양대부흥'은 이 결혼의 성사를 가리키고 있었다. 그렇다면, 한국의 계몽주의도 조강지처(糟糠之妻)를 간단히 버릴 수 없다.

4. '남반부 기독교'와 복음주의 선교의 유산

"한국의 오순절(Korean Pentecost)"과 오순절운동(Pentecostalism)과의 관계에 대해서는 다양한 견해가 제시되고 있다.[224] 박용규는 베어드의 주장을 그대로 받아들여, "평양대부흥운동 때 방언과 같은 은사운동이 약간 있었던 것이 사실로 보인다"며, "그 은사운동이 장로교 안에서도 일고 있었"는데, "칼빈주의 전통에 익숙한 선교사들은 한국교회가 그 같은 방향으로 흐르는 것

---

223) Sheehan, "Enlightenment, Religion, and the Enigma of Secularization", 1064.
224) 앤더슨(Allan Anderson)에 따르면 '평양대부흥'이 "Korean Pentecost"로서 한국 오순절운동의 기원을 이룬다는 견해를 영미에 소개한 것은 이부웅의 영국 버밍엄 박사 학위 논문 "Korean Pentecostalism : Its History and Theology"(1988)와 이재범의 풀러 박사학위 논문 "Pentecostal Type Distinctives and Korean Protestant Church Growth"(1986)였다. Allan Anderson, "The Contribution of David Yonggi Cho to a Contextual Theology in Korea", *Journal of Pentecostal Theology* 12.1 (2003), 91-92.

을 막았던 것"225)이라고 본다. 하지만 옥성득은 처음부터 "한국 대부흥에는 방언이 없었다"며, "이 점에서 한국 대부흥 운동은 20세기 초의 오순절 운동이 아닌 19세기 후반의 성결 운동 계열의 부흥의 맥을 이은 것"226)이라고 본다. 박명수는 '평양대부흥'을 웨슬리안 성결운동(감리교)과 케직 성결운동(장로교)의 영향을 받은 전형적인 "성결부흥운동"으로 보고, 이 운동에서 의미하는 신앙생활의 성숙을 위한 성령체험은 오순절운동의 "방언을 일차적인 증거로 하는 성령체험"으로서의 "성령세례"와는 다르다고 선을 긋는다.227) 류대영은 19세기 말 미국 부흥 운동이 "감리교 계열의 '성결－오순절(holiness－pentecostal)'운동"이었다며, "20세기 초 한국의 부흥운동은 감리교가 시작하고, 전파하고 끝까지 주도한 전형적인 감리교의 성결－오순절 운동"228)이라고 보는데, 이때 "오순절운동"이란 넓은 의미의 19세기 후반 이후 성령운동을 지칭하는 것으로 보인다. 하지만 오순절 계통의 교회들이 한국 개신교에서 주류화하면서, '평양대부흥'과 오순절－은사주의 부흥 운동 간의 역사적 관련성이 재발견되고 있고, 오순절운동은 '평양대부흥'의 유산을 계승한 적자로 인식되는 추세라고 할 수 있다.229)

---

225) 박용규, 『한국기독교회사 1』, 961.

226) 옥성득, "1906-1909 아주사 스트리트 부흥 운동", 179.

227) 박명수, "성결운동과 한국교회의 초기 대부흥", 75-77.

228) 류대영, "20세기 초 한국교회 부흥현상 연구에 관한 몇 가지 재검토", 181-186.

229) 2014년 한국기독교총연합회(한기총) 대표회장으로 선출되었으며, 한국의 오순절 교회를 대표하는 여의도순복음교회 이영훈 목사는 오순절 성령 운동을 '평양대부흥'의 리바이벌로 이해한다. 그는 "1907년 '동방의 예루살렘'이라고 불렸던 평양에서 일어난 대부흥은 앞으로의 한국 교회의 나아갈 바를 노정한 영적 나침반이었다. 사실 지금까지 한국 교회의 크고 작은 부흥과 성장은 평양 대부흥의 연장선 위에 있다고 할 수 있다."고 말하고 있다. 이영훈 목사 특별대담, "소모적 논쟁·파괴적 비판 지양 : 영적 지도력 회복에 전념," 『한국기독공보』 2015년 2월 3일자, http://www.pckworld.com/news/articlePrint.html?idxno=66869. 한편 앤더슨은 오순절운동이 "계몽주의의 합리주의에 대한 특징적인 반응(a distinct reaction to the rationalism of the Enlightenment)"이라고 주장한다. Allan Anderson, "Pentecostalism, The Enlightenment and Christian Mission in Europe", *International Review of Mission* 95.378/379 (July/October 2006), 277.

'평양대부흥'과 오순절 부흥 운동 간의 관련성은 '남반부 기독교'의 역사
적 기원의 문제와 결부되어 있다. 아프리카, 라틴 아메리카, 아시아 등 남
반부의 기독교를 포괄적으로 측량한 젠킨스(Philip Jenkins)는 "서구 기독교의
시대"는 지나갔고, "남반부 기독교의 날"이 동터오고 있다면서,[230] '남반
부 기독교'가 이전의 기독교국가들에게 익숙한 종교의 이식(移植)이 아니며,
이 "새로운 전통(new tradition)"[231]은 이전의 기독교의 "미러 이미지"가 아
니라고 주장한다.[232] 젠킨스는 아프리카의 새롭고도 특징적인 기독교를
가톨릭, 개신교, 정교회와 더불어 "오늘날의 표준적인 기독교"(the standard
Christianity of the present age) 중 하나라는 월스의 견해에 동의한다.[233] 젠킨
스에 따르면, 남반부 기독교인들은 성경을 지극히 소중히 여기며, 성경 가
운데서 그들 자신의 가난한 삶의 의미를 부여받고, 초자연적인 치유 체험
과 교회의 관계망 형성에 참여함으로써, 약한 자를 강하게 변화시키는 기
독교의 힘[234]을 생생하게 체험하고 있다. 이와 같다면, 북반부에서 발원했
고, 북반부 복음주의와 제휴했던 계몽주의는 오늘날 남반부 기독교인들에
게 더 이상 중요한 주제가 될 수 없을지도 모른다. 젠킨스에 따르면, 복음
또는 기독교의 고유한 힘이 '남반부 기독교'를 성장시키고 있다.

그런데 '남반부 기독교'론에서도 복음주의가 아닌, 복음의 고유한 힘이

230) Jenkins, The Next Christendom, 3 : "The era of Western Christianity has passed within our
    lifetimes, and the day of Southern Christianity is dawning." 젠킨스는 한국 기독교를 중
    국 기독교와 함께 남반부 기독교에 포함시켜 논하고 있다. 남반부 기독교에서 한국이
    차지하는 독특한 위상에 대해서는 Sangeun Kim, "Sheer Numbers Do Not Tell the
    Entire Story."
231) Ibid., 3.
232) Jenkins, The Next Christendom, 214 : "Southern Christianity, the Third Church, is not just a
    transplanted version of the familiar religion of the older Christian states : the New
    Christendom is no mirror image of the Old. It is a truly new and developing entity."
233) Ibid., 3-4.
234) Ibid., 220.

강조된다.[235] 젠킨스는 새롭다고 주장하는 것이 남반부 기독교인들의 귀에 익숙하게 들리는 까닭은 그가 말하는 '남반부 기독교'가 토착적인 '민족 교회'와 유사하기 때문일 것이다. 젠킨스의 남반부 기독교론은 민족교회론의 보편화 같은 인상을 준다. 복음주의 선교의 유산으로부터 자유로우며, 북반부와는 다른 독자적인 기원을 갖는 토착 교회가 예기되고 있는 것이다.

그러나 남반부 기독교의 '신학'이 선교된 복음주의의 그것과 주목할 만한 차이를 나타내고 있는지는 의문이다. 베빙턴이 열거한 복음주의의 4가지 특징, 즉 회심주의, 행동주의, 성경주의, 십자가 중심주의 등을 기준으로 해서 말한다면, 복음주의의 공식은 오히려 '남반부 기독교'에 더 잘 들어맞는 것처럼 보인다. 흔히 초자연주의를 남반부 기독교의 특징으로 간주하고, 이러한 특징을 이전의 합리주의적 복음주의와 구분하는 기준으로 삼기도 한다.[236] 그러나 초자연적인 것들, 정령들, 귀신들은 인간의 "미러 이미지(mirror images of men)"[237]일뿐이다. 계몽주의에 희생된 '미신'은 다름 아닌 계몽주의의 산물이다. 계몽주의에 의해 포섭된 초자연적인 존재들은 계몽주의의 그물을 벗어날 수 없다. 마찬가지로, 선교지 교회가 되돌아갈 순수한 복음적 기원은 없다. 선교지 교회의 복음은 처음부터 계몽주의에 의해 관통된 복음주의적 복음이었다. '남반부 기독교'론은 복음과 복음주의를 분리하고, 서구 계몽주의와 복음주의 선교의 유산을 부인하며, 성경주의를 기초로 하여, 성경 즉 복음의 메시지 그 자체로부터 남반부의 기독

235) Philip Jenkins, *The New Faces of Christianity : Believing the Bible in the Global South* (New York : Oxford University Press, 2006).
236) Jenkins, *The Next Christendom*, 107 : "These models have been far more enthusiastic, much more centrally concerned with the immediate workings of the supernatural, through prophecy, visions, ecstatic utterances, and healing."
237) Horkheimer and Adorno, *Dialectic of Enlightenment*, 6.

교들이 기원한다고 주장한다. 하지만 '남반부 기독교'도 '평양대부흥'처럼 하나의 '발명'이며 하나의 '허구'가 아닐까 한다. 식민주의의 유산은 별개라 하더라도, '남반부 기독교'가 '계몽적 선교'의 유산으로부터 그렇게 간단히 벗어날 수는 없다고 생각된다.

보쉬는 "우리 시대에 기독교 선교 사업은 느리지만 그러나 돌이킬 수 없게 계몽주의의 그늘을 벗어나고 있다."[238]고 주장했다. 그러나 "근대주의적 충동"[239]을 좇아 탈출구와 새로움을 찾아 나서는 것이 아니라―'계몽주의의 변증법'에 따르면, 이것이야말로 계몽주의적 충동이다―"과거의 희망들"(hopes of the past)을 도로 살려내는 것이다.[240] 그것은 복음주의 선교와 함께, 복음주의 선교 가운데, 선교 현장에 나타났던 저 새로움, 저 빛, 저 생명, 저 계몽에 대한 사람들의 갈증과 허기와 비상한 열정이 가리키는 바가 최종적으로 무엇이었는지를 돌이켜보는 것이다. 사람들은 단지 "썩을 양식(요6 : 27)"을 구했는가? 그들의 희망은 단지 "이스라엘의 회복(행 1 : 6)"이었는가? 그들이 찾고, 구하고, 문을 두드린 것은 실은 "헬라인의 지혜"나 "유대인의 표적(고전1 : 22)"이었는가? 복음은 결국 "미련한 것들", "약한 것들", "세상의 천한 것들과 멸시는 것들과 없는 것들"이 "지혜 있는 자들", "강한 것들", "있는 자들(고전1 : 27-28)"이 되는 길일 뿐이었는가?[241]

---

238) Bosch, *Transforming Mission,* 344 : "In our time, however, the Christian missionary enterprise is, slowly but irrevocably, moving away from the shadow of the Enlightenment."

239) William Hutchison, *The Modernist Impulse in American Protestantism* (Durham : Duke University Press, 1992).

240) Horkheimer and Adorno, *Dialectic of Enlightenment,* xv : "The point is rather that the Enlightenment *must consider itself,* if men are not to be wholly betrayed. The task to be accomplished is not the conservation of the past, but the redemption of the hopes of the past."

241) 젠킨스는 그의 '남반부 기독교'론을 다음과 같이 결론짓고 있다 : "And whether we look

계몽은 단지 선교지민에게 아직 알려지지 않았던 정보의 수용과 축적이나 새로운 지식 체계가 아니었다. '문명개화'가 계몽의 전부는 아니었다. 계몽은 단지 서구 종교로의 개종이나 '양심'의 발견이 아니었다. 단지 주체성의 형성이 아니었다. 단지 새로운 기독교가 아니었다.

"과거의 희망들"은 그것들 너머를 가리키고 있다.

---

backward or forward in history, we can see that time and again, Christianity demonstrates a breathtaking ability to transform weakness into strength." Jenkins, *The Next Christendom*, 220.

제5장

'평양대부흥'의 신학과 '재귀적 선교학'

Ⅰ. '계몽적 선교' 패러다임

1. 계몽주의와 새로운 선교 패러다임의 모색

제1장에서는 지금까지의 복음주의 선교에 대한 접근 방법으로 '근대화 선교', '문화 제국주의', '의식의 식민화', '근대성으로의 회심' 등을 들고, 각각의 성격과 한계를 개괄적으로 논의했었다. 특정한 선교 이론이 선교 현장에서 발생하는 복합적인 사태를 모두 설명할 수 있다고는 할 수 없다. 선교학은 다양한 접근 방법들에 대해 개방적인 자세를 취해야 한다.

나아가 선교학이 선교적 실행의 재신학화를 추구한다면, 이러한 과제를 수행함에 있어서 각각의 접근 방법은 나름대로 신학적인 물음을 제기한다. 이를테면, '근대화'란 새로움에 관한 것이다. 근대화에서 옛것과 새것이 대비된다. 옛것은 전통과 구습과 옛사람으로서, 극복되어야 할 대상이다. 선교는 이 주제를 피할 수 없다. 복음은 분명 새로운 것이기 때문이다. 복음은 분명 옛사람의 구습을 벗어버리라고 지시하고 있다(엡4 : 22-24). 근대화가 새로운 시대를 추구하는 것이라면, 복음도 새로운 시대를 약속한다. 그런 의미에서 복음화는 '근대화'일 수밖에 없다. 하지만 선교사들은 자신들이 전하는 복음을 새로운 것 또는 새로움을 가져오는 것이라고 소개할 때마다, 새로움을 표방하는 다른 많은 것들 가운데 처하게 된다. 복음주의 선교는 단지 새로움 그 자체를 주장하거나, 새것과 새 시대는 좋은 것이라고 주장하는 것 이상으로, 새로움의 기원에 대해, '새 하늘과 새 땅'에 대해 말해야 했다. "그런즉 누구든지 그리스도 안에 있으면 새로운 피조물이라 이전 것은 지나갔으니 보라 새것이 되었도다(고후5 : 17)." '근대화 선교'론을 넘어서려면, 복음주의 선교는 단지 근대적인 새로운 종교를 말하는 것 이상으로, "그리스도 안"에 있음에 대해 말해야 했다. 새로움을 추구하는 근대 문명 가운데에서 이 독특한 새로움을 말한다는 것은 결코 간단한 일이 아니었다.

'의식의 식민화'에 대해서도 마찬가지로 말할 수 있다. 복음은 '이식(移植)'일 수밖에 없다. 교회의 시민권은 하늘에 있다(빌3 : 4). 하나님의 나라는 침략하며, 하나님의 나라는 확장된다. 그런 점에서 교회는 이 땅에 '식민지'를 건설하며, 하나님의 나라가 이 땅에서도 이뤄지기를 바라는 그리스도인은 '식민주의자'이다. 복음은 인간 내부나 한 사회로부터 발생하지 않는다. 복음은 전적으로 외적이며 낯선 것이다. 이 낯선 것이 이 땅으로 들어올 때 깨어짐을 수반한다. 외부/내부, 식민/피식민의 대립이 발생한다. 이 식민화는 외적인 '개종'으로 머물 수 없다. 식민화는 '의식의 식민화'를 요구한다. 외적 식민주의든 내적 식민주의든, 선교는 식민주의의 혐의를 피할 수 없다. '문화 제국주의' 시대에 지상의 식민주의자들의 식민화가 아니라, 아버지의 뜻이 하늘에서와 같이 땅에서도 이루어지는 식민화를, 나아가 '의식의 식민화'를 말하기란 결코 간단한 일이 아니었다.

'근대성으로의 회심'에 대해서도 그와 같이 말할 수 있다. 지상적 삶의 연속성이 깨어져야 한다. 개종이든 회심이든, 변화는 불가피한 것이다. 방향의 전환이 물리적으로 강요될 수 없다 하더라도, 회심은 기독교의 불가피한 주제다. 세례가 가리키는 바가 회심이며, 썩을 몸으로 죽고 영원한 생명으로 거듭나는 것이 회심이다. 그리고 회심하는 자는 일차적으로 개인일 수밖에 없다. 복음은 오직 단 한 참된 개인(the Only and One Individual)에 대한 이야기이기 때문이다. 이 유일한 개인에 개인적으로 참여하는 것이 거듭남이며, 회심이며, 그리스도인의 탄생이다. 만일 회심이 하나님의 회심에 대한 반응이라면, 회심은 지금도 일어나야 한다. 그것은 세상 사람과 구별되는 그리스도인의 탄생이고, 참된 종교의 가능성이다. 그리스도인의 탄생이 과거의 일만이 아니고, 미래에 일어날 일만도 아니라면, 오늘 여기 그리스도인이 탄생되어야 한다면, 그리스도인은 참으로 근대인(true modern man)이다. 그러나 "사적인 개인"들이 주인인 사회에서 이 유일한 참된 개인에 의해 시작된 회심을 말하는 것은 결코 간단한 일이 아니었다.

이 외에도 복음주의 선교의 성격을 이해하기 위한 다양한 선교 이론들이 제시될 수 있을 것이다. 그러나 여기에서는 선교의 계몽적 성격을 강조하는 '계몽적 선교'론을 제시하려고 한다. '계몽적 선교'론은 계몽주의에 의해 사로잡힌 '계몽'을 해방시키고, 계몽주의에 의해 장악된 '계몽'을 '재(再)신학화'하기 위해 붙여본 명칭이다. 복음주의 선교에 꼬리표처럼 따라붙는 반(反)지성주의는 복음주의 선교의 본질적인 요소가 아니었으며, 복음주의 선교는 계몽주의의 시대에 하나님의 계몽을 증언하려 한 '계몽적 선교'였다. '계몽적 선교'는 19세기 복음주의 선교의 핵심적인 주제였고, 복음주의 선교사들에 의해 주도된 '평양대부흥'의 미스터리를 설명할 수 있는 키워드라고 할 수 있다.

그런데 위에 언급한 선교 이론들이 각각 나름대로의 어려움을 갖고 있듯이, 여기에서 제시하려는 '계몽적 선교'론도 고유한 어려움을 갖고 있다. 하나님이 빛이요 진리요 생명이요 부활이라면, 계몽의 참된 주님은 하나님이다. 예수 그리스도 사건이 온 인류의 계몽이라면, 이미 계몽된 자와 아직 계몽되지 않은 자의 구별은 피할 수 없다. 깨어 있는 자와 잠자는 자의 구별이 피할 수 없듯이, 먼저 계몽된 자가 아직 계몽되지 않은 자를 계몽시키려 하는 것도 필연적이다. 선교가 계몽적이라면, 복음주의가 그런 의미에서 '계몽주의'였던 것도 불가피한 일이었다. 그러나 계몽주의의 빛으로 대낮 같은 세상에서 '하나님의 계몽'의 등불을 치켜든다는 것은 결코 간단한 일이 아니었다.

그러므로 선교학은 복음주의 선교의 한계를 지적하기에 앞서, 먼저 이 한계를 조건 지은 저 어려움들을 충분히 고려해야 한다. 해외 선교에 나선 한국인 선교사들에 대해서나, 한국에 온 외국인 선교사들에 대해서나, 같은 마음을 품을 수 있어야 한다. '계몽적 선교'론도 절제하는 마음으로 제시되어야 한다.

2. '하나님의 계몽'과 증언의 역사성

계몽주의에 앞서서, 계몽의 사상에 앞서서, 칸트나 푸코가 '계몽은 무엇인가?'를 묻기에 앞서서, '계몽'이 있었다. 태초에 빛이 있었다. 그러므로 계몽주의에 의해 계몽이 선점되고, 규정되고, 그 성격과 한계가 설명되는 사태는 당연하고도 자연스러운 것으로 받아들일 수 없다. 계몽주의는 인류의 운명이 아니다. 신학은 '계몽은 하나님의 역사(役事)'라고 말해야 한다. 신학은 계몽주의자들에게 점용(占用)된 계몽을 온전히 회복해야 한다. 계몽은 사람의 일이기에 앞서, 탁월한 의미에서, 하나님의 일이다. 성령의 운동이다.

'계몽(啓蒙)'은, 문자적인 의미로는, '계시(啓示)'와 별로 다르지 않다. 한자어 '계(啓)'는 '닫힌 것을 열어 보다', '일깨우다', '열리다', '날이 밝다', '입을 열어 의향을 아뢰다' 등을 의미하고, '몽(蒙)'은 '입다', '덮다, 싸다', '숨기다', '어둡다' '어지럽히다' 등을 의미한다. 사전적으로 '계몽(啓蒙)'은 '지식 수준이 낮거나 의식이 덜 깬 사람들을 깨우쳐 줌', '가르치고 깨우치다' 등을 의미한다. '계몽주의'의 반대말은 '몽매주의(蒙昧主義)'다. '계몽되는 것을 거부하고, 배우거나 깨우치는 것을 아예 포기하려는 사고방식이나 태도'가 몽매주의다.

'계시(啓示)'가 한자말로는 '일깨우다'는 말과 '보이다'는 두 말의 다소 반복적이고 연속적인 결합으로서, '깨우쳐 보여 줌'을 뜻한다면, '계몽'은 어둠으로부터 밝음으로, 닫힘으로부터 열림으로, 숨김으로부터 보임으로의 역동적인 과정과 운동을 담고 있다. '계몽'은, 계몽된 상태일 뿐만 아니라, 계몽 '운동'이다. 그 대신 계시는 특수한 용례로서 '사람의 지혜로는 알 수 없는 진리를 신이 깨우쳐 알게 함'을 의미한다.[1]

그런데 '계시'를 말하면, '하나님의 고유 영역'이라고 하여, 그것을 운운하는 순간, '계시주의자'가 되고, 신비주의자, 소통불가자로 알려지며, 열린 자는커녕 닫힌 자로, '몽매주의자'로 간주되곤 한다. '계시주의자'는 '몽매주의자'다(!) 밝음은 어둠이다. 보임은 숨김이다. 깸은 잠이다. 사실, 이 연구는 근대에 발생한 이 역설적인 과정을 이해하려는 시도였다. '계시'와는 달리, '계몽'은, 훗날 계몽주의에 의해 전유되어 갔지만, 적어도 '평양대부흥'을 전후한 시기에는 복음주의자들과 계몽주의자들에 의해 공통적으로 사용되었고, 양자의 접촉점이었고, 공유된 운동의 장이었다.

'계몽적 선교'는 예수 그리스도가 하나님의 계시로서, 아니 계몽으로서, 하나님이 태초에 "빛이 있으라 하시니 빛이 있었(창1 : 2)"다고 했을 때의

---

1) 이상은 네이버앱의 『국어사전』의 뜻풀이를 인용한 것이다.

그 빛이며, "참 빛(요1 : 9)", "세상의 빛", "생명의 빛(요8 : 12)"이라는 진술에 기원을 둔다. 이 빛은 "유일(unique)"하며, "대체될 수 없는(irreplaceable)" 빛이다.[2] '계몽적 선교'는 "빛의 사자(使者)"들의 선교다.

> 빛의 사자들이여 어서 가서 어둠을 물리치고
> 주의 진리 모르는 백성에게 복음의 빛 비춰라
> 빛의 사자들이여 복음의 빛 비춰라
> 죄로 어둔 밤 밝게 비춰라 빛의 사자들이여[3]

계몽은 단지 '지식 수준'이나 '의식'의 의미로 국한될 수 없다. 계몽은 '상부구조(superstructure)'의 문제일 뿐만 아니라 '하부구조(base)'의 문제이기도 하다. 계몽의 문제는 권능(power)과 생명의, 영원한 생명의 문제이기도 하다. 성경이 그렇게 말하고 있다. 복음주의 선교사들이 이 땅에 와서 복음을 전할 때도 그들은 복음이 단지 지식일 뿐만 아니라, 권능이요 생명이라고 가르쳤다. 이로써 계몽주의의 세대들이 왜 계몽의 문제에 민족의 생사흥망을 걸었는지를 간접적으로 이해할 수 있다. 계몽은 생명의 빛이었다.

그런데 이 빛은 빛 그 자체 안에 머물지 않았다. 이 참 빛은 자급자족하는 빛이 아니었다. "빛이 어둠에 비(요1 : 5)"쳤고, 이 빛은 "참 빛 곧 세상에 와서 각 사람에게 비추는 빛(요1 : 9)"이었다. 이 빛은 선교하는 빛이었다. 그리고 "영접하는 자 곧 그 이름을 믿는 자들(요1 : 12)"이 있었다. 선교되는 사람들이 있었다. 하나님은 예수 그리스도 안에서 성령을 통해 자기자신을 세상에 계몽한다. '하나님의 계몽'인 예수 그리스도는 그를 믿는

---

2) Gottfried Noth, "Jesus Christ, The Light of the World", *The Ecumenical Review* 14.2 (January 1962), 143.
3) 『새찬송가』 502장 1절.

자들을 어둠으로부터 광명으로, 기만으로부터 진리로, 사망으로부터 생명으로 이끈다. 그들은 "빛의 아들(요12 : 36)", "빛의 자녀들(엡5 : 8)"이다. 계몽의 자녀들이다. "어두운 데에 빛이 비치라 말씀하셨던 그 하나님께서 예수 그리스도의 얼굴에 있는 하나님의 영광을 아는 빛을 우리 마음에 비추셨느니라.(고후4 : 6)" 그들은 '비춰진 자들(the enlightened)'이었다.

끝으로, 계몽하는 하나님은 성령의 권능으로 십자가에서 죽은 예수 그리스도를 부활케 함으로써, 스스로, 인간의 도움 없이, 계몽을 완성했다. 예수 그리스도의 부활은 하나님의 계몽의 완성(fulfillment)이다. 예수 그리스도야말로 계몽(Enlightenment) 그 자체였다.[4] 또 다른 계몽은, 더 깊거나 더 높은 계몽은 없다. 있다면, '계몽 이후(Post–Enlightenment)'가 있을 뿐이다. 교회와 그리스도인들에게 계몽은 언제나 '계몽 이후'일뿐이다.

예수 그리스도의 제자들은 계몽의 사상가들이 아니라, 계몽의 증인들이었다. 부활한 예수는 교회와 그리스도인들을 "세상의 빛"인 자기 자신의 증인으로 삼았고 그들을 "빛의 사자"로 파송 했다. 선교사는, 정의상(by definition), 파송 된 '증인(witness)'이다. 선교사들은 "나를 증언하라"는 은혜로운 소명에 복종하여 파송 된다. 증언 없는 파송(mission)은 목적이 없고, 파송 없는 증언은 대상이 없다.

그런데 '증언'이라는 용어는 가톨릭의 '순교(martyrdom)', 개신교의 '간증(testimony)' 등과 혼용되어 그 의미가 모호해진 감이 있다. '증언'은, 특수한 의미로, "분석과 해석을 가능케 하는(more feasible and operational)"[5] 용어로

---

4) '완성 신학'이 주장하는 것처럼 '기독교(基督教)'를 계몽의 완성이라고 할 수 없다. 기독교는 기독(基督)의 종교(宗教)다. 기독교는 "참 빛이 아니요 이 빛에 대하여 증언하"(요1 : 8)는 종교다.

5) Marc Spindler, "Visa for Witness : A New Focus on the Theology of Mission and Ecumenism", *Mission Studies* 3.1 (1986), 54.

사용되어야 한다. 뉴비긴은 "증언(witness)"과 "전도(proselytism)"를 구분하여 전자를 성령의 역사라고 본다.[6] 하나님이 인간으로 하여금 예수 그리스도를 '주(Lord)'라 알게 함이 증언인 만큼, 증언은 본질적으로 하나님 자신의 역사라는 것이다. 그렇지만 "증언"과 "전도"의 차이는 상대적이다. '전도'와 마찬가지로 '증언'도 인간 활동들 중 하나다. 어떤 인간에게 예수 그리스도를 '주'라 알리는 일이 같이 땅에 속한 또 다른 인간에게 맡겨졌으니, 이 일이 '증언'이다. '복음전도(evangelism)'가 이 일을 위탁받은 사람이 자기 자신에게 주어진 과제를 수행하는 것을 의미한다면, 뉴비긴이 말한 "증언"과 "전도"는 본질적으로 구분될 수 없다. 증언이든 전도든, 사람이 하는 일이며, 그렇기 때문에 그 자체로서는 결함과 실패와 오해와 모순을 갖게 된다. 하나님은 하나님이고, 사람은 사람이다. 사람은 증언으로서의 이 일을 스스로 완성할 수 없고, 완전케 할 수 없다.

보쉬는―보쉬뿐만이 아니다―이와 관련하여 또 다른 물음을 제기한다. 그에 따르면 '복음전도(evangelism)'에 있어서, "에큐메니컬들(ecumenicals)"이 그리스도인의 사회적, 정치적 간여를 그들이 전해야 할 복음에 포함시키려 하는데 반해, "복음주의자들(evangelicals)"은 그리스도에 대한 믿음을 전파하고, 부름 받은 자에 합당한 삶을 살게 하는 일을 복음전도로 본다는 것이다.[7] 그는 이 문제를 선교와 복음전도의 관계로 해결해 보려고 한다. 둘 다 경계를 넘어 새로운 영역으로 진입하는 복음의 운동이긴 마찬가지지만, 선교는 복음전도보다 포괄적이고, 하나님이 세상의 구원을 위해 교회에 둔 과제 전체를 지칭한다는 것이다. 선교사들이 선교지에서 행한 모

---

6) Lesslie Newbigin, "Witness in a Biblical Perspective", *Mission Studies* 3.2 (1986).

7) David Bosch, "Evangelism : an Holistic Approach", *Journal of Theology for Southern Africa* 36 (Summer 1981), 47.

든 활동이 선교가 될 수 있다. 아니, 선교사가 선교지에 존재하는 것 그 자체가 선교다. 예수가 세리, 창녀, 죄인들의 자리에 앉은 것 그 자체가 복음이듯이. "진정한 복음전도는 필시 언어와 함께 행동으로, 선포와 함께 현존으로, 설명과 함께 본보기로 이뤄질 것이다."[8] 보쉬는 선교를 복음전도로 국한하려는 환원주의를 경계한다. 선교 활동은 다양한 기초 위에서 일어난다.[9] 성경으로부터 단일한 선교 이론을 끄집어낼 수 없으며, 다양하고 때로는 서로 충돌되는 선교의 모델들, "패러다임들"이 존재한다.[10]

그렇다면 '증언(證言)'이라는 용어가 '언어 활동'을 우선적으로 상기시키는 만큼, 좁은 의미의 복음전도로 환원한다는 인상을 줄 수도 있다. 그럼에도 불구하고, 여기에서 굳이 '선교'를 '증언'의 개념으로 이해하려는 까닭은 '증언'의 개념이 '선교'나 '전도'에 비해 우리의 관심을 증언자로부터 증언되는 대상, 곧 예수 그리스도로 향하도록 하기 때문이다. 만일 선교를 다만 선교사와 선교지민의 관계에서 발생하는 사건으로만 본다면, 선교학도 이에 따라 문화인류학이나 비교종교학이나 문명의 충돌을 다루는 학문처럼 비쳐질 수 있다. 이럴 경우, 예수 그리스도는 파송 된 자에게 권위를 부여하는 역할을 할 뿐, 복음의 참된 내용으로서의 '예수 그리스도'는 불확실해진다. 다른 인접 학문들과는 달리, 선교학은 무엇이 또는 누가 '증언'되어야 하는가 하는 물음을 회피할 수 없다. '증언'이라는 말에는 증언

---

8) Bosch, "Evangelism : an Holistic Approach", 51.

9) David Bosch, "Towards a Hermeneutics for 'Biblical Studies and Mission : Comments on Visa for Witness : A New Focus on the Theology of Mission and Ecumenism'", *Mission Studies* 3.2 (1986).

10) Walter Brueggemann, "The Bible and Mission : Some Interdisciplinary Implications for Teaching", *Missiology : An International Review* 10.4 (October 1982). 이 논문에서 브뤼게만은 구약으로부터 선교를 위한 다섯 가지 "사회적 모델"의 메타퍼들(shalom, asylum, upside-down, wilderness, homecoming)을 제시한다.

과 증언되는 대상 간의 거리를 확보해주면서, 동시에 선교사의 활동을 특정한 활동으로 규정해 주는 장점이 있다.

하지만 증언(證言)이 언어활동이나 일종의 목격담으로 그칠 수 없음은 명백하다 하겠다. 증언하는 선교란 제3자적인 관점에서 예수 그리스도에 대한 말과 이에 종속된 일련의 활동만을 가리키지 않는다. 증언하는 자는 예수 그리스도를 따르는 그의 제자이다. 그는 예수 그리스도 안에서, 예수 그리스도를 통해서, 자기가 보고 맛보고 겪은 일을 책임져야 한다. 증언자에 의해 증언되는 예수 그리스도가 그에게 부여한 책임에는 책임 맡은 자의 언어활동만이 아니라, 그의 행동, 그의 태도, 그의 삶의 방식(way of life),11) 무엇보다도 그의 존재에 대한 책임이 포함된다. 예수 그리스도를 가리키는 증언으로서의 선교는 좁은 의미의 복음전도에 국한될 수 없다. 선교사는 언제 어디서나 모든 모양으로 증언한다. 인간의 모든 영역이 증언의 영역이다. 한국에 온 선교사들은 단지 복음전도에만 그들의 활동을 국한하지 않고, 교육, 의료, 단체, 언론, 한국학 등 다양한 방면에 걸쳐 족적을 남겼는데, 그러한 활동들도 그들의 '증언'으로 간주해야 한다. 증언의 관점에서는 '문명화 선교'가 '복음전도'에 편의적이고 자의적으로(arbitrarily) 결합한 것으로 볼 수 없다. '복음화 선교'뿐만 아니라, '문명화 선교'도 증언으로서의 선교에 포함되어야 한다.

이 연구는 계몽과 선교를 묶는 '계몽적 선교'를 하나의 패러다임으로 설정해보려 한다. 어둠으로부터 광명으로, 거짓으로부터 진리로, 사망으로부터 생명으로, 사탄의 나라로부터 하나님의 나라로 향하여 나아가는 모든 운동은 '계몽 운동'이며, 계몽하는 하나님을 증언하는 선교는 계몽적일 수

---

11) Ibid., 52.

밖에 없다.12) 문자적으로, 복음을 전하는 기독교인을 복음주의자라 말할
수 있다면, 계몽을 전하는 기독교인은 '계몽주의자'이다. 실제로, 계몽주의
의 시대에, 복음주의자는 계몽주의자이기도 했다. 하지만 '계몽적 선교' 또
는 '계몽으로서의 선교'는 '계몽주의 시대의 선교'로 국한될 수 없다. 선교
의 패러다임들은 특정한 역사적 시기를 초월하여 지속적으로 '하나님의
선교'의 한 요소로 작용한다. 하나님의 계몽은 영원한 계몽이며, 언제 어
디에서나 잠자는 영혼을 깨우고 죽은 자를 부활케 한다. 그런 의미에서 선
교는 언제나 '계몽하는 선교(enlightening mission)'이다. 탈계몽주의의 시대라
해도 선교의 계몽적 속성은 간과될 수 없다.

  하지만 증언하는 선교는 '역사적'이다. 선교는 특수한 시간과 공간에서
특수한 인간들에 의해 행해지는 특수한 인간적 활동이다. '하나님의 선교'
는 선교의 시작이요 끝이다. 그러나 인간의 선교 활동은 시작과 끝 사이
에, 시간 속에 있다. 선교학은 복음의 내용 그 자체를 천착하는 이론 신학
과는 달리, 인간에 의한 복음의 증언으로부터 출발하여 복음의 내용으로
나아간다. 따라서 선교학의 주제는 우선 '계몽의 신학' 그 자체라기보다,
계몽의 신학의 역사적 실행이다. 그리고 모든 선교가 역사적이라는 말은,
복음주의 선교를 다른 시대의 선교들과 어깨를 나란히 하게 함을 의미한
다. 모든 시대가 '하나님의 계몽' 아래 놓여 있다. "우리에게 구름 같이 둘
러싼 허다한 증인들이 있(히12 : 1)"다. 복음주의 선교사도 '하나님의 계몽'
의 증인들 중 하나이다.

  끝으로 '계몽적 선교'를 대상으로 하는 선교학은 자기 자신을 이미 계몽

---

12) 보쉬의 패러다임은 이 점을 충분히 강조하지 못했다고 생각된다. 이를 극복하기 위해 본
   연구에서는 바르트의 *Church Dogmatics IV.3.2 : The Doctrine of Reconciliation (Edinburgh : T&T
   Clark, 1962)*으로부터 많은 아이디어를 빌려왔다.

된 자의 자리에 두지 않아야 한다. 언제나 선교사들을 자신보다 낮게 여겨야 하고, 그들이 있던 자리에서, 그들의 관점 안에서, 그들과 대화해야 한다. 선교학적 대화는 믿음의 공동체 안에서 일어나는 성도 간의 교제의 일종이며, 이 대화는 찬미나 비난이 아니라, 우리 자신이 이로써 "견고"하게 되고, "피차 안위함을 얻으려 함(롬1 : 11-12)"을 목적으로 한다. 하지만 '하나님의 선교'와는 구분되는, 인간의 활동으로서의 선교는 그 자체로서 절대선도 아니고 지상명제도 아니다. 마태복음의 '대위임령'이 인간의 모든 선교 행위에 면죄부를 주는 것도 아니다. 교회와 그리스도인의 선교는 인간적 활동이고, 인간적 활동은 특정한 시간과 공간의 한계 내에 있는 만큼, 그리고 특정한 가치관과 세계관과 편견을 반영하는 만큼, 다른 모든 인간적 활동들과 마찬가지로 관찰과 분석과 비판의 대상이 될 수 있다. 다시 말하면, 선교는 비판될 수 있고, 비판은 수용될 수 있다. 선교학은 어떤 특정한 선교가 어떤 신학적 근거 위에서, 어떤 전제와 배경과 동기와 목적을 가지고, 어떤 환경과 조건과 상황에서, 어떤 방법과 실천을 통해 행해졌는지를 물을 수 있고, 물어야 한다. 하긴 자신의 약함을 자랑하는 것이 선교이고 선교학이다. 선교학은 아무것도 감추려 하지 않는다.

3. '계몽적 선교' 패러다임

'계몽주의(Enlightenment)'에 앞서 '계몽(enlightenment)'이 있음을 말하고, 그보다 앞서 '하나님의 계몽(God in Enlightenment)'이 있음을 말한 것은 '계몽적 선교'를 '계몽주의 시대의 선교'와 동일시하는 것을 경계하기 위해서다. 계몽은 계몽주의의 전유물이 아니다. 계몽주의 시대 이전이라고 해서 암흑천지는 아니었다. 의심하는 계몽주의가 의심될 필요가 있다. '계몽적 선교'는 '계몽하는 선교', '계몽으로서의 선교', '계몽적 성격이 두드러진 선교'를 가리킨다. '계몽적 선교'는 계몽주의와는 별개의 '계몽'에 대한 정의를 가질 수 있고 가져야 한다. '계몽적 선교'는 선교의 본질적인 속성 중 하나를 진술하는 것이면서도, 계몽주의에 의해 전유(專有)된 계몽을 해방하며, 계몽의 담론의 장(field of discourse)을 재 점유하려는 '대항 헤게모니적인(counter-hegemonic)' 용어다.

윌리엄즈(Raymond Williams)는 그람시의 정치적 헤게모니 개념이 '문화'나 '이데올로기'의 개념을 포함하면서도 극복한다고 본다. 이른바 '전체적인 사회 과정'으로서의 '문화'가 지배-복종과 같은 권력관계를 고려치 않는 하나의 추상이고, '개념과 믿음의 의식적인 체계'로서의 '이데올로기'가 실질적인 삶과 분리된 또 하나의 추상이라면, '헤게모니'는 "구성되면서 동시에 구성하는 살아 있는 의미와 가치의 체계"[13]이다. 윌리엄즈에 따르면, 헤게모니는 한 사회에 속한 대부분의 사람에게 "하나의 현실감(sense of reality)"을 구성하게 되는데, 이 현실감은 그 너머로 더 나아갈 수 없는 하나의 "절대적인 현실감"으로 체험된다(a sense of absolute because experienced reality).[14] 계몽주의도 하나의 헤게모니라고 할 수 있다.

계몽주의가 "절대적인 현실함"으로 체험되는 상황에서, '계몽적 선교'는 이 근대적 경험으로부터 멀리 떨어진 오지에서 선교할 것만이 아니라, 계몽주의가 지배하는 영역을 탐색하고, 계몽주의의 중심부를 공격하여 재탈환해야 한다.[15] '계몽'을 말할 때 오는 어떤 위반의 '느낌'과 싸워야 한다. '지식'과 '지성'과 '지혜'의 지경을 점차 내어주고, 계몽주의가 관용으로 베

---

13) Williams, *Marxism and Literature*, 110.
14) Ibid., 110.
15) Newbigin의 *The Gospel in a Pluralist Society*가 그 예가 될 것이다.

풀어 준 '종교', '영성', '마음의 평화' 등의 땅에 할 거하려는 길들여진 복음
주의의 감옥으로부터 나와야 한다. "절대적 현실감"이 되어버린 계몽주의
의 헤게모니 안에서 선교학은 늘 깨어 있어야 한다. '계몽적 선교'는, 급진
적으로 말해서, '계몽주의의 계몽', '계몽주의의 회심'을 최종 목표로 한다.

성경적으로 '계몽적 선교'는 주로 요한 문서들에 근거할 수 있다고 생각
된다. 선교 패러다임과 관련하여, 보쉬는 "선교 문서"인 신약성경으로부터
몇 가지 "선교 모델"들, 즉 마태복음으로부터 "제자화로서의 선교"를, 누
가복음-사도행전으로부터 "용서와 가난한 자들과의 연대로서의 선교"를,
바울의 서신서들로부터 "종말론적 공동체의 참여로서의 선교" 등을 이끌
어냈다. 하지만 보쉬의 선교 모델에서 요한 문서가 빠져 있는 점이 눈에
띤다. 복음주의 선교사들이 가장 즐겨 인용하던 문서들 중 하나였던 요한
문서가 이처럼 보쉬의 성경적 선교 모델에서 제외된 이유는 계몽주의의
시대에 '계몽적 선교'를 거론하기 어려운 실정이었기 때문일 것이다. 하지
만 이들 문서야말로 '계몽적 선교'의 모델을 제공하는 성경적 기초가 될
수 있다.16) 요한 문서가 선교 문서가 아니라는 증거는 없다. 계몽주의 시
대일수록 '계몽적 선교'를 말해야 하며, 복음주의 선교는 선교의 계몽적 성
격을 증언한 역사적 실례로서 정당하게 평가되어야 한다.

'계몽적 선교'는 다양한 특징과 양상을 보여주었던 복음주의 선교의 핵
심적인 '선교 신학'이었다고 생각된다. 그것이 비록 계몽주의에 의해 촉발
되었고 규정되었고 결정되었다 하더라도, 복음주의 선교는 간단히 계몽주
의의 하위범주로 편입될 수 없다. 오히려 '계몽적 선교'는 보쉬가 의미한

---

16) 흥미롭게도 보쉬는 요한문서를 거의 인용하지 않는다. 그의 *Transforming Mission* 중 요한복
    음 인용 본문은 6개에 불과하다. David Bosch, "Index of Scriptural References", Transforming
    Mission, 564.

'선교 패러다임'의 하나로 간주될 수 있을 것이다. '패러다임'이라는 말은 본래 과학사가 쿤(Thomas Kuhn)의 "패러다임 이동(paradigm shifts)" 이론을 큉(Hans Küng)이 교회사 연구에 적용했고, 보쉬가 이것을 활용하여 선교의 패러다임들을 제안함으로써 널리 사용되게 되었다. 쿤은 패러다임을 "주어진 한 공동체에 의해 공유되는 믿음, 가치, 기술 등의 전체적인 배열(the entire constellation of beliefs, values, techniques, and so on shared by the members of a given community)"이라고 정의했는데, 큉은 이를 "해석 모델(models of interpretation)"의 의미로 사용하고 있고, 또 다른 학자들은 "지식의 프레임"으로, "레퍼런스의 프레임"으로, "믿음의 구조(belief systems)" 등으로 정의하기도 한다.[17] 패러다임의 이론들은 대체로 복수의 패러다임이 있을 수 있으며, 옛 패러다임과 새 패러다임 간에 혁명이라든가 회심과 같은 격렬한 외적, 내적 투쟁이 일어나기도 하고, 패러다임 내부에서도 '이단'들이 존재한다는 등등을 인정한다. 큉은 기독교 역사를 여섯 개의 주요 패러다임으로 구분하면서, "개신교(종교개혁) 패러다임(The Protestant Reformation paradigm)"과 함께 "근대 계몽주의 패러다임(The Modern Enlightenment paradigm)"을 따로 설정한 바 있다.[18] 한편 보쉬는 그의 선교의 역사적 패러다임들 중 하나로 "개신교 종교개혁 선교 패러다임"[19]을 설정하고 있는데, 이 패러다임에 대한 그의 논의는 "계몽주의 시대의 선교(Mission in the Wake of the Enlightenment)"에 집중되고 있다.[20]

계몽주의 하에서 개신교(종교개혁)의 복음주의로의 전환이 패러다임의 변

---

17) Bosch, *Transforming Mission*, 185.
18) Ibid., 181-182.
19) Ibid., 239-261.
20) Ibid., 262-345. 보쉬의 패러다임 이동에 대한 간략한 해설로는 Denton Lotz, "Paradigm Shifts in Missiology", *Evangelical Review of Theology* 32.1 (2008).

화라고 칭할 만큼 급진적이었고, 가톨릭 역시 겉으로 나타난 이상으로 훨씬 더 깊이 계몽주의의 자장(磁場) 아래 있었던 만큼, 선교의 패러다임 설정에서도 이러한 사실이 충분히 반영되어야 한다. 이 점에서는 종교개혁 패러다임과 근대 계몽주의 패러다임을 구분한 큉의 구분이 보쉬의 그것보다 설득력 있다고 판단된다. 만일 선교의 패러다임이 일정한 역사성을 반영한다면, '종교개혁' 패러다임과 구분되는 '계몽적 선교' 패러다임을 따로 설정하는 것이 타당하다고 본다.

근대 선교 운동에서 '계몽'이 선교의 강력한 동기요 목적이었다는 사실은 누구도 부인하지 않는다. 그럼에도 불구하고 보쉬가 큉을 따라 '계몽적 선교'를 하나의 패러다임으로 삼기보다 "개신교 종교개혁"을 선교 패러다임으로 삼은 것은 '계몽'이라는 표현이 오늘날 개신교 선교 사업에 부정적인 의미들을 동반하기 때문인 것으로 보인다. 그러나 '계몽'을 회피했을 때의 대가는 적지 않다. 즉 근대 복음주의 선교는 반(反)지성주의였다는 더 심각한 비판에 직면하게 되는 것이다. 부흥 운동은 이러한 비판의 단골 메뉴가 되어 왔다. '계몽적 선교'는 큉의 "근대 계몽주의" 패러다임의 선교학적 적용일뿐만 아니라, '계몽주의의 계몽'을 지향하는 선교학적 재신학화의 시도이기도 하다.

4. '계몽적 선교'로서의 복음주의 선교

선교본국의 신학적 배경, 그중에서도 당시 계몽주의라는 복음주의 선교의 역사적 맥락이 선교학적으로 함께 고려되지 않음으로써, 선교사(宣敎史)로 불리든 민족교회사로 불리든, 한국교회사 서술은 처음부터 혼란과 자기 모순에 빠져드는 것 같다. 이를테면 민경배는 복음주의의 특징을 다음과 같이 요약한다.

> 신학적으로 그것은 경건주의의 신앙 유형에 속해 있었다. 세상과 교회와
> 의 관계를 우선 단절로 보고, 세상일에 대해서는 점잖은 경멸 아니면 무시
> 내지 무관함을 특징으로 가지고 있었다. 그것은 영혼의 구원이라고 하는 압
> 도적 관심에 시종 하였다.[21]

이처럼 민경배는 복음주의의 경건주의적 탈세상적 성격을 주목하면서,
선교사들을 통해 이러한 "미국 기독교의 신앙 유형이 그대로 한국에 이식
될 수밖에 없었다."[22]고 파악한다. 그러면서도 민경배는 같은 미국 선교사
들에 의해 세워진 "한국 교회가 한국 근대화의 과정에서 문화 개화의 통
로 구실"을 했다고 주장하고 있다. "의료 사업", "근대 서구의 기초 학문
과 함께 성경, 그리고 군사 훈련이 교수"된 "근대 교육", "민주주의적 정
신과 항일 충국의 기백이 힘차게 새겨진" "청년회", "산업 정신의 근대적
개발", "한글의 발전", "애국가", "한국학 연구" 등 선교사들의 한국 근대
화에 끼친 영향은 막대했다는 것이다.[23] 세상일에 무관심한 선교사들이
세상일에 헌신하고 있었던 것이다. 교회사에서 흔히 접하게 되는 이 모순
을 어떻게 설명해야 할까? 만일 이것이 사실이라면, 세상에 대한 지극한
무관심과 세상에 대한 지극한 관심을 동시에 요구하는 이 복음주의 선교
사들을 선교지민들은 어떻게 이해했을까? 이러한 양면성이 한국 교회에
그대로 "이식"되었다면, 한국의 기독교인들에게 정신분열을 넘어 정신착
란이 일어나지 않았을까? 그럼에도 이 같은 모순적 진술이 빈발하는 것은

---

21) 민경배, 『한국의 기독교』(서울 : 세종대왕기념사업회, 1985), 57.
22) Ibid., 57.
23) Ibid., 71-83.

복음주의의 파트너였던 계몽주의를 무반성적으로 전제하기 때문이라고 생
각된다.

계몽주의도 계몽의 사건을 필요로 했고, 계몽하는 빛을 발견하려 했다.
경건주의가 추구한 '내적 조명(illumination)'은 계몽주의의 불가결한 부분이
기도 했다. 인간은 참된 인간성을 자기 자신 안에서 발견해야 했다. 신화
나 미신이나 우상숭배는 자기 자신에게서 발견해야 할 계몽을 자기 자신
밖에서 구하려 했기 때문에 미(未)계몽, 반(反)계몽으로 낙인찍혔다. 계몽주
의는 자아 안에서 참된 빛과 참된 힘의 원천을 발견하려 했다. 서구의 경
건주의가 계몽주의와 서로 가까운 것은 둘 다 내적 조명의 원천을 인간의
내부에서 발견하려고 했다는 데 있었다. 차이가 있었다면, 계몽주의자들이
인간의 자기 계몽 능력을 신뢰한 데 비해, 경건주의자들은 인간의 내면에
서 역사하는 성령의 조명을 믿었다는 데 있었다. 그러나 복음주의 선교사
들이 그 차이를 인식할 수 있었는지, 어떻게 인식했는지 질문되어야 한다.
또한 만일 선교사들이 인식할 수 없었다면, 그 차이를 선교지민들이 자동
적으로 인식할 수 있었다고 가정할 수는 없다.

그 이상으로, '평양대부흥'은 '계몽적 선교'의 시험대라고 할 수 있다. 부
흥 운동은 복음주의 운동의 동력이면서도, 계몽주의와는 매우 다른 성격
을 가진 운동으로 이해되었다. "대중적인 부흥주의(popular revivalism)"는 계
몽주의의 적이라고까지 알려졌다.[24] 계몽주의가 자연과 인간을 이성으로
파악할 수 있다고 믿을 때, 부흥 운동은 인간의 이성으로는 알 수 없는 어
떤 신적인 계시 같은 것을 추구했다는 것이다. 부흥 운동 와중에서 발생하
는 "대중적인 감정(mass emotion)" 또는 "열광주의(enthusiasm)"는 계몽주의의

---

24) Henry May, "The Problem of the American Enlightenment", 207.

가장 강력한 반대 세력으로 간주되기도 했다.25) 부흥 운동의 열광주의는
계몽주의의 차분한 이성과는 서로 어울리지 않아 보였다. 이로 인해 부흥
운동은 계몽주의 이전의 민중적 열광주의나 계몽주의 이후의 부르주아적
낭만주의에 기원한다고 해석되기도 했다. 부흥 운동은 흔히 복음주의가
계몽주의와는 전혀 다른 기원을 가졌음을 입증하는 강력한 증거로 호출되
곤 했다.

그러나 부흥 운동을 복음주의의 기원으로 삼음으로써 복음주의를 계몽
주의로부터 원천적으로 분리하려는 시도는 성공할 수 없다. 계몽주의의
문화적 장악력이 상대적으로 약하고, 선교사들의 복음주의가 복음 그 자
체인 것처럼 수용된 선교지의 부흥 운동에서도, 계몽주의의 논리는 여지
없이 관철되었다. '평양대부흥'은 계몽주의에 의해 조건 지어졌으며, 그 과
정은 계몽주의적 이성에 의해 통제되었고,26) 그 결과는 계몽주의의 심화
였다. 복음주의가 계몽주의의 그늘 아래 있었듯이, 부흥 운동도, 긍정적이
든 부정적이든, 계몽주의의 그늘 아래 있었다. 복음주의 내부에서 작동하
던 계몽주의의 힘은 그 한계 상황으로 알려진 선교지 부흥 운동에서 오히
려 절정에 달했다고도 말할 수 있다. 복음주의가 계몽의 '스캔들'로 여겨
지는데 가장 큰 공헌을 한 것이 다름 아니라 부흥 운동과의 연루였다.27)
그러나 부흥 운동조차 계몽주의의 장(場) 안에 있었다면, 계몽주의로부터
의 복음주의의 임의적인 분리는 더 이상 불가능한 셈이다. 하긴 이것은 새

25) Ibid., 207.
26) 부흥 운동 중 선교지민들의 '자발적인' 열광주의는 철저히 통제되었다. 미국 감리교 부흥
    운동 기간 중 열광주의를 둘러싼 갈등에 대해서는 A. Gregory Schneider, "A Conflict of
    Associations : The National Camp-Meeting Association for the Promotion of Holiness versus
    the Methodist Episcopal Church", *Church History* 66.2 (June 1997).
27) Noll, *The Scandal of the Evangelical Mind,* 60-64.

로운 발견이 아니다. 단지 하나의 문화에 의해 구체화되지 않는 순수한 복
음이란 있을 수 없다는 평범한 선교학적 진술에 불과하다. "선교사는 순수
한 복음을 가지고 와서 그것을 자신이 섬기는 문화에 적응시키지 않는다.
선교사는 선교사 자신을 형성한 문화에 의해 이미 구체화된(embodied) 복음
을 가지고 온다. 이것은 처음부터 그렇다."28) 복음은 처음부터 계몽주의의
옷을 입고 선교지로 향했던 것이다.

그렇다고 해서 계몽주의가 기독교에 기여한 측면이 간과되어서는 안 된
다. 이를테면 크레이머(Hans Kraemer)는 계몽주의가 중세의 위계질서와 권위
주의로부터의 해방을 가져왔다면서, 교회에 끼친 긍정적 영향을 높이 평
가한다.29) 계몽주의는 교회가 스스로 할 수 없었던 일을 해냈다. 복음주의
가 계몽주의에 의해 창조되었다고까지 말한 베빙턴도 환원주의를 경계하
면서, 양자 관계를 서로 공생하고 양립할 수 있는 관계로 보고 있다.30) 그
에 따르면 과학적 탐구, 미래에의 희망, 보다 인간적인 개혁 등과 같은 계
몽주의적 가치는 복음주의 종교와 반대되지 않는다.31) 계몽주의가 선교에
미친 영향을 비판적으로 보는 보쉬도 선교사들로서는 "계몽주의의 기반
(matrix of Enlightenment)" 위에서 복음을 전하는 것 말고는 달리 복음을 전할
수 없었음을 상기시킨다.32) 윌스는 그리스-로마 문명을 이어받은 계몽주

---

28) Newbigin, *The Gospel in a Pluralist Society*, 144 : "There is no such thing as a pure gospel
if by that is meant something which is not embodied in a culture…"

29) Hendrik Kraemer, *The Christian Message in a Non-Christian World* (London : Edinburgh House,
1938), 116.

30) Bebbington, "Evangelical Christianity and the Enlightenment", 36 : "The two were entirely
compatible with each other."; "With that caveat, the main lessons of the Evangelical-Enlightenment
relationship are clear : the Enlightenment was not necessarily anti-religious; and Evangelicalism was
not just a matter of feeling opposed to the reason of the Enlightenment. On the contrary, the
Enlightenment and Evangelicalism were aligned with each other."

31) Bebbington, "Evangelical Christianity and the Enlightenment", 36.

32) Bosch, *Transforming Mission*, 344.

의를 서구 문명의 토착적인 요소로 보며, 근대 서구 기독교를 계몽주의로 번역된 하나의 "판본"으로 이해한다.[33]

하지만 월스는 계몽주의의 산물들을 자유자재로 활용하는 은사주의적 기독교에서 목격되듯이, 아프리카 등 비서구 교회가 선교사들에 의해 규정된 계몽주의에 예속되는 것은 아니라고 주장한다.[34] 물론, 선교지에서의 계몽주의는 선교국의 그것과 같을 수 없다. 그러나 '평양대부흥'의 사례는 복음주의와 계몽주의의 제휴 관계가 선교지에서도 작동되고 있었음을 보여주고 있다. 번역 과정에서 선교지 기독교가 선교국의 계몽주의로부터 독립할 수도 있겠지만, 거꾸로 계몽주의가 "다른 복음(갈1 : 6)"으로 수용될 수도 있다. 앞서 비서구에서의 계몽주의의 전개가 서구의 그것을 되풀이한다고 추정할 수 없음을 '사회진화론'을 예로 살펴본 바 있다.

그런데 계몽주의를 상대화하고, 계몽주의를 계몽하려는 '계몽적 선교'는 반(反)계몽의 의심을 받게 된다. 계몽주의로부터의 해방이 계몽 그 자체로부터의 해방처럼 여겨지고, '성령의 교제'는 '소통'의 포기이며 마침내 무지몽매주의를 부추긴다는 혐의다. 그 대안으로 '하나님의 계몽'을 말하더라도, 이 계몽이 계몽된 세상과 무슨 상관이 있고 무슨 쓸모가 있단 말인가? 계몽주의의 시대에 '하나님의 계몽'을 말하는 신학은 스스로를 가두고, 스스로에 갇혀버리지 않는가? '계몽적 선교'는 계몽주의 이전으로 되돌아가려는 또 다른 환원주의가 아닌가?

이러한 의문들에 대해서는 선교사 바울의 서신서들이 해답을 시사하고

---

33) Walls, "Enlightenment, Postmodernity, and Mission", 150.
34) Andrew Walls, "African Christianity in the History of Religions", in The *Cross-Cultural Process in Christian History : Studies in the Transmission and Appropriation of Faith,* (Edinburgh : T&T Clark, 2005), 122 : "... but the real strength of Christianity in Africa may prove to be its capacity for independence of Enlightenment categories."

있다고 생각된다. 그의 서신서들에는 각 교회가 당면한 크고 작은 현안들이 나타난다. 교회 내의 치명적 분열 현상이나, '지혜로운' 이방인들의 세상에서 '어리석은' 그리스도인들이 처한 당혹스러운 상황들이 그려지고 있다. 이 현안들을 앞에 놓고 바울이 권면하는 '기독교 윤리'는, 세상의 지혜와는 다른, 하나님의 빛에 의해 계몽된 윤리였다. 예를 들면, 고린도교회의 구체적인 현안들에 대해 바울은 즉각적이고 실용적으로 접근하기에 앞서, 그것들을 먼저 "예수 그리스도와 그가 십자가에 못 박히신 것(고전2 : 2)"의 빛 아래에 두었다. '부활 장'으로 알려진 15장은 그의 윤리학이 헬라인들의 지혜와는 전혀 다른 기반 위에 서 있음을 알려주고 있다. 그리스도를 "하나님의 지혜(고전1 : 24)"라고 믿는 선교사 바울의 이러한 접근이 실제적인 그의 권면에서 '몽매주의'를 결과했는지는 판단자의 몫이 될 것이다.

선교에 있어서도 마찬가지다. 증언하는 선교가 좁은 의미의 복음전도에 국한될 수 없다면, 선교사들의 다양한 활동들도 편의주의적인 관점이 아니라 복음의 빛으로 조명되어야 한다. 정치, 교육, 의료, 산업, 출판, 문학 등등의 영역에서의 선교 활동에서도, 선교사들에게 필요했던 것은 "이 세상의 지혜"나 "사람의 지혜"가 아니라 "하나님의 지혜"였다. 실천을 중시하는 행동주의적인 선교사들에게서 계몽주의적 사고를 답습하는 경향이 목격된다면, 이는 그들이 자신들의 활동을 하나님의 빛에 비춰보지 않았기 때문이다. 스스로 절대화 하려는 계몽주의를 역사화하고 상대화하는 지난 한 과제가 '계몽적 선교' 앞에 놓여 있다.

덧붙여, 복음주의의 계몽주의와의 상관관계가 단지 기독교에 국한될 주제는 아니라고 본다. 이 주제가 성공적으로 개진된다면, 한국 민족주의의 기원과 성격, 정치와 종교의 관계, 성속의 구분, 근대적 자아의 형성 등, 한국 근대성의 성격을 둘러싼 그간의 통념을 재고케 하는 데 일조할 것이다.[35] 근대 복음주의 선교 운동이 선교지 한국에 끼친 영향은 종교적 차원에 국한되지 않았다. 복음주의 선교가 한국 근대사에 끼친 심대한 영향은 선교의 영광이라기보다 선교의 책임을 더욱 상기시킨다.

'계몽적 선교' 패러다임은 그의 참된 기원을 계몽주의에 두지 않고, '하나님의 계몽'에 둔다. 계몽주의와 결부됨으로써 계속되는 복음주의의 위기는 근본적으로 하나님의 계몽에 의해 야기된 것으로 받아들여야 한다. 이 위기가 계몽하는 하나님으로부터 초래된 위기로 이해될 때, 위기가 곧 기회임을 발견하게 된다. 복음주의로부터 복음으로의, 계몽주의로부터 계몽으로의 '회심'이 시작될 수 있다. '계몽'이라는 주제를 외면하고 포기함으로써 계몽주의가 극복되는 것은 아니다. 계몽주의는 계몽주의의 계몽을 통해서만 극복될 수 있다. 그렇지만 계몽주의가 스스로를 계몽하기를 기대할 수 없다. 계몽주의의 극복은 하나님의 계몽에 의해서만 가능하다. 계몽주의의 계몽은 하나님의 계몽이다.

II. 부활의 증인 : 부흥, 부흥 운동, 부흥주의

1. 믿음의 해석학

부흥 운동 연구에서는 운동 과정에서 나타나는 여러 가지 비상한 현상과 체험을 보고하는 문서들을 문자 그대로 받아들이면서, 그것들을 '원사료'라 하여 역사적 사실로 전사(轉寫)하는 경우가 많다. 복음주의의 성경주

---

35) Sheehan, "Enlightenment, Religion, and the Enigma of Secularization", 1064 : "The injection of religion into the Enlightenment, I suggest, is part of a revision of the history of secular society that has sent the very category of the Enlightenment-long defined as a philosophical program whose anti-religious zeal paved way for our secular present-into great turmoil."

의는 부흥 운동 관련 자료들에 대한 '문자주의적인 해석'으로 확장되는 것
처럼 보인다. 복음주의 해석학에서 그것들은 일종의 '성(聖)문서'로서 분석
되기보다는 그대로 인용되곤 한다. 자료의 의미는 스스로 명백하다고 간
주되며, 문서들의 장르적인 특성이나 텍스트와 컨텍스트와의 관계, 저자와
독자와의 관계 등등은 거의 고려되지 않는다. 선교 문서가 내포하고 있는
특수한 신학도 별도로 검토되지 않는다. '성령의 역사'가 설명과 해석의
가능성을 덮는다. 그러나 문자주의적 해석은 일종의 "자동적인 오리엔탈
리즘(auto-orientalism)"36)으로 비판될 수 있다. 선교사들의 선교지 교회에
대한 관점이 매개과정 없이 선교지 교회 자체의 관점에 자동적으로 투영
된다고 가정하기 때문이다. 복음주의적 교회사는 '평양대부흥' 연구에서
문자주의적 해석학이 갖는 특성을 뚜렷이 드러낸다.

그러나 '성령의 역사'를 고백한다고 해서 이들 자료가 영감에 의해 기록
된 무오류의 문서는 아니다. 하기는 선교사들의 '평양대부흥'에 관한 보고
들은 거의 도취적이었다.

> 나 자신이 지금까지 목격하지 못했고, 듣지도 못했던 가장 놀라운 성령의
> 부어 주심의 현시가 한국 교회에 있었는데, 아마도 사도시대 이후 이보다 더
> 놀라운 하나님의 권능의 현시는 없었을 것이다. 매 집회에서 주님의 권능이
> 교회 전체와 때로는 밖에까지 임했다.37)

그러나 선교사들이 이러한 양식의 문서가 일반 독자들에게 유통되기를

---

36) Frederick Errington and Deborah Gewertz, "From Darkness to Light in the George Brown Jubilee : The Invention of Nontradition Inscription of a National History and East New Britain", *American Ethnologist* 21.1 (February 1994), 107.
37) *Minutes of Korea Mission*, Methodist Episcopal Church (1907), 74, 박용규, 『평양대부흥운동』, 268에서 재인용.

예상했다고는 할 수 없다. 문서의 특징적인 스타일은 특정한 독자를 염두
에 두었음을 시사한다. 선교 문서에는 선교사, 선교민, 문서의 독자(그들은
주로 미국 기독교인들이었다)라는 "영향력의 삼각형(triangle of influences)"이 작용
하고 있었다.[38] 비기독교 일반 독자들을 향해 "성령께서 능력으로 임했
다."와 같은 표현이 빈번히 사용되지는 않았을 것이다. 적어도 위와 같은
선교 문서가 선교지민들을 독자로 상정하지 않았다는 것은 확실하다.

선교 문서는 선교사들과 선교 단체들과 선교 후원자들 간에 회람되는
일종의 내부 문건적 성격을 가지고 있었다. 내부 문건이라 해서 그들 간에
어떤 비밀이 오갔다는 것이 아니라, 내부자들 사이에 존재하던 일정한 전
제들은 따로 언급되지 않았다는 뜻이다. 그러므로 이 같은 선교 문서들을
선교학적 연구에 사용할 때는 언표 되지 않은 전제들에 대한 주의가 필요
하다. 선교학은 작성된 선교 문서를 통해 선교지 형편과 선교 사역의 성과
를 볼 것만이 아니라, 이들 문서를 작성한 선교사들의 특수한 관점을 거리
를 두고 이해할 수 있어야 한다. 선교학에서는 관찰자가 관찰되어야 한다.

복음주의 언론의 국제적인 유통망은 이미 18세기 중반에 활성화되었으
며,[39] 전신망과 서적 출간과 빈번한 순방 등으로 더욱 고도화되어 갔다.
"선교쓰기(missiography)"[40] 장르는 19세기 서구에서 대중적으로 확립되어
있었다. 선교사들에 의해 기록된 이들 문서들은 선교지에 대한 선교본국
민들의 관심을 불러일으키고, 본국 교회의 선교에 대한 후원을 활성화시

---

38) Karistina Bross, "'Come Over and Help Us' : Reading Mission Literature", *Early American Literature* 38.3 (2003), 396.
39) Susan O'Brien, "Eighteenth-Century Publishing Networks in the First Years of Transatlantic Evangelicalism", in *Evangelicalism : Comparative Studies of Popular Protestantism in North America, the British Isles, and Beyond, 1700-1990*, eds. Mark Noll et al. (Oxford : Oxford University Press, 1994), 38-57.
40) Walls, "The Nineteenth-Century Missionary as Scholar, 188.

키는 한편,[41] 후원자들로 하여금 전세계의 복음화에 기할 수 있는 명분을 제공하려 했다. 따라서 이 문서들은 사실 보도에 그치지 않고, 후원받을 가치가 있는 선교사들의 활동상을 소개하는 선전(propaganda)의 성격도 갖고 있었다. 우리가 접하는 '평양대부흥' 관련 기사들은 대부분 이와 같은 성격의 선교 문서들에 속하며, '평양대부흥'에 대한 연구도 대부분 이 기사들에 의존하고 있는 실정이다. 이는 '평양대부흥'이 특정한 사람들을 통해 특정한 관점에 의해 특정한 방향으로 해석되고 특정한 독자들에게 보고된 사건임을 의미한다. 선교사들이 직접 관찰한 현상을 있는 그대로 보고했을 것은 의문의 여지가 없다 하더라도, 선교 문서는 이처럼 매우 특수한 저자들과 독자들과 메시지와 의도와 목적과 장르와 스타일 등을 가진, 그 자체로서 이미 하나의 해석임을 염두에 두어야 한다. 선교 문서는 증언 그 자체가 아니라 하나의 증언이다.

복음주의 해석학 자체도 실은 '하나의' 해석학이다. 선교지 부흥 운동의 과정에서 복음주의의 문자주의적 해석학은 '의심의 해석학'의 도전에 답하려 했다. 선교사들은 그들이 주도한 '평양대부흥'의 진정성의 담보자이기도 했다. 선교사들은 예상되는 안팎으로부터의 의심을 해소하기 위해 사건의 진정성을 입증할 확실한 증거들을 제시했다. 그러나 증거들은 더 많은 의심을 불러일으켰고, 그들은 다시 더 많은 증거를 제시해야 했다. 선교지민들의 회심의 진정성이 의심되고 해명되어야 했던 이유는 복음주의 선교사들이 회심을 인간적인 행위가 아니라, 성령의 역사라고 주장해 왔기 때문이다. 따라서 진정한 회심은 신적인 능력의 현시나 비상한 체험 등을 동반해야 했다. 복음주의 선교사들은 '평양대부흥'을 '성령의 역사(役事)'

---

41) G. Jan van Butselaar, "Christian Conversion in Rwanda : The Motivations", *International Bulletin of Missionary Research* 5.3 (July 1981), 111–113.

로 규정하고, 경험적 관찰을 통해 체험의 진정성을 증명해 보이려고 했다.

그러나 성령이 역사한다는 것이 그 자체로서 인정되지 않는다면 성령 체험의 진정성에 대한 의문은 사라질 수 없는 일이었다. 하지만 계몽주의적 근대 학문들은 기본적으로 신들의 세계를 제거하려고 했다.[42] 신들과 천사들과 정령들의 활동은 부인되었다.[43] 성령 체험을 추구하는 부흥 운동은 근대 학문들의 전제를 부인하는 것처럼 보였다. 따라서 근대 학문들은 성령 체험을 사회학적, 심리학적, 집단병리학적, 인류학적 현상으로 인간화시켰다. "세속적－고백주의적 양식"에서는 "진실"이 신조에 근거한 믿음보다 우위에 있었으며, 종교인들의 주장에 대해 부지불식간의, 때로는 "교조주의적인 의심"이 늘 따라다녔다.[44] 하지만 성령 체험과 같은 것이 없었다면, 부흥과 같은 것도, 회심과 같은 것도 그 진정성도 의심될 수 밖에 없었다.

그러나 만일 해석자의 해석이 진정한 것이라면, 적어도 진정하기를 바란다면, 해석되는 대상에게도 진정성을 부여해야 한다. 해석되는 대상이 불합리하고 심지어 불쾌하다 하더라도, 그 대상에게 말할 권리를 충분히 부여해야 한다.[45] 부흥 운동에 대한 비판은 피상적인 관찰과 엘리트주의

---

42) 그러나 인류학적 지식도 복음주의자들의 그것처럼 확신의 증명이라는 문제를 갖고 있다는 주장에 대해서는 Kent Maynard, "Protestant Theories and Anthropological Knowledge : Convergent Models in the Ecuadorian Sierra", *Cultural Anthropology* 8.2 (May 1993).

43) Hirokazu Miyazaki, "Faith and Its Fulfillment : Agency, Exchange, and the Fijian Aesthetics of Completion", *American Ethnologist* 27.1 (2000), 32.

44) Rudy Koshar, "Where Is Karl Barth in Modern European History?" *Modern Intellectual History* 5.2 (August 2008), 336 : "And since in the secular-confessionalist mode these 'truths' have a higher priority than beliefs based on allegedly nonrational criteria, there is an unacknowledged and often dogmatic 'skepticism about all religious claims-that no religion *is*, indeed *cannot be*, what its believer-practitioners claim that it was.'" 세속주의가 오히려 기독교에 대한 인류학적 연구의 장애가 될 수 있다는 주장은 Charles Stewart, "Secularism as an Impediment to Anthropological Research", *Social Anthropology* 9.3 (2001).

45) Susan Harding, "Representing Fundamentalism : The Problem of the Repugnant Cultural

적인 선입견에 의한 섣부른 판단일 경우가 많았다. 계몽주의의 적들에 대한 심판은 불필요할 정도로 가혹하기 일쑤였다. 적들의 정신세계는 불투명하고 혼란스러워 보였고, 다만 배척되어야 할 것처럼 보였다. 그러나 이러한 일방적인 배제 전략은 소통 단절이라는 역효과를 낳았다. 오늘날 복음주의의 후예들과 계몽주의의 후예들 간의 소통은 거의 불가능해 보인다. 이편에서 보이는 것을 저편에서는 보지 못한다고 비판할 뿐, 저편에서 보는 것을 이편에서 보려고 하지 않는다.

하나의 혼동이 반복되고 있다. 이 혼동은 일차적으로 계몽주의의 인과관계적 사고방식을 받아들인 복음주의와 그 선교에 의해 발생한 것이다. 하나님의 역사로서의 '성령 강림'과 하나님의 역사에 대한 증언으로서의 '성령 체험'이 구분되지 않고, 믿음으로 아는 것과 관찰과 경험으로 아는 것을 구분하지 못하게 되었을 때, 고백과 고백의 강화는 가능할지 몰라도 대화는 불가능해진다. 보이지 않는 것을 믿음으로 아는 믿음들 간의 차이가 대화를 불가능하게 하지 않는다. 보이는 것만을 믿는 신념과 신념 간의 차이가 소통을 불가능하게 한다. 객관성과 가치중립성 뒤에 숨는 문화주의들은 그들 자신의 신념 체계를 반성할 수 없으며, 믿음과 체험을 하나로 통합한 근본주의자들은 무오류의 전사가 된다. 문화는 야만이 되고, 진리는 부자유가 된다.

오늘날 문화적 타자로서의 "복음주의자의 마음(Evangelical mind)"[46]은 유령처럼 신학계의 주위를 떠돌고 있는 것처럼 보인다. 복음주의자들의 신념만큼이나 문화주의자들의 신념도 강고해 보인다. 그들은 서로를 환영하지 않으며, 대화하는 길을 잃어버렸다. 이것은 문화적 다양성을 수용하는

Other", *Social Research* 58.2 (1991).
46) Noll, *The Scandal of the Evangelical Mind.*

문제 이상이다. 차이의 포용이나 관용의 문제 이상이다. 참아야 할 불쾌감이나 부드러운 외면 이상이다. 이것은 복음의 적의 문제이다. 이것은 계몽의 적의 문제다. 선교학은 복음의 적들과 계몽의 적들 사이에서 양자택일을 강요받는 곤경에 처하곤 한다. 신학자들의 세계에서 선교학은 복음의 적들의 친구로 용납되기를 바라고, 선교사들의 세계에서 선교학은 계몽의 적들의 친구로 용납되기를 바란다.

이러한 계속되는 곤경에서도, 선교학의 길은 비(非)중립적이어야 한다고 생각된다. 근대 계몽주의의 영향 하에 있는 학문들은 객관성과 가치 중립성을 표방하며, 현실에 연루되지 않음(uncommitted)을 미덕으로 여긴다. 하지만 자신들이 '비(非)연루주의'라는 특징적인 이데올로기에 연루된 사실에는 눈멀어 있다.[47] 선교학적으로 중요한 것은 이 연루를 엄밀한 방법으로 성찰하는 것이다.

과연 연루됨을 기꺼이 인정하는 해석학은 불가능한가? 이 인정으로서, 선교학은 자체 불능 상태에 빠져드는가? 그렇지 않다고 생각한다. 이를테면, 청교도들은 회심 여부를 판단할 때, "사랑의 해석학"을 적용했다. 회심의 진정성을 판단함에 있어서, 후커(Richard Hooker)는 회심 이야기의 "결백성(innocence)"을 전제하고, 실제로 회심이 일어났을 확률을 극대화하며, 바울의 고린도전서 13장의 말대로, 모든 것을 믿고, 모든 것을 바라는 것에서 판단해야 한다고 주장했다.[48] 회심의 내러티브의 진정성을 판단하는 데 있어, 판단하는 자에게 단지 율법적인 객관성 이상으로, "합리적인 사랑의 규칙(the rule of rational charity)"이 작동되어야 한다고 믿었다는 것이다.[49]

---

47) Lesslie Newbigin, "Witness in a Biblical Perspective", *Mission Studies* 3.2 (1986), 80.
48) Adams, "Ramist Concepts of Testimony, Judicial Analogies, and the Puritan Conversion Narrative", 263-264.

계몽주의는 '의심의 해석학'을 가르쳤다. 계몽주의의 해석학은 비판과 의심을 믿음 위에 두는 것이었기 때문이다.[50] 부흥과 회심 현상에 대한 의심의 심화는 마침내 부흥과 회심을 불가능할 지경으로 만들었다. 하지만 이를 빌미로 전(前)비판적(pre-critical)인 문자주의적 해석학으로 회귀할 수는 없다고 생각된다. 선교사들의 선교 문서들을 '문자 그대로' 받아들일 수는 없는 일이다. 원문과 "동일한(identical)"것보다는 본래의 의도와 "합치하는(consonant)"것을 추구해야 하며,[51] 성령 체험과 회심의 사건을 다룸에 있어서도 이러한 원칙이 적용되어야 한다.

부흥 운동의 성령 체험과 관련하여 바울이 보여준 '믿음의 해석학'이 타개책을 가르쳐주고 있다. 선교사 바울의 '믿음의 해석학'은 예수 그리스도를 믿는 믿음 안에서 선교지민들의 믿음을 믿는 해석학이었다고 할 수 있다. 만일 성령의 역사가 일어나지 않았고, 회심이 일어나지 않았다면, 이방인들이 '성도'가 되지 않았다면, 바울의 교의적, 윤리적 가르침은 '성도의 교제' 안에 있지 않았다고 할 수 있다. 그러나 바울은 선교지민들의 믿음에 대해 하나님에게 감사한다. 그는 선교지민들의 믿음의 진위나 대소 여부를 따지는데 시간을 소모하지 않았다. 선교지 교회는 예수 그리스도 안에서 진정한 교회였다. 성령 충만한 교회였다. 하나님이 완전한 것 같이, 선교지 교회도 완전한 교회였다.

선교사 바울의 '믿음의 해석학'은 선교지민의 회심의 진정성을 의심하지 않았다. 선교사 바울은 서신서들에서 이방인 수신자들을 처음부터 "성도"라 부르기를 마다하지 않았다. 선교사 바울은 예수 그리스도의 사랑과 하

49) Ibid., 264.
50) Bosch, "Towards a Hermeneutic for Biblical Studies and Mission", 75.
51) Ibid., 76.

나님의 은혜가 그들에게 나타났다고 말했다. 선교사 바울은 이방인들의 믿음, 사랑, 소망을 하나님에게 감사했다. 선교사 바울은 이방인들의 교회의 머리가 예수 그리스도임을 믿었다. 선교사 바울은 모든 것을 믿었다. 이 믿음은 선교사 바울이 전개하는 모든 신학과 목회의 전제가 되었다. 그는 고린도 교회를 향하여 강한 질책을 발하기에 앞서 다음과 같이 말했다.

> 그리스도 예수 안에서 너희에게 주신 하나님의 은혜로 말미암아 내가 너희를 위하여 항상 하나님께 감사하노니 이는 너희가 그 안에서 모든 일 곧 모든 언변과 모든 지식에 풍족하므로 그리스도의 증거가 너희 중에 견고하게 되어 너희가 모든 은사에 부족함이 없이 우리 주 예수 그리스도의 나타나심을 기다림이라(고전1 : 4-5).

갈라디아 교회를 향한 질책에서도, 갈라디아 인들의 믿음과 체험은 진정한 것으로 전제되었다. 다만, 그들이 자신들의 믿음과 체험으로부터 후퇴하거나 빗나갔다는 것이다. 바울은 갈라디아 인들이 "또 다른 복음"에 현혹되기에 앞서, 예수 그리스도의 복음을 받아들였음을 전제했다. 그들이 복음을 받아들인 동기나 그 순수성의 정도는 언급조차 되지 않았다. 선교지민들에게 빛이 비췄고, 하나님의 은혜가 주어졌으며, 그들은 회심했고, 변화했다. 그렇게 전제되었다. 그러나 그들은 이미 받아들인 예수 그리스도에 대해 더 알아야 했고, 항상 기억해야 했다. 그들의 예수 그리스도에 대한 지식이 퇴보하고 이로 인해 그들이 판단력을 상실했을 때, 그들은 선교사 바울로부터 엄격하게 비판받았다. 성령이 선교지 교회 가운데 이미 활동한다고 전제되기 때문에, 선교지 교회들을 향한 선교사의 '판단'은 진지하게 받아들여져야 했다. 빌립보 교회를 향해서도 선교사 바울은 다음과 같이 말했다. "너희가 첫날부터 이제까지 복음을 위한 일에 참여하고 있기 때문이라(빌1 : 5)." "복음을 위한 일"은 복음을 받아들임과 동시에 시작되었다.

선교사 바울의 이방인 교회들을 향한 이같은 긍정은 도대체 어디로부터 기원하는가? 이들 서신들에서 그는 역사가 그다지 길지 않아 보이는 이방인들의 교회에 대한 어떤 객관적이고 가치중립적인 평가를 내리고 있었는가? 아니다. 이들 교회의 실태가 구한말 선교지 한국 교회와 크게 달랐으리라고는 생각되지 않는다. 서신들을 통해 엿볼 수 있는 선교지 교회들의 실상은 언제 어디서나 대동소이한 것처럼 보인다. 고린도 교회 등의 '윤리수준'은 선교지 한국 교회의 그것보다 결코 높아 보이지 않는다. 그럼에도 불구하고 바울은 언제나 이들 이방인 교회를 긍정하면서 그의 서신들을 시작하곤 했다.

바울의 긍정은 어디까지나 '거룩한 공회와 성도의 교제'를 믿는 믿음으로부터 왔다. 그의 서신들은 '믿음으로부터 믿음으로(from faith to faith) 쓰여졌다. 선교사 바울은 더 높은 차원의 경건을 선교지민들에게 전수하려 하지 않았고, 자신이 경험한 것과 같은 신비한 체험이 그들에게도 필요하다고 생각하지 않았다. 그는 그러한 것들을 오물처럼 여긴다고 했다. 선교사 바울은 오로지 선교지민들이 이미 받은 복음을 상기시키고, 그들이 이미받은 은혜를 설명하고 해석하고 적용하는 데 전념했다. 선교지민들은 이전에 하지 못한 또 다른 체험을 해야 했다기보다, 그들이 이미 체험한 것을 바르게 이해해야 했다. 이미 아는 것을 다시 알아야 했다. 바울은 이믿음으로 해당 교회의 문제점들을 신랄하게 지적할 수 있었다.

'믿음의 해석학'의 관점에서 볼 때, 선교사들은 선교지민들이 '부흥'했다고 믿어야 했다. 회심했다고 믿어야 했다. 성령이 한국 교회에 강림했으며, 선교지 교회가 성령을 체험했다고 믿어야 했다. 그런 점에서 '평양대부흥'

은 결정적인 사건이 될 수 있었다. 선교사들이 선교지민들을 믿는 순간이 될 수 있었다. 선교지민들의 교회가 성령의 교회임을 인정하는 순간이 될 수 있었다. 계몽주의의 이분법—이미 계몽된 자와 아직 계몽되지 않은 자의 구분—은 이 믿음으로 깨어질 수 있었다. 성령 체험을 인정함으로써 선교사와 선교지민은 한 성령 안에서 하나가 될 수 있었다. '평양대부흥'은 믿음 안에서 일어난 사건이 될 수 있었다. 선교사들에게 이 믿음이 있었는지, 이 믿음 위에 얼마나 굳건히 오래 서 있었는지 판단하는 것은 또 다른 문제다. 그러나 이 믿음이 연약해졌을 때, 이에 대한 해결책은 믿음일 뿐이다. 선교학은 이 믿음 이상의 잣대를 가지려고 해서는 안 된다. 그러나 이 믿음 이하의 잣대를 가질 필요는 없다.

2. 부활과 부흥, 부흥 운동과 부흥주의

부흥 운동이 교회의 역사에서 나타난 개혁 운동이라면, 그와 유사한 예는 많이 발견된다. 이를테면 고대의 몬타누스 운동이라든가, 중세의 왈덴 운동, 퀘이커 운동, 독일의 경건주의 운동, 모라비아 형제단, 감리교, 구세군 운동 등등을 모두 교회사적으로 부흥 운동으로 볼 수 있다.[52] 20세기의 오순절 운동도 여기에 포함될 수 있다. 종교 개혁 전통의 계승을 표방하는 부흥 운동은 스스로를 개혁 운동이라고 주장하곤 했다.

교회의 개혁 운동은 교회의 분열을 초래하기도 했다. 당연한 일이지만 개혁의 대상이 반발했기 때문이다. 종교개혁(Reformation)도 결과적으로 기독교계(Christendom)를 가톨릭과 개신교로 분리시켰다. 그러나 문자적으로 '부흥(revival)' 운동은, 외적이거나 내적이거나, 교회 전체의 쇠퇴나 '죽음'을

---

52) van Rooden, "The Concept of an International Revival Movement Around 1800", 154.

선언한다. 개혁의 시기와 기회는 이미 지난 것이다. 개혁 운동보다는 부흥 운동이 기존 질서에 대한 보다 심각한 도전일 수 있다. 모든 교회를 부흥의 대상으로 삼는다는 의미에서 부흥 운동은 초교파적이라고 할 수 있다. 부흥회가 복음주의 교회의 일상적인 행사가 되었다고 해서, '부흥'이라는 개념 자체를 버려서는 안 된다. '계몽'의 개념도 마찬가지지만, 맛을 잃은 소금처럼 되었다고 해서 '부흥'을 간단히 내다 버릴 수 없다. '부흥'은 부흥해야 한다. 그러기 위해서는 부흥 현상과 부흥 운동의 역사에 대한 연구와는 별개로, '부흥의 신학'이 필요한 시점이다.

그런데 의외로 '부흥의 신학'을 찾아보기 어렵다. 부흥 운동이 교회사에 매우 중요한 현상이었고, 부흥 운동이 근대 교회와 선교의 역사는 물론 선교지 교회의 형성과정에 커다란 영향을 끼친 사실이 인정되면서도, 부흥 운동은 단지 교회사적 사건으로서 이러저러한 종교적 현상들을 나타낸 것으로 기술될 뿐이지, '부흥'이라는 개념을 신학적 고려의 중요한 대상으로 여기지는 않고 있는 것 같다.

하기는 그 이유를 발견하기란 어렵지 않다. 부흥은, 신학적으로, 부활이기 때문이다. '계시'와 '계몽'의 관계는 '부활(Resurrection)'과 '부흥(Revival)'—라틴어로 'revivere'는 'to live again'이다—의 관계와 유사하다. '부활'은 신학적으로 당연히 중요한 주제들 중의 하나였다. 하지만 만일 그렇다면 또 다른 의문이 제기된다. 지금까지 부흥 운동에 관한 연구는 예수 그리스도의 부활 사건과 부흥 운동을 어떻게 연관 지어 왔는가? 교회의 '부흥'이 참으로 가능하다면, 그것은 교회의 머리인 예수 그리스도의 부활에 의존할 수밖에 없다. 그럼에도 불구하고 부흥 운동은 교회사적인 관심사에 머물 뿐, 그리스도론과 연결되지 않고 있는 것처럼 보인다.

선교학적 관점에서 이 문제는 더욱 심각해 보인다. 선교지에서의 부흥 운동은 서구 부흥 운동의 교회사적 맥락과 거의 상관이 없었다. 이를테면 기독교가 아직 견고히 정착하지 못한 선교지에서, 선교사들이 자신들에 의해 형성해가고 있는 교회들을 향해 '종교개혁'이나 '부흥'의 깃발을 내건 다는 것은 쉽게 상상할 수 없는 일이었다. 서구의 전통에서는 기성 교회에 대한 항의를 포함하고 있던 복음주의라 하더라도, 이방인들의 땅에서 기독교 개혁 운동으로서의 부흥 운동을 일으킬 수는 없는 일이었다. 설령 선교사들이 선교지 교회의 '부흥'을 의도한다 하더라도, 이제 새로운 종교를 알아가고 있는 선교지민들에게 '부흥'의 필요성을 설득한다는 것은 매우 어려운 일이었을 것이다. 차라리 종교적 부흥보다 민족적 부흥이 선교지 민들에게 더 피부에 와 닿는 일이었을 것이다(사도행전 1:6에 따르면, 예수의 제자들도 부활한 예수에게 "주께서 이스라엘 나라를 회복하심"에 대해 물었다.).

선교지민들은 기독교인들이 됨으로써 그들 나름대로 이미 '부흥'을 체험하고 있었다고 할 수 있다. 기독교국가에서 온 선교사들의 죽은 신앙으로부터 산 신앙으로 거듭나는 부흥 체험과는 달리, 선교지민들에게 부흥은 이방인으로부터 기독교인으로 거듭나는 체험이었다. 선교사들이 선교지에서 부흥 운동을 주도했지만, '부흥'을 둘러싼 선교사들과 선교지민들 간의 의미의 차이—데리다가 말한 "차연"—는 제거될 수 없었다. 의미론적으로 선교사들이 의미하는 '부흥'이 선교지민들에게는 '부활'일 수도 있었다.

선교 현장에서 발생하는 "의미론적 가치"[53]의 차이는 결코 사소한 것일 수 없다. 이를테면 이 차이는 선교지의 부흥 운동이 선교본국에서보다 더욱 강렬하게 체험되었을 가능성을 시사한다. '평양대부흥'을 알리는 선교문서들에서 "죽음에 이를 정도", "마지막 심판", "영혼의 죽음", "죽기까

53) 김상근, "선교 번역 이론의 고찰", 88.

지 탄식", "죽은 자를 위해 통곡" 등과 같은 표현들이 자주 나타나는 것은 선교지민들이 부흥 운동을 단지 '종교적 각성'이나 도덕 갱신 이상의, 죽음과 삶의 '드라마'로 인식했을 가능성을 시사한다. 따라서 그들이 고백한 죄들이 비록 선교사들이 세운 교회의 규범들에 대한 크고 작은 위반이었을지라도, 그것들이 초래할 결과에 대한 선교지민들의 두려움은 선교사들의 그것보다 훨씬 더 심각할 가능성이 있다. 이로 인해 선교지 부흥 운동 현장에서 선교사들이 당초 계획했던 "무디의 부흥회 방식"이 "피니의 부흥회 방식"으로 역전되는 "선교 번역" 현상이 발생한 것이라고 할 수 있고,[54] 이 현상이 선교사들을 놀라게 했다고 할 수 있다.

그보다 주목할 만한 사실은, '평양대부흥' 선교 문서들이 "죄 없으신 그리스도께서 받으신 고난, 자신들을 위해 죽으신 그리스도의 사랑"[55] 등 예수 그리스도의 대속을 강조하기는 했지만, 그리스도의 부활은 거의 언급하지 않고 있다는 점이다. 선교지 부흥 운동은 예수 그리스도의 부활의 빛 속에 놓일 수 있었다. 아펜젤러가 한국에 첫발을 디딘 부활절 아침, 그는 "사망의 권세를 이기신 주"에게 기도했었다. 선교사들은 부활과 빛과 자유를 한국민들에게 가져다주려 했다. 그럼에도 불구하고 복음주의 선교사들은 예수 그리스도의 부활이라는 저수지에 부흥 운동을 연결시키지 못했던 것으로 보인다. 사망과 부활의 모티브를 적극적으로 활용한 쪽은 선교사들이 아니라 계몽주의적 민족주의자들이었다. 개혁의 실패와 대한제국의 몰락에도 불구하고, 민족주의자들은 나라 부활의 희망을 이어갔다.

복음주의 선교 신학에 나타나는 그리스도론의 한계는 아마 계몽주의로부터 기인할 것이다. 계몽주의의 영향을 받은 복음주의 선교사들은 인간

---

54) Ibid.
55) 곽안련, 『한국 교회와 네비우스 선교 정책』, 194, 박용규, 『평양대부흥운동』, 222에서 재인용.

성에 대해 낙관하고 있었고, 이 세계 내에서도 죄인은 의지와 결단을 통해 회개하고 새로운 삶을 시작할 수 있다고 믿었다. 새로운 삶을 살기 위해서 예수 그리스도와 함께 죽을 필요는 없었다. 그의 대속이면 충분했다. 따라서 예수 그리스도와 함께 다시 살 필요도 없었다. 선교지민들은 십자가와 부활을 거치지 않고도, 옛 창조로부터 새 창조로 직행할 수 있었다. 복음주의의 대속론적 신학은 정치적으로 개량주의와 친연성을 가질 수밖에 없었다.

계몽은 참된 의미에 있어서 부활로 인해 초래된 새로운 현실에의 각성이다. 계몽하는 빛이 부활케 하는 빛이 아니라면, 계몽은 세상 이편에 붙잡혀 있게 된다. 깨어남(각성)은 결국 죽음의 잠, 죽음보다 깊은 잠으로부터 깨어나는 것이다. "대부흥"이든 "대각성"이든, 그것이 최종적으로 가리키는 바는 예수 그리스도의 부활 이상도 이하도 아니었다.

만일 '부흥'을 이와 같이 그리스도의 부활과의 관련에서 이해할 수 있다면, '부흥 운동'은 예수 그리스도의 부활을 증언하는 활동으로 정의할 수 있다. 그런 의미에서 선교사들의 '부흥 운동'은 당연한 것이며, '죽은 영혼을 살리는' 선교 운동을 주저 없이 부흥 운동이라고 부를 수 있다. 계몽 운동은 참된 의미에서 부흥 운동이라고 할 수 있다.

'평양대부흥' 연구자들에게서 부흥 운동과 부활의 연관성이 완전히 간과되었던 것은 아니다.[56] 옥성득은 『한반도대부흥』 "프롤로그"에서 "대부흥"을 다음과 같이 부활과 관련짓고 있다.

[56) 간략하게나마 '평양대부흥'의 '부흥'과 부활을 연관지어 볼 것을 제안한 글로는 Anthony Thiselton, "Awakening and Reconciliation : Five Bible Themes in the Light of the Great Awakening of 1907 (Retrospect and Prospect)", *Canon & Culture* 1.2 (2007)를 들 수 있다.

> 부흥은 부활이요 잠에서 깨는 각성이다. 한국 교회의 첫 대부흥은 에스겔이
> 본 골짜기에 널려 있던 마른 뼈처럼 활기를 잃은 전통 종교와 부패한 관리와
> 열강의 연자 맷돌 틈에 짓눌려 죽어 가던 한국인의 영혼이 그리스도의 말씀으
> 로 다시 일어나고 성령의 생기로 살아난 재생운동이고, 교회가 다시 깨어나
> 한국을 복음화하려고 했던 각성운동이다.57)

부흥은 "부활"이며, 죽어가던 영혼이 살아나는 "재생"이다. 하지만 옥성
득은 예수 그리스도의 부활이 아닌, 일반적인 부활 또는 구약의 예언자 에
스겔이 환상으로 본 유대 민족의 부활 등과 관련지으면서, '부흥'을 "재생
운동", "각성운동" 등으로 정의하고 있다. 부활의 증인인 선교사들이 부흥
운동과 예수 그리스도의 부활 사건을 관련짓지 못한 것은 선교지 부흥 운
동의 한계를 시사한다. '평양대부흥'에서 그리스도의 부활을 부각시키는
그리스도론적 이해는 나타나지 않았다. 그리스도와 함께 죽고, 그리스도와
함께 사는 것이라기보다는, 그리스도가 대속의 죽음을 죽는 대신 그의 대
속의 공로를 믿는 사람은 사는 식이었다. 그리스도와 함께 죽는다는 것은
납득될 수 없었고, 따라서 부흥 운동에서 '부흥'은 어디까지나 사망 이편
의 일이었다. 류대영은 "부흥운동 기간에 집중적으로 이루어진 것이 신과
의 관계가 회복되는 개종(conversion)이 아니라 지은 죄를 깨닫고 회개하여
더욱 헌신된 신앙생활을 하게 되는 성화(sanctification)의 경험"58)이었다는
견해를 밝혔는데, 선교사들의 관점에서는 타당성이 있다고 생각된다.

이와 관련하여 '부흥'과 '부흥 운동' 간의 좀 더 면밀한 구별이 필요하다
고 생각된다. 옥성득의 '부흥'에 대한 정의에서는 '부흥', '부흥 운동', '부흥
주의' 등등이 혼용되어 있는 것 같다. 그러나 이 같은 개념화의 난점은 선

57) 옥성득, 『한반도대부흥』, 12.
58) 류대영, "20세기 초 한국교회 부흥현상 연구에 관한 몇 가지 재검토", 168.

교학적 구분을 통해 해결될 수 있다. '부흥(revival)'은 부활과 같은 의미로 이해되어야 한다. 부흥이 일어나려면 사망이 선행되어야 한다. 부흥 또는 부활은 마른 뼈에게 생기가 들어가게 하고, 죽은 자를 다시 살아나게 하는 것이다. 사망한 자가 '스스로' 죽은 자들 가운데서 일어날 수 없듯이, 부흥은 당연히 성령의 권능에 힘입는다. 엄밀하게 말해서 부흥은 철두철미 하나님의 역사이다. 세상에 대해 죽고, 죽음에 대해 죽고, 그리스도를 위해 다시 사는 것은 어디까지나 하나님의 역사일 뿐이다. 이 변화는 그리스도를 통해 성취되었으며, 인간은 이 변화를 감사하게 받아들이고 시인하며 고백할 수 있을 뿐이다.[59]

그러나 '부흥 운동'은 비록 성령의 운동에 힘입지만, 어디까지나 유일한 부흥 사건에 대한 인간의 반응에 속한다. 부흥 운동은 세상에서, 이 세상적인 차원에서, 발생하는 인간적 사건이다.[60] 교회의 부흥 운동은 교회가 부활의 증인임을 가리킨다. 선교사는 예수 그리스도의 복음인 부활의 증인으로 선교지에 파송 된다.

그러므로 '평양대부흥'은 본질적으로 부활의 증언이다. 그리고 그것이 인간적 행위인 만큼, 증언은 문화 과정 속에서 구체적으로 실행된다. 증언은 그 자체로서는 다른 모든 인간 행위와 마찬가지로 설명되고 해석되고 비판될 수 있다. 증언으로서의 성령 강림의 '체험'도 인간적 판단의 중지를 가져올 수 없다. "성령의 강권하심"이 '평양대부흥'의 해석에 어떤 면역력(immunity)을 부여하지 않는다. 증언은 상대적이며, 결함으로부터 자유롭

---

59) Barth, *Church Dogmatics* IV.4, 12.

60) Barth, *Church Dogmatics* IV.4, 13 : "In spite of their claim and appearance, and the titles ascribed to them, he can regard and interpret them only as (perhaps highly significant) movement in the world, operating on the level of this-worldliness."

지 못하며, 때로는 오도하며, 때로는 무익하다.

부흥 운동을 해석할 때, '부흥'과 '부흥 운동'의 차이는 결코 사소한 문제가 아니다. "부흥 현상"은 신적 현상이 아니라, 철두철미 인간적 현상이다. 근본적인 차이는 흔히 거론되는 진정한 부흥 운동과 관례화한 부흥주의 간의 차이보다 부흥과 부흥 운동 간의 차이이다. '평양대부흥'의 인위성을 부정하면서 박용규는 다음과 같이 주장한다.

> 1907년을 전후한 한국 교회의 부흥운동은 앞에서 살펴본 것처럼 일종의 각성운동으로 영적 각성이 사회개혁으로까지 발전했던 성령의 역사였다. "부흥운동을 마치 인위적으로 조작할 수 있다는 식의 견해"는 부흥운동이 주권적인 성령의 역사라는 사실을 평가 절하시킨다.[61]

이러한 주장에는 범주의 혼란이 있다. 증언으로서의 부흥 운동을 "주권적인 성령의 역사"와 곧바로 연결시켰기 때문이다. 하지만 "주권적인 성령의 역사"와 "한국 교회의 부흥 운동" 사이에는 건널 수 없는 단절이 있다. 그 대신, 인위적인 조작이든 자연발생적이든, 부흥 운동은 어디까지나 인간적인 활동이며, 그것이 예수 그리스도와 관련된 만큼, 예수 그리스도의 부활의 증언이다.

여기에서 '부흥 운동'이라는 용어가 일종의 '모순어법(oxymoron)'이라는 사실도 밝혀진다. '부활 운동'은 불가능하다. 죽은 사람이 자기 스스로 살아날 수 없고, 다시 살아나기 위해 할 수 있는 일은 전혀 없다. 방법이 없다. 에스겔이 환상으로 본 골짜기의 마른 뼈들은 스스로 일어날 수 없다. 운동할 수 없다. 그러므로 '부흥 운동'이라는 말은 그 자체로서는 불가능

---

61) 박용규, 『평양대부흥운동』, 535.

한 조합이다. 그럼에도 불구하고 '부흥 운동'이라는 말이 오늘날에도 빈번히 사용되고 있는 것은 우리 세대의 특정한 '믿음'과 연관되어 있는 것이 아닌가 한다.

'부흥', '부흥 운동', '부흥주의' 등이 혼용되어 왔던 이유는 선교본국에서 부흥 운동 자체가 하나의 문화였기 때문이다. 즉 '부흥'은 하나의 "운동 문화(a movement culture)"[62]였던 것이다. 이는 복음주의의 행동주의(activism)적 특징과 맥을 같이 하는 것으로서, "운동 문화"에서는 개념들도 고정되지 않고 유동적이며, '운동'한다. 따라서 부흥주의는 부흥 운동으로, 부흥 운동은 부흥으로 움직여 나갈 수 있다. 부흥 운동과 부흥주의의 차이는 상대적이다.[63]

옥성득에 따르면 "부흥은 교회가 태어났던 사도행전에 그려진 초대교회의 그리스도에 대한 순수한 첫사랑, 그 초심으로 돌아가는 철저한 회개와 회복 운동"[64]이었다. 즉 부흥은 하나의 "운동"이었다. 인간이 사망의 이편으로부터 사망의 저편으로, 부활로, 부흥으로, 나아갈 수 있다는 근대인의 믿음, 스스로를 계몽하는 인간의 자기 확신이 '부흥 운동'이라는 말을 의미전달 가능한 말이 되게 한다. '부흥 운동'은 의미상 자기 구원 또는 자기 구원에의 참여 이외의 것이 될 수 없다. 그런 점에서 '평양대부흥'이 "구원의 문제에 인간의 전(인)격적이며 주체적인 참여가 가능한 길을 열어 놓게 되었다."[65]는 김상근의 지적은 타당하다고 할 수 있다. 그리고 복음주의

---

62) Nathan Hatch, *The Democratization of American Christianity* (New Haven : Yale University Press, 1989), 58.
63) "세뇌"brainwashing에 의한 강압적 믿음과 "진정한"authentic 믿음을 구별하기란 쉽지 않다. Talal Asad, "Comments on Conversion", in *Conversion to Modernities*, 270.
64) 옥성득, 『한반도대부흥』, 12.
65) 김상근, "1907년 평양 대부흥 운동과 알미니안 칼빈주의의 태동", 403.

부흥 운동이 반(反)계몽주의가 될 수 없었던 근본적인 이유가 여기에서도 발견된다.

'부흥 운동'이 가능하다면, '부흥 운동'과 '부흥회'는 연속선상에 놓이게 된다. '부흥주의(revivalism)'는 예수 그리스도의 부활과는 상관없이, 영적으로든 양적으로든, 쇠퇴한 교회를 되살리자는 주의(主義) 주장이라고 할 수 있다. 부흥주의는 교회 부흥 자체를 목적으로 한다. 따라서 부흥주의에서 예수 그리스도의 부활과의 관련은 더 멀어진다고 할 수 있다. '부흥(復興)'이라는 한자말을 풀이하면, 다시 일어나는 것이다. 쇠퇴하고 있는 교회와 기독교가 다시 일어나는 것이 부흥이다. 부흥의 지표는 통계로 표시된다. 교회의 부흥은 새신자의 수, 등록교인의 수, 예배출석자의 수로 나타낼 수 있다. 부흥주의는 우선적으로 개인적인 회심을 추구하지만, "매너리즘"[66]에 빠진 부흥주의에서 개인의 체험과 "집단적인 회심(mass conversions)"[67]은 더 이상 구분될 수 없다. 보쉬는 19세기 후반 미국의 제2차대각성 운동이 쇠퇴하면서, "대각성"이나 "부흥"은 점차 "일상화(routine)"되었고, 미국 기독교를 유지하기 위한 "테크닉"이 되었다고 본다.[68] 예수 그리스도의 부활의 증언으로서의 '부흥 운동'은 교회와 기독교 자체의 유지와 성장을 목적으로 한 '부흥주의'가 된 것이다.

부흥 운동이 일상화하면서 교회의 제도로 정착될 수 있는 반면, 인위적인 부흥주의가 부흥 운동으로 '점화'될 수도 있을 것이다. 또 의례화한 부흥회라 하더라도 선교지 맥락에서는 매우 다르게 전개될 가능성이 있다. '평양대부흥'도 선교사들이 예상했던 부흥 집회로 시종 하지 않았다고 볼

---

66) Ahlstrom, *A Religious History of the American People*, 747.
67) Brauer, "Conversion : From Puritanism to Revivalism", 243.
68) Bosch, *Transforming Mission*, 1991.

수 있다. '평양대부흥'이 부흥주의에 익숙해져 있던 선교사들을 놀라게 한 것은 선교본국에서는 일상화되었던 부흥회가 선교지에서 '부흥 운동'으로서의 위엄을 회복하고 있었기 때문이었을 것이다.

이상의 논의를 종합하자면, '부흥'의 개념은 다음과 같이 구분되어야 한다고 생각된다. 즉 '부흥'은 하나님의 역사이다. '부흥 운동'은 부흥을 증언하는 운동이며, '부흥주의'는 이른바 '교회 성장 이데올로기'다. 그리고 이구분에서 보다 근본적인 것은 흔히 알려진 것처럼 부흥 운동과 부흥주의 간의 구분이 아니라, 부흥과 부흥 운동 간의 구분이다.

한편 '평양대부흥'에 대해 선교사들이 "각성(Awakening)"과 같은 용어를 사용했던 것도 사실이다.69) 그러나 미국의 대각성 운동이 광범위한 문화적 변화를 초래한 획기적인 각성 운동으로 알려졌다면,70) '평양대부흥'을 그만한 무게의 운동으로 격상시키는 것은 지나쳐 보인다. '평양대부흥'이 사회적 영향을 끼치지 못했다는 말은 아니라, 제한적이었다는 말이다. 기독교국가도 아니었으며 일천한 교회 역사를 가진 데 불과한 한국에서 선교사들이 주도한 '평양대부흥'을 '대각성 운동'이었다고 주장한다면 이는 균형 잡힌 판단이라고 할 수 없다.

다만 '부흥'과 '각성'의 두 용어 간 교환이 가능했다는 사실은 시사적이다. '각성'은 일종의 "조명(illumination)"을 가리키는 것이다.71) '각성'은 새로운 현실로의 깨어남인 만큼, '계몽'과 밀접한 관련을 갖는다. 성경은 부활의 사건을 잠으로부터 깨어나는 '각성'으로 묘사하고 있다. 잠으로부터 깬

---

69) "The Revival : The Awakening of the Students", *The Korea Mission Field* 4.6 (June 1908), 84.
70) McLoughlin, *Revivals, Awakening, and Reform,* xiii : "Awakenings are periods of cultural revitalization."
71) Barth, *Church Dogmatics* IV.3.2, 513-514.

다는 것은 죽음으로부터 생명으로 옮겨짐을 비유하기도 하는데, 이는 새
로운 현실에로의 깨어남이라고 할 수 있다. '계몽'과 '부흥' 사이의 망각된
연관성이 '각성'이라는 용어로 재발견될 수 있다. '계몽 운동'과 각성으로
서의 '부흥 운동'은 용어로도 매우 가까우며, 실제로도 매우 가까웠을 수
있다. 계몽의 구조와 부흥의 구조는 둘 다 "각성"이라는 점에서 동일한 것
일 수 있다.

본 연구의 이러한 접근이 역사학적으로 정착된 용례를 무리하게 신학화
한다는 비판을 받을 지도 모른다. 그러나 용례는 아직 정착되지 않았다.
연구자들 사이에 '평양대부흥'의 명칭은 통일되지 않고 있다. 그리고 부흥
운동이 전적으로 역사적 이해에 맡겨진다면, 예수 그리스도의 부활을 증
언하는 선교의 고유한 과제가 모호해지며, 부흥 운동에 대한 선교학적 기
준점도 없어진다. 예수 그리스도를 증언하는 부흥 운동과 그렇지 않은 부
흥 운동 또는 부흥주의를 신학적으로 의미 있게 구분할 방법도 없다. 반
(反)부흥주의의 근거조차 부활로서의 부흥 말고는 달리 있을 수 없다.

20세기 초 애국계몽운동과 '평양대부흥'의 관계를 둘러싼 수많은 오해
는 계몽은 계몽주의의 관련 속에서만, 부흥은 부흥주의의 관련 속에서만
각각 파악하려 했기 때문에 발생한 것은 아닐까 한다. 먼저 개별적으로 파
악한 다음, 양자의 기능적 관계를 살펴보려 했던 것이다. 그러나 앞서 지
적했다시피, 복음주의는 계몽주의로부터 오래전부터, 태생부터, 뗄 수 없
는 관계에 있었으며, 적어도 '평양대부흥' 시기에는 이 기본적인 관계에
어떤 의미 있는 변화가 있었다고 할 수 없다. 나아가 복음주의 선교의 관
점으로 볼 때, 애국계몽운동은 '평양대부흥'을 통해서 완성되어야 했다. 따
라서 낮의 계몽 운동가가 밤의 부흥 운동가가 되는 데는 어떤 거리낌도
있을 수 없었던 것이다.

3. 성령 강림과 한국 기독교인의 탄생

성령은 선교의 영이며, 성령 충만은 선교의 전제이다. 선교 신학은 성령 신학이며, 선교는 성령의 역사를 믿는 믿음으로 수행된다. 그러나 선교는 이미 이뤄진 것(already)과 아직 이뤄지지 않은 것(not yet) 사이에 있다. 선교는 비록 성령 충만한 가운데 행해지더라도 인간의 일이다. 따라서 성령을 발설한다고 해서 인간적인 대화가 중단될 수 없다. 오히려 성령은 알아들을 수 없는 말로서라도(speaking in tongues) 침묵을 깨뜨리게 하고, 사람들 가운데에서 말하게 한다. 선교의 언어는 본질적으로 '방언'이다. 그러나 중요한 것은 말하는 당사자조차 알 수 없는 '말'이 아니라, 파송 된 자가 '말을 했다는 사실 자체'이다. 선교 현장이 선교사를 약하게 한다면, 성령은 그를 강하게 하여 말하게 한다. "너희를 넘겨줄 때에 어떻게 또는 무엇을 말할까 염려하지 말라 그때에 너희에게 할 말을 주시리니 말하는 이는 너희가 아니라 너희 속에서 말씀하시는 이 곧 너희 아버지의 성령이시라(마 10 : 19-20)."

선교의 영인 성령의 역사는 억압적인 침묵을 깨뜨리며, 약한 자를 강하게 하고, 주체적인 응답을 가능케 한다. '평양대부흥'에서도 중요한 것은 선교지민들이 고백한 죄의 내용보다도, 그들이 선교사들 앞에서 그들 자신에 대해 말하기 시작했다는 사실 자체이다. 성령의 역사는 선교사와 선교지민 간의 불평등한 관계를 극복케 함으로써, 증언의 일방성을 깨뜨린다. 그러므로 성령은 선교의 영이면서, 선교에 위기를 가져오는 영이다.

부활한 예수가 성령 세례를 말했을 때, 제자들은 이때를 "주께서 이스라엘 나라를 회복하심(행1 : 6)"의 때로 이해했다. 제자들은 성령 세례와 유대 민족의 부흥을 연관 지었던 것이다. 그러나 예수는 이스라엘의 회복은 전적으로 하나님의 일임을 말하고, 성령 강림은 제자들을 "내 증인이 되 (행1 : 8)"게 하는 것이라고 말했다. 성령은 종말적인 민족 회복을 위한 영 이라기보다, 부활한 예수 그리스도의 증인을 위한 영이었다. 사도행전에 보고된 오순절 성령 강림 사건에 이어 베드로가 행했던 설교는 예수의 부 활의 증인으로서의 설교였다. 사도행전은 성령 강림 사건을 그 자체로서 보고하지 않는다. 성령은 십자가에 못 박혔다가 부활한 예수를 증언하는 영이었고, 증인들로 하여금 부활을 증언케 하는 영이었다. 예수를 증언한 다는 것은 예수가 빛이며, 진리이며, 부활이며, 생명임을 증언하는 것이었 다. 예수가 참되고 유일한 계몽이요, 계몽의 주님임을 증언하는 것이었다. 이처럼 성령은 교회 회복의 영이나 민족 각성의 영이기에 앞서, 증언의 영 이었다. 성령의 강림으로 제자들은 증언하는 주체로 거듭났다.

'평양대부흥'의 핵심은 '성령 강림'이었다. 선교사들은 그렇게 믿었고, 그렇게 기록했고, 그렇게 본국에 알렸다. 선교지민들은 그들 나름대로 그 들의 교회에서 일어나는 일련의 현상들을 '성령 강림'으로 받아들였다. '성 령 강림'은 선교의 완성이었으며, 선교지 교회의 참된 기원이었고, 선교지 그리스도인들의 진정성(authenticity)을 담보하는 것이었다. 그렇게 볼 때, 선 교지 교회에서의 '성령 강림'은 선교의 종말을 가리키고 있었다. 성령의 강림과 임재와 현시와 역사와 체험이 선언된 선교지 교회와 그 이전의 교 회는 같을 수 없었다. 성령 강림으로, 한국의 교회는 '동방의 등불'이 되었 다. 이처럼 성령 강림은 선교의 완성을 가리키는 사건이었다.

하지만 현존하는 교회에, 선교사들과 선교지 교회에, 예수 그리스도에 의해 선취된 모든 것이 즉각적으로 알려졌다고 할 수는 없다. 마찬가지로 성령의 교회라 하더라도, 성령의 역사의 모든 현실이 그들에게 자동적으 로 이해되었다고 할 수는 없다. 그렇기 때문에 선교학은 선교사와 선교지 교회가 '체험'하고 그들이 이해한 성령의 역사에 대해 이야기할 수 있다. 성령 체험은 선교학적 대화를 종결시키는 것이 아니라, 오히려 그것을 촉진한다. 선교학은 성령의 현시를 선언함으로써 대화를 종결시키기보다는, "이 어찌 된 일이냐?(행2 : 13)"는 사람들의 말에 대해 "모든 사람들아 이 일을 너희로 알게 할 것이니 내 말에 귀를 기울이라(행2 : 24)"며 그것에 대해 설교한 베드로의 길을 따른다. 성령 체험은 체험한 자를 압도하여 할 말을 잃게 하는 것이 아니라, 체험한 자로 하여금 말하기 시작하게 한다. '방언'은 침묵이 깨어지고 입이 열림의 표지다. 방언은 증언의 시작이다.

 성령 강림이 선교의 시작이요, 선교지 교회가 이로써, 이와 더불어, 이미 선취된 것을 자기 것으로 취하는 운동을 시작하는 것이라면, 선교학은 '평양대부흥'에서 선교사들이 목격하고 선교지민들이 체험한 '성령'이 과연 어떤 성령이었는지를 물을 수 있고 물어야 한다. 선교학은 그들의 목격담과 체험담을 스스로 자명한 것으로 받아들이지 않는다. 선교학은 그들이 목격한 것과 체험한 것들을 설명하고 해석한다. 이를테면 사도행전에서 오순절 성령 강림이 이스라엘의 회복을 위한 사건이라기보다 예수 그리스도의 증언을 위한 사건으로 기록되었음을 보았다. 과연 '한국의 오순절'로 알려진 '평양대부흥'에서의 성령 강림도 그러한 성격의 사건으로 간주될 수 있는지 물을 수 있다. 또한 '평양대부흥'에서 최초로 성령 강림 사건이 일어났고, 선교지 교회가 이 사건으로 최초로 성령을 체험했다면, 이 사건 이전에 있었던 일들, 이를테면 성경 번역, 선교사 입국과 전도, 교회 설립과 예전의 집행, 각종 선교 활동들, 무엇보다도 그 이전의 부흥 운동에서의 성령 체험은 '평양대부흥'의 성령 체험과 어떤 관계가 있는지를 물을 수 있다.

 이때 '성령 강림'과 성령 강림의 '표적'은 구분되어야 한다. 사도행전은

"마치 불의 혀처럼 갈라지는 것들이 그들에게 보"였다고 보고하고 있다. 하지만 '성령'이 곧 가시적으로 목격된 갈라진 불의 혀는 아니다. 그들이 본 것은 성령 강림의 '표적(sign)'이다. 표적은 목격되고 관찰되고 체험되고 경험될 수 있다. 입증될 수 있다. 방언도 성령의 말씀이 아니라, "성령이 말하게 하심"의 표적이다. : "그들이 다 성령의 충만함을 받고 성령이 말하게 하심을 따라 다른 언어들로 말하기를 시작하니라(행2 : 4)." 표적은 증언이기도 하다 : "하나님께서 나사렛 예수로 큰 권능과 기사와 표적을 너희 가운데서 베푸사 너희 앞에서 그를 증언하셨느니라."(행2 : 22) ; "사람마다 두려워하는데 사도들로 말미암아 기사와 표적이 많이 나타나니(행2 : 43)." 기사와 표적은 그 기원이 신적이지만, 그에 대한 체험은 철저히 인간적인 현상이다. 성경적으로 말해서 '초자연적인(supernatural phenomena)' 현상이 아니라, 초자연의 '현상(manifestation of the supernatural)'이다. 만나는 하늘로부터 내려오지만 썩는다. 이와 같이 성령 체험은 절대적이지 않다. 체험은 상대적이다. 그것이 비록 성령 체험일지라도. 성령 강림과 성령 체험 사이의 단절은 임의로 건널 수 없다.

'평양대부흥'이 성령 강림의 '체험'이 될 때, 이 체험은 시간과 공간 내에서 발생하는 인간적 현상이 되고, 이 체험은 교회사는 물론 종교사와 일반사의 연구 대상에 포함될 수 있다. 이 체험은 비상한 것이지만, 유사한 체험들과 비교될 수 있다. 새 술에 취한 것으로 보일 수 있다(행2 : 13). 증언은 만나를 표적으로 삼아 이 만나를 내린 하늘에 대해 말한다. '평양대부흥'이 성령 강림의 '체험'인 그만큼, 이 체험을 어떻게 의미화하는가 하는 것은 전적으로 인간의 몫이며 책임이다. 선교사들은 그들 나름대로 의미화 했다. 복음주의 선교의 성령 신학의 성격과 한계는 이 지점에서 발견될 수 있다.

그런 점에서 교회와 그리스도인의 '증언'을 주제로 하는 선교학이나 교회사 서술에서 연구자가 이를테면 "성령의 강권적인 역사"[72]를 말하는 것은 적절하지 않다고 생각된다. 이러한 "복음주의적 해석"은 이제부터 설명되고 해석되야 할 것들을 성급하게 종결짓는 경향이 있다. 성령의 역사(役事)에 대한 인간의 증언은 인간적이다. 선교학은 천사의 방언이 아니다. 인간의 방언이다. 오직 성경만이 "성령이 강림했다."고 말할 수 있다. 선교학은 다만 증언된 성령 체험에 대해 말할 수 있다. 그리고 이 체험은 '순수한' 체험이라기보다, 이미 구성된(configured) 체험이다. 성령 체험은 언어와 같이 기표(signifier)에 있어서는 임의적이었지만("바람이 임의로 불매 네가 그 소리는 들어도 어디서 와서 어디로 가는지 알지 못하나니 성령으로 난 사람도 다 그러하니라."요3 : 8), 기의(signified)에 있어서는 관습적이었고 문화적이었다. 이른바 순수한 성령 체험은 없다.

한 한국인 목사는 그의 교회가 체험한 성령 강림에 대해 다음과 같이 기록하고 있다.

> 성신께서 오순절에 임하심같이 일천구백칠 년 이월 십일은 곧 주일인데 이 날에 성신께서 우리 평양 남산현교회에 임하셨으니, 이날은 마땅히 평양 교회 사기(史記) 머리에 기록할 것이로다.[73]

선교지 부흥 운동 과정에서 일어난 '성령 강림'은 기독교 인류학이나 종교 사회학, 집단 심리학 등에서도 다루기 까다로운 주제다. 초월적인 존재가 인간계에 개입하는 현상은 신화와 주술의 영역으로 간주되어 왔다. 신

---

72) 박용규, 『평양대부흥운동』, 219.
73) 이은승, "평양 오순절 약사", 『신학월보』 (1907년2월), 54-56, 옥성득, 『한반도대부흥』, 263에서 재인용.

화와 주술의 세계로부터 깨어난 계몽주의의 자녀들인 근대 학문들이 선교사들이 목격하고 경험했다고 주장하는 '성령 강림'을 액면 그대로 수용하기는 어려운 일이다. 그것들은 '평양대부흥'을 비(非)신화화한다. 근대 학문들에 따르면, '성령 강림' 없이도 부흥 운동은 그 자체로서 의미 있고 유효하다. 교회의 영적인 각성과 도덕적 쇄신은 종교사에서 드물지 않게 나타나는 현상이다. 그렇지 않더라도, 부흥 운동 과정에서 나타나는 '부흥 현상'을 정신적 병리 현상으로 해석할 수도 있을 것이다. 심지어 선교사들의 보고 중 '성령 강림'과 관련된 내용을 빼버리더라도, 선교지 한국 교회의 부흥 운동 과정에서 일어난 일들은 충분히 설명될 수 있고 이해될 수 있다. 이처럼 계몽주의 하의 근대 학문들은 '성령의 역사'를 액면 그대로 수용할 수 없으며, 그럴 필요성을 느끼지도 않는다.

복음주의 역사가들을 따라 '성령 강림'을 교회사(教會史)에 포함시키는 것도 간단치 않다. 교회사는 지상에 가시적으로 존재하는 교회의 역사이다. 그런 만큼, 교회의 역사는 그 특수한 주제로 인해 일반사와 구별될 수 있지만, 그 주제가 인간의 영역과 인간의 시간에 속하기는 마찬가지다. 교회의 역사는 수평적인 운동이다. 그러나 '성령 강림'은 수직적이며, 지상적 교회의 계속성을 위협한다. 주류 교회가 역사적으로 성령 체험을 주장하는 교회와 개인들을 통제하고 억압해 왔으며, 신비주의나 이단의 혐의로 처벌했고, 불가피할 경우에는 '성령 체험'의 제도화를 꾀했던 것은 이 때문이다. 그런 점에서 부흥주의는 일종의 타협의 산물이라고 할 수 있다. 그런데 미국 주류 교단으로부터 파송 되어 교회를 설립한 재한 선교사들이 그들의 노고로 세워진 선교지 교회에서 이 '위험스러운' 성령 체험을 추구했다면, 이는 놀라운 일이 아닐 수 없다. 그런데 보라, 이 사실에 대해 놀라는 사람은 아무도 없다! 그 이유는 복음주의 선교의 성령 신학의 특징으로부터 찾을 수밖에 없다.

성령 개입은 원칙적으로 그 자체로서 초역사적이고 탈역사적인 사건이다. 따라서 성령 강림은, '재신화화(re-mythologization)'든 '억압된 것의 귀환(return of the oppressed)'이든, 계몽주의의 헤게모니에 위기를 초래한다. 복음주의 역사에서 등장하는 '성령 강림' 현상은, 그것이 초자연적 기원을 가진 한에서는, 계몽주의와 조화되기 어렵다. 종교와 세속의 계몽주의적 구분은 종교가 세속의 영역으로 들어오는 것을 원천적으로 차단하려 한다. 그런데 '성령 강림' 현상은 이 구분을 가로지른다. 부흥 운동 중 나타나는 비정상적인 현상들에 대한 호기심과 의구심은 부흥 운동의 주체들이 주장하는 '성령 강림'을 액면 그대로 수용할 수 없는 계몽주의자들의 당혹스러움의 표현이다. '평양대부흥'을 당대의 계몽 운동과 분리하여 설명하려는 경향도 그로부터 기인한다고 할 수 있다. 하지만 이는 '성령 강림'이 복음주의 선교에 초래할 수 있는 심각한 위기에 대한 공정한 평가라고 할 수 없다.

'평양대부흥'은 한국 교회의 주체성을 형성하는 결정적 계기가 되었다고 알려져 왔다. 일찍이 감리교의 존스는 "이 위대한 사건으로 해서 한국 민족 교회의 정신적인 역사가 출발하였고, 한국 교회는 그 나름대로의 남다른 특징을 소유하게 되었다."[74]고 평가했다. 즉 '평양대부흥'에서의 성령 강림 사건을 민족 교회의 주체성 형성과 관련시키고 있었던 것이다. 백낙준도 유사한 관점에서 "가장 중요한 사건 중의 하나는 기독교가 한국에서 근거를 잡게 된 것과 기독교가 이 나라에 적응성이 있다는 증거이다. 이 부흥운동은 기독교가 일단 한국인의 환경에 이식되면 한국인의 정신적 욕

---

74) 민경배, 『한국기독교회사』, 278에서 재인용.

구를 만족시켜준다는 것을 보여주는 것"이라고 주장한다.[75] 『한국기독교
의 역사 I』도 "이 운동을 통해 기독교의 순수한 신앙과 정신이 한국 기독
교에 뿌리를 내리게 되었다"며, "성령 임재에 대한 확신과 죄에 대한 고
백, 그리고 장래 있을 심판 및 하나님의 공의와 사랑에 대해 한국교회가
체험적인 이해를 하게 되었다."고 본다.[76] 한국 교회가 '평양대부흥'을 통
해 성령 강림을 직접 체험함으로써, 역사와 문화를 초월한 기독교라는 보
편적인 종교는 '순수한' 형태로 한국에 토착화되었다는 것이다. 이처럼 한
국 교회는 성령 체험을 통해 초대 교회와 대등할 정도의 신적인 기원을
갖게 된 것으로 간주되었다. 성령 체험은 가장 순수한 복음의 씨가 한국이
라는 비옥한 땅에 떨어졌다는 것을 의미했다. 선교의 역사는 성령 임재와
더불어 끝나고, 한국 교회의 역사는 여기에서 시작되었다는 것이다. 한국
교회는 '평양대부흥'을 계기로 가장 한국적이면서도 초역사적인 기원을 가
진 교회로서 새 출발을 하게 된 것이다. 물론 역사적으로 '평양대부흥'은
선교지민들에 의해 주도되지 않았다. 그것은 복음주의 선교사들의 일치된
노력의 산물이었다. 그러나 결과는 마찬가지였다. 복음주의 선교의 최종
목표는 선교지 교회의 성령 체험 또는 성령 임재였다. 이를 통해 선교지
교회는 하나님의 교회의 명실상부한 지체가 될 수 있었다.

선교지에서의 복음주의 부흥 운동은, 어느 누구에 의해 주도되었든지
간에, 이런 점에서 식민주의적 종속성을 극복하는 계기가 될 수 있었다.
복음주의의 본래적인 관점에서 볼 때, 기독교인의 참된 주체성은 성령 충
만함으로써 실현되는 것이었다. 성령 강림의 선언은 '한국 기독교인'의 출
현을 고하는 것이었다. 이는 복음주의 선교를 단지 "문화 제국주의"[77]로

75) 백낙준, 『한국개신교사』, 392.
76) 한국기독교역사연구소, 『한국기독교의 역사 I』, 273.

설명하는 것이 충분치 못함을 보여준다. 선교지민의 '성령 체험'을 추구하는 복음주의 선교가 단순히 선교지 교회를 영속적으로 지배하려 했다고 말할 수 없다. 복음주의 선교는 그 자체 내에 식민주의적 일방성을 극복할 수 있는 요소를 가지고 있었다. 물론 선교사들은 자신들이 지니고 온 복음주의 문화를 성찰할 기회를 충분히 갖지 못했던 것은 사실이다. 그러나 그들은 한국 교회는 한국적이어야 한다고 믿었다. 그들은 이를 위한 산파 역할을 하려고 했다. '민족 교회'야말로 선교사들의 소망 중 하나였다. '평양대부흥'은 "하나의 한국 민족 교회"를 창설하려는 '복음주의선교부연합공의회'의 야심작이었다.

'평양대부흥'은 성령 체험을 통해 식민주의적 종속성을 뛰어넘는 새로운 주체 형성을 가리키고 있었다. 성령 강림에 기원을 둔 새로운 주체의 형성 시도를 편협한 민족주의적 관점에서 탈정치화라든가 도피와 피안 추구로 간주하는 것은 단견(短見)이다. 신적 기원을 가진 이 새로운 주체는 사도행전 2장에서 묘사된 종말론적 공동체처럼 급진화할 수도 있었다. 더구나 '평양대부흥'에서 선교사들과 선교지민들은 성령 강림이 단지 몇몇 교회와 몇몇 개인들에게만 발생했다고 말하지 않았다. '평양대부흥'은 한국 교회에서 성령체험한 자와 성령체험하지 못한 자를 구분하지 않았다. 선교사들은 이 사건을 "한국의 오순절(Korea Pentecost)"이라고 불렀다. 성령은 한

---

77) 김윤성, "개신교 선교와 문화 제국주의 : 문화적 헤게모니와 이에 대한 대응", 「현상과 인식」 74 (1998. 2), 33. 김윤성은 사이드(Edward Said)의 『오리엔탈리즘』과 『문화와 제국주의』의 논점들을 적용하여, 개신교 선교를 "문화 제국주의의 한 기획"으로 파악한다. "문화제국주의란 제국이 문화, '곧 특정집단이 자신과 세계를 해석하는 해석적 산물의 무한히 복합적이고 갈등적인 요소들로 이루어진 총체'를 통해 '머나먼 영토를 지배하는 태도와 이론과 실천'으로, 비서구 사회를 타자화하는 서구 사회의 담론인 '오리엔탈리즘'에 기반하는 기획이다." 그것은 "문화적 장치와 담론의 체계"다. "그리고 거기에 지속성과 힘을 부여하는 것은 바로 제국의 '문화적 헤게모니다.'" 에드워드 사이드 저, 김성곤・정정호 역, 『문화와 제국주의』 (서울 : 창, 1995).

국 교회 전체에, 한반도에 강림했다. 그런 의미에서 '평양대부흥'은 '민족 교회'의 출현을 알리는 기원적 사건으로 보고되었다.

그러나 선교지 성령 강림이 초래한 '해방 공간'은 일시적(ephemeral)이었고 거의 착시(錯視)와 같았다. 그 이유는 일차적으로 이 주체성이 선교사들로부터 선교지민들에게 부과된(imputed) 주체성이었다는 데 있었다. 로마서에서 선교사 바울은 "오직 성령이 말할 수 없는 탄식으로 우리를 위하여 친히 간구하시느니라(롬8 : 26)." 했다. 그러나 선교지 한국에서 선교지민들이 체험한 성령은 그와 같지 않았다. "기독교 역사 속에 나타난 여느 부흥 운동처럼 그날 밤 그곳에 참석한 이들은 주변을 의식할 겨를도 없이 강한 성령의 강권적인 역사 앞에 하나같이 굴복하고 말았다."[78] 그들은 "양자의 영"을 받았다기보다 "무서워하는 종의 영"을 받았던 것이다(롬8 : 15).

'평양대부흥'의 분석은 민족 교회와 한국 기독교인의 탄생이 결코 순탄한 과정일 수 없었음을 보여준다. 복음주의 선교사들에게 선교는 영적 전투였다. 선교지민들은 영적으로 정복되어야 했고, 구원된 새로운 주체를 형성해야 했다. 이 과정은 격심한 산통을 동반하는 폭력적인 과정이었다. "하나님의 부르심을 피할 수 없었다. 전에는 경험하지 못한 무시무시한 죄의 공포가 우리 위에 임했다. 그것을 어떻게 벗어 버리고 피할 것인지 그것이 문제였다."[79] 선교지 부흥 운동에서의 성령 체험은 '강요된 자유'의 체험이었다. 그런 점에서 그것은 푸코가 말한 두 가지 상반된 의미를 가진 "주체('subject')"[80]의 탄생을 가리키고 있었다.

---

78) 박용규, 『평양대부흥운동』, 219.

79) Gale, *Korea in Transition*, 205-206, 박용규, 『평양대부흥운동』, 235에서 재인용.

80) Peter van der Veer, "Introduction", in *Conversion to Modernities*, 20 : "Two meanings of the word 'subject' : subject to someone else by control and dependence; and tied to his own identity by a conscience or self-knowledge."

"성령의 강권적 역사"는 계몽주의적 기획과 맞물린다. 계몽주의적 주체성의 출현도 계몽된 자에 의해 계몽되지 않은 자에게 강요되기 때문이다. 계몽주의는 민족과 개인의 '생존'을 위해 강요되었으며, 계몽되어야 하는 자들은 그것을 불가피한 선택으로 받아들였다. 계몽주의가 저항 없이 계몽을 실현한 경우는 없었다. 비서구 사회에서 계몽주의적 주체성은 "강권"되었다. "부흥의 기법"에 대해 클라크는 다음과 같이 말한다.

> 아마 세련된 서구에서는 이 옛 부흥의 기법이 한물갔다고 볼 수 있을 것이다. 그러나 수많은 일들이 하나님께 대한 개인의 신앙적 자유를 부당하게 금하고 억제하는 이 동양의 나라들에서는 이 방법이 적격이다.[81]

"개인의 신앙적 자유"를 위해 "군중 심리 기법"인 "부흥회 기술(revival technique)"이 사용되었으며, "옛 부흥의 기법"을 통해 "온 나라가 인간의 마음을 움직이는 하나님의 성령의 놀라운 현현을 목격하였"고, "삶이 변화되고 그러한 변화가 지속되어 왔다"는 것이다.[82] 강요된 부흥과 성령의 강권하심은 같은 것이었다. 원칙적으로 "성령의 강권하심"조차 '식민주의적 의식(意識)'의 강요, 계몽되어야 할 주체로서의 자의식 형성, 부과된 토착 교회 등과는 구분될 수 있다. 식민주의가 식민자와 피식민자의 임의적 구분에 기초하고, 계몽주의가 계몽하는 자와 계몽되어야 하는 자의 임의적 구분에 기초한다면, 성령은 선교사와 선교지민을 동시에 강권하기 때문이다. 그러나 선교 현장에서 "성령의 강권적인 역사"는 현실적으로 오직 선교지민들에게만 일어났다. 성령 체험은 선교사들에 의해 "부흥회 기술"

---

81) 곽안련, 『한국교회와 네비우스 선교정책』, 195-196.
82) 곽안련, 『한국교회와 네비우스 선교정책』, 154-156.

을 통해 선교지민들에게 강권되었다. 그러한 "성령의 강권적인 역사"는 계몽주의의 기획과 구분될 수 없었다. 선교지민들은 말했지만, 선교사들에 의해 말하도록 허용된 것 이상을 말할 수는 없었다. "Can the Subaltern Speak?"[83] More?[84]

푸코적 의미의 "주체(subject)"에게 '부흥 운동'과 '부흥주의'의 구별은 사실상 무의미한 것이다. 왜냐하면 인위적인 것이 동시에 자연발생적인 것이기 때문이다. 이 주체에게 '부흥주의'는 '부흥 운동'이 되었고, '부흥 운동'은 '부흥'이 되었다. 그리고 '평양대부흥'은 선교사들에 의해 진정한 성령 체험으로 확증되었다.

'평양대부흥'에서 새로운 윤리적 주체로서의 "양심"을 탄생시키는 고통이 선교지 주민들에게는 성령의 공포스러운 임재로 체험되었던 것인지도 모른다. 이러한 체험은 독특한 것이었지만, 이 체험이 부활의 증인으로서의 새로운 주체성을 형성했다기보다는, 계몽주의적 지배-복종의 주체성 형성 과정에 재수용되었다(reassimilated)고 봐야 할 것이다.

---

83) Gayatri Spivak, "Can the Subaltern Speak?" in *Marxism and the Interpretation of Culture*, eds. C. Nelson and L. Grossberg (Basingstoke : Macmillan Education, 1988).
84) 이와 관련하여 박용규는 리처드 베어드의 말을 인용하고 있다. "한국장로교회는 예배드릴 때 결코 오순절적이지 않았다. 1907-1908년 대부흥운동 동안에 장단에 맞춘 손뼉, 방언, 황홀경에 찬 외침이 약간 있었다. 이것은 칼빈주의로 무장한 언더우드, 마펫, 베어드, 그리고 그 외 다른 선교사들에게는 너무 지나친 것이었다. 그들은 곧 그것을 중단시켰다." Richard Baird, *William M. Baird of Korea : A Profile* (1968), 238, 박용규, 『한국기독교회사 1』, 960에서 재인용.

III. 개종과 회심 : '선교 번역'

1. '선교 번역'

'평양대부흥'의 핵심적인 주제는 '회심'이었다. 복음주의 선교의 목표가 선교지민의 회심이었고, '평양대부흥'이 한국 교회의 진정한 기원이 된 것도 그것을 한국 교회 전체의 회심 사건으로 받아들였기 때문이다. 하지만 이 사건에 대한 지금까지의 해석에서는 복음주의의 '회심주의(conversionism)'가 답습되거나 윤리적·종교적 차원의 변화에 논의가 집중되면서, 평양대부흥에서 일어난 '회심 사건'의 내적 논리에 대한 탐구가 간과된 측면이 있다. 이하에서는 '선교 번역' 이론을 통해 '평양대부흥'의 '회심'을 재해석해보려고 한다.

'근대화 선교'론, '의식의 식민화'론, '근대성'론 등이 복음주의 선교를 정치경제학적, 문화학적, 종교학적인 시각으로 접근하려 한다면, '선교 번역'론은 신학적 주제를 본격적으로 선교학에 적용시킨다. 그런 점에서 '선교 번역'론은 참으로 선교학적 접근방법이라고 말할 수 있다. 이전까지 선교학은 인접 학문의 방법론을 빌어 선교학적 주제들을 다뤄왔다. 이로 인해 선교학은 다양한 방법론들의 전시장을 방불케 했다. 그러나 '선교 번역'론은 하나님의 계시로서의 '성육신'을 모델로 한다. 이 이론에서 선교의 문제는 성육신의 문제이며, 선교학은 성육신의 과정을 "모방(mimic)"[85]한다. '선교 번역'론은 "말씀이 육신이 되어 우리 가운데 거하(요1 : 14)"셨다는 구절에 힘입고, 성경이 현지어로 번역되는 과정을 비유로 하여, 선교를 일종의 "번역"으로 이해한다. 이슬람 경전인 코란과는 달리 성경은 번역되어

---

85) Noll, "Revival, Enlightenment, Civic Humanism, and the Development of Dogma", 75.

야 했으며, 번역의 과정은 곧 토착 교회 형성의 과정이 된다. 이로써 '선교 번역'론은 서구 식민주의 선교가 토착 교회를 형성하게 된 근대 복음주의 선교의 모순적 과정을 신학적으로 설명하려 한다. "선교 번역" 또는 "번역 선교" 이론의 잠재력은 매우 크다고 생각되며, 지금까지 이 연구의 논의도 전반적으로 이에 크게 힘입었다.

선교 번역에서 중요한 것은 "대입(Substitution)"과 모방이 아니라 "변화(Transformation)"이며, "재생성(Reconfiguration)"이다.[86] 김상근은 월스, 유진 나이다(Eugene Nida), 자크 데리다(Jacques Derrida) 등의 통찰에 힘입어 "성육신적 선교 신학(Mission Theology of Incarnation)"의 가능성을 탐색한 바 있는데,[87] 그들 중 월스는 "성육신은 번역(Incarnation is translation)"이라고 선언한다.

> 성육신은 번역이다. 그리스도 안에서 하나님이 사람이 되었을 때, 마치 인성은 수용자 측 언어라도 되는 것처럼, 인성으로 번역되었다… 그러나 언어는 한 민족, 한 지역에 특정적이다. 어느 누구도 언어 일반을 말하지 않는다. 특정한 언어를 말하는 것은 불가피하다. 유사하게, 신성이 인성으로 번역되었을 때, 그는 인성 일반이 되지 않았다. 그는 특정한 장소, 특정한 민족, 특정한 시간과 장소에서 한 인격(a person)이 되었다.[88]

월스는 기독교 선교 역시 일종의 번역이라고 본다. 말씀의 성육신으로서 "성자(the Divine Son)"가 팔레스타인의 문화적으로 특수한 상황에서 살았듯이, 선교는 성경을 사상과 행동으로 번역하는 것이고, 현지민들이 그들

---

86) 김상근, "선교 번역 이론의 고찰", 72-73. Andrew Walls, "The Translation Principle in Christian History", in *The Missionary Movement in Christian History : Studies in the Transmission of Faith*, 27 : "It is not about substitution, the replacement of something old by something new, but about transformation, the turning of the already existing to new account."
87) 김상근, "선교 번역 이론의 고찰", 69.
88) *Walls, "The Translation Principle in Christian History", 27.*

의 언어와 문화로 그리스도에 대한 말씀을 아는 것이다.[89] 그에 따르면, 서구의 복음주의적 부흥도 그 자체로서 현지민들의 번역의 한 예다.[90]

복음주의 선교사들이 성경을 선교지 언어로 번역하는 작업에 심혈을 기울인 사실은 잘 알려져 있다. 번역의 과정을 통해서 선교사들은 단지 선교지의 언어뿐만 아니라, 나이다가 말한 해당 언어의 "특수내재적 의미구조"[91]를 알아야 했다. 성경주의적인 복음주의 선교사들이 한국어 연구뿐만 아니라 한국학 연구의 기원이었다는 말은 결코 과장이 아니다. 한국어의 "특수내재적 의미구조"를 알려면 한국학 연구도 동반되어야 했기 때문이다.

그런데 복음주의자들이 추구하는 대로 성경 원문에 충실한 '문자주의적' 번역을 기하려면 그럴수록 "의미의 약화와 의미의 첨가"가 불가피하게 발생하고, "원어의 의미를 전달하기 위한 대응 토착어가 전혀 없을 경우"에 번역은 심각한 난관에 봉착하게 된다.[92] 한국에서 활동한 선교사들은 자신들이 성경에 충실했으며, 오직 성경만을 가르치려 했다며 네비우스의 성경 중심 선교 전략을 예로 들기도 한다. 그러나 "보편내재적 의미구조"[93]에 의한 "수평적 번역"[94]이 불가능하다면 데리다가 말한 "차연(差延 différance)"의 발생은 불가피한 것이다.[95]

기독교 번역의 역사는 성경의 "공식적(formal)" 번역의 역사만이 아니라, 성경의 "이야기"들이 삶으로 번역되는 역사(popular history of translation)를 포

---

89) Walls, "The Evangelical Revival, the Missionary Movement, and Africa", 85-86.
90) Ibid., 86 : "the Evangelical Revival is itself an example of such translation."
91) 김상근, "선교 번역 이론의 고찰", 75.
92) 김상근, "선교 번역 이론의 고찰", 75.
93) 김상근, "선교 번역 이론의 고찰", 77.
94) 김상근, "선교 번역 이론의 고찰", 76.
95) 김상근, "선교 번역 이론의 고찰", 84.

함한다.96) 따라서 "차연"은 교회 조직이나 예배 방식, 기독교인들의 생활 윤리 등 기독교 문화 전반에 걸쳐 나타난다. '평양대부흥' 역시 하나의 번역으로 간주될 수 있다. 서구 부흥 운동의 산물인 복음주의 선교는 번역의 과정을 통해 선교지에 토착적인 부흥 운동을 가져왔다고 할 수 있다. 안신은 월스의 "문화 번역의 관점"을 빌려 부흥과 선교의 관계를 다음과 같이 이해한다.

> 월스에 따르면, 선교는 부흥의 단기적 산물이 아니다. 오히려 선교는 부흥의 장기적 결과물로 보아야 한다. 그리고 부흥은 일회적으로 끝나는 것이 아니라 선교를 통하여 새로운 부흥으로 연장되고 확산된다. 왜냐하면 선교는 문화적 측면에서 번역의 과정을 거쳐 아프리카 전통의 새로운 부흥을 가져오기 때문이다. 따라서 문화 번역의 관점에서 판단한다면 선교와 부흥은 단절 또는 구분되어 있는 것이 아니라 상호 동일시할 수 있을 정도로 긴밀한 관계성을 맺는다.97)

차연보다 연속성과 동일성을 강조하긴 했지만, 선교를 이처럼 "문화 번역의 관점"에서 이해할 수 있는 것이다.

그러나 "데리다의 모순의 미학"을 따르면, "번역은 필요하지만 불가능하다."98) 마찬가지 논리로, 복음주의 선교사들에게 서구 교회의 선교지 교회로의 이식은 불가피했지만 불가능했다. 이러한 모순은 역으로도 발생한다. 선교지민들이 선교사들의 요구에 부응하려 했지만, 그들은 선교사들과

---

96) Derek Peterson, "The Rhetoric of the Word : Bible Translation and Mau Mau in Colonial Central Kenya", in *Missions, Nationalism, and the End of Empire*, eds. Brian Stanley and Alaine Low (Grand Rapids : Eerdmans, 2003), 167.

97) 안신, "부흥과 선교의 관계성에 관한 연구 : 종교 현상학적 해석을 중심으로", 「선교와 신학」 21 (2008), 208.

98) 김상근, "선교 번역 이론의 고찰", 89 : "Translation then becomes necessary and impossible."

같아질 수 없었다. 양자 간의 서로에 대한 충실함에도 불구하고 말이다. 월스에 따르면, 아프리카 기독교인들은 그리스도에 대한 선교사들과 같은 말씀과 같은 성경을 가지고, 그리스도를 향하여, 그들 자신의 전통적인 문화를 관통해 가야 했다.99)

그렇다면 토착교회는 민족교회론자들이 주장하는 것처럼 토착문화를 기반으로 그 위에 출현하는 것은 아니다. 선교 번역은 쌍방적 변화 과정이다. 김상근은 "특정단어가 선교번역과정을 통해 '기독교화'된다."는 나이다의 번역 이론을 다음과 같이 요약한다. "성서의 내용이 토착화어로 번역되는 과정을 통해 번역된 단어들에게 새로운 기독교적 의미가 부여되고 그 번역된 단어의 기독교적인 의미론적 재개념화가 진행된다."100)

기독교가 번역 과정을 통해 토착화한다면, 토착문화는 번역 과정을 통해 기독교화하는 것이다. 토착 교회는 토착 문화 또는 토착인의 본래적인 종교적 심성이나 초월적 존재에 대한 '신학'으로부터 출현하는 것이 아니라, 이러한 것들이 기독교화하는 과정에서 발생한다. 선교 번역에서 본질주의적인 토착주의는 극복된다.

'선교 번역'론을 통해 볼 때, 복음주의 선교는 문화 번역의 대행자(agent)였고, 복음주의 선교사들은 서구의 기독교 문화 또는 복음주의를 한국의 문화와 종교로 번역한 것이라 할 수 있다. 그리고 '원본'을 완벽히 재현하는 번역본이 없는 만큼, 선교사들의 성실성에도 불구하고, 선교지 기독교는 선교본국 기독교와 다른 '토착적인' 기독교로 형성되어 갔다고 할 수 있다. 완전한 모방도 없지만, 완전히 다른 '독립' 교회도 없다. 그러므로 복음주의 선교 현장에서는 끊임없는 "재번역"101)이 행해지게 된다. '선교 번

99) Walls, "The Evangelical Revival, the Missionary Movement, and Africa", 94.
100) 김상근, "선교 번역 이론의 고찰", 79.

역'론은 이렇게 하여 선교 확장사나 반(反)선교사적인 식민주의론의 힘을 빌지 않고서도 복음주의 선교로부터 토착적인 민족 교회가 출현하는 과정을 설득력 있게 설명할 수 있다.

　그런데 성경 번역 과정을 모델로 한 번역의 이론을 선교학적으로 적용하려 할 때, 아직 해결하지 못한 몇 가지 문제들이 남아있는 것으로 보인다. 우선 무엇이 번역되는가 하는 문제다. 성경을 번역하는 복음주의 선교사와 성경과는 동일시될 수 없다. 선교사가 곧 복음은 아니었다. 복음주의 선교사가 선교하는 것은 엄밀히 말하면 복음이 아니라 복음주의였다. 선교사는 자신에게 토착화된 기독교를 선교할 수 있을 뿐이었다. 그러나 복음 또는 성경은 복음주의자들에게는 기독교의 절대적인 표준(standard)이었다. 적어도 복음주의자들에게 성경은 어떤 토착화된 기독교가 아니었다. 그들은 자신들의 번역을 성경 옆이 아니라 성경 아래 두려고 했다. 복음주의자들이 자신들의 번역에 이처럼 분명한 한계를 설정하려 했다면, '선교 번역'론은 이와는 달리 모든 번역이 가능하며, 모든 기독교가 기독교라는 식으로 "무한한 자유놀이(a freeplay)"102)를 정당화할 우려가 있다. 때로는 '남반부 기독교'론자들에게 이런 경향이 없지 않는 것 같다. '신학의 빈곤(poverty of theology)'이 시정되기보다는 '빈곤한 신학(poor theology)'으로 확대 재생산되는 것은 아닌가 한다. 존재하는 모든 번역을 동등하게 취급할 수도 있겠지만, 증언되는 대상을 망각할 수 없는 선교학으로서는 "신학적 정통"103)의 문제를 간과할 수 없다.

　이와 아울러 월스가 언급한 번역과 회심과의 관계를 복음주의 선교의

101) Walls, "The Translation Principle in Christian History", 29.
102) 김상근, "선교 번역 이론의 고찰", 81.
103) Hardy, "Upholding Orthodoxy in Missionary Encounters", 201.

목표인 회심과 관련하여 생각해 볼 수 있다. 월스에 따르면 번역은 회심과 닮았다. 번역은 "회심의 작업 모델(a working model of conversion)"이며 "언어 과정의 그리스도를 향함(a turning of the processes of language towards Christ)"이다.[104] 미국 선교사들이 영어 성경을 한국어로 번역하는 데 열의를 보였듯이, 그들은 미국 교회를 한국 교회로 번역하는데 심혈을 기울였다. 그것이 실제로 일어난 복음화 또는 기독교화였다. 이 복음화를 위해 그들이 한국어를 배우는 과정은 그들이 한국의 사회, 문화, 종교, 문학, 예술 등 한국학을 연구하는 과정에 상응하는 것이었다. 이것은 역설적으로 한국인들에 의한 한국인들의 교회를, 한국인들이 아니라, 선교사들이 출산하려 했다는 것을 의미한다. 그리고 이 과정은 한국인들의(구원될) 영혼을 창조하는 과정이었다. 즉 복음화와 토착화는 복음주의 선교의 이중적인 운동이었다. 번역 선교학적 관점으로 볼 때, 선교사와 민족교회사는 동전의 양면과 같다고 할 수 있다. 이것은 민족교회사가 선교사(宣敎史)의 대안이 될 수 없음을 의미한다.

여기에서 복음주의 선교가 추구한 '영혼의 구원'에 문제가 있음이 밝혀진다. 토착화든 복음화든, "쌍방향"의 원리에서는 둘 다 그리스도를 향하는 회심이다. 하지만 복음주의 선교는 토착화 과정에서 '그리스도'를 발견했다기보다는 '구원받을 영혼'을 발견했는지도 모른다. 이와 같다면 '토착화'의 원리와 '의식의 식민화'는 동일한 과정이 되고 만다. 복음화 또는 기독교화도 마찬가지다. 복음화를 통해 선교지민들이 '복음'을 발견했다기보다는 '복음주의'를 발견했다면, 복음화의 원리는 '문화 제국주의'와 다를 바 없다. 월스는 복음주의 선교에 대해 "아프리카인들이 복음에 반응할

---

104) Walls, "The Translation Principle in Christian History", 27.

때, 그들은 선교사들이 있는 자리로부터가 아니라, 아프리카인들 자신들이 있는 자리로부터 복음에 반응했으며, 그들은 그들이 들은 기독교 메시지에 반응한 것이지, 선교사들의 그 메시지에 대한 선교사들의 체험에 반응한 것은 아니다."[105]라고 주장한다. 그러나 이것은 이상론이 아닐까 한다. 믿음이 아닐까 한다. 아프리카인들의 반응이 "선교사들의 체험"이 아닌 "기독교 메시지"에 대한 반응이라고 믿을 근거는 없다. 복음주의에 대한 반응은 단지 '새로운 복음주의(new evangelicalism)'였을지도 모른다.

그것은 번역이 번역본들 간의 관계로 시종 할 수 없음을 의미한다. '근대화 선교'의 진보와 확장의 모델이든, 월스의 "연쇄"(seriality)와 "순례"의 모델이든, 그것들은 번역본들 간의 수평적(horizontal) 관계 또는 수평적 운동이며, "이야기의 확장(enlarging the story)"이다.[106] 그러나 성육신은 자기를 비우는 그리스도의 하강(descending)운동이다. 성육신이 불가피한 것은 아니다. 번역으로서의 성육신은 어떤 의무가 아니다. 그것은 은혜이다. 번역 가능성은 위로부터 주어진다. 다시 말하면, '선교 번역'에서는 수직적(vertical) 관계와 운동이 수평적, 확장적, 또는 연쇄적 관계와 운동에 우선한다. 순례자가 향하여 가는 "더 나은 본향(히11 : 16)"은 지평선상에 있지 않다.

이는 '율법'으로서의 번역이 갖는 위험을 시사한다. 율법으로서의 번역은 번역하는 자와 번역되는 자 사이에 권력을 발생시킨다. 번역하는 측은

---

105) Walls, "The Evangelical Revival, the Missionary Movement, and Africa", 100-101.

106) Andrew Walls, "Eusebius Tries Again : The Task of Reconceiving and Re-visioning the Study of Christian History", in *Enlarging the Story : Perspectives on Writing World Christian History*, ed. Wilbert Shenk (Maryknoll, New York : Orbis Books, 2002), 18-19 : "One field of generalization, for instance, might be the history of Christian expansion. That history has not been progressive, like that of Islamic expansion, but serial in nature."

번역되는 측을 명명(命名)하고 지배하려 한다. 이때 번역자의 권력은 번역 행위 뒤에 은폐되어 있다. 계몽주의는 이미 계몽된 자의 기획이었다. 복음 주의 선교 역시 이미 구원된 자의, 이미 회심한 자의 기획이었다. 계몽주 의와 결합된 복음주의는 하나의 권력/지식이었다.[107] '선교 번역'에서도 이와 같은 일이 발생할 수 있다. 선교사들은 선교지민들에게 현지어로 번 역된 성경만을 건네주고 떠나지 않았다. 선교사들은 그들의 임재로 그 성 경이 어떻게 해석되고 어떻게 육화되어야 하는지를 권위 있게 보여주었 다. 토착어로 번역된 성경과 선교지민들 사이에는 선교사들의 해석학이 끼어있었다. 그런 점에서 '선교 번역' 이론은 은폐되어 있는 번역자의 권 력/지식의 문제를 설명하는 과제를 남겨두고 있다고 하겠다.

　이와 관련하여, 번역 과정이 거꾸로 번역자와 그의 언어와 문화를 회심 케 할 수 있을까? 쌍방향적 '선교 번역'론의 관점에서는 이론적으로는 가 능하지만 실현되기는 쉽지 않아 보인다. 복음주의 선교가 선교지민의 회 심을 요구했지만, 그 역이 가능하려면, 즉 복음주의가 복음으로 회심하려 면, 성육신적 '선교 번역'을 넘어서야 할 것이다. 성육신은 회심의 시작일 뿐이다. 뒤에서 '재귀적reflexive 선교학'을 통해 이 '쌍방향적 선교'의 가능 성을 좀 더 심화시켜보려고 하겠지만, 토착화의 방향이든 복음화의 방향 이든, 그리스도를 좇는 길에는, 성공적인 토착화나 이 세대의 복음화가 아 니라, 고난과 죽음과 부활이 기다리고 있다고 말할 수밖에 없다. 하긴 월 스는 이 점을 놓치지 않는다.

　　수정의 원리에 단 하나의 예외가 있다. 서로 다른 문화들 내에서 신자들이 그 리스도에 반응함으로써 일어나는 그리스도의 번역들은 재번역들(retranslations)이

다. 그리스도의 이런 육화들(incarnations)은 시간과 공간 내에 굳게 자리 잡고 있는 저 맨 처음의 육화(that first Incarnation), 본디오 빌라도 하에서 '십자가에 달려 죽음 당함'(crucified under Pontius Pilate)에 종속되어 있다. 유사하게, 성경 번역은 항상 원본(original)을 곁에 둔 재번역이다.[108]

그렇다면, 번역은 역시 불가능한 일이 아닐까? 선교는 불가능한 일이 아닐까? 회심도 불가능한 일이 아닐까? 아마 데리다의 "모순의 미학"으로 되돌아가야 할 것 같다. 그에 따르면, 번역은 불가피하지만, 번역은 불가능하다. "바벨이라는 이름은 하나님의 이름으로 부과된 율법을 지칭한다. 이 율법은 그대에게 단숨에 번역을 명령하며 번역을 금지한다. 그대에게 한계를 보여줌과 함께 한계를 가림으로써."[109] 선교가 일종의 번역이라면, 선교 역시 명령되면서 금지된다. 선교는 일종의 "바벨적인 실행"[110](a Babelian performance)일 뿐이다. 이로써 "식민지적 폭력"과 "언어 제국주의"는 실행 불가한 실행으로서의 선교에 의해 저지된다.[111] 이른바 선교 대국은 바벨의 탑과 같은 것이다!

그러나 번역으로서의 선교는 데리다가 의미하는 바처럼 명령하고 금지하는 구약적 의미의 '율법'은 아니다. '선교 번역'은 은혜(grace)의 관점에서 이해해야 한다. 번역은, 선교는 그리고 회심은 명령받은 인간에게 구원의 길로, 계몽의 길로, 부활의 길로 주어졌다. 하나님의 말씀을 전하는 일은 바벨처럼 하나님의 말씀을 혼란스럽게 할지도 모른다. 세상에 빛을 가져

108) Walls, "The Translation Principle in Christian History", 29.
109) Jacques Derrida, "Des tours de Babel", in *Psyche : Inventions of the Other, Volume I* (Stanford : Stanford University Press, 2007), 224.
110) Jacques Derrida, "From Des Tours de Babel", in *Theories of Translation : An Anthology of Essays from Dryden to Derrida* eds. Rainer Schulte and John Biguenet (Chicago : University of Chicago Press, 1992), 226.
111) Derrida, "From Des Tours de Babel", 226.

오려는 선교는 세상을 더욱 어둡게 할지도 모른다. 선교사에게 주어진 길은 선교의 불가능성만을 확인하는 길일지도 모른다. 선교는 "무익한 종"의 일일지도 모른다. 그럼에도 불구하고 이 불가능한 일이 인간에게 맡겨졌다. 가능한 것은 선교(mission possible)가 아니다. 불가능한 것만이 선교다(mission impossible).

성경은 다른 언어로 번역됨으로써 다른 언어 사용자들에게 비로소 알려질 수 있다. 그러나 예수 그리스도는 선교사의 '선교 번역'을 통해 알려지지 않는다. 예수 그리스도는 스스로 번역하며, 스스로 알린다. 다수의 판본이 있을 수 있지만, "원본(original)"은 '본디오 빌라도에게 고난을 받고 십자가에 달려 죽은' 그리스도이다.112) 좁은 의미의 복음 전도이든 넓은 의미의 선교 사업이든, 예수 그리스도의 증언이든, 이 모든 일은 그 자체로서는 시작될 수 없고, 마칠 수 없다. '선교 번역'은 이 "원본"에 종속되며, 또 다른 원본은 없다.

복음주의 선교사들은 그들이 전하는 복음이 계몽주의의 언어로 완전히 번역될 수 있다고 믿지 않았다. 계몽주의의 시대에 그들은, 성패의 여부와는 별도로, 그 이상의 것을, 그 너머의 것을 말하려고 했다. 이 둘은 약분(commensurable)될 수 없었다. 왜냐하면 하나님의 선교의 증언으로서의 복음주의 선교는 다른 모든 선교들과 마찬가지로 수직적 관계와 운동에 대한 응답이었기 때문이다. 회심도 단지 인간의 영적 향상을 가리키는 것이 아니라, 전적으로 새로운 생명으로 거듭나는 존재의 변화를 가리키는 것이었다.113) 복음주의에 의해 행해진 '선교 번역'에 대한 평가도 근본적으로

---

112) Walls, "The Translation Principle in Christian History", 21.

113) Barth, *Church Dogmatics IV.2*, 560 : "Thus awakening from this sleep, and the rising which follows, is far more than a vertical standing up… As Scripture sees it, waking and

이 "원본"을 기준으로 하지 않을 수 없다.

성육신의 번역은 십자가의 번역을 거쳐 부활의 번역으로 이어져야 한다. 말씀이 사람이 되었기 때문에 어디에든지 사람이 있는 곳에 말씀이 떨어질 수 있지만, 결실을 맺으려면 한 알의 씨앗은 죽지 않으면 안 된다. 번역은 반역으로 완성되는 것이 아니라, 반역의 어둠을 지나야 한다. 그런 점에서 성육신적인 '선교 번역'론의 과제는 고난과 죽음과 부활을 포함시키는 데 있다고 할 수 있다. 그리고 그것은 단지 선교사들만의 몫은 아니다. '선교 번역'론은 선교지 교회에게도 그에 합당한 명예를 부여하는 대신, 선교지 교회도 선교사와 마찬가지로 "동일한 고난(살전2 : 14)"과 동일한 영광을 받아야 한다는 사실을 간과하는 경향이 있다. 양자 모두 고난에 참여하는 것이고, 타자의 고난을 자신의 책임으로 짊어짐으로써 스스로 고난을 겪게 되는 것이다.114)

성경은 열방의 언어로 번역되어야 한다. 이 과정에서 오역과 오독의 문제가 발생하는 것을 피할 수 없다. 하지만 하나님의 말씀이 "강보에 싸여 구유에 누인 아기"로 발견되고, 육신이 말씀이 되어 우리와 함께 거한다면 (요1 : 14), 수많은 과오에도 불구하고 '선교 번역'은 율법적인 짐으로서가 아니라 "복음"으로서 "기쁨"으로 감당되어야 한다.115) 나아가 '선교 번역'

---

rising from sleep is turning round and going in the opposite direction⋯ It is not a question of improvement but alteration. It is not a question of a reformed or ennobled life, but a new one. And the alteration and renewal mean conversion-."

114) Samuel Pang, "Toward a Pedagogy of Responsibility for the Other", *Journal of Christian Education & Information Technology* 10 (2006), 229 : "Existence is lived out as responsibility for the other person."

115) Newbigin, *The Gospel in a Pluralist Society,* 116 : "It has been customary to speak of 'the missionary mandate.'⋯ It tends to make mission a burden rather than a joy, to make it a part of the law rather than part of the gospe⋯ The mission of the Church in the pages of the New Testament is more like the fallout from a vast explosion, a radioactive fallout which is not lethal but life giving."

은 성육신의 원리가 가르치는 바대로 영적인 문제와 세속적인 문제들이 함께 얽혀드는 "전인적인(holistic)"116) 육화(embodiment)일 수밖에 없다. 예수 그리스도는 자신의 살과 피를 그의 제자들에게 먹고 마시게 함으로써 자신의 제자들로 '번역'되었다. 예수 그리스도는 제자들의 발을 씻음으로써 선교사가 어떻게 선교민들로 '번역'되어야 하는지를 몸소 보여주었다. 하지만 무수한 번역본들 속에서 단 하나의 예외인 "원본"을 발견하는 일은 결코 간단한 일이 아니다.

2. '개종자들'과 '회심자들'

예수 그리스도 안에서 인간의 조건이 결정적으로 달라짐을 받아들이고, 하나님의 회심하라는 명령에 따라 위로부터 주어지는 새로운 삶에 대한 희망을 품고 주체적으로 회심을 결행하는 것은 인간에게 가능할 뿐만 아니라 실제로 발생한다. 바르트는 그리스도론적 관점에서 하나님의 역사에 상응하는 물세례야말로 "회심의 개념(the concept of 'conversion')"에 적합하다고 주장한다.117) 이 물세례는 세례대상자뿐만 아니라 공동체 전체가 가시적으로 참여하는 사건이다. 회심은 하나님의 사역과 말씀에 대한 인간적인 지식 안에서 발생한다.118) 회심이 인간의 능동적인 참여라고 해서

---

116) Sara Jorgensen, "The American Zulu Mission and the Limits of Reform : Natal, South Africa, 1835-1919" (Ph.D. diss., Princeton University, 2009), 45. Jorgensen은 미국의 개혁자들의 개혁운동이 해외 선교사들을 통해 어떻게 실행되었는가를 살핀다. 이를테면 남북 전쟁 이후, 교육이 화두가 되었을 때, 교육 선교사들이 배출되었으며, 19세기말과 20세기 초 선교사들은 미국에서의 "진보주의자들"(Progressives)과 "사회 복음"(Social Gospel)의 영향을 받았다. 이로 인해 의료 사역, 도시 사역, 광의의 교육 사업 등과 함께 사회 질서의 유지 등에 대한 관심이 지속되었다. 사회 개혁은 미국 교회의 남아프리카 줄루 선교의 발전에 핵심적인 역할을 수행했다. 51-52 참조.

117) Barth, *Church Dogmatics* IV.4, 135.

117) Ibid., 138.

회심의 의미가 약화되는 것은 아니다. 회심은 존엄하고 명예로운 일이다.[119] 그것은 가시적이며, 인간의 영역에서 발생한다.[120] 그것은 회심자의 새로운 삶의 시작이다. '믿음의 해석학'으로서의 선교학은 인간적 가능성으로서의 회심을 그리스도 안에서 믿는다.

복음주의 선교의 목표는 선교지민의 "회심(conversion)"에 있었다. 지극히 자명한 사실 같지만, 복음주의 선교가 의미했던 것과 같은 회심을 역사적으로 모든 선교가 목표로 했던 것은 아니었다. 실제로 기독교로의 종교적 변화나 기독교 교회의 설립이 선교의 목표인 경우가 대부분이었다. 월스는 '회심(conversion)'의 사용 용례를 "종교적 변화의 외적 행위(an external act of religious change)"와 "기독교 공동체 내 개인들의 결정적이고 내적인 종교적 변화(critical internal religious change in persons within the Christian Community)" 등 두 가지로 구분한다.[121] 월스에 따르면 복음주의 선교는 이 둘 간의 구분을 흐리게 했고, 이로 인해 종종 혼란이 발생했다. 즉 복음주의자들은 전자와 구분된 후자를 '회심'으로 이해했고, 선교지민들에게도 그들 자신이 체험한 것과 같은 "내적인 인격적 변화"를 기대했지만, 선교 현장에는 아직 전자, 즉 '기독교'라는 종교 자체가 존재하지 않았던 것이다.[122]

복음주의 선교에 의해 지배된 한국 교회에서도 유사한 차이로 인한 용

---

119) Ibid., 143 : "In the fact that man's conversion is the most human thing he ca do is to be found also its dignity and honour. Since it is effected in human knowledge, thought, resolve and will, it is, of course, 'only' human, It is not divine. It is human action which simply responds to divine action. It is thus pre-eminent human action. It is an action *sui huius generis*."

120) Ibid., 144.

121) Andrew Walls, "Converts or Proselytes? : The Crisis over Conversion in the Early Church", *in Speaking about What We Have Seen and Heard : Evangelism in Global Perspective* eds. Jonathan Bonk et. al. (New Haven : OMSC Publications, 2007), 1.

122) Ibid., 2.

어의 혼란이 발생했는데, 개신교 복음주의자들은 대체로 타 종교나 가톨릭으로부터 개신교로의 전향을 '개종(改宗)'이라 부르고, 같은 개신교 공동체 내부에서 일어난 개인들의 인격적 변화를 '회심(回心)'이라고 부름으로써 이 문제를 타협 지으려 했다. 복음주의 용례학은 그 자체가 하나의 '기입행위(inscription)'일 수 있다. '개종'이나 '회심'은 본질적으로 의미상 차이가 없을 수 있었지만, 복음주의 선교사들의 인간학에서 외적인 변화와 내적인 변화의 차이는 결정적이었고, 그들의 선교의 핵심적인 목표와 상관있었기 때문에, 번역 과정에서 둘 사이의 구분을 시도했다고 볼 수 있다.123)

기독교국가, 기독교 사회와 기독교 문화 풍토에서 부흥과 회심을 체험한 복음주의 선교사들이 자신들의 신앙을 기독교 역사가 길지 않은 한국에 전파하려고 했을 때, 선교사들은 '개종'을 일차적인 과제로 삼지 않을 수 없었다. 그들은 세례와 입교, 교리교육, 예배당 건축, 예배, 주일학교, 성가대, 남선교회, 여전도회, 사경회, 기도회 등등 선교지 교회의 정착을 위한 수많은 형식들을 도입했다. 일천한 경험을 가진 젊은 선교사들이 근대적인 외형을 갖춘 하나의 '사회(社會)', 하나의 제도, 하나의 조직으로서의 교회를 선교지에 설립하는 일은 결코 만만치 않았다. 회심을 중심으로 볼 때, 교육, 의료 등등에서의 선교 활동도 회심을 위한 준비였다면, 교회 설립도 그러한 준비 활동의 하나였다. 그러나 영적 진보가 이뤄지기에 앞서 영적 기관이 설립되어야 했던 것이다.

실제로 선교지에서 발생했던 대부분의 크고 작은 문제들은 '회심'보다는 '개종'으로부터 발생했다. 유교 전례와 제사, 교회 토지 매입과 예배당 설

---

123) 그러나 기독교국가가 아닌 나라에 살고 있고, 기독교 공동체에 속하지 않으며, 무종교인이 과반수를 넘는다고 알려진 한국인들에게 회심과 개종의 구분은 여전히 "애매모호하다"(blurred). Ibid., 2.

립 비용, 남녀 공동 예배, 주일성수, 금주·금연 등등의 문제들은 종교를 바꾸거나 새로운 종교를 갖게 된 개종자들이 치러야 할 대가들이었다. 기독교 환경으로부터 온 선교사들에게는 당연한 것들이 선교지민들에게는 전혀 당연하지 않았다. 서구에서는 관행화한 종교 활동이 선교지에서는 반인륜, 가정 파탄, 친족 공동체 파괴의 책임을 져야 하기도 했다. 선교사들은 자신들의 부흥과 회심의 체험에 힘입어 선교 사역에 나섰고, 그들에게 형식적인 개종과 진정한 회심 간의 차이는 결정적으로 중요하고 또 분명했지만, 선교지민들에게 이 차이는 오히려 상대적이었다. 심지어 역전이 발생하기도 했다. 선교사들은 영적 진보를 염두에 두었고, 개종의 씨를 뿌리고 '평양대부흥'에서의 성령 체험을 통해 회심의 결실을 맺은 것으로 보았다면, 선교지민들은 많은 경우 먼저 회심을 체험하고, 개종을 단행했다. 이처럼 복음주의의 회심주의는 선교 현장의 "실행(practice)"을 통해 그 비(非)결정성이 드러났다. 기독교적인 국가와 문화로부터 발생한 회심주의적인 개신교가 비기독교적인 환경 속에서 그들의 '신앙'을 선교지에 "번역"했을 때 불가피하게 "차연"이 발생한 것이다.124)

앞서 회심의 두 가지 용례를 구분한 월스는 이 주제와 관련하여 신약 성경적인 교회를 예로 들면서 계발적인 제안을 하고 있다. 그는 "회심자들(converts)"을 "개종자들(proselytes)"과 구분하는데, 그에 따르면, 신약 성경 시대의 "개종자들"은 유대인들의 할례와 율법을 지키는 자들로서, 유대인들의 공동체에 편입된 이방인들이었다. 반면 "회심자들"은 할례와 율법을 지키던 유대인들 중 그들의 "사고방식"을 하나님께로 향한 유대인들과,

---

124) 김상근, "선교 번역 이론의 고찰", 84 : "그러나 번역자는 절대로 X라는 기의를 Y라는 기표로 그 의미를 고착시킬 수 없으며, 모든 번역의 시도는 차연(差延)의 방식에 의해 그 번역된 의미를 연기(延期)해 나갈 수밖에 없는 현실에 처하게 된다."

"주님(kyrios)"으로 번역된 메시아를 자신들의 주님으로 받아들이고, 이에
따라 자신들의 사고방식을 "전환한(turning)" 이방인들 양자를 모두 가리켰
다. "회심"에서 중요한 것은 "사고방식(way of thinking)"의 전환이다. 월스에
따르면 "회심자로서 예수를 믿는 사람들은 그들의 사고 과정을 그리스도
를 향하도록 요청되었다. 그들은 그리스도를 사고하되, 그들의 시간과 장
소의 지적인 틀 안으로 들어와 생각해야 했다. 그 결과가 우리가 아는 기
독교 신학이었다."125) 그러니까 "기독교 신학"은 서구인들의 "회심"의 이
론화였던 셈이다.

월스의 구분을 선교학적으로 적용할 때, '개종'은 선교하는 교회와 그 교
회로부터 파송 된 선교사들의 이미 주어진 신앙 형태를 모방하는 길이라면,
'회심'은 선교의 임팩트를 받는 것이긴 하지만, 선교지민들 스스로 모색하고
찾아가야 하는 길이라고 할 수 있다. 따라서 "개종자들의 길은 안전한 길
(The way of proselytes is safe.)"이었다. 그러나 회심은 "안내판"도 없고, "위험하
고 지도 상에 없는 영역(dangerous, uncharted territory)"으로, "훨씬 더 위험부담
이 큰 삶(a much riskier life)"의 길로 발을 디디는 것이었다.126) 월스에 따르면,
"회심의 길"은 개방적(open-ended)이며 예측할 수 없다(unpredictable).127) 그
러므로 '회심'의 결과는 역동적이며, 창조적이고, 혁신적이다.

회심자들은 그들의 사고방식, 그들의 교육과 훈육, 그들의 일하는 방식, 그
들의 행위 등등을 그리스도를 향하여 항상, 부단히(constantly, relentlessly) 전환
해야 한다… 개종자들은 보이는 것으로 길을 갈 수 있다면, 회심자들은 믿음

---

125) Walls, "Converts or Proselytes?" 11.
126) Ibid.
127) Ibid., 12. 그러나 회심자의 길이 전혀 예측할 수 없다고는 말할 수 없다. 예수는 회심한
제자들의 길이 고난과 죽음과 부활의 길이라고 가르쳤다.

으로 길을 가야 한다(Proselytes may walk by sight; converts have to walk by faith.).128)

월스의 '회심자'와 '개종자'의 구분을 따른다면, 선교사(宣敎師)들이 자신들의 문화와 종교를 상대화시키지 못하는 복음주의 선교는 '개종자'의 길을 선호한 것으로 보인다. '복음화'는 성경 시대의 "유대인화(Judaizing)"129)에 상응하는 패턴을 보이고 있었다. 즉 선교사들은 19세기 미국 주류 복음주의 교회를 한국에 제도화시키려고 했다. 그들이 강조했던 '회심'은 월스의 구분에 따르자면 '개종'의 심화 이상은 아니었던 것처럼 보인다.

'개종(改宗)'은 문자 그대로 종교를 바꾸는 것이다. 반면, 월스를 따르자면, '회심'에 있어서 결정적인 것은 그것이 외적인가 내적인가 하는 문제가 아니다. 회심은 보다 "근본적(radical)"이며, 내용보다 "방향(direction)"의 문제이다.130) 회심은 새로운 제도의 수립이라기보다는 "이미 거기에 있는 것(what is already there)"의 그리스도를 향한 전환이다.131) 그것은 일차적으로는 개인의 회심이지만, 그러나 문화의 회심, 종교의 회심을 동반하지 않을 수 없다. 민족의 회심도 제외될 이유가 없다. '회심'은, 바르트적인 의미에서, 불신으로서의 종교로부터 "참된 종교"132)로의, 그리스도에로의 회심이다.

이러한 "신약 성경적인" 의미의 '회심'에 비춰볼 때, 복음주의의 회심주의가 외적인 종교를 내적인 종교로 정착시킨 계몽주의에 의해 틀지어져

---

128) Ibid., 11.
129) Ibid., 12.
130) Ibid.
131) Ibid.
132) Barth, *Church Dogmatics*, I.2, 325-361. 바르트는 불신으로서의 종교에서는 기독교와 비기독교를 구분하지 않지만, "참된 종교"는 불신자에게 발생하는 "예수 그리스도 안에서 하나님의 은혜의 행위 안에 있는 하나의 사건"(344)으로 본다.

있었음을 발견하게 된다. 이러한 계몽주의의 개입이 개종과 회심의 구분을 요구했을 뿐만 아니라, 이 구분의 임의성이 복음주의 선교의 현장에서 혼선을 가져왔다. 외적 종교로부터 내적 종교로의 변화를 회심으로 이해하는 현상이 발생했다. 그러나 복음주의의 회심주의에는 윌스가 말한 "방향성"이 불투명했다.

3. 회심주의와 영혼의 구원

역사적으로 '회심(conversion)'133)은 복음주의의 "상표(hallmark)"와 같았다.134) 복음주의의 원류는 독일의 경건주의, 영국의 청교도주의와 국교회 내의 경건 신앙 전통 등에서 찾지만, 이러한 흐름들은 영미에서 합류하여 하나의 대중적인 회심 운동으로 나타났다. 초교파적이고 국제적인 복음주의는 형식적인 기존 교회와 율법과 구습에 매달리는 종교에 맞서 "진정한 종교(true religion)"135)를 추구했다. 그런 점에서 복음주의는 기존의 개신교에 대한 반(反)문화적(counter-cultural) 성격을 갖고 있었다. 복음주의적 회심은 기독교 공동체 내에서 발생했고, 회심자들은 개인들이었다. 종교가 사적 영역으로 떨어져 나가기 시작한 근대 서구 사회는 이들 회심자들에게 더 많은 활동의 공간을 부여했다. 그들은 선교 단체들을 만들어 기독교국가의 경계를 넘어 세계 복음화로 나아갔다.

청교도주의와 영국 국교회는 청교도들의 "회심의 체험"136)으로 구분되

133) 이하에서 '회심'은 특별한 언급이 없다면 복음주의적 의미에서의 '회심', 즉 '회심주의적 회심'을 가리킨다.

134) Douglas Sweeny, "Evangelical Tradition in America", in *The Cambridge Companion to Jonathan Edwards*, ed. Stephen Stein (New York : Cambridge University Press, 2007), 217.

135) Bruce Hindmarsh, "'End of Faith as Its Beginning' : Models of Spiritual Progress in Early Evangelical Devotional Hymns", *Spiritus : A Journal of Christian Spirituality* 10.1 (Spring 2010), 1.

136) Brauer, "Conversion : From Puritanism to Revivalism."

었다. 청교도들은 회심의 체험이 절대적으로 요구된다고 주장했다. 점진적인 회심과 갑작스런 회심 둘 다 가능했지만, 청교도들은 의지적(volitional)이고 일생에 걸친 점진적 회심에 보다 강조점을 두었다. 청교도적 회심론에서는 내적 고통과, 죽음과 다시 삶, 새 창조 등이 강조되었다. 청교도들에 의해 재생(regeneration), 신생(new birth) 등의 회심 관련 언어들은 일반화되었다. 그러나 회심이 청교도주의의 독점물일 수는 없었다. 바르트는 근대 회심의 신학으로, "대중적, 로마 가톨릭적 관점(초자연적인 개입)", "신(新)개신교적 관점(인간의 자연적, 도덕적 본능의 충족)", "정통 루터교적 관점(인간의 변화 없는 칭의)", 등 세 가지를 구분한다.[137] 그중에서도 신(新)개신교인 복음주의에서 회심의 중요성이 부각된 것은 계몽을 이성의 내적 조명으로 간주한 계몽주의와의 연관성 때문이었다. 계몽주의자들에게서 이 빛은 중세 종교의 허례허식, 대중 종교의 미신적 요소, 종교 전쟁의 열광주의, 비합리적인 초자연주의를 깨뜨리는 빛이었다. 중세적 종교로부터 근대적 종교로의 이러한 변화를 복음주의자들은 명목상의 신앙으로부터 진정한 신앙으로의 회심으로 간주했다.

이러한 맥락에서 볼 때, 선교사들이 본국에서 체험한 "복음주의적 부흥"은 "명목상(nominal)" 기독교로부터 "참된(real)" 기독교로의 회심이었다.[138] 형식적이고 세속적인 동기에서 행해진 개종은 복음주의에 의해 의심받았고 공격받았다. 복음주의가 주류화하면서 이제는 복음주의 내부에서도 거듭된 회심이 요구되었다. '완전주의(perfectionism)'와 성령 세례에 의한 '성결(Holiness)'이 19세기 후반 복음주의 회심의 주된 화두로 부상했다. 이와 같이 복음주의는 처음부터 '회심주의'였고, 회심에 대한 항상적인 요구 하에

---

137) Barth, *Church Dogmatics* IV.4, 5.
138) Walls, "Converts or Proselytes?" 2.

있었으며, 부흥 운동은 대중적 회심의 기폭제가 되었다.

외면적 개종으로부터 영적인 진보를 통한 선교지민의 내면적 회심을 추구하던 복음주의 선교는 선교지민의 내적 삶에 더 큰 관심을 기울이고 있었다. 선교지민의 종교나 관습이 우상숭배와 미신에 빠져 있다는 피상적 관찰로는 만족할 수 없었다. 선교지 주민들의 내면 세계가 객관적이고 경험적으로 관찰되어야 했다. 그들의 영혼의 상태를 알지 않고서는 그 영혼을 구원할 수 없기 때문이었다. 물론 선교사들이 '개종'을 가벼이 여겼다는 말은 아니다. 대중적 경건이 몸에 밴 복음주의 선교사들은 입교 지원자들을 받아들일 때 엄격한 규정을 견지하고 있었다. 새로운 입교자들은 소정의 교리교육을 받아야 했고, 세례를 받아야 교회의 지체가 될 자격을 얻을 수 있었다. 우상숭배는 엄격히 금지되었다. 하지만 복음주의 선교사들은 교리문답, 세례, 성례전 등으로는 그들이 기대하는 회심이 일어날 수 있다고 믿지는 않았다. '개종'은 명목적인 기독교인들의 수만 늘릴 뿐이었다. 그런 의미에서 '개종'은 교육, 의료 등등 다른 선교 사역들과 마찬가지로 하나의 '준비'일뿐이었다.

선교는 단지 '복음전도'로 끝날 수 없었다. 선교지민들이 그들의 입술로 주 예수 그리스도를 믿는다고 말하는 것만으로는 복음주의 선교의 목적을 달성했다고 할 수는 없었다. 선교는 선교지민들의 영혼으로 들어가서, 그들의 영혼을 속박하는 사슬들로부터 구원하고, 그들의 마음을 변화시켜야 했다. 복음주의 선교사들은 성령이 그들을 변화시키실 때까지 기다릴 여유가 없었다. 이러한 열의를 '의식의 식민화'라고 부른다고 해서 그다지 놀랄 일은 아니다. 기독교의 빛을 어둠에 싸여 있는 선교지의 영혼들 안으로 비추려는 복음주의 선교사들의 열정은, 그것이 비록 영혼의 구원을 목표로 한다 하더라도, 식민지 주민들의 의식을 장악하고 지배하려는 식민주의자들의 권력 의지와 흡사해 보인다.

역사적으로 모든 선교가 이처럼 구원되어야 할 '영혼' 그 자체에 초점을 맞췄던 것은 아니다. 선교 문서인 바울의 서신들을 보더라도 선교지민들을 지배해 오던 '어둠의 힘들'에 대한 탐구는 별로 나타나지 않는다. 그러한 것들은 이미 지나간 것들이었고, 바울에게는 "새로 지으심을 받는 것만이 중요"했다(갈6 : 15). 선교사 바울은 선교지민들이 선교사 자신처럼 빛 속으로 결정적으로 나아온 존재요, 이미 성령 충만한 존재요, 이미 "예수 그리스도의 것"이라고 믿었다. 따라서 그가 받은 것과 동일한 "그리스도의 할례(골2 : 11)"를 받은 선교지민들에게는, 유대인들의 "할례"와 이방인들의 "무할례"는 상대적인 것이었고, 그의 표현대로라면, "아무 것도 아니"었다(갈6 : 15). 바울의 관점을 적용한다면, '개종'과 '회심'의 복음주의적 구분은 아무것도 아닐 수 있다.

하지만 복음주의 선교사들은 계몽주의의 "진보에 대한 믿음(belief in progress)"[139]을 영성화하여, 개종으로부터 회심으로 나아가는 것을 세상의 진보에 상응하는 영적인 진보로 생각했고, 이를 선교 현장에 적용했다. '영혼의 구원'을 추구하는 선교는 선교지민의 내면세계의 어두움을 정복하고, 그 속에 빛의 식민지를 건설하고 확장하는 일이었다. 따라서 이전에 알려지지 않았던 선교지민들의 내면의 어둠들이 조명되었다. 그리고 내면적인, 내면으로부터의, 회심의 과정은 일종의 '영혼 형성(soul-making)' 과정이 되었다. 복음주의 선교는 이 과정에서도 계몽주의로부터 도움을 얻었다. 복음주의 선교사들은 영혼의 전적인 타락이라는 칼빈주의의 혹독한 교리를 적용하기보다는, 계몽주의의 가르침을 따라, 인간에게는 선한 양심

---

139) Bosch, *Transforming Mission*, 265.

이 선천적으로 주어졌다고 믿고 있었다. 전적 타락의 교리가 인류의 부정적 평등성을 강조함으로써 선교하는 자와 선교되는 자의 구분, 이미 계몽된 자와 아직 계몽되지 못한 자의 구분을 근본적으로 상대화시켰다면, 인간의 선함을 믿는 '계몽적 선교'는 이 주어진 가능성의 실현을 목표로 했고, 향상과 진보의 이념을 바탕으로 하여 포로 된 영혼의 구원에 나섰다. 선교지 한국인들의 어둠에 싸인 내면에서도 선한 양심은 반짝거리며 "와서 우리를 도우라(행16 : 9)."고 요청하고 있었다. 선교지를 지배하고 있던 어둠은 치유할 수 없는 인간 본연의 죄악이 만들어낸 것이 아니라, 가난과 무지와 억압과 미신과 또는 불행한 삶이 만들어낸 것들이었고, 선교지민들은 그러한 어둠으로부터 나오기를 갈망하고 있는 것처럼 보였다.

복음주의 선교가 그 부드러운 외양과는 달리 선교사상 가장 포괄적이며 야심찬 공격적 선교라는 사실이 인정되어야 한다. 선교가 '영혼 구원 사업'으로 간주되게 된 것은 선교사상 획기적인 변화였다. 한 사람, 한 사람의 영혼이 소중했다. 아흔아홉 사람의 영혼보다 단 한 사람의 잃어버린 영혼을 찾기 위해서, 선교는 선교지민의 가장 깊은 곳에 이르러야 했다. 영혼 구원을 추구했던 선교사들은 선교지의 깊음과 어둠으로 들어가야 했고, 영혼을 발견해야 했고, 구원 받을 영혼이 없다면 그것을 거기서 만들어내기라도 해야 했다. 어둠에 사로잡힌 영혼과 그 영혼을 지배하는 모든 것이 탐구되고 밝혀져야 했고, 구원의 빛은 선교지민들의 삶의 모든 측면을 속속들이 비춰야 했다. 다른 어떤 역사적인 선교 형태보다 영혼을 구원하려는 회심주의 선교는 선교지민의 깊음과 어둠에 대한 전면적인 총공격이었다. "하나님의 부르심을 전혀 피할 수 없었다."[140] 선교지민의 "마음"은 발

---

140) Blair, *Gold in Korea,* 104, 박용규, 『평양대부흥운동』, 234에서 재인용.

가벗겨졌다. 한 선교사는 "우리는 하나님 앞에 완전히 발가벗겨져 있는 한 인간 마음의 모습을 보았다."[141]고 보고하고 있었다. 선교지민들의 성령 체험은 감추어진 것이 드러나는 계시(revelation) 또는 계몽(enlightenment)의 체험으로 묘사되었다. "마치 이들은 사람이 하나님의 현시 속에 발가벗겨 져 죄의 무시무시함이 적나라하게 드러난 듯이 행동했다."[142] '평양대부 흥'에서 선교사들에게 계시되고 계몽된 것은 하나님의 현실이 아니라, 인간의 현실이었다. 선교지민들 자신이었다. 그들의 죄에 사로잡혀 있는 영혼이었다. 선교사들은 한국인들의 깊음과 어둠을 목격했다고 느꼈다. '평양대부흥'에서 선교사들은 선교지민들에게도 양심이 있으며, 죄의식이 있으며, 죄를 의식하는 '영혼'이 있음을 인정했다.

선교사들에게 주어진 과제는 표면적으로는 죄에 사로잡힌 이 영혼을 그리스도에게로 인도하는 것이었다. 하지만 '평양대부흥'에서 선교사 자신들의 주된 관심은 선교지민들이 향해야 할 '그리스도'보다는, 그리스도로 인도되는 '선교지민들'이었고, 그들을 참된 기독교인으로 재형성하는 데 있었다고 할 수 있다. 그런 의미에서 '평양대부흥'은 "그리스도에로의 회심(turning to Christ)"은 아니었다. 여기에서 발견되는 것은 그리스도가 아니라 선교지민들 자신이었다. 선교지민들의 깊음과 어둠은 그들만의 것이었다. 선교사들은 그 깊음과 어둠 가운데서 자기 자신을 발견하지 못했다. 그러므로 영적으로 향상되고 진보될 쪽은 선교지민들이었다. 만일 그들의 영적인 향상과 진보가 이뤄진다면, 그 목표는 그리스도라기보다는 '참된 기독교인'이었고, 참된 기독교인은 복음주의 선교사의 다른 이름이었다. 이

141) Graham Lee, "How the Spirit Came to Pyeng Yang", 35, 박용규, 『평양대부흥운동』, 239에서 재인용.
142) Jones, *The Korean Revival*, 14, 박용규, 『평양대부흥운동』, 275.

같은 선교사들과 선교지민들의 동일화는, 월스의 구분대로 하면, 다름 아닌 "개종자들"의 길이다. '평양대부흥'이 세계 기독교의 신데렐라요 한국 기독교의 기원이 되었다는 것은 이러한 의미에서다. 이 "개종자들"은 기독교라는 새로운 종교를 소유하게 된 식민지적 개인들이었다.

그날 부활절, 아펜젤러가 바랐던 "이 백성을 얽어맨 결박을 끊"는 일과 "자유"를 주는 일, 즉 "영혼 구원"은 인간을 "해방되고 자율적인 개인들 (emancipated, autonomous individuals)"[143)로 간주하는 계몽주의적인 사고와 맞물려 있었다. 선교사들은 선교지민들에게 단지 새로운 단체나 제도나 종교의 형식을 부과하려 하지 않았다. 그들의 더 큰 관심은 새로운 주체의 형성이었다.[144) 부흥 운동은 영혼을 거듭 나게 하는 운동이었다. 이렇게 해서 새로워진 이 영혼은 자기 발생적이고 자기충족적인 개인이었다.[145)

선교사의 영혼 구원 사업에 상응하는 것이 선교지민에게는 '주체적인' 회심이었다. 회심의 주체로서의 개인의 탄생을 요구하는 복음주의 선교의 미시적인 접근은 복음의 개인주의화, 왜소화라는 비판을 받기도 했다. 민족의 자주 독립과 같은 거대한 과제들에 비한다면, 선교사들은 '교회'라는 그들만의 비밀스런 실험실에서 오직 자신들의 과제에 몰두하고 있는 고립된 사람들 같은 인상을 줄 수도 있다. 그러나 이 실험의 위대함이 인정되어야 한다. 복음주의 선교가 선교지에서 근대적 자아의 형성에 미친 영향은 과소평가될 수 없다. 근대적 자아의 형성은 근대적인 제도와 기관의 정

---

143) Bosch, *Transforming Mission*, 267.
144) Russell Hittinger, "Charles Taylor, 'Sources of the Self'", *The Review of Metaphysics* 44.1 (September 1990), 114. 근대성을 "인식론적 성과"(epistemic gain)로 보는 테일러는 내면을 "소유"하며, 일상적 삶을 자아의 발견과 발전을 위한 무대로 여기고, 자연을 통해 본래의 자아를 표현하는 등, 근대적 자아의 세 가지 도덕적 "자원들"(sources)을 지적한다.
145) Bosch, *Transforming Mission*, 267.

착보다 훨씬 복잡하고 미묘한 문제였다. 물론 상식적 계몽주의의 믿음에 준거하여, 복음주의자들은 모든 사람에게 보편적으로 하나님을 알 수 있는 내적 능력이 갖춰져 있으며, 새로운 삶을 살 가능성은 누구에게나 주어졌다고 생각했다. 그러나 이 가능성이 자동적으로 현실화되는 것은 아니었다. 실천할 대행자가 형성되어야 했다. '평양대부흥'은 대행자 형성의 기독교적 버전이었다.

복음주의적 회심은 구체적으로는 죄인으로부터 의인으로의 변화였다. 예수는 죄로부터의 구원자이고 구세주였다. 그러나 죄란 무엇인가? 선교지민들은 구원 이전에, 구원 밖에서, 예수 그리스도 밖에서, 그들의 죄를 깨달아야 했다. 선교사들이 자주 언급했다시피, 선교지민들에게 예수 그리스도를 전하는 것보다 더 어려운 일이 그들이 죄인임을 가르치는 일이었다. 선교사들이 보기에 선교지민들은 예수를 믿는다고 하면서도 자신들이 죄인임을 깨닫지 못하고 있었다. 이로 인해 복음주의의 영혼 구원 프로젝트는 처음부터 난관에 봉착하곤 했다. 부흥 운동에서 죄인으로서의 자기의식이 무엇보다도 먼저 요구되었던 것은 이 때문이다.

어떤 선교 번역적 뒤바뀜이 발생했다. 죄 고백을 중심으로 한 "피니 방식 부흥회"와 죄 용서를 중심으로 한 "무디 방식 부흥회"의 차이는 선교지 회심의 과정에도 반영되었다. 앞서 살펴본 대로, 선교지 회심 운동에서는 강조점이 죄 용서로부터 죄 고백으로 역전되었다.[146] '평양대부흥'에서

146) 서부 아프리카의 "에웨"(Ewe)족을 회심시키려 했던 20세기 초 독일 경건주의 선교사들은, 그들의 외형적인 대대적 성공에도 불구하고, 회심자들이 복음의 메시지를 충분히 "내화"(internalize)하지 못하고 있고, 회심의 "내적" 차원이 결여되어 있으며, "선교의 회심의 이상"(missions of ideal of conversion)에 미치지 못하고 있다고 생각했다. Birgit Meyer, "Modernity and Enchantment : The Image of the Devil in Popular Africa Christianity," in *Conversion to Modernities : The Globalization of Christianity,* ed. Peter van der Veer (Yew York : Routledge, 1996), 213 : "To the missionaries, ideal conversion resulted from a feeling of total sinfulness

선교사들이 죄의 회개보다도 죄의 고백에 더 큰 관심을 두었던 것은 이 때문이다. 선교사들은 부흥 운동을 통해서 한국인들도 "압도하는 죄에 대한 의식(overwhelming sense of sin)"을 가질 수 있음을 보여주었다고 생각했다.147) 그들은 선교본국의 무디 방식 부흥회가 선교지에서는 불충분하다는 판단했을 수도 있다. 죄 용서가 전제된 죄 고백은 진정성을 가질 수 없다고 보았던 것이다. 회개의 진정성을 입증하기 위해서 죄 고백은 우선 죄 고백 그 자체를 목적으로 해야 했다. '평양대부흥' 중 한 회개자는 다음과 같이 부르짖었다. "제발 제게 고백할 수 있는 기회를 주십시오!"148) 그리고 죄 고백 자체가 하나의 성취였고, 승리였다. "투쟁과 죄의 고백 후 승리가 찾아왔다."149) 그리고 평화가 찾아왔다. "그런 후 평화, 이상하고 향기로운 형언할 수 없는 평화, 결코 전에는 알지 못했던 그러한 느낌이 나의 심령을 사로잡는 것 같았다."150)

하지만 이러한 순서의 뒤바뀜은 근본적으로 계몽주의 때문에 일어났다고 생각된다. 계몽주의의 영향으로 구원론은 구원하는 '하나님'으로부터 구원되는 '인간'으로 그 축을 이동시켰다. 구원의 시작에 '하나님'의 인간을 향한 회심이 아니라 구원을 추구하는 '인간'이 있었고, 구원의 끝에 회심의 목표인 '그리스도'가 아니라 구원된 '인간'이 있었다. 하나님은 구원의 방편이 되었다. 구원의 방편은 다른 것들로 대체될 수 있었고, 인간 자신이 구원의 방편이 될 수도 있었다. 따라서 복음주의 구원론은 자기 구원

---

and entailed a complete change of a person's inner state and, as a next step, behavior."

147) "The Korean Revival", *The Korea Mission Field* 4.4 (April 1908), 62.

148) "The Revival", *The Korea Mission Field* 4.6 (June 1908), 84, 박용규, 『평양대부흥운동』, 274에서 재인용.

149) E. M. Cabel, "Communication", *The Korea Mission Field* 4.3 (March 1908), 47, 박용규, 『평양대부흥운동』, 332.

150) James Gale, *Korea in Transition*, 209, 박용규, 『평양대부흥운동』, 237에서 재인용.

론의 길을 열어놓고 있었다. 회심은 인간의 좀 더 참된 자기 자신을 향한 회심이었고, 자기 각성이었다. 자기 계몽이었다. 회심은 자기 자신의 영적, 도덕적 가능성의 발견과 실현이었다. "죄의식(sense of sin)"이 강조된 것도 회심을 위해서는 먼저 즉 자기 안에서 회심되어야 할 영혼의 상태에 대한 자각이 요구되었기 때문이다.

계몽주의의 사고방식을 수용한 복음주의라고 해서, 예수 그리스도가 구원자요 구세주라고 하는 믿음이 전적으로 포기되었다는 말은 아니다. 그러나 이처럼 자기 구원의 길이 열린 상황에서 예수 그리스도를 구주라고 고백한다는 것은 어딘가 자연스럽지 못하고 공허한 수사(修辭)처럼 보였을 수 있다. 선교사들이 예수 그리스도의 복음을 포기했다는 말이 아니다. 그들이 예수 그리스도의 보혈을 자주 언급했다는 사실을 망각해서 하는 말이 아니다. 다만 또 다른 구원의 길이 있었으며, 또 다른 이 구원의 길로부터 복음주의 선교사들이 추구했던 구원의 길이 분리될 수 없었다는 말이다.

4. 복음주의적 회심의 한계

그렇다고 해서 복음주의 선교의 공헌을 무시해서는 안 된다. 이를테면 복음주의 선교는 인종주의와 같은 생물학적 결정론을 무조건 받아들이지 않았다. 류대영은 해외 선교를 옹호하던 미국인들은 "앵글로 색슨주의적 인종 편견"을 가지고 있었고, "해외 선교 지지자들은 선교사업은 열등한 민족에 대한 미국 국민의 도덕적 의무일 뿐 아니라 상업적으로도 타산이 맞는 일이라는 점을 강조하고 나섰다."고 주장한다.[151] 그러나 선교사들이 이러한 "인종 이데올로기"[152]를 노골적으로 드러낸 경우는 거의 없었다.

---

151) 류대영, 『초기 미국 선교사 연구』, 230–231.

오히려 그들은 서구 문명의 본질적 우월성을 인정하지 않았다. 복음주의 선교는 성경의 가르침에 따라 인류의 근본적인 하나됨과 평등을 주장했다.153) 모든 사람이 불멸의 영혼을 소유했으며, 모든 사람이 하나님의 은혜 아래에서 합리적, 책임적인 존재이고, 모든 사람이 재생할 수 있었다.154) 죄와 죽음과 재생은 단지 선교지민에게만 적용되는 것이 아니라, 모든 사람에게 적용되는 것이었다. 복음은 가장 야만적인 인간조차도 변화시킬 수 있었다. 그 변화는 반드시 긴 시간을 요하는 것이 아니라 즉각적으로 일어날 수도 있었다. 그 변화를 한 개인뿐만 아니라 온 종족이나 민족이 동시에 체험할 수도 있었다. 문명이 한 인종에게 전유될 수 없듯이, 누구나 기독교인이 될 수 있었다. 왜냐하면 "하나님은… 그들이 주님을 찾을 수 있도록… 그리고 그를 발견할 수 있도록… 이 땅의 모든 인종 안에 거하시기 위해 모든 민족을 한 혈통으로 만드셨기 때문이다."155) 무지와 타락은 운명이 아니었다. 변화될 수 있었다. 무지와 타락은 일종의 "환경(circumstances)"이었고, 이교도들의 "잠재력(potential)"은 기본적으로 신뢰되었다.156) 이러한 신뢰가 선교지민들의 자발성과 책임을 강조하는 경향을 낳았다. 선교지 주민들의 죄에 사로잡힌 영혼이 성령에 의해 폭로되어야 했고, 또한 그들의 상한 영혼이 성령에 의해 치유되고 온전해져야 했다. 이로써 외면적 계몽을 넘어서 내면적 계몽이 실현되어야 했다. '평양대부흥'은 복음주의의 이런 낙관적인 기대 속에 추진되었다.

그러므로 회심은 보다 포괄적인 목표가 되었다. 회심은 선교지민들을

152) 류대영, 『초기 미국 선교사 연구』, 230.
153) Stanley, "Christian Missions and the Enlightenment", 11.
154) Coleman, "Not Race, but Grace", 46.
155) J. Z. Moore, "The Great Revival Year", 118, 박용규, 『평양대부흥운동』, 495에서 재인용.
156) Coleman, "Not Race, but Grace", 48.

이교주의와 흑암으로부터 벗어나게 하고, 하나의 새로운 인간, 하나의 새
로운 성품(character)을 주조해내는 포괄적인 과정이었다. 이를 위해 과거와
의 완전한 단절이 요구되었다. 적자생존의 사회진화론적 세상에서 자신들
의 생존을 위해서라도 선교지민들은 과거와 단절되어야 했다.[157] 복음주
의 선교가 추구하던 회심이 그저 종교에로의 도피라고 여겨서는 안 된다.
더구나 복음주의 선교사들에게 종교는 도피처가 아니었다. 그들의 관점에
서 보건대, 그들이 전하는 복음은 새로운 인간의 주형(鑄型)이었다. 이 새
로운 인간들이 새로운 세상을 열어갈 것은 당연한 귀결이었다.

　문제는 선교지 교회의 회심으로 선교 사역이 종결될 수 없었다는 데 있
었다. 선교사들은 자신들을 "몽학선생(갈3 : 24)"으로 여겼고, 선교지 교회
의 "자유(갈5 : 1)"를 끝내 선언하지 못했다. 계몽주의자들이 야만과 계몽
사이에 많은 단계들을 만들어냈듯이. 선교지 교회는 성령 강림과 성령 체
험 후에도 아직 회심 중에 있었다. 선교사들은 선교지 교회의 기독교인들
이 이미 빛의 자녀가 되었다고 믿을 수 없었다. 선교사들은 선교지민들에
게 빛의 자녀이기 때문에 빛의 자녀답게 살아가라고 요구하지 않았다. 그
들이 보기에 선교지민들은 아직 빛으로 나아가는 과정에 있었다. "하늘로
부터 해보다 더 밝은 빛이 나와" 다메섹으로 향하던 바울 일행을 "둘러
비추"던 때는 정오였다(행26 : 13). 그러나 한국은 어둠 속에서 새벽을 깨우
는 나라였다.

　가부장주의적인 복음주의 선교의 임무는 선교지 주민들이 완전히 자유
로워지기 전에는 완료될 수 없었다. 선교사들은 "그리스도께서 우리를 자
유롭게 하려고 자유를 주셨으니 그러므로 굳건하게 서서 다시는 종의 멍

---

157) Ibid., 46.

에를 메지 말라(갈5 : 1)"고 가르치지 않았다. 그들은 선교지민들이 이미 자유롭다고 가르치기보다는 부자유로부터 자유로 나아가야 한다고 가르쳤다. 계몽하는 "몽학(蒙學)선생"으로서의 그들의 사명은 그 자체로서는 완료될 수 없는 것이었다. 이 점은 '평양대부흥'에서 명료하게 드러난다. 성령 충만한 교회라 할지라도 선교사들은 그 교회를 회심으로 계속 이끌어야 했다. 성령 강림이 선언된 이후에도 선교지민은 "초등교사 아래"에 있었다(갈3 : 24-25).

'평양대부흥'에서 복음주의 선교사들은 선교지의 죄와 죄인들 속에 자신들을 위치하려 하지 않았다. 회심한 선교사들은 이미 의인이었고, 그들은 더 이상 죄인이 아니었다. 자신들은 이미 빛에 속한 자요, 선교지민들은 어둠으로부터 빛으로 나아오는 중이었다. 선교사들은 성화된 자들로서 선교를 위해 선교지에 온 자들이었고, 선교지민들은 이제 막 성화의 길로 접어든 자들이었다. 보편적 개인이라는 계몽주의적 전제에도 불구하고, 선교지 기독교인은 스스로 설 수 없었다. 복음주의 선교가 민족적, 사회적, 인종적 차이에 대해 보다 관대했다고 말할 수 있지만, 그러나 거듭난 자와 거듭날 자와의 차이는 여전히 남아 있었다. 선교사들은 거듭난 자들이었고, 선교지민들은 거듭날 자들이었다. 선교사들은 구원받은 자였고, 선교지민은 구원받을 자들이었다. 선교사들에게 죄는 과거에 속한 것이었고, 선교지민들에게 죄는 현재에 속한 것이었다. 선교사들은 계몽된 자들이었고, 선교지민들은 계몽 중에 있는 자들이었다. 선교사들은 '평양대부흥'에서 선교지민들의 동정적 관찰자들이었다.

　　인간이 범할 수 있는 모든 죄악이 그날 밤 공개적으로 고백되었다. 창백하고, 마음과 몸의 고통 속에서 강렬하게 떨고 있는, 죄지은 영혼들이, 심판대

앞에 서서, 하나님이 그들을 보는 것처럼 그들 자신을 보았다. 그들이 수치와
슬픔과 자기혐오에 완전히 사로잡힐 때까지, 그들의 모든 추악함 속에 있는
그들의 죄들이 떠올랐다. 교만이 제거되고 체면도 잊었다. 하늘을 향해 그들이
배반한 예수님을 바라보면서, 그들은 자신을 세차게 때리며 비통하게 울부짖
었다.158)

'평양대부흥'에서 선교지민들이 "심판대 앞에 서서 하나님이 그들을 보
는 것처럼 그들 자신을 보"고 있을 때, 선교사들은 무엇을, 누구를 보고
있었는가를 묻지 않을 수 없다. 선교사들은 단지 공개된 죄와 죄인들의 목
격자나 관찰자였던 것은 아니었는지를 묻지 않을 수 없다. 죄인들뿐인 선
교지민들 사이에서 선교사들은 유일한 의인들이 아니었는지를 묻지 않을
수 없다. 선교지민들이 고백하는 죄가 교회는 물론이고 사회적으로도 용
납될 수 없는 것들이었다 하더라도, 선교 현장에서 발생한 죄 고백 사태인
만큼, 선교사들이 이 사태에 대해 어떤 "책임감"159)을 가졌는지를 묻지
않을 수 없다. 목격자, 관찰자, 동정하는 자로서의 선교사 자신들이 '평양
대부흥'에서 죄를 드러내는 자의, 분노하고 심판하는 자의, 용서하고 화해
하는 자의 자리에, 의인들의 자리에 있지 않았는지을 묻지 않을 수 없다.
'의식의 식민화' 이론이 주장하는 것처럼 선교사들이 선교지민들과의 차
이를 의식적으로 유지하려 했고 강화하려 했다는 것은 아니다. 선교사들
은 이 차이가 언젠가 극복되어야 한다고 믿고 있었다. 선교지민들은 선교
사 자신들이 체험한 것과 같은 것을 체험해야 했다. 복음주의 선교사들은
자신들의 체험을 선교지민들과 공유하려는 대담한 시도를 실천에 옮겼다.

158) W. N. Blair, *The Korea Pentecost*, 73, 이만열, "1907년 평양 대부흥운동에 대한 몇 가지
검토", 14에서 재인용.
159) Samuel Pang, "Toward a Pedagogy of Responsibility for the Other", *Journal of Christian
Education & Information Technology* 10 (2006).

그것이 선교지 부흥 운동이었다. '성령 강림'을 체험하는 선교지 부흥 운동은 언젠가 일방주의적 선교에 크나큰 위기를 초래할 것이었다. 성령 강림을 체험한 선교지 교회를 더 이상 선교사들이 가부장주의적으로 좌지우지할 수 없을 것이기 때문이다. 그런 만큼, 선교지 부흥 운동을 통해 위기를 자초한 복음주의 선교의 위대함을 발견할 수도 있을 것이다.

하지만 그것은 어디까지나 "개종자들"의 길이었다. 복음주의 선교사들은 선교지에서 선교민들을 자신들의 "문" 안으로 끌어들이려 했다.[160) 만일 선교사에게 어떤 구별됨(distinction)이 있을 수 있다면, 그것은 선교사와 선교지민 사이에 구별될 것이 없다는 사실을 아는 것인지도 모른다.[161) 그러나 복음주의 선교는 선교본국도 선교지도 부활한 예수 그리스도 안에서 다같은 '새로운 창조(갈6 : 15)라는 인식에 이르지 못했다고 할 수 있다. 복음주의 선교는 창조주 하나님의 통치가 '아직' 미치지 못하는 곳이 있다고 생각했다. 하나님이 천지를 창조했을 뿐만 아니라, 선교지에 선교사들이 도착하기 이전에도, 그들이 떠난 이후에도, 하나님은 선교지의 주님이라는 사실을, 그들은 인정하지 않았다. 그들은 앞서 갔고 성령이 그들을 뒤따라갔다. 성령 강림 이후에도 선교사들은 떠날 준비를 하지 않았다.[162) 선교지에서 그들은 선교지민들과 추상적인 인간성 속에서 연대할 수 있었을지 모르지만, 선교지민들의 구체적인 죄 속에서 선교지민들과 연대하지

---

160) Orlando Costas, *Christ Outside the Gate : Mission Beyond Christendom* (Maryknoll, NY : Orbis Books, 1982).

161) Barth, *Church Dogmatics III.3*, 240 : "It is the distinction of renouncing all claim to distinction."

162) "율법에 의한 선교"를 비판하고 "복음에 의한 선교"를 주장한 선교학자 알렌은 선교사는 "성령의 능력"을 신뢰해야 하며, "선교 현지에서 교회의 기본적인 요소가 갖추어지면 선교사는 즉각적으로 선교 현지의 원주민들에게 리더십을 넘기고, 가능하면 빨리 선교지를 이동하여야 한다."고 주장했다. 김상근, "로랜드 알렌이 제시했던 '바울의 선교방법' : 세계교회사에 나타난 선교인물(5)", 「교회와 목회」 557 (2005).

못했다.163) 그들은 선교 현장에서 그들 자신도 하나님의 구원을 향하여 나아가고 있다고 말하지 못했다. 부활의 빛은 죄인들뿐만 아니라 의인들도 비춘다는 사실을 그들은 인식할 수 없었다. 복음주의 선교지에서 "하나님의 보편적 통치(the universal lordship of God)"는 의문시되었다.164)

이런 일이 발생한 원인은 복음주의의 특징 속에서 발견되어야 한다. 베빙턴은 '십자가중심주의(crucicentrism)'를 복음주의의 주요한 특징들 중 하나로 보았다. 복음주의는 십자가에 달린 그리스도의 대속의 은혜를 핵심적인 교리로 삼고 있었다. 십자가는 죄의 죽음이었고, 보혈은 죄로부터 죄인을 구원하는 구원의 피였다. 영혼 구원이야말로 선교사들이 소명 받은 바였다. 그러나 복음주의의 대속(atonement)론은 십자가를 단지 구원의 방편으로 삼는 경향이 있었다. 그 만큼 복음주의 선교도 십자가중심주의적이었다고 말할 수 있지만, 그것을 '그리스도중심주의(Christocentrism)'적이었다고는 말할 수 없다. 십자가중심주의조차 대속론과 구원론으로 제한되어 있었으며, '십자가의 신학'은 거의 언급되지 않았다. 그리스도론의 빈곤을 메우기 위해 성령론이 부각되었지만, 그리스도와 성령과의 관계는 설명되지 않은 채 따로따로 제시되었다. 그리스도론과 관계없이 규정된 죄에 대한 이해 는 빈약할 수밖에 없었다. 선교사들은 '상식적으로' 죄가 가르쳐질 수 있고 죄가 인식될 수 있다고 보았다. 따라서 가시적으로 교정될 수 있는 행위적 측면이 부각되었다. '평양대부흥'에서 회개된 죄는 그 목록의

---

163) 방연상, "탈 근대적 선교신학의 주체를 향하여", 「신학연구」 63 (2013), 268-269 : "대속은 단순히 공감을 위해 타인의 입장과 자신을 동일시하는 것이 아니라, 나와는 무관한 듯 보이는 다른 사람이 행한 것에 대해서 또한 다른 사람이 당하는 고통에 대해서까지 책임을 지는 것을 말한다. 내가 다른 모든 사람을 책임지고, 그들의 책임까지 내 책임으로 걸머진다는 철저한 수동성을 말한다."

164) Barth, *Church Dogmatics III.3*, 240.

다양성에도 불구하고 그리스도와 관련해서 이해되지 못했고, 율법과 관련해서조차 제대로 다뤄지지 못하고 있었다. 성령의 무시무시한 현시가 보고되고 있지만, 선교지민들의 회개는 자아비판 수준을 크게 넘지 못했다. 이러한 현상은 어떤 것들이 죄의 목록에 포함될 수 있으며, 어떻게 회개해야 하는지를 가르쳐 준 선교사 자신들의 죄에 대한 인식 수준을 반영하고 있다고 할 수 있다.

결론적으로, 월스가 제안한 구분대로라면 복음주의 선교사들이 추구했던 것은 "회심(conversion)"이 아니라 "개종(proselytization)"이었다. 그들은 말하자면 현대판 "유대주의자들(Judaizers)"이었다. 그들은 선교지민들을 "은혜의 바다"를 향하여 "언덕을 떠나서 창파에 배 띄(새찬송가 302장)"우는 회심의 모험으로 이끌기보다는, 개종의 "풍랑 일어도 안전한 포구(새찬송가 406장)"로 인도하려고 했다.

IV. '재귀적 선교학'

1. 쌍방향적 선교학

보쉬는 마틴 켈러를 인용하면서 "선교는 신학의 어머니"라고 했다.[165] 선교 현장에서 발생하는 예기치 않은 상황들이 새로운 신학을 발생시키고 기존의 신학에 반성과 혁신을 가져온다. 근본적으로, 이 사태는 미리 예측하거나 사전에 대비될 수 없다. 그것은 선교사들과 선교하는 교회가 당연한 것으로 전제했던 것들, 교리와 윤리와 실천 등등에 있어서 광범위한 신학적 재검토를 요청하게 된다. 그러므로 흔히 교회사가들이 가정하는 대

---

165) Bosch, *Transforming Mission*, 16.

로 어떤 시대적 상황이 신학의 재신학화를 요구한다기보다—그렇다면 '시대'가 신학의 어머니가 될 것이다—선교 사건이 선교하는 교회에 재신학화를 요구한다고 할 수 있다.

이러한 여건에서 선교사는 어떤 완성된 형태의 신학이나 이론을 견지할 수 없고, 선교학도 단지 '작업 가설들(working hypotheses)'을 가질 수 있을 뿐이다. 그런 점에서 선교학은 프랑스 사회학자 부르디외가 말한 "실행 이론 (theory of practice)"[166]일 것이다. 선교학은 이론의 실천이라기보다, 선교 현장에서 선교사와 선교지민 간에 발생하는 신학적인 사건들의 규칙을 탐구한다. 이 사건들은 추상적 이론으로 환원될 수 없다. 그렇다고 해서 현상의 모든 다양성을 단순히 열거하는 것이 선교학일 수 없다. 나아가 선교학에서 탐구되는 규칙은 선교사를 위한 전략으로서의 '선교 규칙'이 아니다. 선교 현장에서 나타나는 현상들의 신학적 규칙들이 선교학의 관심사다. 그리고 이러한 규칙들은 특수한 선교 현장을 넘어서 일정한 패턴들로 정형화될 수 있다. 월스는 자신의 선교지인 시에라레온의 기독교로부터 초기 교부 신학 시대의 기독교에 비견될 수 있는 현상들을 목도한 경험을 여러 차례 진술한 바 있다.[167] 이러한 비교와 통합을 통해 패턴들 또는 "실천적 이론(theory of practice)"을 발견하고 발전시키는 것이 선교학의 과제라고 할 수 있다. 백여 년 전 복음주의 선교사들의 한국 선교와 현재의 한국 교회의 해외 선교로부터 어떤 공통된 패턴을 발견할 때, 많은 대화적 통찰들을 얻어낼 수 있다. 특별히 선교지 교회가 급속히 선교하는 교회로 전환된 한국 교회의 이중적 경험은 선교학의 보고(寶庫)라 할 수 있다.[168]

---

166) Bourdieu, *Outline of a Theory of Practice*.

167) Walls, "Introduction", in *The Missionary Movement in Christian History*, xiii; Walls, "Eusebius Tries Again", 4-5.

신학의 어머니인 선교학은 신학을 출산해야 한다. 선교 현장에서 제기되는 물음에 대해 선교 이전에 신학자들이 정답을 가지고 있다고 더 이상 추정해서는 안 된다. 어디에도 정답은 없다. 선교는 새로운 발견이며, 계속되는 갱신(reformation)이다. 선교 방법론은 선교학의 우선적인 과제가 아니다. 필요한 것은 새로운 방법과 기술의 개발보다도, 정복될 땅의 지도보다도, 기술주의에 사로잡힌 선교학 자체의 극복이다. "목적성이 제거되고", "직접적인 인과 관계"로 현실을 인식하는 기계론적 계몽주의가 선교학에 있어서의 기술주의적 사고를 필연화 한다.[169] 기술주의는 선교하는 자와 선교되는 자를 계몽주의의 인과 관계적 규칙에 따라 구분하며 선교되는 자를 비인격화한다. 이를 극복하기 위해서는 선교하는 자와 선교되는 자의 관계를 원인과 결과의 관계로 보는 이분법에서 벗어나, 양자를 동시에 설명하는 새로운 선교 모델이 제시되어야 한다. 선교 방법주의를 극복하려면 선교 일방주의를 극복해야 한다. 쌍방향적 선교 이론은 이를 위한 시도이다.

복음주의 선교 문서들로부터 선교지의 지리와 역사와 인구와 민족과 민족성과 언어와 관습과 문화와 종교와 위생 등등에 관한 광범위하고 흥미로운 관찰결과들을 흔히 접하게 된다. 선교사들은 많은 분야에서 선교지를 근대 과학의 방법으로 관찰하고 연구한 창시자들이 되기도 했다. 그런데 정작 선교사들은 그들 자신에 대해서는, 그들 자신을 산출한 문화와 종교에 대해서는, 같은 정도의 자기 관찰과 자기 분석을 행하지 않았다. 선교 현장에서 선교사들의 관심이 이처럼 선교지와 선교지민들에게 집중되는 것을 불가피한 일이며, 오히려 미덕으로 여겨야 할 것인가?

---

168) 김상근, "한국교회의 해외선교, 어디로 갈 것인가?", 「대학과 선교」, 13 (2007).
169) Bosch, *Transforming Mission*, 265.

그렇지 않다. 선교사 바울의 선교 문서라 할 수 있는 서신들에는 바울 자신에 대해 말하는 내용이 놀랍도록 많다. 수신자 교회의 구체적인 상황은 오히려 어렴풋이 짐작될 뿐이다. 더구나 선교지 교회는 그 자체로서 관찰되거나 분석되지 않는다. 그 대신 바울은 선교지에서 일어나는 크고 작은 문제들을 신학화하는 데 민첩했다. 선교사 바울 자신이 신학화가 발생하는 '자리(location)'였다.

또 바울은 선교사로서의 자기 과제와는 별개의 개인적인 일들은 거의 기록하지 않았다. 그의 대부분의 관심은 선교사로서의 소명에 모아지고 있었다. 그의 서신들 내에서는 한 유대인 선교사와 선교지 이방인 교회 간의 대화가 치열하게 진행되고 있다. 우리는 이 대화를 통해 바울의 선교학과 신학을 가늠할 수 있다. 그의 신학은 일종의 '대화 신학(conversational theology)'이었던 것이다. 이 선교 대화는 반드시 까다로운 신학 용어들로 행해지는 것은 아니었다. 선교지 교회가 일상적으로 직면하는 문제들이 주로 화제가 되었다.

이와 비교할 때, 복음주의 선교사들의 관심사는 온통 선교지민들뿐인 것 같다. 이러한 관심의 '이타주의적' 불균형은 현재 한국 교회의 해외 선교에서도 되풀이되고 있는 것처럼 보인다. 선교사들의 선교 동기는 성경주의적 언어로 둘러쳐지고, 선교지의 현실은 계몽주의적인 경험과 관찰의 언어로 알려진다.

선교하는 자를 신비화하고 선교되는 자를 물상화(reification)하는 이러한 계몽주의적 불균형을 깨려면, 선교사들의 선교지 이해의 편협함과 종족중심주의적 왜곡과, 선교사들의 지적 세련도를 지적하는 것만으로는 크게 불충분하다. 선교학은 선교사와 선교지에 대한 이중적인 역사화를 수행해야 한다. 선교학적으로 선교의 역사를 다룰 때, 그것이 "양면적인 역사 과

정(two-sided historical process)"170)임을 인식할 필요가 있다. 선교는 결코 일
방통행적일 수 없다. 이를테면 한국에 선교사를 파송 한 미국 기독교회는
하나의 "지역적(local)" 성격을 가지며,171) 선교학은 선교하는 교회의 이 지
역적 성격을 파악해야 한다. 선교되는 복음은 복음 그 자체가 아니다. 그
것은 언제나 선교국에 토착화한 복음이다. 미국교회사에 대한 지식의 일
천함에도 불구하고 본 연구에서 선교본국 교회의 상황에 지면을 많이 할
애한 까닭은 일방주의로 인한 기형화의 시정이 무엇보다도 시급하다고 판
단됐기 때문이다. '계몽적 선교'는 자기 계몽의 선교이기도 하다. 선교지민
들은 세상의 끝에서 하나님을 만난다기보다 선교하는 교회와 선교국의 끝
에서, 하늘에서 내려온 "거룩한 성 새 예루살렘(계21 : 2)"에서, 선교사를 파
송 한 하나님을 만날 수 있다.

2. '재귀적 선교학'

이처럼 '계몽적 선교' 패러다임은 타자를 계몽하는 선교에만 주목할 것
이 아니라 자기를 계몽하는 선교에도 관심을 가질 필요가 있다. 선교지에
서 선교사는 타자화 되며, 그의 신앙은 시험대에 오르게 된다. 그가 신앙
의 일부로 당연시했던 것들이 실은 특정한 문화의 산물이며, 자기 자신이
그 문화에 포로 된 존재임을 깨닫게 된다. 따라서 선교사도 계몽되어야 한
다. 계몽되었던 자라도 다시 잠들 수 있고, 깨어 있는 자는 항상 깨어 있
어야 하기 때문이다. 하나님의 계몽의 빛, 인간을 향해 "회심"하는 그의
얼굴은 그 빛을 온 세상에 발하기를 중단하지 않는다.172) 이 빛은 계몽된

---

170) Comaroff and Comaroff, *Of Revelation and Revolution Vol. 1*, 54.
171) Walls, "The American Dimension of the Missionary Movement", in *The Missionary Movement in Christian History*, 234-235.

자와 계몽되지 않은 자를 가리지 않는 빛이다. 그러므로 '계몽적 선교'론은 계몽된 자와 계몽되지 않은 자 간의 상대적인 차이로부터 시작하지 말고, 종말론적 계몽의 빛으로부터 시작되어야 한다.

바로 이 지점에서, 복음주의의 '계몽적 선교'가 선교지민들의 계몽 또는 복음화를 꾀하는데 집중한 반면, 선교지민들의 자리로 내려오려 하지 않았다는 점이 지적될 수 있을 것이다. 복음주의 선교사들은 선교지민 자신들이 본래부터 가지고 있던 향상과 진보의 많은 가능성들을 발견했다. 선교지는 문명화될 수 있었고, 복음화될 수 있었고, '기독교문명국'도 될 수 있었다. 한국은 언젠가 선교하는 나라들과 어깨를 나란히 할 수 있을 것으로 기대되었다. 선교사들은 선교지민들에게 주어진 커다란 감춰진 가능성들 ─이성이든, 인성이든, 영성이든─을 현실화시키고 계발하려고 했다. '계몽적 선교'의 목표는 선교지민들이 선교사 자신들과 같아지는 것이었다.

그러나 선교사들은, 말하자면, "성문 밖으로" 나오려고 하지 않았다.[173] 그들은 선교지민들을 자신들의 성문 안으로 들이려고 했다. 선교사들이 해외 선교지로 나온 것은 사실이었지만, 그러나 그들은 선교지민들의 어둠의 자리에, 죄인들의 자리에 앉지 않았다. 복음주의 선교사들은 처음 그들이 서 있던 자신들의 자리에 확고히 서 있으려 했다. 아니, 그들의 자리를 굳건히 지키는 것이 미덕이라고 생각했다. 회개하고 변화해야 할 쪽은

---

172) Alain Blancy, "Can the Churches Convert? : Should the Churches Convert?" *The Ecumenical Review* 44.4 (October 1992), 456-457.

173) Costas, *Christ Outside the Gate*. 그러나 그리스도는 단지 성문 밖으로 나갔을 뿐만 아니라, 성문 밖, 골고다 언덕에서 세상의 죄를 떠안고 처형되었다. 몰트만의 신학을 적용한 코스타스의 성육신 선교 이론이 고통 받는 자들과의 연대에 머물 뿐, 그들을 "살려냄"(vivifying)에 이르지 못한다는 비판은 J. Todd Billings, "Incarnational Ministry and Christology : A Reappropriation of the Way of Lowliness", *Missiology : An International Review* 32.2 (April 2004).

언제나 선교지민들이었다. 그들에게 교회는 "증언이 일어나는 곳(the locus of the witness)"이라기보다는 "증언의 원천(the source of the witness)"이었다.174) 이미 변화된 자들로서, 선교사들은 더욱 강해져야 했고, 확신에 확신을 더해야 했다. 복음주의 선교사들에게 선교 운동은 야만으로부터 계몽으로, 이교주의로부터 기독교로, 피선교국으로부터 선교국으로 진보하는 일방적인 운동이었다. 이를 위해 선교지민들의 신앙 체험은 선교사들 수준으로 더 깊어져야 했고, 더 높아져야 했다. '평양대부흥'에서 자기 부인의 십자가는 선교지민들 만의 몫이 되어야 했다.

그러나 선교사들은 과연 무엇을 전하는가? 선교에서는 믿음의 전달 방법 이상이 문제 된다. 선교 현장에서야말로 믿음의 내용이, 믿음의 대상이, 우선적으로, 문제 된다. 복음주의 선교 운동이 형식에 있어서는 기독교를, 그것도 진정한 기독교를 선교하려 한 것은 변함없는 사실이지만, 그렇다고 해서 그들이 전하려고 했던 기독교의 진정성을 담보할 믿음의 내용이 무엇이었는가 하는 물음은 회피될 수 없다. 선교 현장은 믿음과 믿음의 전장(戰場)이다. 자명하고 필연적인 것으로 주어진 것들이 임의적이고 우연적이었다는 사실을 깨닫고, 굳건히 서 있었지만 기초가 매우 취약했다는 사실을 발견하는 것이 선교사들에게 주어진 은혜이다. 선교사들의 "약함"은 그들의 인격이나 출신 배경이나 학식이나 교단이나, 심지어 그들의 믿음의 약함을 말하는 것이 아니다. 선교사들의 약함은 선교 현장에서 발생하는 불가피한 약함이다.

선교는 부서짐의 체험일 수밖에 없다. 아체베(Chinua Achebe)는 선교지에서 선교민들이 겪는 체험을 『모든 것이 무너져내린다』(Things Fall Apart, 1958)

---

174) Newbigin, *The Gospel in a Pluralist Society*, 120 : "But the Church is not the source of the witness; rather, it is the locus of the witness."

는 말로 형상화했다. 그것은 선교지민들만의 체험일까? 선교사들의 선교
현장 체험도 그들 자신들에게 이와 같아야 한다. 선교사들을 선교로 나아
가게 한 신학과 기독교 문화와 영혼 구원을 위한 고결한 개인적 동기 등
등이 모두 산산이 부서져야 한다.[175] '계몽의 변증법'을 빌려 표현하자면,
선교지의 모든 것을 파괴하는 선교는 스스로도 파괴돼야 한다. 하긴 선교
지민은 선교사들의 선교로 산산이 부서지는 데 반해, 선교사들은 확신으
로 더욱 굳건히 서 간다면, 이는 불공평해 보인다. 선교사들 스스로 무너
질 수 없다면, 선교사들은 적어도 선교지민들의 무너짐에 동참해야 할 것
이다. "네가 이 큰 건물들을 보느냐 돌 하나도 돌 위에 남지 않고 다 무너
뜨려지리라(막13 : 2)." 여기에서 선교와 회심은 더 이상 구별될 수 없다.[176]
모든 것이 무너지고 산산이 부서지지 않는다면, 진정한 새로움은 탄생할
수 없다.[177]

이처럼 선교의 약함을 강조하는 선교학을 '재귀적(再歸的) 선교학(a reflexive
missiology)'이라고 칭할 수 있을 것이다. '재귀적 선교학'이라는 말은 부르디
외의 "재귀적 사회학(a reflexive sociology)"[178]으로부터 빌려온 것이다. "재귀

---

175) 같은 제목의 책을 『모든 것이 산산이 부서지다』로 번역하기도 한다.

176) Walls, "The Translation Principle in Christian History", 29‑30. 번역과 회심과 선교는 서
로를 비추는 거울이라고 할 수 있다. 선교가 증언(證言)을 포함한 증인(證人)의 '존재'에
관련되어 있다면, 그는 선교 현장에서 변화되지 않을 수 없다. 예수 그리스도의 증인이
었던 세례자 요한은 "그는 흥하여야 하겠고 나는 쇠하여야 하리라."(요3 : 30)는 말로 선
교사의 운명을 간명하게 공식화했다.

177) Barth, *Church Dogmatics* IV.2, 573 : "In these circumstances the thought of falling‑out is perhaps
the best to describe the situation. To begin with, it indicates that the coincidence of the 'still' and
the 'already', or the old man and the new, of the *homo peccator* and the *homo sanctus,* cannot remain.
it is true that there is no present in which we can look beyond this *simul,* in which the man
engaged in conversion is not wholly under the power of sin and wholly under that of grace... Its
whole will and movement and impulse is to fall out or fall apart, ..."

178) Pierre Bourdieu, *In Other Words : Essays Towards a Reflexive Sociology* (Stanford : Stanford University
Press, 1990).

적 사회학"은 간단히 말해서 자기가 속하지 않은 사회를 분석하는 방식으로 자기가 속한 사회를 분석하는 사회학이다. "reflexive"는 '반성적', '성찰적'이라는 말로도 번역될 수 있을 것이다. 그러나 이렇게 번역할 때, '반성'과 '성찰'이라는 말의 도덕주의(道德主義)적이고 감상주의적(感傷主義的)인 톤은 제거되어야 한다. 복음주의 선교를 포함한 모든 선교가 반성할 일이 있을 수 있고 참회해야 할 일도 있을 것이다. 그런 점에서 '문화 제국주의'론, '의식의 식민화'론 등등이 선교 윤리 의식을 제고하는 데 기여한 것도 사실이다. 그러나 '재귀적 선교학'은 그동안 경시된 다른 한 방향을 강조함으로써 일방주의적 선교학을 지양하고 선교적 대화를 쌍방향적으로 확장·심화시키려 한다. '재귀'는 일종의 '역지사지(易地思之)'라고 할 수 있다. 입장을 바꿔서 생각하는 것이다. '재귀적 선교학'은 선교하는 교회와 선교지 교회의 입장을 바꿔놓고 생각하는 것이다.

실제로 한국 교회의 위상이 선교지 교회로부터 선교하는 교회로 바뀐 만큼, 한국 선교학계는 '재귀적 선교학'을 발전시키는 데 매우 유리한 위치에 있다고 할 수 있다. 오늘날 해외에서 활동하는 한국인 선교사들은 한 세기 전 복음주의 선교를 자신들의 타산지석으로 삼을 수 있다. 그것은 한 세기 전의 복음주의 선교의 다음 장(章)을 이어 쓰는 것이 아니라, 거꾸로 거슬러 올라가는, 재귀적(再歸的)인 것이다.

'재귀적 선교'는 일종의 모순어법이다. 선교는 당연히 파송이고, 앞으로 나아가는 것이다. "예루살렘과 온 유대와 사마리아와 땅 끝까지 이르"는 것이다. "물이 바다 덮음 같이 여호와의 영광을 인정하는 것이 온 세상 가득 하리라"는 믿음이 선교의 성취를 기약한다. 선교사들은 파송될 것이며, 선교지는 확장될 것이고, 복음화는 "땅 끝"에 이를 때까지, 각 사람 모든 민족의 마음에 새겨질 때까지, 모든 창조의 기다림이 실현될 때까지, 쉬지

않을 것이다. 그러나 이 모든 일은, 돌이켜, 파송하는 선교본국과 복음화
에 매진하는 선교사의 구원을 위한 것이다.

선교는 자기 구원의 길이라고 할 수 있다. 유대인 제자-선교사들이 "이
스라엘 나라를 회복하심이 이때"인지를 물었을 때, 부활한 예수는 "땅 끝
까지 이르러 내 증인이 되리라." 답했다(행1 : 6-8). 선교본국의 회복이 선교
사들의 일차적 관심사였지만, 이를 위해 그들은 땅 끝 선교지까지 이르러
야 했다. 이와는 역방향으로, 땅 끝인 스페인 선교를 계획하던 선교사 바
울은 "내 마음에 원하는 바와 하나님께 구하는 바는 이스라엘을 위함이니
곧 그들로 구원을 받게 함이라"고 토로했다(롬10 : 1). 선교 운동은 앞으로
움직이는 운동이 뒤로 움직이는 운동이 되는 그런 운동이다. "땅 끝에서
주님을 맞으리."라고 한 어느 복음성가의 가사처럼, 선교는 단지 땅의 끝
에 이르는 것이 아니라, 땅 끝에서 그를 보낸 주님을 맞는 것이다.

그동안 '돌이켜봄(reflexivity)'은 선교 사역의 한 부분으로 여겨지지 않았
다. 돌이켜보는 것은 선교하지 않는 자들의 게으름으로 여겨졌다. 그러나
그것은 하나의 사역으로 간주되어야 하며, 선교학은 선교의 돌이켜봄이
되어야 한다. 가시적으로 나타나고 계량될 수 있는 노동만을 가치 있다고
믿는 것 자체가 계몽주의의 산물이다. '외적'인 노동과는 별도로 '내적'인
노동이 있다. 내적인 노동으로서의 돌이켜봄도 가치 있는 사역으로 간주
되어야 한다. 사람들이 "우리가 어떻게 하여야 하나님의 일을 하오리까?"
물었을 때, 예수는 "하나님께서 보내신 이를 믿는 것이 하나님의 일(요6 :
28-29)"이라고 답했다. "믿는" 일이 가장 큰 일이다. 그것은 선교사에게도
마찬가지다. 실제로 내적인 노동으로서의 반성은 외적인 노동보다 어려울
수 있고, 때로는 일하는 자를 더욱 탈진케 한다.[179] '회심(回心)'의 일종으
로서의 '돌이켜봄'은 자기 자신을 취약한 자리에 두는 실천 행위다. 이러

한 내적인 노동을 포함함으로써, 선교는 비로소 '약함'의 선교가 될 수 있다. '재귀적 선교학'의 관점에서 볼 때, 선교 운동은 자기를 강화해가는 운동이 아니라 자기의 약함을 인정해가는 운동이다.[180)

나아가 예수 그리스도를 증언하는 교회와 그리스도인의 선교 활동은 어디까지나 인간적 행위이며, 따라서 인간적인 오류를 포함하고 있다. 증언되는 말씀으로 말미암아, 선교 과정에서의 인간적인 오류는 다른 어떤 인간적인 행위에서보다 더 두드러지게 나타날 것이다. 하지만 선교학은 선교하는 교회의 약함을 자랑할 수 있어야 한다. 선교학은 성인학(聖人學)이 아니다. 성령은 우리를 강화시키는 커녕 우리의 연약함을 깨닫게 할 뿐이다. 선교는 용서받은 죄인들의 선교다. 자신이 선교되어야 하기 때문에 선교해야 하는 자들의 선교다. 역사상 행해진 선교에 대해 선교학이 비판할 수 있는 것은, 이 비판이 또한 자기 자신을 향한 비판인 줄 알기 때문이다. 그러나 "무익한 종들"이 주인의 유익을 위해 쓰임 받는 것이 선교이기도 하다.

한국 교회가 복음주의 선교의 산물이라는 통상적인 주장을 간단히 지나칠 수 없다. 그것은 현재 한국 교회의 신앙이, 그 신앙의 살과 뼈가 그리고 한국 교회의 해외 선교가 어떻게 출생하고 형성되었는가를 '고백'하는 것이다. '재귀적 선교학'은 탄식하지 않을 수 없다. "내가 죄악 중에서 출생하였음이여, 어머니가 죄 중에서 나를 잉태하였나이다(시51 : 5)." 하지만 '재귀적 선교학'은 빌라도처럼 손을 씻을 수 없다. 선교학은 선교사들의 약함을 알아야 할 뿐만 아니라, 이 약함을 자기 자신의 약함으로 여기고, 이 약함 안에서 함께 신음해야 한다. 증언으로서의 선교가 본질적으로 자

---

179) Karl Barth, *Church Dogmatics III.4 : The Doctrine of Creation* (Edinburgh : T&T Clark, 1961), 549.
180) Bosch, *Transforming Mission*, 176-177.

기 부인의 길이고, 선교학이 이러한 선교의 신실한 대변자라면, 선교학은 예수 그리스도의 "자기를 부인하고, 자기 십자가를 지고 나를 따르라"는 말씀에 복종하는 선교사들과 땅 끝까지 함께 해야 한다. 그러나 이것이 선교의 은혜다. "누구든지 제 목숨을 구원하고자 하면 잃을 것이요 누구든지 나를 위하여 제 목숨을 잃으면 찾으리라(마16 : 24 - 25)."

끝으로 '재귀적 선교학'은 '의심의 해석학'의 역전이라기보다는 그것의 극복의 길이 될 수 있다고 본다. 의심의 해석학은 선교지민들의 회심을 받아들이지 못한다. 그 진정성은 지속적으로 의구심의 대상이 된다. 그 이유는 이 해석학이 진정한 변화는 일어날 수 없다는 '문화 본질주의'에 기초하고 있기 때문이다. 하지만 의심의 해석학은 '참된 기독교'를 추구하던 복음주의 선교의 부산물이기도 하다. 형식적 종교와 참된 종교를 구분하는 복음주의 선교는 선교지민들의 신앙 상태에 대해 의구심을 떨쳐낼 수 없었다. 복음주의 선교사들은 선교지민들의 동기를 캐묻곤 했다. 선교지 개종/회심에 대한 의심은 부메랑처럼 선교사의 선교 동기에 대한 의심으로 되돌아왔고, '문화 제국주의'론 등으로 세련화되었다.

그러나 신약성경의 서신들에서 주로 문제가 되었던 쪽은 오히려 선교사들의 동기의 순수성이었다. 선교사 바울은 선교지민들 앞에서 자신의 동기의 순수성을 변호하려 했다. 의심의 권리는 선교지 그리스도인들에게 주어지고 있었고, 판단은 일차적으로 선교지민들에게 맡겨져 있었다. 바울은 데살로니가 교회를 향하여 "우리가 너희 믿는 자들을 향하여 어떻게 거룩하고 옳고 흠 없이 행하였는지에 대하여 너희가 증인(살전2 : 10)"이라고 말했다. 그러나 선교사 자신에게도 선교지민에게도, 최종적인 판단의 권한은 없었다. "내가 자책할 아무것도 깨닫지 못하나 이로 말미암아 의롭다 함을 얻지 못하노라(고전4:4)." 의심의 해석학은 "때가 이르기 전 곧 주께서 오시기까지"(고전4 : 5) 그 의심을 풀 수 없다.

　그보다는 선교 동기에 대한 새로운 관점이 도입되어야 할 것으로 보인다. 선교 현장에서 쌍방의 '이기적' 동기가 인정되어야 한다. 선교의 목적이 자기 구원에 있다면, 그런 점에서 선교의 동기는 지극히 이기적이다. 선교의 동기로 영웅심, 명예욕, 물질적인 이익, 모험심, 허영, 낭만주의 등등이 거론되는 것도 불가피하다. 예수는 제자들에게 "갈지어다. 내가 너희를 보냄이 어린 양을 이리 가운데로 보냄과 같도다(눅10 : 13)." 말했지만, 그럼에도 불구하고, 이 길은 제자—선교사들의 자기 구원의 길이었다. 아니, 선교는 그의 제자들에게 제시된 유일한 구원의 길이었다. 선교사 바울은 다음과 같이 말한다.

> 　내가 그리스도와 그 부활의 권능과 그 고난에 참여함을 알고자 하여 그의 죽으심을 본받아 어떻게 해서든지 죽은 자 가운데서 부활에 이르려하노니 내가 이미 얻었다 함도 아니요 온전히 이루었다 함도 아니라 오직 내가 그리스도 예수께 잡힌 바 된 그것을 잡으려 달려가노라(빌3 : 11).

　"죽은 자 가운데서 부활에 이르려 하"는 것은 비단 선교지민들의 일이 아니었다. 선교는 선교사 자신이 "부활의 권능과 그 고난에 참여"하는 일이었다. 선교 이외에, 부활과 영원한 생명을 얻는 길은 없었다. 영생을 묻는 부자 청년에게 예수가 말한 것은 "나를 따르라."였다. 예수를 따르는 선교야말로 영생의 길이었다. 그러므로 선교사들에게 주어지는 고난을 금욕주의적이고 이타주의적인 관점에서 치켜세울 필요는 없다. 예수의 제자들은 "우리가 모든 것을 버리고 주를 따랐사온대 그런즉 우리가 무엇을 얻으리이까(마19 : 27)" 하며 "얻음"에 대해 서슴없이 물었고, 그들은 "영생을 상속(마19 : 29)"받게 될 것이라는 확실한 언질을 받았다. 열방을 향한 선교는 자기 민족의 구원과 회복이라는 '이기적'인 목적과 분리될 수 없었다. "자기를 부인하고 자기 십자가를 지"고 예수를 따르는 것은 자기 부인 그 자체를 위해서가 아니라 "자기 목숨을 구원하고자" 함이었다(막9 : 34-37).

금욕주의적인 해석학에 따라, 선교지민들의 입교 동기에 평행한, 선교사들의 선교 동기를 의심하기보다는, 양자를 움직인 동인(動因)과 구체적인 동기들이 가리키는 목표를 명료화하는 것이 '재귀적 선교학'의 과제가 아닐까 한다.

3. 귀환과 파송

복음주의 선교의 최종 목표는 선교지 교회가 선교하는 것이었다. 선교사들은 선교 초기부터 선교를 가르쳤다. 선교지 교회는 처음부터 선교 기관이었다. 복음주의 선교사들은 새로운 또는 새로워진 선교지 기독교인들을 선교 현장으로 내보냈다. 선교는 거의 자동적 현상이어야 했다. 복음 수용과 복음 전도 사이에는 어떤 틈(interval)도 없어야 했다. 죽어가는 영혼에 대한 사랑은 즉각 불붙어야 했다. 선교지 한국 교회는 처음부터 해외 선교사들의 적극적인 대리인이 되었다. 부흥 운동은 외향 일변도의 양적 선교주의에 대한 일정한 내적, 질적 '반성'을 의미할 수도 있었다. 그러나 부흥 운동조차 결국 선교의 방편이 되어갔다. 내적 변화는 선교의 동력을 더욱 강화하기 위해 필요했던 것이다. 선교는 이같이 선교지 한국 교회의 정체성을 이루는 핵심 요소 중 하나가 되었다.

그러나 선교사 바울의 "내가 내 몸을 쳐 복종하게 함은 내가 남에게 전파한 후에 자신이 도리어 버림을 당할까 두려워함이로다(고전9 : 27)."라는 진술은 이제 진지하게 숙고되어야 한다고 생각된다. 복음을 전하는 자에게도 버림받음에 대한 두려움이 있다! 그것은 복음 앞에서, 복음을 전하는 자와 복음을 전해 받는 자 간의 근본적인 차이는 없기 때문이다. 선교본국 교회와 선교지 교회의 차이도 복음 앞에서는 상대적일 뿐이다. 하나님은 하늘에 있지만, 그들은 모두 땅에 속한다. 선교 강국이 된 한국의 교회도 "자신이 도리어 버림을 당할까 두려워함"에 대해 숙고해 볼 필요가 있다. 선교된 교회로서의 경험과 아울러 선교하는 교회로서의 경험이 병존하는 이 교차로에서, 선교계는 "Pax Koreana"[181]를 구가하기보다는 여기까지 이르게 된 과정을 되짚어볼 시점이 되지 않았는가 한다.

선교는 흔히 "아웃리치(outreach)"로 이해되어 왔지만, 이제는 선교를 "인리치(inreach)"로도 이해할 필요가 있다.[182] 월스는 선교사들의 쌍방향 매개 역할을 지적한 바 있다.[183] 특히 한때 해외 선교사 파송의 주체였던 서구가 이제는 선교지로 인식되어가는 추세에 있다. 서구 문화의 일부로 간주되었던 기독교는 비서구를 선교했던 바로 그 선교의 개념에 의해 서구에서 다시 정립될 시점에 이르렀다.[184] 아니 서구는 다른 지역들도 마찬가지로 언제나 선교지였다고도 말할 수 있고, 19세기의 서구의 해외 선교의 경험은 이제 서구인들을 선교하는데 유용해졌다. 그러나 "과연 서구는 회심될 수 있을까?"[185] "아웃리치"로서의 선교가 가능해 보이는 그만큼, "인리치"로서의 선교는 불가능해 보이는, 그런 모순적인 현실에 직면하고 있는 것은 아닐까?

선교사 바울은 「로마서」에서 로마인들에게 공개적으로 자신의 이방인

---

181) Kim, "Sheer Numbers Do Not Tell the Entire Story", 469.

182) Rieger, "Theology and Mission Between Neocolonialism and Postcolonialism", 220.

183) Walls, "The Eighteenth Century Protestant Awakening in its European Context", 23.

184) Goheen, "'As the Father Has Sent Me, I Am Sending You'", 354.

185) Lesslie Newbigin, "Can the West Be Converted?" *The Princeton Seminary Bulletin* 6.1 (1985).

선교가 동족인 유대인들을 구원하기 위한 우회였음을 피력한다. 선교사들은 복음의 증인으로서 예루살렘과 유대와 사마리아와 땅 끝까지 나아가야 하지만, 바울은 저 땅 끝으로부터 예루살렘으로 되짚어오는 하나님의 신비를 찬미했다. "그러므로 내가 말하노니 그들이 넘어지기까지 실족하였느냐 그럴 수 없느니라. 그들이 넘어짐으로 구원이 이방인에게 이르러 이스라엘로 시기나게 함이니라(롬11 : 11)." '재귀적 선교학'은 이러한 신비 앞에 자신을 위치시켜야 한다.

복음주의 선교사들은 열방을 구원하고 한 영혼을 살리기 위해 험산준로를 넘고 위험한 항해를 무릅쓰며 해외로 나갔지만, 그들을 파송 한 나라와 사회와 교회는 이전과 같지 않았다. 복음주의의 전성기는 끝나가고 있었다. 본국이 갈수록 선교지화하는 현실에서, 해외로 선교를 나선다는 것은 어떤 의미를 가지는지 묻지 않을 수 없었다. 자국 교회를 선교 모델로 삼았던 선교사들은 쇠퇴하는 자국 교회의 현실에 대해 어떻게 반응했을까? 아체베가 『모든 것이 무너져 내린다(Things Fall Apart)』고 했을 때는 선교 제국도, 기독교 문명도, 기독교국가의 모델도 무너져 내리고 있었다. 복음주의 선교사들이 해외에서 미국식 기독교를 이식하려고 애쓰고 있던 19세기 말로부터 20세기 초에, 복음주의의 하부 구조는 산업화와 도시화와 비개신교도 이민과 진화론과 가파른 소비주의와 대중문화의 발달 등으로 와해되어가고 있었다. 복음주의자들은 실망했고 좌절했다. 근본주의와 전천년주의의 등장도 이런 위기의 반영이었다. 그들의 이상은 갈수록 현실과 멀어졌다. "기독교국가"는 더 이상 유효하지 않았다.[186] 강해진 제국의 힘이 늘 복음주의 개신교의 힘은 아니었다. 제국의 힘과 개신교는 때로는 역비

---

186) Goheen, "'As the Father Has Sent Me, I Am Sending You'", 364.

레 관계에 있었다. 19세기 후반 제국의 세속화는 기독교계 전체의 위기를 가져왔다. 기독교는 사유화되어갔고, 교회 출석률은 저하하고 있었으며, 대중들은 종교 자체에 대한 흥미를 잃어갔다. 복음주의의 "문화적 헤게모니"[187]는 약화되었다. 교회는 과학의 공격에 대해 자신을 방어하기에 급급했다.[188] 선교사들은 본국에서 때로는 "역전된 문화 충격(reverse culture shock)"[189]을 받아야 했다. 위대한 선교의 세기는, 서구 자체에서는, 기독교 위기의 세기이기도 했다.

흥미로운 것은 선교사들이 모국에서 일어나고 있던 이러한 의미심장한 변화상에 대해 거의 언급하지 않고 있었다는 사실이다. 그들의 상상 속에서 미국은 여전히 기독교국가였고, 미국 문명은 기독교 문명이었고, 미국 사회는 기독교 사회였다. 미국 문화는 기독교 문화였고, 미국 종교는 기독교였다. 그렇다고 해서 선교사들이 변해가는 미국의 현실을 전혀 몰랐다고는 단정할 수 없다. 선교사들은 안식년과 모금 여행 등을 통해 변해가는 미국 현실을 견문할 충분한 기회를 가지고 있었다. 그럼에도 불구하고 선교지에서 선교사들은 선교본국을 이상화하기를 계속했다. 계몽주의가 복음주의를 위협하고, 마침내 자기 자신을 위협하고 있을 때, 선교사들은 선교지에서 계몽주의의 선교사를 겸임하고 있었다. 후기 계몽주의의 시대에 선교사들은 고전적인 계몽주의를 가르치고 있었다. 저녁 햇살처럼, 선교의 불길은 더욱 거세게 타올랐다. 여기에 하나의 역설이 있다. 복음주의가 갖는 설득력이 선교본국에서 갈수록 감퇴되어가는 현실에서도, 복음주의 선

---

187) Kyle, *Evangelicalism*, 4.

188) Shenk, "The 'Great Century' Reconsidered", 134.

189) Carol Vaughn, "Missionary Returns and Cultural Conversions in Alabama and Shandong : The Latter Years of Madam Gao(Martha Foster Crawford)", in *North American Foreign Missions, 1810-1914*, 260.

교는 선교지에서 대대적인 성공을 거두고 있는 역설 말이다.

　이러한 현상은 현재 한국 교회의 해외 선교에서도 유사하게 발생하고 있지 않는가 생각된다. 국내에서 개신교의 공신력이 갈수록 떨어져 가는데 반해, 해외 선교 활동은 더욱 강화된다. 이 세대를 복음화하겠다는 한 세기 이전 미국 선교사들의 열망이 한국 교회에 고스란히 상속된 듯 싶다. 아마 해외 선교에 일익을 담당하는 것이 자랑인 시대는 지나가고 있는 것 같다. 그보다는 국내 교회가 해외 선교 말고는 동력을 발견할 곳이 없게 된 듯하다. 해외 선교가 국내 교회를 정신적으로 지탱하고 있는 형국이다. 어떤 면에서는 해외 선교야말로 국내 복음주의 개신교의 존재 이유일지도 모른다. 이러한 현상은 단지 한국 교회만의 기현상은 아닌 것으로 생각된다. 그것은 선교의 세기에 복음주의 선교사들이 선교본국과 선교지의 십자로(crossroads)에서 겪어야 했던 난처함의 재판(再版)일 수도 있다.

　한국 개신교 교회의 쇠퇴 징후가 도처에서 나타나는 이 시점에서, 복음의 '귀환(Homecoming)'을 더 이상 남의 일로 여길 수 없다. 복음의 참 뜻은 '재귀(再歸)'에 있는지도 모른다. 하기는 '회심(conversion)'은 단지 지향 없는 회전(turning)이 아니라, "더 나은" 고향을, 그러나 여전히 "고향"을 향한 반(反)운동(counter-movement)이다. 복음주의 선교사들이 그토록 회심의 개념에 집착했던 것도 무의식적으로 선교의 운동과 귀환의 운동이 근본적으로 다르지 않음을 알고 있었기 때문이었을 것이다. 그리고 이 귀환이 그렇게 신비하기만 한 것도 아니고, 감상적(感傷的)인 것만도 아니다.

　선교사들의 직접적인 언표가 없었다 하더라도, 선교사들이 '평양대부흥' 또는 "한국의 오순절" 소식을 선교본국 교회에 알림으로써 무엇을 기대했을지는 추정 가능하다. 그것은 팽창하는 선교 사역을 위한 기금을 좀 더 확보하려는 실제적인 목적 이상이었을 것이다. 선교사들은 선교를 후원하는 교회들에게 그들이 믿는 복음이 전 세계적으로 결실 있게 전파되고 있음을 보여주면서, 본국 교회가 처한 위기는 능히 극복할 수 있으며, 본국 교회의 전통은 여전히 유효하고 계속 견지할 가치가 있다는 믿음을 심어 주려 했을 것이다. 그런 점에서 해외 선교는 기본적으로 '보수적'이거나 아니면 보수주의의 정당화로 기능할 가능성이 있다. 해외 선교의 성공은 국내 교회의 위기를 숨기는 역할을 했을 수도 있다. 점증하는 위기 앞에서 선교사들의 성공 사례는 세계의 복음화라는, 실은 멀어진, 꿈을 지탱해 주었다. 선교사들이 전하는 '평양대부흥'과 같은 선교지 부흥의 소식은 자국 내 복음주의 개신교의 생명력이 여전함을 재확인하는 듯했다.

그러나 그 이상이지 않았을까? '평양대부흥'은 간접적이나마 선교본국의 일상화한 부흥주의에 대한 비판이었을지도 모른다. 선교지에서의 부흥 운동을 보고할 때, 선교사들은 선교본국 교회를 향해 여전히 진정한 부흥 운동이 가능함을 증명하려 했고, 이로써 본국에서의 부흥 운동을 되살리는 데 기여하려고 했을 것이다. 전 세계 복음주의자들 사이에 존재하는 부흥의 네트워크가 선교본국에서 작동하지 말라는 법은 없었다. 복음주의 선교에서 국내 전도와 국외 선교는 경쟁관계에 있지 않았다. 그들은 서로 중첩되었다.[190] 해외에서 시작된 부흥 운동이 국내로 역이입되는 것은 충분히 있을 수 있는 일이었다. 이렇게 볼 때, '복음주의 제국'의 전반적인 쇠퇴 징후에 대한 위기감이 '평양대부흥'을 '발명'하게 된 하나의 배경이었을지 모른다.

선교국 교회가 선교지 교회에 진 '빚'을 인정한 적은 거의 없었다. 선교사들의 투쟁과 희생과 성공은 본국의 교회와 신학과 신앙에 대한 칭의(稱

---

190) Walls, "The Eighteenth-Century Protestant Missionary Awakening in Its European Context", 43.

義)였다. 그러나 선교를 일종의 시혜로 보는 태도는 마땅히 지양되어야 한
다. 복음주의 개신교는 자기 자신의 존립을 위해 이방인들의 참된 회심을
요청하고 있었고, 이를 통해 본국의 개신교를 부흥시키려 했다. 국외 선교
운동은 우회적인 국내 선교였다고 할 수 있다. 선교지 부흥 운동은 그런
점에서 복음주의의 자기 생존을 위한 전략이기도 했다. "해외 선교는 단지
이타주의적인 노력이 아니라, 미국 자체의 재활성화와 생존(vital to the
revitalization and survival of the United States itself)을 위해 중요한 것이었다."191)
본국 교회를 되살리려 했던 선교사들의 '숨은 공로'를 인정해야 할 것이다.

월스는 토착화하는 "정착의 원리(indigenizing principle)"와 더불어 보편화하
는 "순례의 원리(pilgrim principle)"를 주장한 바 있다.192) 더 나은 고향을 향한
순례는 그것이 지상을 고향으로 삼지 않는 한 중단될 수 없다. 그러나 예루
살렘에서 부활한 갈릴리 나사렛 예수는 "내 형제들에게 갈릴리로 가라 하
라. 거기서 나를 보리라(마28 : 10)" 말했고, 고향 갈릴리에서 동향(同鄕) 제자
들에게 선교 대위임령을 내렸다. "그러므로 너희는 가서 모든 민족을 제자
로 삼아…(마28 : 19)" 귀환(Homecoming)과 파송(Mission)! Homecoming Mission!
A Reflexive Missiology! 파송은 고향으로 돌아오는 먼 길인지도 모른다.

그런 점에서 누가복음 15장의 "탕자의 귀환"이 선교의 모델이 될 수 있
다.193) 자기 몫을 챙겨 타국으로 떠나 모든 것을 탕진한 둘째 아들의 모습
은 선교 현장의 도가니에서 아무것도 건질 것이 파산하고 부서진 선교사
의 모습과 선교 사업의 무익함을 가리키고 있다. 그러나 그는 비로소 정신

191) Pak, "Not by Power, Nor by Might", 39–40
192) Walls, "The Gospel as Prisoner and Liberator of Culture", 7–9.
193) Damon So, "The Missionary Journey of the Son of God into the Far Country : A Paradigm
     of the Holistic Gospel Developed from the Theology of Karl Barth", *Transformation* 23.3
     (July 2006).

을 차리고 아버지에게로 돌아온다… 물론 미국도 한국도 "그들이 나온 바 본향"이나 "더 나은 본향(히11 : 16)"은 아니다. 지상에는 그들을 위한 출발점 도 종착점도 없다. 그보다 선교는 앞으로(forward) 나아가면서 뒤로(backward) 물러서는 부단한 운동이다.

　지상에서의 선교사의 선교 사역은 그를 파송 한 교회의 신학과 신앙과 그리고 불신을 대변한다. 선교의 역사는 본국 교회를 위한 거울이다. 선교 지만을 대상화하는 일방주의적 선교학은 국외 선교가 본국 교회에 끼친 공헌을 망각하고, 본국 교회의 모순을 선교 현장에서 온몸으로 체현한 선 교사의 소중한 경험을 무의미하게 한다.

　선교지민은 선교사의 편지다. "너희는 우리의 편지라(고후3 : 2)." 선교지 민의 믿음은 선교사의 믿음을 비추는 거울이다. 믿음이 구원한다면, 선교 사가 받을 상은, 선교 사역의 성과가 아니라, 구원받은 선교지민의 수효가 더욱 아니라, 선교지민의 마음에 새겨진 그리스도이다. 선교지민의 믿음 이, 선교지민의 마음에 새겨진 그리스도가, 선교사의 구원의 유일한 표지 다. 이렇게 하여 선교지민이 선교사를 구원한다. 선교 현장에서 주체와 객 체는 서로 자리를 바꾼다. 따라서 선교지민에 대한 선교사의 책임은 무한 책임이다. "그런즉 사망은 우리 안에서 역사하고 생명은 너희 안에서 역사 하느니라(고후4 : 12)." 선교사의 생명은 선교지민에게 있다.

제 6 장

결론 : 계몽주의의 계몽

이 연구는 한국 교회의 역사에서 획기적인 사건들 중 하나로 간주되어 온 '평양대부흥'을 선교학적 관심과 관점을 가지고 해석하고 성찰해 보려 했다. '평양대부흥'은 흔히 선교사들에 의해 시작된 한국 교회가 비로소 한국인들의 심성과 조응하는 계기가 된 사건으로서, 토착화의 전기로 평가되어 왔다. 같은 관점이면서도 '평양대부흥'에 따른 토착화를 교회의 비정치화를 의미하는 것으로 비판적으로 평가하는 경향도 있어 왔다. 한편 선교학계에서는 '평양대부흥'이 선교되는 교회가 선교하는 교회로 전환하는 역사적인 사건으로 높이 평가하고, 이 같은 일이 20세기 후반 한국에서도 일어났다고 보고 있다. 한국 교회의 부흥 운동은 왕성한 해외 선교 운동으로 이어졌다는 것이다.

이 연구는 지금까지 축적된 이 방면 연구 성과들을 자료로 삼고 선교학적 관점을 적용하여 '평양대부흥'을 재조명함으로써 선교학적 접근이 새로운 통찰들과 아울러 새로운 물음들을 가져온다는 것을 보이려고 했다. 선교학의 강점은 선교 현장에서 발생하는 역동성에 주목할 때 나타난다고 할 수 있다. 선교 현장은 선교 전략의 여러 가지 모델들이 실험되는 실험장이라기보다는 선교사로 대변되는 선교본국의 신앙과 신학이 시험되는 시험장이다. 선교본국의 신학은 선교 현장의 도가니를 거쳐 재형성되는 것이다.

이 연구는 주로 '평양대부흥'의 역사적인 담론을 분석하는 작업이므로, 권위 있는 연구자들에 의해 이미 잘 알려진 문헌들을 적극 활용했고, 논지를 분명히 하는 데 있어서 주제와 관련된 인접 학문들의 연구 성과들로부터 도움을 받았다. 하지만 현재 '평양대부흥' 연구는 정체된 느낌을 준다. 그 이유는 밝혀진 사실들을 체계적으로 설명하는 이론들이 도입되고 있지 않기 때문이라고 생각된다. 여기에서는 현재의 정체를 타개하기 위해 몇 가지 이론들을 제시해 보았다. 이러한 이론들이 새로운 것이라고는 생각하지 않지만, 창이 있어야 바깥을 볼 수 있는 것처럼 연구 가설들과 설명의 틀은 반드시 필요하다고 본다. 또한 세계 복음주의 선교라는 큰 틀에서 각국의 부흥 운동들을 '평양대부흥'과 비교해 봄으로써 '평양대부흥'에 대한 객관적 안목을 가지려고 노력했다. 무엇보다도 '평양대부흥'의 성격을 전체적으로 이해할 수 있는 통합적 관점을 가지려고 노력했는데, '계몽적 선교' 패러다임은 이러한 고심의 산물 중 하나이다. 계몽주의와의 관련성 속에서 '평양대부흥'을 조명할 때, 선교지 한국에서의 복음주의 선교의 역동성이 좀 더 잘 드러날 수 있다고 보았기 때문이다.

이를 위해 먼저 '평양대부흥'의 전체적인 성격을 둘러싼 그간의 논의들을 소개하고, '계몽적 선교'의 패러다임을 통해 이들을 비판적으로 통합하기 위해, 구한말 한국에서 전개된 선교 활동에 대한 그간의 중요한 관점들을 나름대로 정리해 보았다. '근대화 선교'론은 선교사들이 한국 사회에 새로운 문명과 가치관 및 종교를 가져왔다는 관점으로서, 오늘날에도 대부분의 국내 연구자들에 의해 별다른 이의 없이 통용되고 있다고 할 수 있다. 그러나 이 관점은 선교사들이 가져온 '근대 문명'을 거리를 두고 분석하는데 한계가 있다고 할 수 있다. '문화 제국주의'론이나 '의식의 식민화'론은 근대 선교 활동이 자본주의적, 식민주의적 의식을 이식하는 과정이었고, 식민지 본국의 문화적 가치를 피식민지 주민들에게 전파하는 역할을 했다는 관점이다. 이들 관점에서는 피식민지 주민들의 주체적인 수용 과정이 경시되는 경향이 있다. '근대성으로의 회심'론은 선교 활동을 통해 비서구 사회 주민들이 기독교라기보다는 '근대성'으로 회심했다는 관점으로서, 선교사들은 그들의 겉으로 드러난 의도와는 달리 선교지에서 근대적 개인의 출현에 일조했다는 것이다. 선교 현장의 역동적 현상에 대한 치밀한 분석이 이뤄지고 있지만, 복음주의 선교의 본래 목적이 부차적인 관심사가 되는 한계가 있다고 할 수 있다.

'계몽적 선교론'은 하나님은 '계몽'이며, 예수 그리스도는 '하나님의 계몽'이라는 신학적인 명제로부터 이끌어냈다. 특히 요한복음은 예수 그리스도를 '빛', '생명', '진리', '부활' 등이라고 증언하고 있다. 이러한 관념들은 예수 그리스도가 '하나님의 계몽'임을 가리킨다. 선교학은 계몽주의 또는 계몽주의의 영향 하에 있던 복음주의 선교와의 비판적인 거리를 확보하기 위해 새로운 패러다임이 필요하다고 보여지며, 그것을 '계몽적 선교' 패러다임이라고 이름 붙여 보았다. '계몽적 선교'는 또한 계몽주의의 헤게모니에 대항하는 반(反, counter)헤게모니로서, '계몽'을 신학적 주제로 복원시키는데 도움이 될 것으로 기대했다.

선교를 '신학의 어머니'라고 하면서도, 실제로 신학계에서 선교학이 부진을 면치 못했던 것도 이와 관련되어 있었다고 할 수 있다. 계몽주의의 자녀들인 인문학의 관점으로 볼 때, 선교학의 현장적, 임시적 성격 때문에 독자적인 주제와 방법론을 가진 과학으로 인정되기 어려웠다. 그리고 복음주의 선교계에서는 현장에서 당장 적용될 수 있는 유용한 성과들을 기대했지만, 선교학은 그러한 기대에 미치지 못했다. 결과적으로 선교학은 선교 현장으로부터 발생하는 물음들을 이론화하고 신학화하기보다는 선교의 방법을 다루는 기술학으로 격하되었다. 그러나 선교학의 자리는 선교의 "실행"에 있으며, 구체적인 선교 현상들을 이론화한다는 점에서 "실행이론(a theory of practice)"이라고 할 수 있고, 이러한 선교학이어야 신학적이면서도 동시에 현실에 관여하는 학문적인 작업이 될 수 있다고 생각한다.

이러한 관점에서 먼저 성경적인 의미에서의 '복음'과 역사적 현상으로서의 '복음주의'를 분리하려고 했다. 그 차이는 계시와 계시의 증언 간의 차이와 맞먹는다고 할 수 있다. '복음'이 그대로 선교지로 들어간다고 말할수 없다. 복음의 '증언'이, 또는 증언을 통해서, 복음이 선교지로 들어가는것이다. 복음과 복음주의의 구분은 신학적이지만, 그러나 "실행 이론"인선교학에서도 매우 중요하다고 생각된다. 복음의 증언을 복음과 구분하지않음으로써 복음은 자명한 것으로 간주되고, 이 때문에 선교학에서 선교지의 상황만이 관심의 대상이 되어왔던 것이다. 복음주의 선교는 이 구분에 대해 모호한 입장을 취했고, 일방주의의 문제점이 자각되지 못했다. 결과적으로 선교지만이 복음화의 대상으로 간주되어 왔다.

19세기 선교는 역사적 증언의 한 양상으로서의 복음주의 선교였다. 복음주의는 유럽 대륙의 개신교 전통 속에 있던 경건주의가 18세기 초 영국의 감리교 부흥 운동으로 대중화된 것으로서, 이전의 종교개혁적 개신교와는 사뭇 다른 성격을 가지고 있었다. 복음주의자들은 기존 교회가 교리와 형식에 치우친 점을 비판하며 자신들의 체험에 바탕한 종교를 진정한기독교라고 주장했다. 그런 점에서 복음주의는 개신교(Protestantism)에 대한개신(protest)을 포함하고 있었다. 복음주의는 회심 체험, 성경, 십자가의 대속, 실천 등을 강조한 것으로 알려져 있는데, 이 연구에서는 복음주의를새롭고, 대중적이며, 저항적이고, 운동적인 성격을 가진 특징적인 복음의 역사적 증언으로 파악했다. 즉 복음주의는 이전의 기독교와는 다른 새로운 '종교'였으며, 엘리트나 특정한 계층을 넘어 대중화하려는 성향을 가지고 있었고, 기존의 기독교를 형식주의라고 반발하면서 자신들의 종교를 진정한 기독교와 구별하려고 했으며, '하면 된다'는 정신으로 충만한 일종의 운동주의였다고 할 수 있다.

그러나 복음주의가 종교개혁적 개신교와 본질적으로 구분된다면, 그것은 복음주의가 계몽주의의 자장 안에 있었다는 점이라고 할 수 있다. 일반적으로 알려졌던 것과는 달리, 복음주의와 계몽주의의 상호 얽힘은 점점 분명해지고 있다. 복음주의 선교사들이 선교지에서 복음전도와 아울러 계몽주의를 전파하게 된 것은 우연한 일이 아니었다. 계몽주의는 복음전도의 방편 이상이었다. 선교에서 둘 간의 불가분리적 관계는 더 명백히 나타났고, 복음주의 선교사들에 의해 주도된 '평양대부흥'도 예외일 수 없었다.

선교학적으로 볼 때, 이러한 복음주의가 선교지에서 복음 그 자체로 전파되었고, 다른 기독교적 대안을 갖고 있지 않았던 선교지민들도 역사적 증언으로서의 복음주의를 복음 그 자체로 수용했다고 할 수 있다. 하지만 선교 현장에서 복음주의는 중대한 변화를 겪게 되었다. 복음주의는 개신교에 항의하는 개신교로 출발했지만, 선교 운동을 통해서 전 세계적으로 유통되었으며, 선교지에서 주류 기독교로 자리 잡았다. '형식적인' 기존 교회가 존재하지 않았던 선교지를 '진정한 기독교'가 선점함으로써, 복음주의는 선교지에서 종교개혁적 기원으로부터 더 멀어졌고, 계몽주의와의 관계는 더 가까워졌으며, 근대 종교로서의 성격을 강화했다고 할 수 있다. 선교지민들이 이러한 복음주의를 기독교 그 자체로서 인식했던 것은 불가피한 일이었다.

쌍방향적인 분석을 지향할 때, 선교지의 종교·문화·사회 상태만큼이나, 선교하는 교회와 그 교회가 속한 나라가 중요한 관심의 대상이 된다. 선교사들이 선교국의 산물임을 부인할 수 없기 때문이다. 복음주의 선교 의 배경에는 선교본국인 미국 등의 개신교가 있었다. 한국 선교를 주도한 19세기 후반 미국의 주류 개신교는 과학의 발달과 인류의 진보를 낙관하 면서, 문명의 완성이 천년왕국으로 이어진다는 후천년주의를 대체로 따르 고 있었다. 복음전도의 소명을 받은 선교사들이 문명화의 짐을 동시에 지 고 선교지로 향했던 것은 당연한 일이었다. 재한 선교사들이 당시 대두되 고 있던 전천년주의의 영향을 받았다는 견해가 꾸준히 나오고 있지만, 전 천년주의가 선교 현장에 영향을 끼친 것은 훨씬 뒤의 일이었다. 문명의 미 래에 대한 낙관주의는 선교지에서 더욱 강화되었다.

당대를 풍미하던 사회진화론은 그 자체로서는 선교지의 미래에 대한 비 관적 전망을 초래할 수 있는 것이었지만, 오히려 약육강식의 세상에서 생 존을 위해서라도 문명화를 시급히 추진해야 한다는 이론으로 변형 · 수용 되었다. 복음주의 선교사들은 선교지민들에게 기독교는 발달된 서구 문명 의 뿌리이며, 기독교 문명이야말로 인류가 성취한 가장 높은 단계의 문명 이라고 가르쳤다. 기독교 문명의 진보가 하나님의 나라로 이어지듯이, 계 몽주의도 복음주의와 이어져 있었고, 계몽 활동은 선교 활동과 이어져 있 었다.

복음주의 선교사들의 이러한 관점과 이에 따른 선교사들의 선교의 이론 과 실행이 단지 선교사들의 희망적인 관측이었다고만은 할 수 없다. 계몽 주의의 역사를 살피면, 선교사들이 그렇게 생각한 데에는 그럴만한 이유 가 있었다. 계몽주의를 단지 저명한 계몽 사상가들의 사상이나 지식계의 새로운 경향이라는 제한적인 의미에서 볼 것이다. 계몽주의는 서구인들의 사고방식에 일대 혁신을 가져 왔다. 그런 점에서 계몽주의를 하나의 대중

운동으로 이해할 필요가 있다.

계몽주의의 핵심은 인간중심주의라고 할 수 있다. 인간의 이성에 대한 신뢰가 하나님의 계시적 신앙을 대체했고, 인간이 만물의 척도가 되었다. 그럼에도 불구하고 주의할 점은 통상적으로 알려진 것처럼 계몽주의가 반(反)종교적이었다고 단정할 수 없다는 것이다. 계몽주의자들은 대체로 종교에 대해 관용적인 입장을 취했으며, 종교가 사회 안정이나 영적 진보 등을 위해 필요하다는데 공감하는 편이었다. 종교 역시 인간적 가능성의 하나였고, 그런 만큼 계몽주의 시대는 기독교가 계몽된 종교로 진보할 것을 요구했다.

계몽주의와 복음주의는 무엇보다도 '계몽'에서 일치했다고 할 수 있다. 계몽주의는 '자연의 빛'에 의한 자연과 인간 간의 관계의 계몽과 함께, 인간의 자기 자신과의 관계를 밝히는 내적 조명을 추구하고 있었다. 인간이란 무엇인가를 알려고 하는 내적 계몽은 근대적 주체의 형성 과정이기도 했다. 인간은 외부로부터 오는 빛의 도움이 없이 자기 스스로를 비추는 빛이 되려고 했다. 그런데 이러한 내적 조명은 경건주의자들이 추구했던 성령의 빛과 유사한 것이었고, 그 기원을 달리 할 뿐, 구체적인 양상은 구분될 수 없었다. 만일 계몽에 대한 관심이 계몽하는 하나님으로부터 계몽된 인간으로 옮겨진다면, 그 빛이 성령의 빛인지 인간 자신의 빛인지는 별로 중요한 차이를 갖지 않게 된다. 결과는 마찬가지이기 때문이다. 경건주의가 인간의 구원을 추구하는 복음주의와 결합하면서, '하나님의 계몽'은 더욱 뒷전으로 물러났다고 할 수 있다.

주의할 점은 계몽주의의 다양성이다. 계몽주의와 복음주의의 반목을 상정하는 견해들은 흔히 계몽주의의 다양성을 간과하는 경향이 있다. 그러나 대륙의 계몽주의와 영미의 계몽주의는 확연히 달랐다. 영미의 계몽주의를 뒷받침한 스코틀랜드 상식 철학은 인간의 관찰과 경험을 중시했고, 종교의 진리 주장도 납득될 수 있는 것으로 간주하고 있었다. 복음주의는 상식적 계몽주의의 인식론적 전제들을 수용하여, 인간의 보편적인 자기 개선 가능성을 신뢰했고, 인류의 역사를 인지의 발달에 따른 계몽의 진전으로 이해하는 데 있어 계몽주의자들과 입장을 같이 했다고 볼 수 있다.

하지만 선교지에서 계몽주의가 득세한다고 해서 기독교가 자동적으로 수용되는 것은 아니었다. 선교지에서도 여러 가지 경로를 따라 다양한 계몽 사조들이 유입되고 있었으며, 기독교 없이도 문명개화가 가능하다고 믿는 사람들이 늘어갔다. 복음주의 선교사들은 이러한 상황에서 자신들이 전하는 기독교를 변호할 필요성을 느끼게 되었다. 기독교 변증론은 기독교 문명론으로 모아졌다. 복음주의 선교사들이 계몽 운동에 참여한 것이 단지 복음 전도를 위한 방편이었을 뿐이라는 복음주의자들의 주장을 액면 그대로 받아들이기 어렵다고 생각된다. 복음주의자들은 기본적으로 계몽주의를 객관화할 수 없었다. 그들은 계몽주의의 헤게모니를 받아들였고, 그 안에서 자신들의 정체성을 확보하려 했다. 복음주의 선교사들은 자신들도 적극 참여하고 있던 선교지 개혁 운동에 대해서 단지 외적인 변화보다 내적인 변화가 근본적이며, 그들의 종교야말로 선교지민의 내적 변화를 이끌어낼 수 있는 종교라고 주장했다. 그런 의미에서 이러한 내적 변화 또는 회심을 추구하는 부흥 운동은 복음주의 선교의 정체성 확보와도 결부되어 있었다. 부흥 운동을 통해 변화한 기독교인은 계몽 운동이 추구하던 새로운 인간상, 즉 근대적 주체로서의 개인과 다를 바 없었다.

이렇게 볼 때, '평양대부흥'이 반(反)계몽주의적이었다는 그간의 학계의 통설은 잘못된 것이다. '평양대부흥'은 계몽 운동의 일환이며, 계몽 운동의 완성을 향해 가고 있었다. 또한 '평양대부흥'이 계몽주의로부터의 이탈이라는 시각을 반영하는 견해들도 비판되어야 한다. '평양대부흥'은 낭만주의적이지 않았다. 계몽주의와 상보 관계에 있었던 낭만주의는 선교지 한국에 아직 소개조차 되지 않고 있었다. '평양대부흥'은 신비주의적이지 않았다. 신비한 체험을 통한 하나님과의 합일을 추구하기는커녕, '평양대부흥'에서 체험한 성령은 두려운 존재였다. '평양대부흥'은 내세주의적이지 않았다. 선교사들의 세대주의적 종말론은 총체적인 난국에 빠진 선교지 한국 상황에서도 별다른 의미를 갖지 못하고 있었다. 국가의 존망과는 별개로 문명의 진보에 대한 낙관이 지배적이었다. '평양대부흥'은 기복주의적이지 않았다. 한국인들의 영적 체험에 대한 갈망은 진지한 것이었으며, 그것은 개인적인 기복 추구에 머물지 않고 민족적인 부흥에의 열망으로 이어졌다. '평양대부흥'은 토착주의적이지도 않았다. 토착적인 종교 심성이 '평양대부흥'에서 작동했다는 것은 일종의 오리엔탈리즘적인 관점이라고 할 수 있다. '평양대부흥'은 선교사들에 의해 철저히 통제되었으며, 고전적인 부흥의 내러티브를 선교사의 기획 하에 빈틈없이 실행에 옮긴 결과였다. 한국인의 고유한 종교성 같은 것이 작동할 여지는 거의 주어지지 않았다. '평양대부흥' 자체가 계몽주의적 기획이었다. 이상으로 볼 때, '평양대부흥'은 반(反)계몽주의적이었다거나 계몽주의에 대한 대안을 찾으려 했다기보다, 계몽주의의 헤게모니 내에서 복음주의 기독교의 정체성을 찾기 위한 시도였다.

복음주의 선교의 일반적인 특징들을 선교학적 관점으로 이해함으로써, '평양대부흥'에 대한 많은 오해들이 시정될 수 있으며, 상충하는 의견이 수렴될 수 있고, 새로운 주제들이 발견될 수 있다. 우선 '평양대부흥'의 발생 경위와 관련되어 지금까지 제시된 다양한 관점들을 크게 외부적인 환경론과 내부적인 발전론으로 구분해 비판해 보았다. 외부적인 환경론으로는 선교사들의 친일적 음모론과 구한말 총체적 위기 하에서 교회의 안위를 지키려 했던 선교사들의 가부장주의적 교회위주론 등을 살펴보았다. 정교일치론이든 정교분리론이든, 복음주의 선교 활동을 직접적으로 정치와 연결시키려는 시도는 핵심을 건드리지 못한다고 생각된다. 복음주의자들의 정치에 대한 태도는 기회주의적이었던 만큼, 이들로부터 일관성 있는 정치적 성향을 발견하기란 어려운 일이다. 교회위주론도 복음주의 선교의 성격에 대한 오해에서 비롯된 것으로 보인다. 복음주의는 교회위주일 수 없는 속성을 가지고 있었다. 교회는 회심한 개인들로 이루어지며, 회심한 개인들은 교회를 넘어 자신들의 신앙을 온 세상에 표출해야 했다. 구한말의 정치경제적 위기를 '평양대부흥'의 카타르시스를 통해 극복하려 했다는 것도 유사한 오해로부터 나온 견해라고 판단된다. '평양대부흥'의 시기가 구한 말 전체로 볼 때, 특별히 위기와 재난의 시대였다고 볼 수 없다. 외부적 환경론과는 달리 교회사가들 중에는 '평양대부흥'을 한국 교회의 영적 심화나 성숙의 계기로 보는 경향이 있다. 종교적 발전은 필연적으로 머리로만 아는 종교로부터 마음으로 체험하는 종교로 나아간다는 관점에서, '평양대부흥'은 한국 기독교의 발전과정에서 나타난 현상이라는 것이다. 나아가 선교사들에 의해 전달된 복음이 마침내 한국인들의 심성에 토착화한 사건이라는 평가도 있다. 그러나 당시 한국 교회는 양적으로 지속적인 성장 과정에 있었으며, 서구의 부흥 운동의 배경으로 흔히 언급되는 교회침체 현상도 발견되지 않는다. 복음주의 선교는 선교 초기부터 마음의 종교를 소개했으며, 선교사들은 자신들의 성령 체험을 선교지민들도 가져야 한다고 믿었다. 선교사들은 그것이 선교라고 생각했고, 그들의 생각을 실천에 옮겼을 뿐이다. 민족 교회론은 그런 점에서 뒤집힌 복음주의 선교론이라고 할 수 있다.

이와 관련하여, 복음주의 선교가 '평양대부흥'으로 결실을 맺게 된 과정을 이해하려면, 복음주의 선교의 배경을 이루는 선교국의 복음주의 문화를 먼저 이해해야 한다. 한국으로 파송 된 선교사들의 교회에서는 당시 부흥주의가 일상화되어 있었다. 19세기 말은 에드워즈의 1차 대각성의 시기도 아니었고, 찰스 피니의 2차 대각성의 시기도 아니었다. 선교사들은 무디의 부흥 운동의 영향을 받았으며, 이 당시 부흥의 기술은 교회 문화의 일부로 인식되고 있었다. 복음주의와 아울러 복음주의 문화의 가치를 신뢰하고 있던 선교사들이 선교지에서 부흥 운동을 일으키는 것은 자연스러운 현상이었다. 전 세계적으로 복음주의 선교사들에 의해 설립된 교회들에서 유사한 부흥 현상이 목격되는 것도 이 때문이다. 그런 만큼 '평양대부흥' 이전에도 한국에서는 크고 작은 부흥 운동이 존재했으며, 그 이상으로 한국 교회는 처음부터 부흥주의에 의해 지배되고 있었다고 할 수 있다. 부흥주의는 전도(傳道)된 복음주의의 일부분이었다. 이러한 사실에 대한 한국 기독교인들의 자각은 훨씬 뒤에야 나타날 수 있었다. 이상을 통해 볼 때, '평양대부흥'은 돌출한 사건이 아니라, 정상적인 복음주의 선교 과정에서 나타난 정상적인 현상이었다고 할 수 있다.

이상과 같은 분석을 통해 볼 때, 선교지 한국의 부흥 운동은 선교 초기부터 상시화되었다고 할 수 있고, 이런 관점으로 '평양대부흥'의 성격이 재검토될 수 있다. 결론적으로 '평양대부흥'은 일종의 전국적인 연합 부흥회였다. 복음주의 선교는 대대적인 성공을 거두어 교회는 한국 전역에 걸쳐 설립되었으며, 선교사들 간의 연합 정신이 고조되어 '평양대부흥'의 여건이 조성되어 있었다. 1905년 복음주의 선교사들이 연합하여 만든 '재한복음주의선교회연합공의회'는 우선적인 사업의 하나로 한국 전역에서 동시다발적으로 부흥 운동을 일으키기로 의견을 모았다. 부흥 집회 기간 동안에는 다른 일체의 선교 활동도 중단키로 했다.

재한 선교사들이 일치단결하여 전국적인 부흥 운동을 일으키기로 결의한 데는 자신들의 성공적인 선교 성과를 세계 선교계에 널리 알리려고 하는 뜻도 들어 있었다. 당시 세계 선교계는 효율적인 네트워크를 가지고 있었으며, 재한 선교사들도 타 지역에서의 선교 활동에 관해서도 풍부한 정보를 얻을 수 있었다. 그들은 인도에서 일어난 부흥 운동에 의해 크게 자극받았던 것으로 알려지고 있는데, 선교의 네트워크를 따라 부흥 운동의 네트워크도 작동하고 있었던 것이다. 비록 한국 내에서는 정상적인 교회 활동의 하나로 간주되어 별다른 주목을 받지 못한 부흥 운동이라 하더라도, 선교본국과 세계 선교계에 타전된 선교 보고들을 통해 연합 부흥 집회는 '평양대부흥'으로 알려지게 되었다. '평양대부흥'은 선교계의 귀감으로서, 에딘버러 세계 선교대회를 축복하는 축포와 같이 받아들여졌다. 선교 운동상 마지막 된 자가 부흥 운동상 처음 된 자가 되었던 것이다.

부흥 소식을 알리면서, 복음주의 선교사들은 '대부흥'이라는 이름에 걸맞게, '평양대부흥'이 한국 교회를 크게 변화시켰다고 믿기 시작했다. 그들은 익숙한 부흥의 내러티브를 따라 부흥 운동 이전과 이후의 차이점을 강조했다. 이러한 '발명'의 과정을 통해, '평양대부흥' 이전의 선교지민들의 복음화는 일종의 '개종'에 불과했으며, '평양대부흥'의 영적 각성을 통해 개종한 선교지민들이 비로소 복음을 그들의 심령으로 받아들이게 되는 '회심'을 경험한 것으로 해석되었다. '평양대부흥'을 계기로 한국 교회가 참된 교회로 거듭났다는 주장은 갈수록 움직일 수 없는 사실이 되어 갔고, 이렇게 '발명'된 '평양대부흥'은 한국의 교회사가들에 의해서도 역사적 사실로 간주되었으며, 한국 교회의 신앙과 신학을 주조한 결정적인 사건으로 해석되었다. 이로 말미암아 한국 교회가 선교사들의 교회로부터 토착화된 한국적인 교회로 자리 잡았다는 견해가 의문 없이 받아들여졌다.

물론 이러한 '변화'에 대해 비판적인 입장들도 많이 개진되었다. 한국 교회의 비정치화와 민족 운동 대열로부터의 이탈이 '평양대부흥'의 의도이자 결과라는 주장은 지금도 꾸준히 제기되고 있다. 하지만 이러한 비판도 복음주의와 계몽주의가 본래 무관하다는 해석적인 허구 위에서 행해지고 있다고 볼 수 있다. 이러한 허구는 뒷날 복음주의가 자유주의와 근본주의로 분열되었을 때 근본주의자들에 의해 강화되었고, 근본주의자들의 재해석을 비판하는 과정에서 연구자들에 의해 추인되었다. 이로써 '평양대부흥'은, 그에 대해 비판적이든 무비판적이든, 한국 교회의 기원 설화로 자리를 굳혔다고 할 수 있다.

따라서 오늘날 '평양대부흥' 연구자들은 '평양대부흥'에서 어떤 일이 일어났는가를 살피기에 앞서 이 기원 설화를 먼저 상대하지 않으면 안 된다. 여기서 '평양대부흥'의 담론을 집중적으로 분석하려 했던 것은, 담론에 대한 해체 작업이 선결됨으로써만 '평양대부흥'과 계몽주의의 상관성이 밝혀지고, 한국 기독교의 기원으로부터 간단히 계몽주의를 떼어낼 수 없다는 당연하면서도 의미심장한 사실에 직면할 수 있기 때문이다. 이를 통해 우리는 구한말 복음주의 선교사들의 선교가 지닌 '계몽적 선교'의 특징을 새로운 각도로 이해할 거점을 마련할 수 있으며, 그들이 우리들과 동시대를 살고 있음을 깨닫게 된다. 현재주의적 비판이 아니라, 선교사들이 있었던 그 자리에, 계몽주의의 그늘 아래 우리를 둘 수 있을 때, 참된 선교학적 대화가 시작될 수 있을 것이다.

주지하다시피, 복음주의와 계몽주의의 밀접한 관계는 1차 세계 대전을 겪으면서 많은 변화를 겪었다. 계몽주의는 더 이상 복음주의의 당연한 전제로 받아들여지지 않게 되었다. 근본주의자들은 18세기식 계몽주의에 의지하여 19세기식 계몽주의에 물든 자유주의를 비판하기 시작했다. 복음주의의 제국은 내부적으로 분열되었다. 그러나 그보다 더 중요한 것은 아마도 계몽주의 내부에 일어난 현상이라고 할 수 있다. '계몽의 변증법'은 계몽주의가 서구의 자기 파괴로 귀결될 것이라고 예언했다. 계몽주의는 권력/지식의 이데올로기로, 서구 중심주의로, 세계의 불행으로 비판되었다. 계몽주의의 자기비판, 특히 계몽주의의 절대화에 맞선 '지식의 고고학'적 관점은 '평양대부흥'의 담론 분석에 많은 시사점을 제공한다. '애국계몽운동'으로부터 가장 멀리 벗어나 있다고 여겨지던 '평양대부흥'이 계몽주의의 심화요 완성을 지향한 것이었다면, 복음주의 선교에 기원한 한국의 개신교가 계몽주의의 그늘로부터 벗어난다는 것이 단지 선언적으로 이뤄질 수는 없는 일이다.

오늘날 탈계몽주의의 이름으로 행해지고 있는 계몽주의에 대한 비판조차 여전히 계몽주의의 자장 안에 있는 것으로 보인다. '남반부 기독교'가 서구의 계몽주의의 영향으로부터 자유로운 새로운 기독교로 간주될 수 있는지도 의문이다. 오히려 그조차 계몽주의의 심화이며 위기의 확산이라고 볼 수도 있다. 계몽주의로부터 말을 바꿔 타기보다, 계몽주의가 불가피하게 안고 있는 자기모순과 균열, 자기 해체의 가능성과 깨어진 틈을 발견하는 것이 계몽주의의 그늘로부터 벗어나는 보다 결실 있는 방향이라고 생각된다.

이상과 같은 '평양대부흥'의 선교사(宣敎史)적인 분석에 이어서, 선교학은 신학의 일부라는 지론에 따라, 다각도로 '평양대부흥'의 신학화를 시도했다.

먼저 '계몽으로서의 선교'를 제시했다. 계몽은 단지 지적인 깨달음만을 뜻하지 않고, 어둠으로부터 빛으로, 죽음으로부터 생명으로, 거짓으로부터 진리로, 사망으로부터 부활로 깨어남을 총체적으로 가리킨다고 할 수 있다. 계몽주의가 계몽의 문제를 부각시키는 데 결정적으로 기여한 사실은 인정되지만, 계몽주의의 빛 이전에도 "세상의 빛"은 세상을 비추고 있었다. '계몽적 선교'는 계몽하는 하나님을 증언하는 인간적 활동으로서, 계몽주의 이전에도 선교의 핵심적인 요소 중 하나였다고 할 수 있다. 이런 관점에서 본다면, 계몽주의는 다양한 계몽들에 대한 하나의 헤게모니라고 할 수 있고, 무엇보다도 하나님의 계몽에 대한 특징적인 해석을 포함하고 있으며, 계몽을 인간화했다고 할 수 있다.

이러한 '계몽적 선교'론을 통해 복음주의 선교를 비판적으로 이해할 수 있다고 생각된다. 복음주의의 '계몽적 선교'는 예수 그리스도가 세상을 계몽하는 빛이라고 선언하지 않았고, 회심의 기원과 목표를 분명하게 인식하지 못했으며, 회개하게 하는 영을 살아있는 예수 그리스도의 영이라고 고백하지 않았다. 계몽적 선교는 성령을 인간의 자기 계몽의 영과 구분하지 못했다. 부활의 "등불"은 계몽주의의 "그릇" 아래 감춰져 있었다(눅 8:16). 하지만 복음주의 선교를 포함한 모든 선교가 하나님의 계몽에 근거한다면, 때로는 불가피한 한계에도 불구하고, 선교의 계몽적 성격은 부정될 수 없으며, 반(反)지성주의는 몽매주의와 더불어 복음주의의 스캔들로 간주되어야 할 것이다.

'평양대부흥'이라고 하는 선교사들의 과잉도, '계몽'에 대한 선교지민들의 종말론적 열정도, 돌려놓고 생각하면, 계몽주의가 촉발시켰지만 답할 수 없었던 그 무엇인가를 가리키고 있었는지도 모른다. 계몽주의의 위기가 심화된다 하더라도, 아니 바로 그 때문에, 계몽주의의 도전에 대한 답은 반(反)계몽주의나 탈(脫)계몽주의가 아니라 '하나님의 계몽'인 예수 그리스도이다. 따라서 '계몽적 선교'는 계몽하는 하나님의 참된 증언으로 부활해야 한다.

한편 이 연구에서 성령 체험, 회심, 부흥 등과 같은 주제들이 다뤄지는 만큼 상당한 부담을 안고 있었다. 이러한 현상에 대한 보고들을 문자 그대로 믿는 복음주의적 해석이 있는가 하면, 초자연적 현상은 논외로 하려는 인문학적 해석이 있다. '평양대부흥'이 초자연적인 사건이라는 관점의 맞은편에 '평양대부흥'은 인간적 조작이라는 관점이 있다. '의심의 해석학'의 대안으로서, 여기에서 제시되는 '믿음의 해석학'은 바울의 서신들로부터 나왔다. 개종의 동기를 묻는 물음은 선교 동기를 묻는 물음으로 되돌아오며, 진정성의 의심은 마침내 선교 자체를 위태롭게 할 뿐이다. 의심은 의심을 낳을 뿐이라면 믿음은 믿음을 낳는다. 선교사 바울은 선교지 교회가 성령 충만한 교회임을 믿었다. 실제로 서신서들은 선교지 교회들이 과연 성령 충만한 교회인지를 의심케 하는 내용을 많이 담고 있다. 그럼에도 불구하고 바울은 자신의 선교지 교회에 대한 믿음으로 시작하곤 했다. 믿음으로 인해, 바울은 선교지 교회의 갖가지 부조리와 모순들을 보다 적나라하게 관찰할 수 있었고, 이러한 현상들을 거리낌 없이 비판할 수 있었다. '평양대부흥'의 선교학은 선교지 한국 교회가 성령 충만한 교회, 회심하고 '부흥'한 교회임을 믿는 믿음으로 시작되어야 한다.

이러한 해석학적 관점에서 부흥 운동을 '부활의 증언'으로 신학화하려 했다. '평양대부흥'에 대한 역사적인 이해는 부흥 운동에 대한 신학적인 이해로 나아가야 한다. 다양한 부흥 현상들에 대한 비교를 통해 한국의 부흥 운동이 갖고 있던 특징들을 찾아낼 수도 있겠지만, 이러한 역사적, 비교적 작업도 상대적인 의미만을 가질 뿐이다. 부흥 운동을 식별하고 판단하는 신학적인 기준은 '예수 그리스도의 부활'이라고 할 수 있다. 부흥 운동은 부활의 증언으로서 그 의미를 갖는다. '예수 그리스도의 부활'로서의 부흥과 부흥 운동의 구별도 복음과 복음주의 구별만큼 근본적이어야 한다. '평양대부흥'을 성령 강림 사건이라고 규정한다면, '평양대부흥'에 대한 비판적 성찰은 불가능해진다. 성령의 활동에 대해 왈가왈부할 수 없기 때문이다. 그러나 '평양대부흥'을 하나님의 부흥(부활)인 예수 그리스도를 증언하는 부흥 운동으로 간주할 때, 이 특정한 부흥의 증언에 대한 분석과 비판이 가능해진다. 그 대신, 부흥 운동과 부흥주의의 구별은 오히려 상대적인 것이라고 할 수 있다. 진정한 부흥 운동과 인위적인 부흥주의를 구별하려는 것은 그다지 생산적인 결과를 얻지 못한다. 더구나 선교지에서 선교사들에 의해 주도된 부흥회가 부흥 운동으로 전환되지 말라는 법이 없었다. 실제로 '평양대부흥'을 주도한 선교사들은 그들이 기대했던 성과 이상을 거두었다고 자평하고 있었다. 자발성과 인위성의 구별은 의심의 해석학으로부터 파생하는 것으로서, 이는 부활의 증언이 인간적 가능성으로 주어졌다는 사실을 부정하는 방향으로 나아가게 될 우려가 있다. 하기는 복음주의자들에 의해 그러한 의심의 씨가 뿌려졌던 것도 사실이다.

부흥 운동 과정에서 보고되는 성령 강림 현상은 선교학적으로도 가장 까다로운 문제들 중 하나라고 할 수 있다. 이른바 선교 문서를 1차 사료라 하여 무비판적으로 인용하는 문자주의적 해석학은 성령 강림은 역사적 사실이라면서 그 날짜까지 적시하기도 한다. 이 문제에서도 앞서 언급한 구별이 엄격하게 적용되어야 한다. 성령 강림 현상과 선교지 교회의 성령 체험은 믿음의 해석학에 따라 진정성 있는 사건으로 간주되어야 하지만, 이 사건은 본질적으로 인간의 증언의 차원에 속하는 것이다. 즉 이 사건은 신학적인 비판의 대상이 될 수 있다. 선교학은 선교사들이 추구했던 '평양대부흥'의 성령 체험의 성격을 물을 수 있고, 물어야 한다.

성령 체험은 복음주의와 계몽주의에 난 균열이며, 복음의 증언으로서의 복음주의가 시대를 지배하고 있던 계몽주의에 의해 전적으로 동화될 수 없다는 사실을 가리킬 수 있었다. 그것은 계몽주의가 기획하고 있던 근대적 주체성의 출현과는 다른 방향의 주체성을 지시할 수 있었다. 그러나 '평양대부흥'의 성령 체험조차 계몽 운동이 추구했던 근대적인 자아의 발명 또는 각성과 구분될 수 없었던 것으로 보인다.

한편 '평양대부흥'의 신학과 관련하여, '평양대부흥'에서 '그리스도론'은 매우 미약했다고 생각된다. 선교사 바울이 선교의 모든 것이라고 했던 "예수 그리스도의 십자가"는 구원을 위한 대속의 방편으로 이해되었다. 그리스도론이 포함하고 있는 어둠으로부터 빛으로의, 죽음으로부터 생명으로의, 거짓으로부터 진리로의, 사망으로부터 부활로의 '계몽'은 '평양대부흥'의 시야에 거의 들어오지 않았다. 따라서 경이감과 공포심을 유발했던 것으로 선교사들에 의해 보고된 선교지 성령 체험에도 불구하고, 회개한 선교지민들에게는 개인의 도덕성 향상이라는 문화적 기독교로의 길 이상은 알려지지 않았다. 더구나 이조차 선교사들에 의해 부과된 것으로서, 이는 한국의 계몽주의가 외부로부터 부과된 것이었다는 사실에 상응한다고 하겠다.

이어서 복음주의 선교의 최종 목표였던 선교지민의 회심을 '선교 번역' 이론에 힘입어 분석해 보았다. 월스(Andrew Walls) 등의 '선교 번역'론은 성육신이라는 신학적 주체를 선교학에 본격적으로 도입한 선교론으로서, 언어 번역 이론의 도움을 빌어 선교 현장에서 복음이 토착화하는 과정을 복합적으로 이해할 수 있게 한다. 월스의 회심 이론을 적용해 볼 때, 복음주의 선교사들이 선교지에서 추구했던 회심은 실제로는 선교국 기독교 문화에로의 회심이었던 만큼, '유대주의화'와 유사한 일종의 '개종(proselytization)'이었다고 생각된다. '평양대부흥'의 회심은 '그리스도에로의 회심(conversion to Christ)'에 이르지 못했다. 회심도 일종의 번역이라면, 번역 과정이 발생시키는 '차연'만큼, 번역의 이데올로기도 고려되어야 할 것이다.

그것은 선교지에서 개종과 회심을 동시에 추구해야 했던 복음주의 선교의 불가피한 한계이기도 했다. 복음주의 선교사들은 한편으로는 선교지 교회의 성장을 도모하면서도, 다른 한편으로는 선교지민의 영적인 성숙을 추구해야 하는 두 가지 과제를 갖고 있었다. 그 결과 '형식적인 기독교'와 '진정한 기독교의 구분'에 기초한 복음주의의 정체성은 선교 현장에서 불투명해졌고, '개종'과 '회심'의 차이는 '선교 번역'에서 모호해졌다. 나아가 선교사들은 선교지민들만을 회심해야 할 존재로 보았을 뿐, 자신들을 포함한 선교본국도 회심해야 한다는 사실에는 큰 관심을 두지 않고 있었다. 이미 회심한 자와 아직 회심하지 않은 자의 구분은, 계몽주의의 이미 계몽된 자와 아직 계몽되지 않은 자의 구분에 상응하는 것으로서, 이로 인해 선교지민들은 언제나 회심의 과정에 있는 것으로 여겨졌고, 이미 회심한 선교사들과 그들 간의 간격은 '평양대부흥' 이후에도 메워지지 않았다.

끝으로 '재귀적 선교학'의 가능성을 타진해 보았고, 선교는 자기 구원의 길이라는 관점을 제시해 보았다. 선교가 쌍방적 운동인 만큼, 선교 현장으로부터 선교본국으로의 운동에도 주목해야 한다. 복음주의 선교가 단지 외향적이고 외연적인 확장만을 도모했다고 볼 수 없다. 선교는 앞으로 나아가면서 동시에 뒤로 물러서는 과정이다. 복음주의 해외 선교는 암묵적으로 본국의 선교하는 교회를 향한 메시지를 담고 있었다고 할 수 있다. 복음주의 선교사들이 '평양대부흥'을 긴급히 보고했을 때, 그들은 이 메시지가 선교의 대의에 동참한 그들의 후원자들에게 만족감을 주리라고 기대했을 것이고, 선교하는 교회의 신앙과 신학이 여전히 유효하며, 복음주의 개신교가 건재하다는 믿음을 주려고 했을 것이다. 그러나 복음주의의 장악력이 약화되고 있던 선교본국의 현실을 고려해 볼 때, '평양대부흥'을 알리는 선교 문서들에는 선교하는 교회에서 진정한 부흥 운동이 일어나기를 희망하는 메시지가 담겨 있었다고 할 수 있다. 선교하는 교회가 만일 선교사들의 이러한 암묵적인 메시지를 들을 수 없었다면, 복음주의 선교는 아직 절반의 성공밖에 거두지 못했던 셈이다.

'재귀적 선교학'은 한편으로는 현재 이뤄지고 있는 계몽주의에 대한 광범위한 비판과 대안 모색에 참여함과 함께, 선교국으로부터 선교지로 시선을 고정하는 일방적인 선교 이론을 지양하고, 선교지로부터 선교국으로의 방향도 고려하는 쌍방적인 선교 이론을 정립하기 위한 시도이다. 선교 현장의 십자로에서, 선교지를 바라보는 시선으로 그를 파송 한 본국의 신학과 신앙을 돌이켜보는 것이 '재귀적 선교학'이다. 선교 현장의 도가니에서 고난과 죽음의 과정으로 들어가는 선교의 '약함'이 드러나며, '재귀적 선교학'은 이 과정에서 발생하는 현상들을 이론화하여 신학적인 재형성의 밑거름이 되도록 하려는 작업이다.

이러한 쌍방적인 관점으로 '귀환과 파송'의 드라마로서의 선교가 구상될 수 있다. 재귀적 선교학은 상속받은 모든 것을 잃은 후 자신을 기다리는 아버지에게로 돌아오는 '탕자의 귀환'을 모델로 할 수 있을 것이다. 물론 선교는 "더 나은 고향"을 찾는 운동이며, 선교사 자신을 포함한 선교하는 교회가 자기 구원을 이루기 위해 먼 나라로 가는 길이고, 자기 구원을 위해 다른 모든 사람의 구원을, 그러므로 단 한 사람의 영혼의 구원을, 끝까지 책임져야 하며, 모든 것을 버림으로써 모든 것을 얻는 '방법'이다. 선교는 이처럼 파송이 귀환이 되는 모순적 운동이다. 선교되는 교회로부터 선교하는 교회로 탈바꿈한 오늘날 한국 교회는 이러한 파송과 귀환의 모순적 운동을 온몸으로 체현하고 있다. 한국 교회야말로 모든 것을 팔아 살 가치가 있는 선교학의 보고(寶庫)라고 확신한다.

참고문헌

국문 단행본

김상근, 『선교학의 구성 요건과 인접 학문』, 서울 : 연세대학교출판부, 2006.
류대영, 『미국종교사』, 서울 : 청년사, 2007.
_____, 『초기 미국 선교사 연구(1884-1910) : 선교사들의 중산층적 성격을 중심으로』, 서울 : 한국기독교역사연구소, 2001.
_____, 『개화기 조선과 미국 선교사 : 제국주의 침략, 개화자강, 그리고 미국 선교사』, 서울 : 한국기독교역사연구소, 2004.
민경배, 『한국기독교회사』, 서울 : 연세대학교출판부, 1993.
_____, 『한국민족교회형성사론』, 서울 : 연세대학교출판부, 2008.
솔내민경배박사고희기념논문집편찬위원회 편, 『교회·민족·역사』, 서울 : 한들출판사, 2004.
박명수, 『한국교회부흥운동 연구』, 서울 : 한국기독교역사연구소, 2003.
박용규, 『평양대부흥운동』, 서울 : 생명의말씀사, 2000.
_____, 『한국기독교회사 1 (1784-1910)』, 서울 : 생명의말씀사, 2004.
백낙준, 『한국개신교사』, 서울 : 연세대학교 출판부, 1973.
백종구, 『한국 초기 개신교 선교운동과 선교신학』, 서울 : 한국교회사학연구원, 2002.
서원모 편, 『20세기 개신교 신앙 부흥과 평양 대각성 운동』, 서울 : 장로회신학대학교 출판부, 2006.
옥성득, 『한반도대부흥』, 서울 : 홍성사, 2009.
이덕주, 『한국토착교회형성사 연구』, 서울 : 한국기독교역사연구소, 2000.
이유나, 『한국 초기 기독교의 죄 이해 : 1884-1910』, 서울 : 한들출판사, 2007.
한국기독교사역사연구회 편, 『한국기독교의 역사 I』, 서울 : 기독교문사, 1989.

국문 번역서

곽안련(Charles Allen Clark)저, 박용규·김춘섭 공역, 『한국교회와 네비우스 선교정책』(서울 : 대한기독교서회, 1994).
리차드 니버 저, 김재준 역, 『그리스도와 문화』, 서울 : 대한기독교서회, 1998.
스티븐 니일 저, 홍치모·오만규 공역, 『기독교선교사』, 서울 : 성광문화사, 1980.
에드워드 사이드 저, 김성곤·정정호 공역, 『문화와 제국주의』, 서울 : 창, 1995.
에드워드 사이드 저, 박홍규 역, 『오리엔탈리즘』, 서울 : 교보문고, 1991.

찰스 스토크 저, 장지철·김홍수 공역, 『미국감리교회의 한국선교 역사(1885~1930)』, 서울 : 한국기독교역사연구소, 2010.

국문 박사학위논문

박종현, "한국교회 신앙 내연과 그 외면 구조의 상관관계 연구." 연세대학교대학원 박사학위논문, 2000.

국문 논문

간하배, "한국 장로교 신학에 관한 연구(II)." 「신학지남」 33.4 (1966.12), 32-39.
김경빈, "한국에 온 미국 개신교 선교사들의 신앙유형과 그 사상적 배경." 민경배박사고희기념논문집출판편집위원회편, 『교회·민족·역사』, 서울 : 한들출판사 (2004), 87-110.
_____, "19세기 미국 개신교 해외 선교에 있어서의 선교사 모집과 그 배경." 「교회사학」 1.1 (2000), 45-67.
김상근, "로랜드 알렌이 제시했던 '바울의 선교방법' : 세계교회사에 나타난 선교인물(5)," 「교회와 목회」 557 (2005.5), 240-247.
_____, "선교 번역 이론의 고찰 : 앤드류 월스, 유진 나이다, 자크 데리다를 중심으로." 「종교연구」 37 (2004.겨울), 69-97.
_____, "1907년 평양 대부흥 운동과 알미니안 칼빈주의의 태동 : 한국 교회의 선교 운동에 미친 영향을 중심으로." 「한국기독교신학논총」 46 (2006), 383-410.
_____, "한국교회의 해외선교, 어디로 갈 것인가?" 「대학과 선교」 13 (2007.12), 9-43.
김윤성, "개신교 선교와 문화 제국주의 : 문화적 헤게모니와 이에 대한 대응." 「현상과 인식」 74 (1998.2), 31-59.
김인섭, "개화기 소설에 나타난 회심의 두 유형 : 최병헌의 '성산명경'과 애니 베어드의 '따라 따라 예수 따라 가네'를 중심으로." 「문학과 종교」 13.2 (2008), 23-46.
김인수, "미국 교회 대각성 운동과 한국 교회의 1907년 대부흥 운동과의 비교 연구 : 유사점과 차이점을 중심으로." 서원모 편, 『20세기 개신교 신앙 부흥과 평양 대각성 운동』, 서울 : 장로회신학대학교 출판부 (2006), 34-75.
김회권, "역사적 화석에서 되살려야 할 '불씨'." 「기독교사상」 51.1 (2007.1), 66-79.
류대영, "초기 한국교회에서 'evangelical'의 의미와 현대적 해석의 문제." 「한국기독교와 역사」 15 (2001), 117-144.
_____, "세속화 이론과 미국 종교사." 「종교와 문화」 8 (2002), 21-41.
_____, "윌리엄 베어드의 교육사업." 「한국기독교와 역사」 32 (2010.3), 127-156.
_____, "2천년대 한국 개신교 보수주의자들의 친미·반공주의 이해." 「경제와 사회」 62 (2004), 54-79.
_____, "20세기 초 한국교회 부흥현상 연구에 관한 몇 가지 재검토." 「종교문화비평」 12 (2007), 157-187.
_____, "한말 기독교신문의 근대국가론 : 인민을 중심으로." 「한국기독교와 역사」 29 (2008.

9), 5-33.

_____, "한말 기독교 신문의 문명개화론." 「한국기독교와 역사」 22 (2005.3), 5-43.

_____, "한말 미국의 대한 정책과 선교사업." 「한국기독교와 역사」 9 (1998.9), 189-219.

류방란, "개화기 기독교계 학교의 발달 : 소학교를 중심으로." 「한국문화」 28 (2001.12), 251-272.

민경배, "한국교회의 신비주의사 : 1945년 까지." 「기독교사상」 24.9 (1971.5), 68-85.

박명수, "근대복음주의와 초기 한국 교회." 「기독교사상」 433 (1995.1), 98-119.

_____, "한국 교회와 오순절운동 : 한국교회사적 입장." 한국 교회사학 연구원 편, 『한국기독교사상』, 서울 : 연세대학교출판부, (1998), 75-117.

_____, "성결운동과 한국교회의 초기 대부흥." 「한국기독교와 역사」 14 (2001.2), 47-77.

_____, "서평 : 평양 대부흥운동." 「성결교회와 신학」 5 (2001.봄), 295-302.

_____, "초기 한국교회의 영성 : 1907년 대부흥운동의 신앙분석." 「성결교회와 신학」 11 (2004.봄), 43-75.

_____, "1907년 대부흥과 초교파 연합운동." 「기독교 사상」 583 (2007.7), 200-207.

박용규, "웨일즈 대 부흥운동(The Welsh Revival) 1904-1905." 「교회사학」 6.1 (2007), 83-138.

_____, "한국교회 종말신앙 : 역사적 개관." 「성경과 신학」 27 (2000), 190-222.

박응규, "19세기말 미국의 선교운동과 일제하 한국교회의 종말론", 「한국기독교역사연구소 소식」 34 (1999), 27-41.

박정신, "민족운동사 시각에서 본 1970년 대부흥 운동의 텍스트와 콘텍스트." 「한국민족운동사연구」 54 (2008), 359-374.

방연상, "탈 근대적 선교신학의 주체를 향하여." 「신학연구」 63 (2013.12), 253-279.

서정민, "근대 아시아에서의 선교사 문제 : 한국과 일본 개신교 선교사들의 활동에 대한 검토를 중심으로." 「한국기독교와 역사」 5 (1996.9), 208-240.

_____, "초기 한국교회 대부흥운동의 이해 : 민족운동과의 관련을 중심으로." 이만열 외. 『한국기독교와 민족운동』, 서울 : 종로서적 (1986), 233-283.

브라이언 스탠리, "1910년 에딘버러 세계선교사대회에서 바라본 선교와 인간 정체성." 「신학연구」 56 (2010), 136-167.

심창섭, "한국교회 부흥운동의 선교전략적 의의 : 1903년 원산기도회와 1907년 평양 대부흥운동 중심으로." 「신학지남」 293 (2007.겨울), 7-42.

안 신, "부흥과 선교의 관계성에 관한 연구 : 종교 현상학적 해석을 중심으로." 「선교와 신학」 21 (2008.2), 193-219.

안희열, "초기 한국교회의 부흥운동(1903-1908)과 선교학적 고찰." 「성경과 신학」 44 (2007), 140-166.

옥성득, "1906-1909 아주사 스트리트 부흥 운동 : 그 특성과 한국 대부흥 운동과의 비교." 서원모 편. 『20세기 개신교 신앙 부흥과 평양 대각성 운동』, 서울 : 장로회신학대학교 출판부 (2006), 144-183.

_____, "초기 한국 북감리교의 선교 신학과 정책 : 올링거의 복음주의적 기독교 문명론을 중심으로." 「한국기독교와 역사」 11 (1999), 7-40.

이덕주, "초기 한국 교회 부흥 운동에 관한 연구(3)." 「세계의 신학」 44 (1999.9), 73-102.

이만열, "1907년 평양 대부흥운동에 대한 몇 가지 검토." 「한국기독교와 역사」 26 (2007.3), 5-38.

이승준, "한국 개신교의 정체성 논의와 Evangelical America : Arthur J. Brown의 청교도 패러다임 비판." 「한국기독교역사연구소소식」 32 (1998.7), 4-13.

이유나, "초기 한국 개신교의 죄 개념 연구." 「한국기독교역사연구소소식」 76 (2006), 3-17.

이진구, "한국 개신교와 선교 제국주의." 「사회비평」 33 (2002.9), 178-192.

이호우, "무디의 부흥운동과 학생자발운동이 초기 내한선교사들의 선교활동에 끼친 영향 연구." 「역사신앙논총」 14 (2007), 272-304.

전복희, "사회진화론의 19세기말부터 20세기초까지 한국에서의 기능." 「한국정치학회보」 27.1 (1993.10), 406-425.

_____, "애국계몽기 계몽운동의 특성." 「동양정치사상사」 2.1 (2003), 94-115.

주재용, "한국교회 부흥운동의 사적 비판-1907년 부흥운동을 중심으로." 「기독교사상」 243 (1978. 9), 62-72.

주진오, "한국사학계에서 바라본 한국기독교사 연구." 「한국기독교와역사」 15 (2001), 171-185.

최연식, "개혁적 사회진화론의 수용과 청년기 이승만의 독립정신." 「한국정치외교사론총」 31.2 (2010), 135-166.

최형묵, "평양대부흥운동 100년, 한국 기독교 보수주의의 기원." 「월간 말」 254 (2007.8), 100-105.

한규무, "게일의 한국 인식과 한국 교회에 끼친 영향 : 1898~1910을 중심으로." 「한국기독교와 역사」 4 (1995.12), 161-176.

홍기영, "1907년 평양 대부흥 운동의 선교학적 고찰." 「한국기독교신학논총」 46 (2006), 349-376.

_____, "토착화의 관점에서 바라본 1907년 평양대부흥운동." 「선교와 신학」 18 (2006.12), 11-52.

홍원식, "애국계몽운동의 철학적 기반 : 박은식과 장지연을 중심으로." 「동양철학연구」 22 (2000), 267-291.

홍이표, "언더우드의 『교회와 국가 인식 : Church & State』인식." 「한국기독교연사연구소소식」 74 (2006), 24-39.

후꾸다 다까시, "한국 선교사들 : 그들의 공헌과 약점." KMQ 4.4 (2005.가을), 63-66.

영문 단행본

Ahlstrom, Sydney E, *A Religious History of the American People*. New Haven: Yale University Press, 1972.

Anderson, Benedict, *Imagined Communities: Reflections on the Origin and Spread of Nationalism*. London: Verso, 1991.

Baird, Richard H, *William M. Baird of Korea : A Profile*. Oakland, CA, 2004.

Bhabha, Homi, *The Location of Culture*. London: Routledge, 1994.

Bakhtin, M. M, *The Dialogic Imagination: Four Essays*. translated by C. Emerson and M. Holquist. Austin: University of Texas Press, 1981.

Barth, Karl, *Church Dogmatics I.2: The Doctrine of the Word of God*. Edinburgh: T&T Clark, 1956.

_____, *Church Dogmatics III.3: The Doctrine of Creation*. Edinburgh: T&T Clark, 1960.

_____, *Church Dogmatics, IV.1: The Doctrine of Reconciliation*. New York: Charles Scribner's Sons, 1956.

_____, *Church Dogmatics IV.3.2: The Doctrine of Reconciliation*. Edinburgh: T&T Clark, 1962.

_____, *Church Dogmatics IV.4: The Christian Life*. Edinburgh: T&T Clark, 1969.

Bebbington, David, *Evangelicalism in Modern Britain: A History from the 1730s to the 1980s*. Grand Rapids: Baker Book House, 1989.

_____, *The Dominance of Evangelicalism: The Age of Spurgeon and Moody*. Illinois: InterVarsity Press, 2005.

Bellah, Robert et al. *Habits of the Heart: Individualism and Commitment in American Life*. Berkeley: University of California Press, 1985.

Bergunder, Michael, *The South Indian Pentecostal Movement in the Twentieth Century*. Grand Rapids: William B. Eerdmans, 2008.

Bonk, Jonathan et al ed, *Speaking About What We Have Seen and Heard: Evangelism in Global Perspective*. New Haven: OMSC Publications, 2007.

Bosch, David J, *Transforming Mission: Paradigm Shifts in Theology of Mission*. Maryknoll, New York: Orbis Books, 1991.

Bourdieu, Pierre, *Outline of a Theory of Practice*. Cambridge: Cambridge University Press, 1977.

_____, *Distinction: A Social Critique of the Judgement of Taste*. Cambridge: Harvard University Press, 1984.

_____, *In Other Words: Essays Towards a Reflexive Sociology*. Stanford: Stanford University Press, 1990.

Brown, Arthur. J, *The Mastery of the Far East: The Story of Korea's Transformation and Japan's Rise to Supremacy in the Orient*. New York: C. Scribner's Sons, 1919.

Cannell, Fenella. ed, *The Anthropology of Christianity*. Durham & London: Duke University Press, 2006.

Carwardine, Richard, *Transatlantic Revivalism: Popular Evangelicalism in Britain and America, 1790-1865*. Milton Keynes: Paternoster Greenwood Press, 1978.

Chun, Sung Chun, *Schism and Unity in the Protestant Churches of Korea*. Seoul: Christian Literature Society of Korea, 1979.

Clark, Allen D, *The Nevius Plan for Mission Work Illustrated in Korea*. Seoul: Christian Literature Society, 1937.

Jean and John Comaroff, *Body of Power, Spirit of Resistance: The Culture and History of a South African People*. Chicago: University of Chicago Press, 1985.

_____, *Of Revelation and Revolution Vol. 1: Christianity, Colonialism and Consciousness in South Africa*. Chicago: University of Chicago Press, 1991.

_____, *Of Revelation and Revolution Vol. 2: The Dialectics of Modernity on a South African Frontier*. Chicago: University of Chicago Press, 1997.

Costas, Orlando E, *Christ Outside the Gate: Mission beyond Christendom*. Maryknoll, NY: Orbis Books,

1982.

Curtis, H, *The Lord for the Body: Pain, Suffering and the Practice of Divine Healing in Late-Nineteenth-Century American Protestantism*. Cambridge: Harvard University Press, 2004.

Cushner, Nicholas, *Why Have You Come Here? The Jesuits and the First Evangelization of Native America*. New York: Oxford University Press, 2007.

Dawson, Robert Dale, *The Resurrection in Karl Barth*. Burlington VT: Ashgate Publishing Company, 2007.

Dodd, C. H, *The Johannine Epistles*. New York: Harper & Brothers, 1946.

Foucault, Michel, *The Archaeology of Knowledge*. New York: Pantheon Books, 1972.

_____, *Power/Knowledge: Selected Interviews and Other Writings, 1972-1977*. New York: Pantheon Books, 1980,

Geertz, Clifford, *The Interpretation of Cultures*. New York: Basic Books, 1973.

Grenz, Stanley and Franke, John, *Foundationalism: Shaping Theology in a Postmodern Context*. Louisville, Kentucky: Westminster John Knox Press, 2001.

Hatch, Nathan O, *The Democratization of American Christianity*. New Haven and London: Yale University Press, 1989.

Hefner, Robert, ed, *Conversion to Christianity: Historical and Anthropological Perspectives on a Great Transformation*. Berkeley and Los Angeles: University of California Press, 1993.

Hobsbawm, Eric and Ranger, Terence, *The Invention of Tradition*. Cambridge: Cambridge University Press, 1983.

Horkheimer, Max and Adorno, Theodor, *Dialectic of Enlightenment*. London: Verso, 1979.

Hutchison, William, *Errand to the World: American Protestant Thought and Foreign Missions*. Chicago: University of Chicago Press, 1987.

_____, *The Modernist Impulse in American Protestantism*. Durham: Duke University Press, 1992.

Jenkins, Philip, *The Next Christendom: The Coming Global Christianity*. New York: Oxford University Press, 2011.

_____, *The New Faces of Christianity: Believing the Bible in the Global South*. New York: Oxford University Press, 2006.

Keane, Webb, *Christian Moderns: Freedom and Fetish in the Mission Encounter*. Berkeley, CA: University of California Press, 2007.

Kuhn, Thomas, *The Structure of Scientific Revolution*. Chicago: University of Chicago Press, 1962.

Kyle, Richard, *Evangelicalism: An Americanized Christianity*. New Jersey: Transaction Publishers, 2006.

Marsden, George, *Understanding Fundamentalism and Evangelicalism*, Grand Rapids: William B. Eerdmans Publishing Company, 1991.

McLoughlin, William G, *Revivals, Awakening, and Reform*. Chicago: University of Chicago Press, 1978.

Moorhead, James H, *World without End: Mainstream American Protestant Visions of the Last Things, 1880-1925*. Bloomington and Indianapolis: Indiana University Press, 1999.

Nevius, John, *Planting and Development of Missionary Churches.* Grand Rapids: Baker Book House, 1958.

Newbigin, Lesslie, *The Gospel in a Pluralist Society.* Grand Rapids: William B. Eerdmans Publishing Company, 1989.

_____, *The Other Side of 1984: Questions for the Churches.* Geneva: WCC Publications, 1983.

Noll, Mark A, *A History of Christianity in the United States and Canada.* Grand Rapids: William B. Eerdmans Publishing Company, 1992.

_____, *American Evangelical Christianity.* Oxford: Blackwell, 2001.

_____, *The Scandal of the Evangelical Mind,* Grand Rapids: Eerdmans Publishing Company, 1994.

Noll, Mark; Bebbington, David; Rawlyk, George, eds, *Evangelicalism: Comparative Studies of Popular Protestantism in North America, the British Isles, and Beyond, 1700-1990.* Oxford: Oxford University Press, 1994.

Roetzel, Calvin J, *The World that Shaped the New Testament.* Louisville, KY: Westminster John Knox Press, 2002.

Said, Edward W, *Orientalism.* New York: Pantheon, 1978.

Shenk, Wilbert R., ed, *Enlarging the Story: Perspectives on Writing World Christian History.* Maryknoll, New York: Orbis Books, 2002.

_____, *North American Foreign Missions, 1810-1914: Theology, Theory, and Policy.* Grand Rapids: Eerdmans Publishing Company, 2004.

Scherer, James A. and Bevans, Stephen B. ed, *New Directions in Mission and Evangelization 2: Theological Foundations.* Maryknoll, New York: Orbis Books, 1994.

Stanley, Brian, *The Bible and the Flag: Protestant Missions and British Imperialism in the Nineteenth and Twentieth Centuries.* Leicester, England: Apollos, 1990.

_____, *The World Missionary Conference, Edinburgh 1910.* Grand Rapids: Eerdmans Publishing Company, 2009.

Stanley, Brian, ed, *Christian Missions and the Enlightenment.* Grand Rapids: William B. Eerdmans Publishing Company, 2001.

Stanley, Brian and Low, Alaine, eds, *Missions, Nationalism, and the End of Empire.* Grand Rapids: William B. Eerdmans Publishing Company, 2003.

Stein, Stephen, ed, *The Cambridge Companion to Jonathan Edwards.* New York: Cambridge University Press, 2007.

Thompson, Edward P, *The Making of the English Working Class.* UK: Penguin Books, 1968.

Toulis, Nicole, *Believing Identity: Pentecostalism and the Mediation of Jamaican Ethnicity and Gender in England.* New York: Berg, 1997.

van der Veer, Peter, ed. *Conversion to Modernities: The Globalization of Christianity.* New York: Routledge, 1996.

Viswanathan, Gauri. *Outside the Fold: Conversion, Modernity, and Belief.* Princeton: Princeton University Press, 1998.

Walls, Andrew F, *The Missionary Movement in Christian History: Studies in the Transmission of Faith.*

Edinburgh: T&T Clark, 2004.

_____, *The Cross-Cultural Process in Christian History: Studies in the Transmission and Appropriation of Faith.* Edinburgh: T&T Clark, 2005.

Weber, Max, The Protestant Ethic and the Spirit of Capitalism. New York: Charles Scribners, 1958.

_____, *Economy and Society: Volume One.* Berkeley: University of California Press, 1978.

Williams, Patrick and Chrisman, Laura, eds, *Colonial Discourse and Post-Colonial Theory: A Reader.* New York: Columbia University Press, 1994.

Williams, Raymond, *Marxism and Literature.* Oxford: Oxford University Press, 1977.

영문 박사학위논문

Curtis, Heather, "The Lord for the Body: Pain, Suffering and the Practice of Divine Healing in Late-Nineteenth-Century American Protestantism." Ph.D. diss., Harvard University, 2004.

Griffin, Bradley, "A Faith Performed: A Performance Analysis of the Religious Revivals Conducted by Charles Grandison Finney at the Chatham Street Chapel, 1832-1836." Ph.D. diss., University of Texas, 2005.

Jorgensen, Sara Corinne, "The American Zulu Mission and the Limits of Reform: Natal, South Africa, 1835-1919." Ph.D. diss., Princeton University, 2009.

Matsutani, Motokazu, "Church Over Nation: Christian Missionaries and Korean Christians in Colonial Korea." Ph.D. diss., Harvard University, 2012.

Pak, Jung H, "Not by Power, Nor by Might: American Missionaries and the Spiritual Wars in Korea, 1885-1953." Ph.D. diss., Columbia University, 2006.

Rivett, Sarah, "'Evidence of Grace': The Science of the Soul in Colonial New England(Volume One)." Ph.D. diss., University of Chicago, 2005.

Schott, Nils F, "Catechisms and Enlightenment: The Conversion of Knowledge from Paul to Bahrdt." Ph.D. diss., Johns Hopkins University, 2010.

Wigram, Christopher E. M, "The Bible and Mission in Faith Perspective: J. Hudson Taylor and the Early China Inland Mission." Ph.D. diss., Universiteit Utrecht, 2007.

영문 논문

Achtemeier, Elizabeth, "Jesus Christ, the Light of the World: The Biblical Understanding of Light and Darkness." *Interpretation* 17 (1963): 439-449.

Adams, John C, "Ramist Concepts of Testimony, Judicial Analogies, and the Puritan Conversion Narrative." *Rhetorica: A Journal of the History of Rhetoric* 9.3 (Summer 1991): 251-268.

Airhart, Phyllis D, "'What Must I Do to Be Saved?' Two Paths to Evangelical Conversion in Late Victorian Canada." *Church History* 59.3 (September 1990): 372-385.

Ahlstrom, Sydney E, "The Problem of the History of Religion in America." *Church History* 39 (1970): 224-235.

_____, "The Romantic Religious Revolution and the Dilemmas of Religious History." *Church History* 46.2 (June 1977): 149-170.

Ahn, Shin, Review of *Millennialism in the Korean Protestant Church*, by Ung Kyu Pak (New York: Peter Lang, 2005). *Studies in World Christianity* 12.2 (2006): 184-187.

Allen, Graham, "A Theory of Millennialism: The Irvingite Movement as an Illustration." *The British Journal of Sociology* 25.3 (September 1974): 296-311.

Anderson, Allan, "The Contribution of David Yonggi Cho to a Contextual Theology in Korea." *Journal of Pentecostal Theology* 12.1 (2003): 85-105.

_____, "Pentecostalism, The Enlightenment and Christian Mission in Europe." *International Review of Mission* 95.378/379 (July/October 2006): 276-281.

Arnold, Dean E, "Why are there so few Christian anthropologists? Reflections on the Tensions between Christianity and anthropology." *Perspectives on Science and Christian Faith* 58.4 (December 2006): 266-282.

Asad, Talal, "Comments on Conversion." In *Conversion to Modernities: The Globalization of Christianity*, edited by Peter van der Veer, 263-273. New York: Routledge, 1996.

Baehr, Andreas, "Fear, Anxiety and Terror in Conversion Narratives of Early German Pietism." *German History* 32.3 (2014): 353 - 370.

Baek, Eun-Jin, "The Korean Mind Reflected in James Scarth Gale's Early Writings." *Korea Journal* (Summer 1993): 58-60.

Baker, Murray, "Paul and Salvation of Israel: Paul's Ministry, the Motif of Jealousy, and Israel's Yes." *The Catholic Biblical Quarterly* 67 (2005): 469-484.

Balmer, Randall, "Eschewing the 'Routine of Religion': Eighteenth-Century Pietism and the Revival Tradition in America." In *Modern Christian Revivals* edited by Edith Blumhofer and Randall Balmer, 1-16. Urbana and Chicago: University of Illinois Press, 1993.

Barker, John, "Cheerful Pragmatists:Anglican Missionaries among the Maisin of Collingwood Bay, Northern Papua 1898-1920." *The Journal of Pacific History* 22.2 (April 1987): 66-81.

_____, "'We Are Eklesia': Conversion in Uiaku, Papua New Guinea." In *Christian Conversion: Historical and Anthropological Perspectives on a Great Transformation*. edited by R. Hefner, 199-230. Berkeley: University of California Press, 1993.

Barram, Michael, "The Bible, Mission, and Social Location: Toward a Missional Hermeneutic." *Interpretation* (January 2007): 42-58.

Baylis, Charles P, "The Meaning of Walking 'in the Darkness'(1 John 1:6)." *Bibliotheca Sacra* 149.594 (April 1992): 214-222.

Bays, Daniel, "Foreign Missions and Indigenous Protestant Leaders in China, 1920-1955:

Identity and Loyalty in an Age of Powerful Nationalism." In *Missions, Nationalism, and the End of Empire*, edited by Brian Stanley and Alaine Low 144-164. Grand Rapids: Eerdmans Publishing Company, 2003.

Beaver, R. Pierce, "Nationalism and Missions." *Church History* 26.1 (March 1957): 22-42.

_____, "The American Protestant Theological Seminary and Missions." *Missiology: An International Review* 4.1 (January 1976): 76-87.

Bebbington, David, "Revival in Eighteenth-Century England." In *Modern Christian Revivals* edited by Edith Blumhofer and Randall Balmer, 17-41. Urbana and Chicago: University of Illinois Press, 1993.

_____, "Evangelical Christianity and the Enlightenment." *Crux* 25.4 (December 1999): 29-36.

Bell, E, "Done By the Native Christian." *The Korea Mission Field* 2.8 (June 1906).

Bendroth, Margaret, "Why Women Loved Billy Sunday: Urban Revivalism and Popular Entertainment in Early Twentieth-Century American Culture." *Religion and American Culture* 14.2 (Summer 2004): 251-271.

Bercovitch, Sacvan, "The Typology of America's Mission." *American Quarterly* 30 (Summer 1978): 135-155.

Bielo, James S, "On the Failure of 'Meaning':Bible Reading in the Anthropology of Christianity." *Culture and Religion: An Interdisciplinary Journal* 9.1 (March 2008): 1-21.

Billings, J. Todd, "Incarnational Ministry and Christology: A Reappropriation of the Way of Lowliness." *Missiology: An International Review* 32.2 (April 2004): 187-201.

Blancy, Alain, "Can the Churches Convert? Should the Churches Convert?" *The Ecumenical Review* 44.4 (October 1992): 419-428.

Blumhofer, Edith and Balmer, Randall, "Introduction." In *Modern Christian Revivals*, edited by Edith Blumhofer and Randall Balmer, xi-xvi. Urbana and Chicago: University of Illinois Press, 1993.

Bosch, David, "Evangelism: an Holistic Approach." *Journal of Theology for Southern Africa* 36 (Summer 1981): 43-63.

_____, "Towards a Hermeneutic for Biblical Studies and Mission" (Comments on 'Visa for Witness: A New Focus on the Theology of Mission and Ecumenism') *Mission Studies* 3.2 (1986): 65-79.

_____, "The Vulnerability of Mission." In *New Directions in Mission and Evangelization 2: Theological Foundations*, edited by James Scherer and Stephen Bevans, 73-86. Maryknoll, New York: Orbis Books, 1994.

Bousquet, François, "The Enlightenment, the Foundation of Modern Europe," *International Review of Mission* 95.378/379 (July/October 2006): 337-246.

Bowman, Matthew, "Sin, Spirituality, and Primitivism: The Theologies of the American Social Gospel, 1885-1917." *Religion and American Culture: A Journal of Interpretation* 17.1 (Winter 2007): 95-126.

Bratt, James D, "Religious Anti-Revivalism in Antebellum America." *Journal of the Early Republic* 24.1 (Spring 2004): 65-106.

Brauer, Jerald, "Conversion: From Puritanism to Revivalism." *The Journal of Religion* 58.3 (July 1978): 227-243.

Bross, Karistina, "'Come Over and Help Us': Reading Mission Literature." *Early American Literature* 38.3 (2003): 395-400.

Brueggemann, Walter, "The Bible and Mission: Some Interdisciplinary Implications for Teaching." *Missiology: An International Review* 10.4 (October 1982): 397-412.

_____, "How God's People Challenge Empire: Alien Witness." *Christian Century* (March 6, 2007): 28-32.

Bumsted, J. M, "Emotion in Colonial America: Some Reflections of Conversion Experience in Freetown, Massachusetts, 1749-1770." *The New England Quarterly* 49.1 (March 1976): 97-108.

Butler, Jon, "Described and Decried: The Great Awakening as Interpretive Fiction." *The Journal of American History* 69.2 (September 1982): 305-325.

Cable, E. M, "The Longing for Education." *The Korea Mission Field* 2.8 (June 1906): 144-145.

Cannell, Fenella, "'The Christianity of Anthropology.'" *The Journal of the Royal Anthropological Institute* 11.2 (2005): 335-56.

_____, "Introduction: 'The Anthropology of Christianity.'" In *The Anthropology of Christianity*, edited by Fenella Cannell, 1-50. Durham, NC: Duke University Press, 2006.

Carson, Penny, "The British Raj and the Awakening of the Evangelical Conscience: The Ambiguities of Religious Establishment and Toleration, 1698-1833." In *Christian Missions and the Enlightenment*, edited by Brian Stanley, 43-70. Grand Rapids: Eerdmans Publishing Company, 2001.

Chakrabarty, Dipesh, "Radical Histories and Question of Enlightenment Rationalism: Some Recent Critiques of 'Subaltern Studies.'" *Economic and Political Weekly* 30.14 (April 8, 1995): 751-759.

Choi, Young Keun, "The Great Revival in Korea, 1903-1907: Between Evangelical Aims and the Pursuit of Salvation in the National Crisis." 「한국기독교신학논총」 72 (2010): 129-149.

Clymer, Kenton J, "Religion and American Imperialism: Methodist Missionaries in the Philippine Islands, 1899-1913." *The Pacific Historical Review* 49.1 (February 1980): 29-50.

Coleman, Michael, "Not Race, but Grace: Presbyterian Missionaries and American Indians, 1837-1893." *The Journal of American History* 67.1 (June 1980): 41-60.

Coleman, Simon, "The Faith Movement: A Global Religious Culture?" *Culture and Religion* 3.1 (2002): 3-19.

Collins, Vicki T, "'Walking in Light, Walking in Darkness': The Story of Women's

Changing Rhetorical Space in Early Methodism." *Rhetoric Review* 14.2 (Spring 1996): 336-354.

Comaroff, Jean, "Uncool Passion: Nietzsche Meets the Pentecostals." In *Max Weber Programme Lecture Series*, 1-17. European University Institute, 2008.

Comaroff, Jean and John, "Christianity and Colonialism in South Africa." *American Ethnologist* 13.1 (February 1986): 1-22.

_____, "Privatizing the Millenium: New Protestant Ethics and the Spirits of Capitalism in Africa, and Elsewhere." *Africa Spectrum* 35.3 (2000): 293-312.

Cornell, Drucilla, "Enlightening the Enlightenment: A Response to John Brenkman." *Critical Inquiry* 26.1 (Autumn 1999): 128-139.

Cram, W. G, "Revival Fires." *The Korea Mission Field* 2.1 (November 1905): 33.

_____, "The Revival in Songdo." *The Korea Mission Field* 2.6 (April 1906): 112-113.

Crawford, Michael J, "Origins of the Eighteenth-Century Evangelical Revival: England and New England Compared." *The Journal of British Studies* 26.4 (October 1987): 361-397.

Danaher, William J, "Must That Will Bring Back the Dead? Reconciliation, and Restorative Justice in Post-Apartheid South Africa." *Journal of Religious Ethics* 38.1 (March 2010): 115-141.

Daryn, James, "Chants of Conversion: Inspiration, Individualism and Adherence in American Evangelicalism (A Review Essay)." *Journal of Religion and Society* 11 (2009): 1-13.

Derrida, Jacques, "Des tours de Babel." In *Psyche: Inventions of the Other, Volume 1*, 191-225. Stanford: Stanford University Press, 2007.

_____, "From Des Tours de Babel." In *Theories of Translation: An Anthology of Essays from Dryden to Derrida*, edited by Rainer Schulte and John Biguenet, 218-227. Chicago: University of Chicago Press, 1992.

Dirks, Nicholas B, "The Conversion of Caste: Location, Translation, and Appropriation." In *Conversion to Modernities: The Globalization of Christianity*, 115-136, edited by Peter van der Veer (New York: Routledge, 1996).

Downey, James, "Revivalism, the Gospel Songs and Social Reform." *Ethnomusicology* 9.2 (May 1965): 115-125.

Dronen, Tomas S, "'And it is Really Thanks to You that We Are Saved...': An African Discourse on Conversion and the Creation of a Modern Myth." *Exchange* 36 (2007): 156-183.

Dubois, Thomas D, "Hegemony, Imperialism, and the Construction of Religion in East and Southeast Asia." *History and Theory* 44.4 (December 2005): 113-131.

Dunch, Ryan, "Beyond Cultural Imperialism: Cultural Theory, Christian Missions, and Global Modernity." *History and Theory* 41.3 (October 2002): 301-325.

Edwards, Wendy J. D, "Forging ideology for American Mission: Josiah Strong and Manifest Destiny." In *North American Foreign Missions, 1810-1914: Theology,*

Theory, and Policy, edited by Wilbert Shenk, 163-191. Grand Rapids: Eerdmans Publishing Company, 2004.

Elbourne, Elizabeth, "Word Made Flesh: Christianity, Modernity, and Cultural Colonialism in the Work of Jean and John Comaroff." *The American Historical Review* 108.2 (April 2003): 435-459.

El-Zein, Abdul Hamid, "Beyond Ideology and Theology: The Search for and Anthropology of Islam." *Annual Review of Anthropology* 6 (1977): 227-254.

Engelke, Matthew, "The Problem of Belief: Evans-Pritchard and Victor Turner on 'the Inner Life.'" *Anthropology Today* 18.6 (December 2002): 3-8.

_____, "Text and Performance in an African Church: The Book, 'Live and Direct.'" *American Ethnologist* 31.1 (2004): 76-91.

Engelsviken, Tormod, "Missio Dei: The Understanding and Misunderstanding of a Theological Concept in European Churches and Missiology." *International Review of Mission* 92.367 (October 2003): 481-497.

Errington, Frederick and Gewertz, Deborah, "Individualism, Agency, and Revivalism in the Duke of York Islands." *Cultural Anthropology* 8.3 (August 1993): 279-305.

_____. "From Darkness to Light in the George Brown Jubilee: The Invention of Nontradition and the Inscription of a National History in East New Britain." *American Ethnologist* 21.1 (Febuary 1994): 104-122.

Errington, Joseph, "Colonial Linguistics." *Annual Review of Anthropology* 30 (2001): 19-39.

Etherington, Norman A, "American Errand in South Africa." *Church History* 39.1 (March 1970): 62-71.

_____, "Social Theory and the Study of Christian Missions in Africa: A South African Case Study." *Journal of the International African Institute* 47.1 (1977): 31-40.

_____, "Outward and Visible Signs of Conversion in Nineteenth -Century Kwazulu-Natal." *Journal of Religion in Africa* 32.4 (November 2002): 422-439.

Evenson, Bruce J, "'It is a Marvel to Many People': Dwight L. Moody, Mass Media, and the New England Revival." *The New England Quarterly* 72.2 (June 1999): 251-274.

Fishburn, Janet F, "The Social Gospel as Missionary Ideology." In *North American Foreign Missions, 1810-1914: Theology, Theory, and Policy,* edited by Wilbert Shenk, 218-242. Grand Rapids: Eerdmans Publishing Company, 2004.

Garrett, Susan, "'Lest the Light in You be Darkness': Luke 11:33-36 and the Question of Commitment." *Journal of Biblical Literature* 110.1 (1991): 93-105.

Garriott, William and O'Neill, Kevin, "Who is a Christian: Toward a Dialogic Approach in the Anthropology of Christianity." *Anthropological Theory* 8.4 (2008): 381-398.

Gascoigne, John, "Introduction: Religion and Empire, an Historiographical Perspective." *Journal of Religious History* 32.2 (June 2008): 159-178.

Gauvreau, Michael, "The Empire of Evangelicalism: Varieties of Common Sense in Scotland, Canada, and the United States." In *Evangelicalism: Comparative Studies of Popular*

Protestantism in North America, the British Isles, and Beyond, 1700-1990, edited by Mark Noll et al., 219-252. Oxford: Oxford University Press, 1994.

Geertz, Clifford, "Thick Description: Toward an Interpretive Theory of Culture." In *The Interpretation of Cultures,* 3-30. New York: Basic Books, 1973.

_____, "Shifting Aims, Moving Targets: On the Anthropology of Religion." *The Journal of the Royal Anthropological Institute* 11.1 (2005): 1-15.

Gitre, Edward J, "The 1904-05 Welsh Revival: Modernization, Technologies, and Techniques of the Self." *Church History* 73.4 (December 2004): 792-827.

Glanville, Elizabeth "Betsy." "Missiological Reflections on Difference: Foundations in the Gospel of Luke." *Mission Studies* 26 (2009): 64-79.

Goheen, Michael W, "'As the Father Has Sent Me, I Am Sending You': Lesslie Newbigin's Missionary Ecclesiology." *International Review of Mission* 91.362 (2002): 354-369.

_____, "The Future of Mission in the World Council of Churches: The Dialogue Between Lesslie Newbigin and Konrad Raiser." *Mission Studies* 21.1 (2004): 97-111.

Grasso, Christopher, "A 'Great Awakening'?" *Reviews in American History* 37.1 (March 2009): 13-21.

Green, Garrett, "Challenging the Religious Studies Canon: Karl Barth's Theory of Religion." *The Journal of Religion* 75.4 (October 1995): 473-486.

Grieb, A. K, "Last Things First: Karl Barth's Theological Exegesis of 1 Corinthians in The Resurrection of the Dead." *Scottish Journal of Theology* 56.1 (2003): 49-64.

Grundmann, Christoffer, "Pneumatological Perspectives on Christian Mission in Its Third Millenium." *International Review of Mission* 97.386/387 (July/October 2008): 255-272.

Habermas, Jürgen, "The Entwinement of Myth and Enlightenment: Re-Reading *Dialectic of Enlightenment.*" *New German Critique* 26 (Spring/Summer 1982): 13-30.

Hammond, John L, "Revivals, Consensus, and American Culture." *Journal of the American Academy of Religion* 46.3 (September 1978): 293-314.

Harder, Ben, "The Student Volunteer Movement for Foreign Missions and Its Contribution to 20th Century Missions." *Missiology: An International Review* 8.2 (April 1980): 141-154,

Harding, Susan, "Convicted by the Holy Spirit: The Rhetoric of Fundamental Baptist Conversion." *American Ethnologist* 14.1 (February 1987): 167-181.

_____, "Representing Fundamentalism: The Problem of the Repugnant Cultural Other." *Social Research* 58.2 (1991): 373-93.

Harpham, Geoffrey G, "So... What Is Enlightenment? An Inquisition into Modernity." *Critical Inquiry* 20.3 (Spring 1994): 524-556.

Hastings, Adrian, "The Clash of Nationalism and Universalism." In *Missions, Nationalism, and the End of Empire,* edited by Brian Stanley and Alaine Low, 15-33. Grand Rapids: Eerdmans Publishing Company, 2003.

Hatch, Nathan and Hamilton, Michael, "Can Evangelicalism Survive Its Success?" *Christianity Today* (October 5, 1992): 21-31.

Hedges, Paul, "Post-Colonialism, Orientalism, and Understanding: Religious Studies and the Christian Missionary Imperative." *Journal of Religious History* 32.1 (March 2008): 55-75.

Hedley, Douglas, "Theology and the Revolt against the Enlightenment." In *The Cambridge History of Christianity Volume 8 World Christianities c. 1815-c. 1914*, edited by Sheridan Gilley and Brian Stanley, 30-52. Cambridge: Cambridge University Press, 2006.

Hindmarsh, D. Bruce, "'My Chains Fell Off, My Heart Was Free': Early Methodist Conversion Narrative in England." *Church History* 68.4 (December 1999): 910-929.

_____, "Is Evangelical Ecclesiology an Oxymoron? A Historical Perspective." *International Journal for the Study of the Christian Church* 7.4 (November 2007): 302-322.

_____, "'End of Faith as Its Beginning': Models of Spiritual Progress in Early Evangelical Devotional Hymns." *Spiritus: A Journal of Christian Spirituality* 10.1 (Spring 2010): 1-21.

_____, "The Inner Life of Doctrine: An Interdisciplinary Perspective on the Calvinist-Arminian Debate Among Methodists." *Church History* 83.2 (June 2014): 367-397.

Hittinger, Russell, "Charles Taylor, 'Sources of the Self.'" *The Review of Metaphysics* 44.1 (September 1990): 111-130.

Hodges, Zane, "Coming to the Light: John 3:20-21." *Bibliotheca Sacra* 135.540 (October/December 1978): 314-322.

Holmes, Stephen R, "Trinitarian Missiology: Towards a Theology of God as Missionary." *International Journal of Systematic Theology* 8.1 (January 2006): 72-90.

Horton, Robin, "African Conversion." *Africa: Journal of the International African Institute* 41.2 (April 1971): 85-108.

_____, "On the Rationality of Conversion. Part I." *Africa: Journal of the International African Institute* 45.3 (1975): 219-235.

Hounshell, Josephine, "Soul Hunger." *The Korea Mission Field* 2.2 (May 1906).

Howell, Brian M, "The Repugnant Cultural Other Speaks Back: Christian Identity as Ethnographic 'Standpoint.'" *Anthropological Theory* 7.4 (2007): 371-391.

Huh, Dong-hyun, "Forms of Acceptance of Social Darwinism by the Korean Progressives of the 1880-1890." *International Journal of Korean History* 2 (December 2001): 41-63.

Hwang, Jae-Buhm, "Theological Poverty of Churches in the Developing World: Its Causes and Effects." *HTS Theologiese Studies/Theological Studies* 67.3 (2011): 1-7.

Israel, Jonathan, "Enlightenment! Which Enlightenment?: Review article of Encyclopedia of the Enlightenment." *Journal of the History of Ideas* 67.3 (July 2006) 523-545.

Juengel, Eberhard, "To Tell the World About God: The Task for the Mission of the Church on the Threshold of the Third Millennium." *International Review of Mission* 89.353 (April 1990): 203-215.

Keane, Webb, "Religious Language." *Annual Review of Anthropology* 26 (1997): 47-71.

_____, "Sincerity, 'Modernity,' and the Protestants." *Cultural Anthropology* 17.1 (2002): 65-92.

Kim, Andrew Eungi, "Political Insecurity, Social Chaos, Religious Void and the Rise of Protestantism in Late Nineteenth-Century Korea." *Social History* 26.3 (October 2001): 267-281.

Kim, Nami, "A Mission to the 'Graveyard of Empire'? Neocolonialism and the Contemporary Evangelical Missions of the Global South." *Mission Studies* 27 (2010): 3-23.

Kim, Sangkeun, "Sheer Numbers Do Not Tell the Entire Story: The Challenges of the Korean Missionary Movement from an Ecumenical Perspective." *The Ecumenical Review* 57.4 (October 2005): 463-472.

Kirsch, Thomas G, "Restaging the Will to Believe: Religious Pluralism, Anti-syncretism, and the Problem of Belief." *American Anthropologist* 106.4 (2004): 699-709.

_____, "Ways of Reading as Religious Power in Print Globalization." *American Ethnologist* 34.3 (2007): 509-520.

Lambert, Frank, "The First Great Awakening: Whose Interpretive Fiction?" *The New England Quarterly* 68.4 (December 1995): 650-659.

Lawson, Matthew, "The Holy Spirit as Conscience Collective." *Sociology of Religion* 60.4 (1999): 341-361.

Lee, Jaekeun, "McCormick Missionaries and the Shaping of the Korean Evangelical Presbyterianism, 1888-1939." 「한국기독교와 역사」 35 (September 2011): 5-46.

Lee, Timothy, Review of *Challenged Identities: North American Missionaries in Korea, 1884-1934*, by Elizabeth Underwood (Seoul: Royal Asiatic Society-Korea Branch, 2003). *The Journal of Asian Studies* 64.4 (November 2005): 1047-1049.

Jaffe, J. A, "The 'Chiliasm of Despair' Reconsidered: Revivalism and Working-Class Agitation in County Durham." *The Journal of British Studies* 28.1 (January 1989): 23-42.

Koshar, Rudy, "Where Is Karl Barth in Modern European History?" *Modern Intellectual History* 5. (August 2008): 333-362.

Lauber, David, "Article Review: Response to Alyssa Lyra Pitstick, Light in Darkness." *Scottish Journal of Theology* 62.2 (2009): 195 - 201.

Lienemann-Perrin, Christine, "Success and Failure in Conversion Narrative." *International Review of Mission* 96.382-3 (July/October 2007): 322-341.

Lilla, Mark, "What is Counter-Enlightenment?" *Transactions of the American Philosophical Society* (New Series) 93.5 (2003): 1-11.

Loewenberg, Bert J, "Darwinism Comes to America, 1859-1900." *The Mississippi Valley Historical Review* 28.3 (December 1941): 339-368.

Lotz, Denton, "Paradigm Shifts in Missiology." *Evangelical Review of Theology* 32.1 (2008): 4-21.

Lovelace, Richard, "Evangelical Revivals and the Presbyterian Tradition." *Westminster Theological Journal* 42.1 (Fall 1979): 130-151.

Luker, Ralph E, "The Social Gospel and the Failure of Racial Reform, 1877-1898." *Church History* 46.1 (March 1977): 80-99.

May, Henry, "The Problem of the American Enlightenment." *New Literary History* 1.2 (Winter 1970): 201-214.

Maynard, Kent, "Protestant Theories and Anthropological Knowledge: Convergent Models in the Ecuadorian Sierra." *Cultural Anthropology* 8.2 (May 1993): 246-267.

Lindbeck, George, "Barth and Textuality." *Theology Today* 43.3 (October 1986): 361-376.

Ma, Wonsuk, "The Korean Pentecostal Movement: Retrospect and Prospect for the New Century, Part I." *Australasian Pentecostal Studies* 5/6 (April 2002). Webjournals.alphacrucis.edu.au http://aps.scc.edu.au/ template.asp?index=38 for Part II of this article.

McMahon, Darrin M, "What Are Enlightenments?" *Modern Intellectual History* 4.3 (2007): 601-616.

McRae, Edith, "For Thine is the Power." *The Korea Mission Field* 2.4 (February 1906).

Mead, Sidney E, "American Protestantism Since the Civil War (I): From Denominationalism to Americanism." *The Journal of Religion* 36.1 (January 1956): 1-16.

Meyer, Birgit, "Modernity and Enchantment: The Image of the Devil in Popular Africa Christianity." In *Conversion to Modernities: The Globalization of Christianity*, edited by Peter van der Veer, 199-230. Yew York: Routledge, 1996.

_____, "Christianity in Africa: From African Independent to Pentecostal-Charismatic Churches." *Annual Review of Anthropology* 33 (2004): 447-474.

Meyer, D. H, "The Uniqueness of the American Enlightenment." *American Quarterly* 28.2 (Summer 1976); 165-186.

Migliore, Daniel L, "The Missionary God and the Missionary Church." *The Princeton Seminary Bulletin* 19.1 (1998): 14-25.

Miyazaki, Hirokazu, "Faith and Its Fulfillment: Agency, Exchange, and the Fijian Aesthetics of Completion." *American Ethnologist* 27.1 (2000): 31-51.

Moorhead, James H, "Searching for the Millennium in America." *The Princeton Seminary Bulletin* 8.2 (1987): 17-33.

_____, "Engineering the Millennium: Kingdom Building in American Protestantism, 1880-1920." *The Princeton Seminary Bulletin (Supplementary Issue)* 3 (1994): 104-128.

Lee, Young-Hoon, "Korean Pentecost: The Great Revival of 1907." *Asian Journal of Pentecostal Studies* 4.2 (2001): 73-83.

Newbigin, Lesslie, "Can the West Be Converted?" *The Princeton Seminary Bulletin* 6.1 (1985):

25-37.

_____, "Witness in a Biblical Perspective." *Mission Studies* 3.2 (1986): 80-84.

Nielsen, Niels. "The Advancement of Religion versus Teaching About Religion in the Public Schools." In *Readings on Church and State: Selections from 'Journal of Church and State,'* edited by James Wood, 171-172. Waco: Baylor University, 1989.

Noll, Mark A, "Revival, Enlightenment, Civic Humanism, and the Development of Dogma: Scotland and America, 1735-1843." *Tyndale Bulletin* 40 (1989): 49-76.

_____, "The Rise and Long Life of the Protestant Enlightenment in America." In *Knowledge and Belief in America*: Enlightenment *Traditions and Modern Religious Thought*, edited by William Shea and Peter Huff, 88-124. Cambridge: Cambridge University Press, 1995.

_____, "'Christian America' and 'Christian Canada.'" In *The Cambridge History of Christianity Volume 8 World Christianities c. 1815-c. 1914* edited by Sheridan Gilley and Brian Stanley, 359-380. Cambridge: Cambridge University Press, 2006.

Noth, Gottfried, "Jesus Christ, The Light of the World." *The Ecumenical Review* 14.2 (January 1962): 141-153.

Oak, Sung-Deuk, "Shamanistic Tan'gun and Christian Hananim: Protestant Missionaries' Interpretation of the Korean Founding Myth, 1895-1934." *Studies in World Christianity* 7.1 (2001): 42-57.

O'Brien, Susan, "Eighteenth-Century Publishing Networks in the First Years of Transatlantic Evangelicalism." In *Evangelicalism: Comparative Studies of Popular Protestantism in North America, the British Isles, and Beyond, 1700-1990,* edited by Mark Noll et al., 38-57. Oxford: Oxford University Press, 1994.

Olley, John W, "'You are Light of the World': A Missiological Focus for the Sermon on the Mount in Matthew." *Mission Studies* 20.1-38 (2003): 9-28.

Orchard, Stephen, "Evangelical Eschatology and the Missionary Awakening." *The Journal of Religious History* 22.2 (June 1998): 132-151.

Pang, Samuel Y, "Toward a Task of Postcolonial Theology: A Perspective from Mission Studies." *Journal of Christian Education & Information Technology* 8 (2005): 97-119.

_____, "Toward a Pedagogy of Responsibility for the Other," *Journal of Christian Education & Information Technology* 10 (2006): 213-231.

Patterson, James A, "Robert E. Speer and the Development of North American Mission Theology and Theory, 1891-1914." *Missiology: An International Review* 29.4 (October 2001): 461-473.

Peel, J. D. Y, "Conversion and Tradition in Two African Societies: Ijebu and Buganda." *Past and Present* 77 (November 1977): 108-141.

_____, "For Who Hath Despised the Day of Small Things?: Missionary Narratives and Historical Anthropology." *Comparative Studies in Society and History* 37.3 (July 1885): 581-607.

Piper, John F, "The Development of the Missionary Ideas of Robert E. Speer." In *North*

American Foreign Missions, 1810–1914: Theology, Theory, and Policy, edited by Wilbert Shenk, 261–280. Grand Rapids: Eerdmans Publishing Company, 2004.

Pocock, Michael, "The Influence of Premillennial Eschatology on Evangelical Missionary Theory and Praxis from the Late Nineteenth Century to the Present." *International Bulletin of Missionary Research* 33.3 (July 2009): 129–134.

Pope, Robert, "Demythologising the Evan Roberts Revival, 1904–1905." *Journal of Ecclesiastical History* 57.3 (July 2006): 515–534.

Porter, Andrew, "'Commerce and Christianity': The Rise and Fall of a Nineteenth–Century Missionary Slogan." *The Historical Journal* 28.3 (September 1985): 597–621.

Porter, Andrew, "Church History, History of Christianity, Religious History: Some Reflections on British Missionary Enterprise Since the Late Eighteenth Century." *Church History* 71.3 (September 2002): 555–584.

Pugh, E. Cynolwyn, "The Welsh Revival of 1904–1905." *Theology Today* 12.2 (July 1955): 226–235.

Randall, Ian, "Evangelicals, Ecumenism and Unity: A Case Study of th Evangelical Alliance." *Evangel* 22.3 (Autumn 2004): 62–71.

Ranger, Terence, "'Taking of the Missionary's Task': African Spirituality and the Mission Churches of Manicaland in the 1930s." *Journal of Religion in Africa* 24.2 (1999): 175–205.

Reichardt, Rolf and Cohen, Deborah, "Light against Darkness: The Visual Representations of a Central Enlightenment Concept." *Representations* 61 (Winter 1998): 95–148.

Reinhardt, Wolfgang, "'A Year of Rejoicing': The Welsh Revival 1904–05 and Its International Challenges." *Evangelical Review of Theology* 31.2 (2007): 100–126.

Rieger, Joerg, "Theology and Mission Between Neocolonialism and Postcolonialism." *Mission Studies* 21.2 (2004): 201–227.

Robbins, Joel, "Whatever Became of Revival? From Charismatic Movement to Charismatic Church in a Papua New Guinea Society." *Journal of Ritual Studies* 15.2 (2001): 79–90.

_____, "What is a Christian? Notes Toward an Anthropology of Christianity." *Religion* 33.3 (2003): 191–9.

_____, "The Globalization of Pentecostal and Charismatic Christianity." *Annual Review of Anthropology* 33 (2004): 117–43.

_____, "Continuity Thinking and the Problem of Christian Culture: Belief, Time, and the Anthropology of Christianity." *Current Anthropology* 48.1 (February 2007): 5–38.

_____, "Anthropology, Pentecostalism, and the New Paul: Conversion, Event, and Social Transformation." *South Atlantic Quarterly* 109.4 (Fall 2010): 633–652.

Robert, Dana, "From Missions to Mission to Beyond Missions: The Historiography of American Protestant Foreign Missions Since World War II." *International Bulletin of Missionary Research* 18.4 (October 1994): 146–162.

Sachs, William L, "'Self-Support': The Episcopal Mission and Nationalism in Japan." *Church History* 58.4 (December 1989): 489-501.

Sahlins, Marshall, "What Is Anthropological Enlightenment?: Some Lessons of the Twentieth Century." *Annual Review of Anthropology* 28 (1999): i-xxiii.

Sandeen, Ernest R, "The Princeton Theology: One Source of Biblical Literalism in American Protestantism." *Church History* 31.3 (September 1962): 307-321.

_____, "Toward a Historical Interpretation of the Origins of Fundamentalism." *Church History* 36.1 (March 1967): 66-83.

_____, "Fundamentalism and American Identity." *Annals of the American Academy of Political and Social Science* 387 (January 1970): 56-65.

Schechner, Richard, "Drama, Script, Theater, and Performance." *The Drama Review* 17.3 (September 1973): 5-36.

Schmidt, James, "Enlightenment as Concept and Context." *Journal of the History of Ideas* 75.4 (October 2014): 677-685.

Schneider, A. Gregory, "A Conflict of Associations: The National Camp-Meeting Association for the Promotion of Holiness versus the Methodist Episcopal Church," *Church History* 66.2 (June 1997): 268-283.

Schreiter, Robert J, "Reconciliation and Healing as a Paradigm for Mission." *International Review of Mission* 94.372 (January 2005): 74-83.

Scott, Michael W, "'I Was Like Abraham': Notes on the Anthropology of Christianity from the Solomon Islands." *Ethnos* 70.1 (2005): 101 - 125.

Seeman, Erik, "Lay Conversion Narratives: Investigating Ministerial Intervention." *The New England Quarterly* 71.4 (December 1998): 629-634.

Sheehan, Jonathan, "Enlightenment, Religion, and the Enigma of Secularization: A Review Essay." *The American Historical Review* 108.4 (October 2003): 1061-1080.

Shenk, Wilbert R, "The 'Great Century' Reconsidered." *Missiology: An International Review* 12.2 (April 1984): 133-146.

_____, "The Role of Theory in Anglo-American Mission Thought and Practice." *Mission Studies* 11.2 (1994): 155-172.

Silverstein, Michael, "'Cultural' Concepts and the Language-Culture Nexus." *Current Anthropology* 45.5 (2004): 621 - 652.

Smither, Edward, "The Impact of Evangelical Revivals on Global Mission: The Case of North American Evangelicals in Brazil in the Nineteenth and Twentieth Centuries." *Verbum et Ecclesia* 31.1 (2010) http://www.ve.org.za.

So, Damon, "The Missionary Journey of the Son of God into the Far Country: A Paradigm of the Holistic Gospel Developed from the Theology of Karl Barth." *Transformation* 23.3 (July 2006): 130-142.

Sohn, Hyun, "Romanticism and Korea: A Missed Encounter?" 「유럽사회문화」 9 (1912): 33-51.

Spindler, Marc R, "Visa for Witness: A New Focus on the Theology of Mission and

Ecumenism." *Mission Studies* 3.1 (1986): 51-60.

_____, "Witness under Cross-Examination: Comments on 'Visa for Witness: A New Focus on the Theology of Mission and Ecumenism.'" *Mission Studies* 4.2 (1987): 67-73.

_____, "Conversion Revisited: Present Understanding of a Classic Missionary Motive." *Missiology: An International Review* 25.3 (July 1997): 293-305.

Spivak, Gayatri Chakravorty, "Can the Subaltern Speak?" In *Marxism and the Interpretation of Culture*, edited by C. Nelson and L. Grossberg, 271-313. Basingstoke, UK: Macmillan Education, 1988.

Standaert, Nicolas, "Christianity in China." *The Catholic Historical Review* 78.4 (October 1997): 569-613.

Stanley, Brian, "The Future in the Past: Eschatological Vision in British and American Protestant Missionary History." *Tyndale Bulletin* 51.1 (2000): 101-120.

_____, "Christian Missions and the Enlightenment: A Reevaluation." In *Christian Missions and the Enlightenment*. edited by Brian Stanley, 1-21. Grand Rapids: Eerdmans Publishing Company, 2001.

_____, "Christianity and Civilization in English Evangelical Mission Thought." In *Christian Missions and the Enlightenment*. edited by Brian Stanley, 169-197. Grand Rapids: Eerdmans Publishing Company, 2001.

_____, "Mission and Human Identity in the Light of Edinburgh 1910." *Mission Studies* 26 (2009): 80-97.

Stewart, Charles, "Secularism as an Impediment to Anthropological Research." *Social Anthropology* 9.3 (2001): 325-328.

Stout, Harry, "George Whitefield in Three Countries." In *Evangelicalism: Comparative Studies of Popular Protestantism in North America, the British Isles, and Beyond, 1700-1990*, edited by Mark Noll et al., 58-72. Oxford: Oxford University Press, 1994.

Straight, Bilinda, "Killing God: Exceptional Movements in the Colonial Missionary Encounter." *Current Anthropology* 49.5 (2008): 837-860.

Sundkler, B. G. M, "The Concept of Christianity in the African Independent Churches." *African Studies* 20.4 (1961): 203-213.

Sweeny, Douglas A, "Evangelical Tradition in America." In *The Cambridge Companion to Jonathan Edwards,* edited by Stephen Stein, 167-189. New York: Cambridge University Press, 2007.

Sweetman, Will, "The Prehistory of Orientalism: Colonialism and the Textual Basis for Bartholomaeus Ziegenbalg's Account of Hinduism." *New Zealand Journal of Asian Studies* 6.2 (December 2004): 12-38.

Taylor, Mark K, "In Praise of Shaky Ground: The Liminal Christ and Cultural Pluralism." *Theology Today* 43.1 (2006): 36-51.

Thiselton, Anthony, "Awakening and Reconciliation-Five Bible Themes in the Light of the Great Awakening of 1907: Retrospect and Prospect." *Canon & Culture* 1.2 (2007

가을): 112-154.

Thompson, Edward P, "Time, Work-Discipline, and Industrial Capitalism." *Past and Present* 38 (December 1967): 56-97.

Tikhonov, Vladimir, "Social Darwinism in Korea and Its influence on Early Modern Korean Buddhism." *International Journal of Korean History* 2 (December 2001): 65-97.

Trocme, Etienne, "Light and Darkness in the Fourth Gospel." *Didaskalia* 6.2 (Spring 1995): 3-13.

van Butselaar, G. Jan, "Christian Conversion in Rwanda: The Motivations." *International Bulletin of Missionary Research* 5.3 (July 1981): 111-113.

van der Veer, Peter, "Introduction." In *Conversion to Modernities: The Globalization of Christianity,* edited by Peter van der Veer, 1-21. New York: Routledge, 1996.

van Engen, Charles E, "What is Theology of Mission." *Theologia y Cultura* 1.1 (2004): 1-10.

van Rooden, Peter, "The Concept of an International Revival Movement Around 1800." *Pietismus und Neuzeit. Ein Jahebuch zur Geschichte des neueren Protestantismus* 16 (1990): 153-170.

_____, "Nineteenth-Century Representations of Missionary conversion and the Transformation of Western Christianity." In *Conversion to Modernities: The Globalization of Christianity*, edited by Peter van der Veer, 65-87. New York: Routledge, 1996.

Vaughn, Carol Ann, "Missionary Returns and Cultural Conversions in Alabama and Shandong: The Latter years of Madam Gao(Martha Foster Crawford)." In *North American Foreign Missions, 1810-1914: Theology, Theory, and Policy*, edited by Wilbert Shenk, 243-260. Grand Rapids: Eerdmans Publishing Company, 2004.

Walls, Andrew F, "The Eighteenth-Century Protestant Missionary Awakening in Its European Context." In *Christian Missions and the Enlightenment,* edited by Brian Stanley, 22-44. Grand Rapids: Eerdmans Publishing Company, 2001.

_____, "Eusebius Tries Again: The Task of Reconceiving and Re-visioning the Study of Christian History." In *Enlarging the Story: Perspectives on Writing World Christian History,* edited by Wilbert Shenk, 1-21. Maryknoll, New York: Orbis Books, 2002.

_____, "The Gospel as Prisoner and Liberator of Culture." In *The Missionary Movement in Christian History: Studies in the Transmission of Faith,* 3-15. Edinburgh: T&T Clark, 2004.

_____, "Culture and Coherence in Christian History." In *The Missionary Movement in Christian History: Studies in the Transmission of Faith,* 16-25. Edinburgh: T&T Clark, 2004.

_____, "The Translation Principle in Christian History." In *The Missionary Movement in Christian History: Studies in the Transmission of Faith,* 26-42. Edinburgh: T&T Clark, 2004.

_____, "The Evangelical Revival, the Missionary Movement, and Africa." In *The Missionary Movement in Christian History: Studies in the Transmission of Faith,* 79-101. Edinburgh: T&T Clark, 2004.

_____, "Structural Problems in Mission Studies." In *The Missionary Movement in Christian*

History: Studies in the Transmission of Faith, 143-159. Edinburgh: T&T Clark, 2004.

_____, "Missionary Vocation and the Ministry: The First Generation." In *The Missionary Movement in Christian History: Studies in the Transmission of Faith*, 160-172. Edinburgh: T&T Clark, 2004.

_____, "The Nineteenth-Century Missionary as Scholar." In *The Missionary Movement in Christian History: Studies in the Transmission of Faith*, 187-198. Edinburgh: T&T Clark, 2004.

_____, "Humane Learning and the Missionary Movement." In *The Missionary Movement in Christian History: Studies in the Transmission of Faith*, 199-210. Edinburgh: T&T Clark, 2004.

_____, "The American Dimension of the Missionary Movement." In *The Missionary Movement in Christian History: Studies in the Transmission of Faith*, 221-240. Edinburgh: T&T Clark, 2004.

_____, "From Christendom to World Christianity: Missions and the Demographic Transformation of the Church." In *The Cross-Cultural Process in Christian History: Studies in the Transmission and Appropriation of Faith*, 49-71. Edinburgh: T&T Clark, 2005.

_____, "African Christianity in the History of Religions." In *The Cross-Cultural Process in Christian History: Studies in the Transmission and Appropriation of Faith*, 116-135. Edinburgh: T&T Clark, 2005.

_____, "The Multiple Conversions of Timothy Richard." In *The Cross-Cultural Process in Christian History: Studies in the Transmission and Appropriation of Faith*, 236-258. Edinburgh: T&T Clark, 2005.

_____, "Converts or Proselytes?: The Crisis over Conversion in the Early Church." In *Speaking About What We Have Seen and Heard: Evangelism in Global Perspective* eds. Jonathan Bonk et al., 1-12. New Haven, Connecticut: OMSC Publications, 2007.

Wallace, Anthony, "Revitalization Movements." *American Anthropologist (New Series)* 58.2 (April 1956): 264-281.

Weber, Joseph, "Feuerbach, Barth, and Theological Methodology," *The Journal of Religion* 46.1 (January 1966): 24-36..

Williams, Gary J, "Was Evangelicalism Created by the Enlightenment?" *Tyndale Bulletin* 53.2 (2002): 283-312.

Wood, Ellen Meiksins, "Capitalism or Enlightenment?" *History of Political Thought* 21.3 (Autumn 2000): 405-426.

Wood, Gordon, "Conspiracy and the Paranoid Style: Causality and Deceit in the Eighteenth Century." *The William and Mary Quarterly (Third Series)* 39.3 (July 1982): 401-441.

Wyss, Hilary E, "'Things That Do Accompany Salvation': Colonialism, Conversion, and Cultural Exchange in Experience Mayhew's 'Indian Converts.'" *Early American Literature* 33.1 (1998): 39-61.

Yamane, David, "Narrative and Religious Experience." *Sociology of Religion* 61.2 (Summer

2000): 171-189.

Yang, Fenggang, "Lost in the Market, Saved at McDonald's: Conversion to Christianity in Urban China." *Journal for the Scientific Study of Religion* 44.4 (2005): 423‐441.

Yates, Timothy, "Lesslie Newbigin's Missionary Encounter with the Enlightenment, 1975-98." *International Bulletin of Missionary Research* 34.1 (January 2010): 42-45.

Zehner, Edwin, "Orthodox Hybridities: Anti-Syncretism and Localization in the Evangelical Christianity of Thailand." *Anthropological Quarterly* 78.3 (Summer 2005): 585-617.